Edition KWV

Die „Edition KWV" beinhaltet hochwertige Werke aus dem Bereich der Wirtschaftswissen-schaften. Alle Werke in der Reihe erschienen ursprünglich im Kölner Wissenschaftsverlag, dessen Programm Springer Gabler 2018 übernommen hat.

Weitere Bände in der Reihe http://www.springer.com/series/16033

Thomas Hilpert-Janßen

Fahrgastrechte und -pflichten der ÖPNV-Linienverkehre nach dem PBefG

Springer Gabler

Thomas Hilpert-Janßen
Wiesbaden, Deutschland

Bis 2018 erschien der Titel im Kölner Wissenschaftsverlag, Köln
Dissertation Universität Rostock, 2012

Edition KWV
ISBN 978-3-658-24121-6   ISBN 978-3-658-24122-3   (eBook)
https://doi.org/10.1007/978-3-658-24122-3

Die Deutsche Nationalbibliothek verzeichnet diese Publikation in der Deutschen Nationalbibliografie; detaillierte bibliografische Daten sind im Internet über http://dnb.d-nb.de abrufbar.

Springer Gabler
© Springer Fachmedien Wiesbaden GmbH, ein Teil von Springer Nature 2012, Nachdruck 2019
Ursprünglich erschienen bei Kölner Wissenschaftsverlag, Köln, 2012

Springer Gabler ist ein Imprint der eingetragenen Gesellschaft Springer Fachmedien Wiesbaden GmbH und ist
ein Teil von Springer Nature
Die Anschrift der Gesellschaft ist: Abraham-Lincoln-Str. 46, 65189 Wiesbaden, Germany

Geleitwort

Die Fahrgastrechte bei Bus und Bahn sind erst seit etwa dem Jahrtausendwechsel Diskussionsgegenstand in der Politik. Die Vorschriften über die Fahrgastpflichten reichen dagegen in die Vorkriegszeit zurück.

Gleich ob Fahrgastrechte oder Fahrgastpflichten – eine systematische Darstellung dieses Rechtsgebiets für den Linien-Nahverkehr mit Bussen und den Schienenbahnen, die keine Eisenbahnen sind, gab es bislang nicht. Lediglich zu einzelnen Themen hat sich die Rechtswissenschaft in der Vergangenheit intensiver geäußert. Das vorliegende Werk liefert daher die erste umfassende Darstellung, die Fahrgastrechte und -pflichten zusammenführt. Entsprechend betritt der Autor mit seiner Arbeit wissenschaftliches Neuland und gibt Impulse für die rechtswissenschaftliche Diskussion.

Die juristische Breite der Untersuchung wird deutlich, wenn man sich vergegenwärtigt, dass diese Arbeit zwar vom Grundansatz zivilrechtlicher Natur ist, gleichwohl sich wesentliche Teile mit dem Verwaltungsrecht, dem Strafrecht und auch dem Verfassungsrecht befassen. Diese fachübergreifende Auseinandersetzung ist hierbei nicht zufällig. Denn gerade die Fahrgastrechte befinden sich – wie auch andere Wirtschaftszweige der Infrastruktur – mittlerweile in der Entwicklung vom öffentlichen Recht hin zum zivilrechtlichen Verbraucherrecht.

Die Arbeit bietet eine detaillierte Grundlage für die weitere wissenschaftliche Auseinandersetzung; dabei gibt sie Antworten auf bisher in der Literatur und Rechtsprechung nicht oder nur wenig behandelte Fragen. Hierzu entwickelt der Autor neue, wohl begründete Lösungen.

Die Arbeit wurde im Wintersemester 2011/12 an der Juristischen Fakultät der Universität Rostock als Dissertation angenommen. Ich wünsche dem Werk vielfältige Beachtung und Anerkennung in der rechtswissenschaftlichen Diskussion und ebenso in der Rechtsprechung.

Professor Dr. Klaus Tonner
Universität Rostock

Rostock, im Mai 2012

Inhaltsverzeichnis

Abkürzungsverzeichnis

Abkürzung	Bedeutung
a. A.	andere Auffassung
AEG	Allgemeines Eisenbahngesetz
AEUV	Vertrag über die Arbeitsweise der Europäischen Union
a. F.	alte Fassung
AG	Amtsgericht
AGB	Allgemeine Geschäftsbedingungen
AGG	Allgemeines Gleichbehandlungsgesetz
AIDS	Acquired Immune Deficiency Syndrome
Alt.	Alternative
Anm.	Anmerkung
AöR	Archiv des öffentlichen Rechts
ArbG	Arbeitsgericht
AST	Anruf Sammeltaxi
AStA	Allgemeiner Studierenden Ausschuss
AVBFernwärmeV	Verordnung über Allgemeine Bedingungen für die Versorgung mit Fernwärme
AVBWasserV	Verordnung über Allgemeine Bedingungen für die Versorgung mit Wasser
Az.	Aktenzeichen
BADV	Verordnung über Bodenabfertigungsdienste auf Flugplätzen
BAG	Bundesarbeitsgericht
BayObLG	Bayerisches Oberstes Landgericht
BayVGH	Bayerischer Verwaltungsgerichtshof
BB	Betriebsberater
BBankG	Gesetz über die Deutsche Bundesbank
BBB	Besondere Beförderungsbedingungen
Bd.	Band
BFH	Bundesfinanzhof

BGB	Bürgerliches Gesetzbuch
BGB-InfoV	BGB-Informationspflichten-Verordnung
BGBl.	Bundesgesetzblatt
BGG	Gesetz zur Gleichstellung behinderter Menschen
BGH	Bundesgerichtshof
BGHSt	Entscheidungssammlung des Bundesgerichtshofes in Strafsachen
BGHZ	Entscheidungssammlung des Bundesgerichtshofes in Zivilsachen
BMVBW	Bundesministerium für Verkehr, Bau- und Wohnungswesen
BNichtr-SchG	Gesetz zur Einführung eines Rauchverbotes in Einrichtungen des Bundes und öffentlichen Verkehrsmitteln
BOKraft	Verordnung über den Betrieb von Kraftfahrunternehmen im Personenverkehr
BOStrab	Verordnung über den Bau und Betrieb der Straßenbahnen
BRD	Bundesrepublik Deutschland
BremPolG	Bremisches Polizeigesetz
BSG	Bundessozialgericht
BtMG	Betäubungsmittelgesetz
BVerfG	Bundesverfassungsgericht
BVerfGE	Entscheidungssammlung des Bundesverfassungsgerichts
BVerwG	Bundesverwaltungsgericht
BVerwGE	Entscheidungssammlung des Bundesverwaltungsgerichts
BVG	Berliner Verkehrsbetriebe
bzw.	beziehungsweise
CIV	Règles uniformes concernant le contrat de transport international ferroviaire des voyageurs
COTIF	Convention relative aux transports internationaux ferroviaires
CVAG	Chemnitzer Verkehrs Aktiengesellschaft

DAR	Deutsches Autorecht
DAV	Deutscher Anwaltverein
DB	Der Betrieb
DDR	Deutsche Demokratische Republik
d. h.	das heißt
DÖV	Die Öffentliche Verwaltung
DRiZ	Deutsche Richterzeitung
DVBl.	Deutsches Verwaltungsblatt
EBE	Erhöhtes Beförderungsentgelt
EBO	Eisenbahn- Bau- und Betriebsordnung
EG	Europäische Gemeinschaften
ENeuOG	Gesetz zur Neuordnung des Eisenbahnwesens
EU	Europäische Union
EuGH	Europäischer Gerichtshof
EVO	Eisenbahn-Verkehrsordnung
EWG	Europäische Wirtschaftsgemeinschaften
f.	folgende (Seite)
ff.	folgende (Seiten)
FG	Finanzgericht
Fn.	Fußnote
Freistellungs-Verordnung	Verordnung über die Befreiung bestimmter Beförderungsfälle von den Vorschriften des Personenbeförderungsgesetzes
GAL	Grün-Alternative-Liste (Hamburg)
GasGVV	Verordnung über Allgemeine Bedingungen für die Grundversorgung von Haushaltskunden und die Ersatzversorgung mit Gas aus dem Niederdrucknetz
GewArch	Gewerbearchiv
GG	Grundgesetz
GGBefG	Gesetz über die Beförderung gefährlicher Güter
GRUR	Gewerblicher Rechtsschutz und Urheberrecht
GüKG	Güterkraftverkehrsgesetz

HaftpflG	Haftpflichtgesetz
HDN	Haftpflichtverband Deutscher Nahverkehr
Hess.	Hessen
HGB	Handelsgesetzbuch
h. M.	herrschende Meinung
HVV	Hamburger Verkehrsverbund
i. d. R.	in der Regel
IfSG	Infektionsschutzgesetz
IHK	Industrie- und Handelskammer
i. V. m.	in Verbindung mit
JA	Juristische Arbeitsblätter
JuSchG	Jugendschutzgesetz
KBE	Köln-Bonner Eisenbahnen
Kfz	Kraftfahrzeug
KG	Kammergericht
KOM	Europäische Kommission
KVB	Kölner Verkehrs-Betriebe
KVV	Karlsruher Verkehrsverbund
LArbG	Landesarbeitsgericht
LG	Landgericht
Lkw	Lastkraftwagen
LNVG	Landesnahverkehrsgesellschaft Niedersachsen mbH
LTV	Verordnung über die Tarifordnung für die Seelotsreviere
LuftSiG	Luftsicherheitsgesetz
Luft-SiSchulV	Luftsicherheits-Schulungsverordnung
MarkenV	Verordnung zur Ausführung des Markengesetzes
MDR	Monatsschrift für Deutsches Recht
MDV	Mitteldeutscher Verkehrsverbund

MontÜG	Gesetz zur Durchführung des Übereinkommens vom 28. Mai 1999 zur Vereinheitlichung bestimmter Vorschriften über die Beförderung im internationalen Luftverkehr und zur Durchführung der Versicherungpflicht zur Deckung der Haftung für Güterschäden nach der Verordnung (EG) Nr. 785/2004 (Montrealer-Übereinkommen-Durchführungsgesetz)
MünzG	Münzgesetz
Mrd.	Milliarden
NaNa	Nahverkehrs Nachrichten
Nds.	Niedersachsen
NiSchG NRW	Gesetz zum Schutz von Nichtraucherinnen und Nichtrauchern in Nordrhein-Westfalen
NJOZ	Neue Juristische Online Zeitschrift
NJW	Neue Juristische Wochenschrift
NJW-RR	NJW-Rechtsprechungs-Report
NOK-BefAbgV	Verordnung über die Befahrungsabgaben auf dem Nord-Ostsee-Kanal
NRW	Nordrhein-Westfalen
NStZ	Neue Zeitschrift für Strafrecht
NVV	Nordhessischer VerkehrsVerbund
NVwZ	Neue Zeitschrift für Verwaltungsrecht
NWVBl.	Nordrhein-Westfälische Verwaltungsblätter
NZV	Neue Zeitschrift für Verkehrsrecht
OBG	Ordnungsbehördengesetz
Obus	Oberleitungsbus
OHG	Offene Handelsgesellschaft
OLG	Oberlandesgericht
ÖPNV	Öffentlicher Personennahverkehr
ÖPNVG LSA	Gesetz über den öffentlichen Personennahverkehr im Land Sachsen-Anhalt
ÖPNVG NRW	Gesetz über den öffentlichen Personennahverkehr in Nordrhein-Westfalen

OVG	Oberverwaltungsgericht
PBef-AusglV	Verordnung über den Ausgleich gemeinwirtschaftlicher Leistungen im Straßenpersonenverkehr
PBefG	Personenbeförderungsgesetz
PBefG 1934	Gesetz über die Beförderung von Personen zu Lande vom 4. Dezember 1934
PBG	Polizeibeamtengesetz
Pkw	Personenkraftwagen
PRM	Persons with reduced mobility
RDV	Recht der Datenverarbeitung
RegG	Gesetz zur Regionalisierung des öffentlichen Personennahverkehrs
RG	Reichsgericht
RGBl.	Reichsgesetzblatt
RGebStV	Rundfunkgebührenstaatsvertrag
RGZ	Entscheidungssammlung des Reichsgerichts in Zivilsachen
Rn.	Randnummer
RRa	ReiseRecht aktuell
RVG	Gesetz über die Vergütung der Rechtsanwältinnen und Rechtsanwälte
Rz.	Randziffer
SächsKVZ	Sächsisches Kostenverzeichnis
Schwb-AwV	Schwerbehindertenausweisverordnung
SchwbG	Schwerbehindertengesetz
SGB IX	Sozialgesetzbuch IX (Rehabilitation und Teilhabe behinderter Menschen)
SMS	Short Message Service
SNUB	Nahverkehr Schlichtungsstelle Niedersachsen und Bremen
SNV	Schlichtungsstelle Nahverkehr NRW
SOG LSA	Gesetz über die öffentliche Sicherheit und Ordnung des Landes Sachsen-Anhalt

SoldGG	Gesetz über die Gleichbehandlung der Soldatinnen und Soldaten
söp	Schlichtungsstelle für den öffentlichen Personenverkehr
SPNV	Schienenpersonennahverkehr
StGB	Strafgesetzbuch
StromGVV	Verordnung über Allgemeine Bedingungen für die Grundversorgung von Haushaltskunden und die Ersatzversorgung mit Elektrizität aus dem Niederspannungsnetz
StVG	Straßenverkehrsgesetz
StVO	Straßenverkehrs-Ordnung
TierNebG	Tierische Nebenprodukte-Beseitigungsgesetz
TKG	Telekommunikationsgesetz
TransportR	Transportrecht
UKlaG	Gesetz über Unterlassungsklagen bei Verbraucherrechts- und anderen Verstößen
u. U.	unter Umständen
UWG	Gesetz gegen den unlauteren Wettbewerb
VAG	Verkehrs-Aktiengesellschaft
VBB	Verkehrsverbund Berlin-Brandenburg
VBN	Verkehrsverbund Bremen/Niedersachsen
VCD	Verkehrsclub Deutschland
VDV	Verband Deutscher Verkehrsunternehmen
VersR	Versicherungsrecht
VerwArch	Verwaltungsarchiv
VG	Verwaltungsgericht
vgl.	vergleiche
VO-ABB	Verordnung über die Allgemeinen Beförderungsbedingungen für den Straßenbahn- und Obusverkehr sowie den Linienverkehr mit Kraftfahrzeugen
VÖV	Verband öffentlicher Verkehrsbetriebe (Vorgänger des VDV)
VRN	Verkehrsverbund Rhein-Neckar

Vorbemerkung

Warum ist das Thema wichtig?

Seit etwa zehn Jahren werden in Deutschland und Europa Fahrgastrechte bei Bussen und Bahnen diskutiert. Gleichzeitig wird beklagt, dass Straftaten und unsoziales Verhalten von einigen Fahrgästen im öffentlichen Nahverkehr zunehmen. Ob die Probleme eher gefühlt sind oder wirklich bestehen mag für die Frage von Gesetzesänderungen wichtig sein – nicht relevant ist dies für die Frage, welche Rechte und Pflichten derzeit existieren. Bevor aber Gesetze geändert werden, ist eine Bestandsaufnahme der derzeitigen Rechtslage erforderlich.

Warum diese Arbeit?

Es fällt auf, dass nicht nur Fahrgäste und Mitarbeiter der Verkehrsunternehmen unzureichend über die Rechtslage informiert sind, auch bei den Gerichten – hier in erster Linie den Amtsgerichten – kommt es nicht nur selten zu Entscheidungen, die sich von der Rechtslage nicht nur unerheblich entfernen.

Letzteres liegt wesentlich daran, dass auch die Rechtswissenschaft, die der Justiz eigentlich Hilfestellung bei der Rechtsfindung geben sollte, sich bei vielen Fragen in Irrtümer verstrickt oder bestimmte Fragestellungen bislang nicht aufgegriffen hat.

Gründe hierfür gibt es viele:

- Für Busse und Bahnen im Bereich des PBefG liegen die Preise für Einzelfahrausweise regelmäßig zwischen einem und fünf Euro. Bei Zeitkarten ist der Wert der einzelnen Fahrt noch geringer. Daher ist bereits das Interesse der Parteien an einer gerichtlichen Auseinandersetzung gering.
- Das ökonomische Interesse von Rechtsanwälten an Streitigkeiten über einen Beförderungsvertrag im ÖPNV ist bei der Abrechnung nach RVG ebenfalls minimal, da hier die Vergütungshöhe über den Streitwert bestimmt wird.
- Ferner sind Gerichtsentscheidungen mit Streitwerten in Höhe eines Fahrpreises im ÖPNV in der Regel nicht berufungsfähig, da sie gemäß § 511 Absatz 2 ZPO nur zulässig sind, wenn der Wert des Beschwerdegegenstandes 600,-- Euro übersteigt oder das Gericht des ersten Rechtszuges die Berufung im Urteil zugelassen hat.

- Fahrten mit öffentlichen Verkehrsmitteln sah man früher vielfach rein als Daseinsvorsorge für die sogenannten „A-Gruppen": Arme, Arbeitslose, Ausländer, Auszubildende, Alte. Diese Gruppen sind klassischerweise nicht solche, die selbstbewusst Ansprüche formulieren, sondern sich eher passiv verhalten.
- Fahrgastrechte sind Teil der Zuständigkeit der Verbraucherschutzministerien. Diese sind erst in den letzten Jahren bei Bund und Ländern aus den Landwirtschaftsministerien gebildet worden (im Bund im Jahre 2001). Denn erst im Zuge mehrerer Skandale – insbesondere im Lebensmittelbereich (Salmonellen, Schweinepest, BSE, Vogelgrippe etc.) – bekam der Schutz der Verbraucher eine größere Bedeutung.
- Letztlich erfordert das Thema auch eine interdisziplinäre Betrachtung zwischen Zivilrecht, Strafrecht und Verwaltungsrecht, die offensichtlich nicht nur von einigen Rechtswissenschaftlern gescheut, sondern auch bei vielen Gerichten ignoriert wird.

Die wichtigste Rechtsquelle für die vorgenannten Fragen ist die VO-ABB. Gleichwohl existiert hierzu bislang kein eigener Kommentar. Sonstige, aktuelle kommentierende Literatur gibt es zu diesem Themenbereich ebenfalls nicht.

Dies ist umso erstaunlicher, als die hier untersuchten Verkehre jedes Jahr in Deutschland fast acht Milliarden Beförderungen durchführen. Die relativ geringe Quellenlage für die konkreten Probleme bei dem Thema überrascht auch deshalb, da die Frage der Fahrgastrechte und -pflichten häufig Gegenstand sowohl der Medienberichterstattung als auch der politischen Diskussion sind.

Daher ist es nötig, bezüglich der Rechte und Pflichten der Fahrgäste im ÖPNV den bislang bekannten Forschungsstand umfassend darzustellen und das vorhandene Interpretationsdefizit zu den bestehenden Normen zu beseitigen.

Diese Arbeit soll den mit diesen Themen befassten Personen und Institutionen neue Informationen und Erkenntnisse liefern und zur Lösung von Konflikten beitragen. Angesprochen ist hierbei insbesondere die Rechtswissenschaft. Aber auch Schlichtungsstellen, Fahrgästen, Unternehmen, Verbänden, Verbünden, Verwaltung, Politik sowie alle interessierten Kreisen und nicht zuletzt der Justiz kann diese Arbeit eine hilfreiche Handreichung sein.

Was ist neu?

Schon allein der vorgenannte Mangel an Erläuterungen von Rechten und Pflichten der Fahrgäste der PBefG-Linienverkehre des ÖPNV gibt Anlass für eine eigene Darstellung. Diese Arbeit wird jedoch noch weitere Erkenntnisse liefern.

Dies gilt zunächst für die Aufarbeitung der Frage, für welchen Personenkreis eigentlich die Regelungen der VO-ABB gelten – nur für Kunden oder für alle Fahrgäste?

Ferner wird der Frage nachgegangen, wann der Beförderungsvertrag geschlossen wird. Bislang wurde von der h. M. immer der Einstieg in das Fahrzeug als entscheidend angesehen.

Eine weitere, praxisrelevante Thematik ist die Rechtslage im Zusammenhang mit minderjährigen Schwarzfahrern.

Schließlich wird in dieser Arbeit die noch nahezu nicht untersuchte Frage erörtert, wer eigentlich Vertragspartner des Beförderungsvertrages ist.

Für eine zunächst in dieser Rechtsmaterie nicht vermutete Frage, nämlich der Definition der öffentlichen Ordnung, wird hier ebenfalls eine neue, erstmalig verfassungsrechtlich vertretbare Position gefunden.

Schließlich wurde auch das Verhältnis von BGB und VO-ABB neu beleuchtet.

Einen weiteren Untersuchungspunkt betrifft die ebenfalls im Beförderungsrecht noch nicht untersuchte Frage des Verhältnisses von Hausrecht und Beförderungspflicht.

Hinsichtlich des erst vor einigen Jahren geänderten Nichtraucherschutzes zeigt die Arbeit, dass die Streichung vermeintlich überflüssig gewordener Bestimmungen letzten Endes für den Nichtraucherschutz kontraproduktiv war.

Ganz aktuell enthält die Untersuchung auch eine Einschätzung der neuen Verordnung (EU) Nr. 181/2011 über die Fahrgastrechte im Kraftomnibusverkehr.

Nicht zuletzt werden in dieser Arbeit eine Vielzahl von unveröffentlichten Gerichtsentscheidungen ausgewertet und hierdurch als weitere Erkenntnisquelle für die Wissenschaft gehoben.

1. Untersuchungsgegenstand

Untersuchungsgegenstand dieser Arbeit sind die Fahrgastrechte und Fahrgastpflichten der dem PBefG unterfallenden Linienverkehre des ÖPNV. Der Grund für die Begrenzung auf diese Verkehre liegt in den teilweise marginalen, teilweise aber im Vergleich zu den anderen Verkehren deutlichen Unterschieden der Fahrgastrechte und -pflichten. Diese Unterschiede resultieren aus den verschiedenen Rechtsgrundlagen. So unterfallen z. B. die Eisenbahnen nicht dem PBefG, sondern dem AEG; entsprechend gelten für sie nicht die BOStrab, sondern die EBO sowie die EVO statt der VO-ABB. Für Linienverkehre sind die §§ 39 und 40 PBefG einschlägig, die bei den Gelegenheitsverkehren keine Anwendung finden. Hingegen gelten für Gelegenheitsverkehre die §§ 46 ff. PBefG, die für den Linienverkehr unerheblich sind. Schließlich finden ausschließlich für den Nahverkehr und nicht den Fernverkehr z. B. die Bestimmungen der §§ 8 und 13 Absatz 2a PBefG Anwendung.

Die verschiedenen Rechtsgrundlagen haben ihre Gründe in technischen Unterschieden, im Fahrgastbedürfnis und -verhalten, sowie in der Historie.

Daher muss für eine Darstellung der Fahrgastrechte und -pflichten zunächst genau definiert werden, welche Verkehre dies betrifft – und zwar in Bezug auf
1. den Geltungsbereich des PBefG,
2. das Merkmal des Linienverkehrs und schließlich
3. das Kriterium des ÖPNV.

Schließlich ist noch eine Abgrenzung des hier verwendeten Wortes Fahrgast von den ähnlichen Begriffen „Kunde", „Passagier", „Reisender" und „Beförderungsfall" vorzunehmen.

1.1 Verkehr nach dem PBefG

Nach § 1 Absatz 1 Satz 1 PBefG unterliegen diesem Gesetz die entgeltliche oder geschäftsmäßige Beförderung von Personen mit Straßenbahnen, Oberleitungsomnibussen (Obussen) und Kraftfahrzeugen. Nicht dem Geltungsbereich des PBefG und seiner Verordnungen unterfallen die Verkehre nach der Freistellungsverordnung vom 30. August 1962[1]. Daher sind diese Verkehre nicht Gegenstand der Untersuchung.

---

[1] Verordnung über die Befreiung bestimmter Beförderungsfälle von den Vorschriften des Personenbeförderungsgesetzes (Freistellungs-Verordnung) vom 30. August 1962, BGBl. I, Nr. 37 vom 5. September 1962, Seite 601 f.

© Springer Fachmedien Wiesbaden GmbH, ein Teil von Springer Nature 2012
T. Hilpert-Janßen, *Fahrgastrechte und -pflichten der ÖPNV-Linienverkehre nach dem PBefG*, Edition KWV, https://doi.org/10.1007/978-3-658-24122-3_1

1.1.1 Personenbeförderung

Die erste Voraussetzung für die Einbeziehung in den Kreis der Verkehre nach dem PBefG ist das Vorliegen einer Personenbeförderung. Sie liegt vor, wenn ein Fahrgast in einem Fahrzeug von einer Örtlichkeit zu einer anderen fortbewegt wird; auf den damit verfolgten Zweck kommt es nicht an.[2] Ausgangs- und Zielort können sogar übereinstimmen.[3] Daher unterfallen der Personenbeförderung nicht nur Fahrten zur Ausbildungsstätte, zur Arbeit oder zu Besuchszwecken, sondern auch Fahrten, die als Selbstzweck vorgenommen werden (z. B. Rundfahrten oder Fahrten zum Aufwärmen).

Keine Personenbeförderung ist die Beförderung von Gütern; diese unterliegt dem GüKG.[4] Ebenfalls grundsätzlich keine Geltung hat das PBefG für den Tiertransport.[5] Allerdings gelten sowohl für den Güter- als auch für den Tiertransport dann Ausnahmen, wenn diese in Verbindung mit einer Personenbeförderung stehen.[6] Für diese Fälle befinden sich mit § 11 VO-ABB „Beförderung von Sachen" und § 12 VO-ABB „Beförderung von Tieren" sogar ausdrücklich eigene Regelungen in der VO-ABB.

Leichentransporte unterfallen ebenfalls nicht dem PBefG.[7] Sie sind keine Personen (mehr), sondern werden in der Rechtsordnung den Sachen zugerechnet.[8] Die BOKraft von 1939[9] schloss in § 28 und die BOKraft von 1960[10] in § 15 den Leichentransport sogar noch ausdrücklich aus. Die BOKraft von 1975[11] enthielt diesen ausdrücklichen Ausschluss schließlich nicht mehr.

Dagegen fehlt es zwar bei Fahrten „mit Krankenkraftwagen, wenn damit kranke, verletzte oder sonstige hilfsbedürftige Personen befördert werden, die während der Fahrt einer medizinisch fachlichen Betreuung oder der besonderen Einrichtung des Krankenkraftwagens bedürfen oder bei

---

[2]   Bidinger, B § 1 PBefG, Anm. 11.

[3]   Bidinger, B § 1 PBefG, Anm. 11.

[4]   Bidinger, B § 1 PBefG, Anm. 12.

[5]   Bidinger, B § 1 PBefG, Anm. 15.

[6]   Bidinger, B § 1 PBefG, Anm. 13.

[7]   Bidinger, B § 1 PBefG, Anm. 14.

[8]   Ellenberger, Jürgen, in: Palandt, Überblick vor § 90, Rn. 11.

[9]   Verordnung über den Betrieb von Kraftfahrunternehmen im Personenverkehr vom 13. Februar 1939, RGBl. I, Nr. 29 vom 20. Februar 1939, Seite 231 ff.

[10] Verordnung über den Betrieb von Kraftfahrunternehmen im Personenverkehr (BOKraft) vom 7. Juli 1960, BGBl. I, Nr. 36 vom 22. Juli 1960, Seite 553, 556.

[11] Verordnung über den Betrieb von Kraftfahrunternehmen im Personenverkehr (BOKraft) vom 21. Juni 1975, BGBl. I, Nr. 72 vom 1. Juli 1975, Seite 1573 ff.

denen solches auf Grund ihres Zustandes zu erwarten ist" nicht an der Personeneigenschaft. Sie unterfallen jedoch deshalb nicht den Bestimmungen des PBefG, weil § 1 Absatz 2 Nr. 2 PBefG dies ausdrücklich ausschließt.

1.1.2 Entgeltliche oder geschäftsmäßige Beförderung

Die zweite Voraussetzung für die Einbeziehung in den Geltungsbereich des PBefG ist die Entgeltlichkeit oder Geschäftsmäßigkeit der Beförderung.

Von einer entgeltlichen Beförderung ist auszugehen, wenn für die Beförderung eine Gegenleistung angestrebt wird.[12] Dies ist regelmäßig der Fahrpreis. Es kann jedoch auch eine Fahrgeldersatzleistung wie z. B. eine Zahlung für schwerbehinderte Menschen nach den §§ 145 ff. SGB IX sein. Denn ob der Beförderte selbst oder ein Dritter das Entgelt zahlt ist unerheblich.[13]

Geschäftsmäßigkeit ist anzunehmen, wenn die Beförderungen keinen Einzelfall darstellen sollen und es sich um eine dauernde oder wiederkehrende Betätigung handelt.[14]

Nach § 1 Absatz 1 Satz 2 PBefG sind als Entgelt auch wirtschaftliche Vorteile anzusehen, die mittelbar für die Wirtschaftlichkeit einer auf diese Weise geförderten Erwerbstätigkeit erstrebt werden.

Gemäß § 1 Absatz 2 Nr. 1 PBefG sind jedoch gleichwohl Fahrten mit Personenkraftwagen vom Anwendungsbereich ausgeschlossen, wenn das Gesamtentgelt die Betriebskosten der Fahrt nicht übersteigt. Dies betrifft etwa die Beförderung bei der Vermittlung von Mitfahrzentralen und anderen Fahrgemeinschaften.

Die Begriffe „entgeltlich" und „geschäftsmäßig" haben in der heutigen Fassung des PBefG den Begriff der „gewerbsmäßigen Beförderung"

---

[12] Deutscher Bundestag, Drucksache 3/255 vom 8. März 1958, Seite 24, Begründung zu § 1 Absatz 1; VG Augsburg, Urteil vom 4. August 2009 – Az. Au 3 K 08.1669; Bidinger, B § 1 PBefG, Anm. 25.

[13] VG Augsburg, Urteil vom 4. August 2009 – Az. Au 3 K 08.1669.

[14] Deutscher Bundestag, Drucksache 3/255 vom 8. März 1958, Seite 24, Begründung zu § 1 Absatz 1; BGH, Urteil vom 28. Mai 1991 – Az. VI ZR 291/90 = BGHZ 114, 348, 353 = VRS Bd. 81, Nr. 135, Seite 333, 336 = NJW 1991, 2143, 2144; BGH, Urteil vom 14. Mai 1981 – Az. VI ZR 233/79 = BGHZ 80, 303, 305 = VRS Bd. 61, Nr. 42, Seite 85, 86 f. (hier gegenüber der amtlichen Sammlung ein abweichendes Entscheidungsdatum); BVerwG, Beschluss vom 18. Februar 1993 – Az. 7 B 16.93 = VRS Bd. 85, Nr. 95, Seite 239, 240 = NZV 1993, 247 = TransportR 1993, 393; VG Augsburg, Urteil vom 4. August 2009 – Az. Au 3 K 08.1669; Bidinger, B § 1 PBefG, Anm. 35.

abgelöst, der noch im PBefG von 1934 Verwendung fand.[15] Zwar gehört das PBefG weiterhin zum Gewerberecht. Allerdings ist mit dem Begriff der Gewerbsmäßigkeit die Gewinnerzielungsabsicht verbunden.[16] Mit der begrifflichen Änderung hat der Gesetzgeber klargestellt, dass auch die Verkehre, die nicht auf Gewinnerzielung gerichtet sind, dem PBefG unterfallen sollen.[17]

1.1.3 Beförderung mit Straßenbahn, Obus oder Kfz

Eine gesetzliche Definition der Straßenbahnen, Obusse und Kraftomnibusse findet sich in § 4 PBefG.

1.1.3.1 Straßenbahnen

Gemäß § 4 Absatz 1 PBefG sind Straßenbahnen „Schienenbahnen, die
1. den Verkehrsraum öffentlicher Straßen benutzen und sich mit ihren baulichen und betrieblichen Einrichtungen sowie in ihrer Betriebsweise der Eigenart des Straßenverkehrs anpassen oder
2. einen besonderen Bahnkörper haben und in der Betriebsweise den unter Nr. 1 bezeichneten Bahnen gleichen oder ähneln und ausschließlich oder überwiegend der Beförderung von Personen im Orts- oder Nachbarschaftsbereich dienen".

Ferner gelten nach § 4 Absatz 2 PBefG als Straßenbahnen solche „Bahnen, die als Hoch- und Untergrundbahnen, Schwebebahnen oder ähnliche Bahnen besonderer Bauart angelegt sind oder angelegt werden, ausschließlich oder überwiegend der Beförderung von Personen im Orts- oder Nachbarschaftsbereich dienen und nicht Bergbahnen oder Seilbahnen sind."

Zur Fallgruppe der Straßenbahnen im Sinne des § 4 Absatz 1 Nr. 1 PBefG gehören die Straßenbahnen im ursprünglichen Sinne. Diese Bahnen fahren überwiegend nicht nach Signal, sondern auf Sicht.[18] Ihr Bahnkörper erfüllt die Merkmale des § 16 Absatz 5 BOStrab als straßenbündiger Bahnkörper, der mit seinen Gleisen in Straßenfahrbahnen oder Gehwegflächen eingebettet ist.

---

[15] Bidinger, B § 1 PBefG, Anm. 24.

[16] BVerwG, Urteil vom 24. Februar 1956 – Az. I C 245/54, BVerwGE 3, 178, 180 ff.; Bidinger, B § 1 PBefG, Anm. 24.

[17] Deutscher Bundestag, Drucksache 3/255 vom 8. März 1958, Seite 24, Begründung zu § 1 Absatz 1; Bidinger, B § 1 PBefG, Anm. 24.

[18] VDV, Stadtbahnen in Deutschland, Seite 64.

Die Fallgruppe im Sinne des § 4 Absatz 1 Nr. 2 PBefG besteht aus Verkehren, die die Definition des besonderen Bahnkörpers in § 16 Absatz 6 BOStrab erfüllen. Sie liegen im Verkehrsraum öffentlicher Straßen, sind jedoch vom übrigen Verkehr durch Bordsteine, Leitplanken, Hecken, Baumreihen oder andere ortsfeste Hindernisse getrennt. Zum besonderen Bahnkörper gehören auch höhengleiche Kreuzungen, die nach § 20 Absatz 7 BOStrab als Bahnübergänge gelten.

Zur Fallgruppe des § 4 Absatz 2 PBefG zählen die Schienenbahnen, die auf einem unabhängigen Bahnkörper im Sinne des § 16 Absatz 7 BOStrab fahren. Sie sind auf Grund ihrer Lage oder ihrer Bauart vom übrigen Verkehr unabhängig. Zum unabhängigen Bahnkörper gehören auch die Bahnübergänge nach § 20 BOStrab. Zu diesen Verkehren gehören insbesondere die sogenannten Voll-U-Bahn-Systeme in Berlin, Hamburg, München und Nürnberg. Sie zeichnen sich – im Gegensatz zu U-Bahnen in anderen Städten – durch einen im gesamten Netz durchgehenden unabhängigen Gleiskörper aus; daher haben diese Bahnen den Stromabnehmer seitlich im Schienenbereich installiert, wodurch die Oberleitung entfällt.[19] Ferner gehören in die Kategorie des § 4 Absatz 2 PBefG die ebenfalls mit einem durchgehend unabhängigen Bahnkörper ausgestatteten Systeme der H-Bahn in Dortmund, der Flughafenbahnen in Frankfurt und Düsseldorf sowie die Schwebebahn in Wuppertal.

Stadtbahnsysteme können sowohl einen Fall des § 4 Absatz 1 Nr. 1 oder Nr. 2 PBefG als auch des § 4 Absatz 2 PBefG darstellen. Der Begriff „Stadtbahn", wie er heute üblicherweise Verwendung findet, stammt aus den 1960er Jahren und bezeichnet Bahnen, die teilweise als U-Bahn und teilweise als klassische Straßenbahn fahren[20] – je nach Ausbaustandard oder verkehrlicher Notwendigkeit. Das Wort „Stadtbahn" hat in diesem Zusammenhang allerdings nichts mit der Verwendung des Begriffs in Berlin[21] für einen Teilabschnitt der Eisenbahnstrecke in der Innenstadt zu tun. Der dort „Stadtbahn" genannte Bereich unterfällt als Eisenbahn dem AEG sowie deren Verordnungen EVO und EBO.

Das sowohl in § 4 Absatz 1 PBefG als auch in § 4 Absatz 2 PBefG aufgeführte Erfordernis, dass diese Schienenbahnen „der Beförderung von Personen im Orts- oder Nachbarschaftsbereich" zu dienen haben, ist weit auszulegen. Hierzu gehören auch Siedlungen, Arbeitsstätten etc., die nicht mehr zum Nachbarort gehören.[22]

---

[19] VDV, Stadtbahnen in Deutschland, Seite 60 ff.

[20] VDV, Stadtbahnen in Deutschland, Seite 66 ff.

[21] VDV, Stadtbahnen in Deutschland, Seite 66 ff.

[22] Bidinger, B § 4 PBefG, Anm. 1.

Im Ergebnis gehören zu den Straßenbahnen im Sinne des PBefG somit sowohl die Straßenbahnen im ursprünglichen Sinne als auch Stadtbahnsysteme, klassische U-Bahn-Systeme, die H-Bahn in Dortmund, Flughafenbahnen wie in Frankfurt und Düsseldorf sowie die Schwebebahn in Wuppertal. Sie unterscheiden sich rechtlich nicht.[23]

1.1.3.2 Obusse

Obus, teilweise auch O-Bus geschrieben, ist eine Abkürzung des Begriffs „Oberleitungsbus". In manchen Ländern, wie z. B. der Schweiz, werden sie als Trolleybusse bezeichnet. Nach § 4 Absatz 3 PBefG sind sie definiert als „elektrisch angetriebene, nicht an Schienen gebundene Straßenfahrzeuge, die ihre Antriebsenergie einer Fahrleitung entnehmen". Der Obus verbindet Elemente der Straßenbahn mit denen des Dieselbusses.[24] Nach diesen Definitionen gibt es in Deutschland noch Obussysteme mit zusammen 91 Fahrzeugen in den Städten Solingen, Eberswalde und Esslingen.[25]

1.1.3.3 Kraftfahrzeuge

Unter „Kraftfahrzeuge" versteht das PBefG nach § 4 Absatz 4 Halbsatz 1 „Straßenfahrzeuge, die durch eigene Maschinenkraft bewegt werden, ohne an Schienen oder eine Fahrleitung gebunden zu sein". Hierzu gehören sowohl Pkw als auch Kraftomnibusse.

Pkw sind nach § 4 Absatz 4 Nr. 1 PBefG „Kraftfahrzeuge, die nach ihrer Bauart und Ausstattung zur Beförderung von nicht mehr als neun Personen (einschließlich Führer) geeignet und bestimmt sind".

Für „Kraftomnibusse", nachfolgend nur noch kurz Omnibusse oder Busse genannt, findet sich in § 4 Absatz 4 Nr. 2 PBefG eine Definition. Danach sind dies „Kraftfahrzeuge, die nach ihrer Bauart und Ausstattung zur Beförderung von mehr als neun Personen (einschließlich Führer) geeignet und bestimmt sind". Diese Definition entspricht inhaltlich derjenigen in § 30d Absatz 1 StVZO, nach der Kraftomnibusse „Kraftfahrzeuge zur Personenbeförderung mit mehr als acht Sitzplätzen außer dem Fahrersitz" sind. Der auf den ersten Blick bestehende Widerspruch (acht bzw. neun Sitzplätze) ergibt sich aus dem Ausschluss des Fahrersitzes in § 30d Absatz 1 StVZO, bzw. dessen Einschluss in der Definition des § 4 Absatz 4 Nr. 2 PBefG.

---

[23] VDV, Stadtbahnen in Deutschland, Seite 72 ff.

[24] VDV, Linienbusverkehrssysteme mit elektrischem Antrieb, Seite 62.

[25] VDV, Linienbusse, Seite 214.

1.2 Linienverkehr

Linienverkehr ist nach § 42 PBefG „eine zwischen bestimmten Ausgangs- und Endpunkten eingerichtete regelmäßige Verkehrsverbindung, auf der Fahrgäste an bestimmten Haltestellen ein- und aussteigen können. Er setzt nicht voraus, dass ein Fahrplan mit bestimmten Abfahrts- und Ankunftszeiten besteht oder Zwischenhaltestellen eingerichtet sind." Nach § 43 PBefG gilt als Sonderform, aber dennoch als Linienverkehr, „unabhängig davon, wer den Ablauf der Fahrten bestimmt, auch der Verkehr, der unter Ausschluss anderer Fahrgäste der regelmäßigen Beförderung von

1. Berufstätigen zwischen Wohnung und Arbeitsstelle (Berufsverkehr),
2. Schülern zwischen Wohnung und Lehranstalt (Schülerfahrten),
3. Personen zum Besuch von Märkten (Marktfahrten),
4. Theaterbesuchern

dient. Die Regelmäßigkeit wird nicht dadurch ausgeschlossen, dass der Ablauf der Fahrten wechselnden Bedürfnissen der Beteiligten angepasst wird."

Eine Sondersituation nehmen AST, Rufbusse und Bürgerbusse ein. Sie unterfallen oft nur teilweise – soweit sie die Merkmale des Linienverkehrs erfüllen – dem § 42 PBefG. Ihre Genehmigung erfolgt häufig in Verbindung mit § 2 Absatz 6 PBefG.[26]

Bei den Gelegenheitsverkehren handelt es sich nach § 46 Absatz 1 PBefG um „die Beförderung von Personen mit Kraftfahrzeugen, die nicht Linienverkehr nach den §§ 42 und 43 PBefG" sind. Hierzu zählen nach § 46 Absatz 2 PBefG Verkehre mit Taxen (§ 47 PBefG), Ausflugsfahrten und Ferienziel-Reisen (§ 48 PBefG) sowie die Verkehre mit Mietomnibussen und mit Mietwagen (§ 49 PBefG).

Wesentliches Merkmal des Linienverkehrs ist damit die Streckenbindung und die Fahrgastfreiheit; hingegen zeichnet den Gelegenheitsverkehr die Streckenfreiheit und die Fahrgastbindung aus.[27]

Gelegenheitsverkehre sind auch Gegenstand der Regelungen des PBefG. Gleichwohl sind sie nicht Thema dieser Untersuchung, da diese Verkehre andere Merkmale und Problemstellungen haben. So weisen sie z. B. keine Vertaktung auf und verkehren nicht nach Fahrplänen. Entsprechend folgen sie in vielen Fällen anderen Rechtsgrundlagen. So gelten

---

[26] Bauer, Michael, § 2, Rn. 28; hinsichtlich der AST-Verkehre: VGH Baden-Württemberg, Urteil vom 28. März 2008 – Az. 9 S 2312/06, Rn. 24 ff. = DÖV 2008, 879 f.; VG Köln, Urteil vom 19. April 1989 – Az. 21 K 2969/87 = VRS Bd. 77, Nr. 186, Seite 474 ff. = TranspR 1989, Seite 445 ff.; eingehend zu diesen Verkehren: Füßer, Klaus, DVBl. 2011, 20 ff.

[27] Krämer, Horst, ErlPBefG, Seite 69, Rn. 28.

für sie, anders als für Straßenbahnen, Obusse und Buslinienverkehre, die Regelungen der §§ 46 ff. PBefG. Ferner ist die VO-ABB auf diese Fahrten nicht anwendbar.

1.3 ÖPNV

Eine Definition der Verkehre des ÖPNV findet sich in § 8 Absatz 1 PBefG. Danach ist „Öffentlicher Personennahverkehr im Sinne dieses Gesetzes [...] die allgemein zugängliche Beförderung von Personen mit Straßenbahnen, Obussen und Kraftfahrzeugen im Linienverkehr, die überwiegend dazu bestimmt sind, die Verkehrsnachfrage im Stadt-, Vorort- oder Regionalverkehr zu befriedigen. Das ist im Zweifel der Fall, wenn in der Mehrzahl der Beförderungsfälle eines Verkehrsmittels die gesamte Reiseweite 50 Kilometer oder die gesamte Reisezeit eine Stunde nicht übersteigt." Die vorgenannten Merkmale des ÖPNV finden sich außerhalb des PBefG auch in weiteren Bundesgesetzen, so z. B. in § 2 RegG, § 2 Absatz 5 AEG oder § 147 SGB IX. Diese Abgrenzung dient dem Gesetzgeber in vielen Fällen zu unterschiedlichen Rechtsfolgen.[28]

Hinsichtlich der Fahrgastinteressen und der betrieblichen Fragen bestehen beim Fernverkehr ebenfalls andere Probleme und Schwerpunkte. Beispielhaft seien nur die Themen Gepäckbeförderung, Taktzeiten und Sitzplätze genannt.

Entsprechend ist der Fernverkehr nicht in die Untersuchung einbezogen.

1.4 Fahrgäste

Die Untersuchung bezieht sich auf Fahrgäste und ihre Rechte und Pflichten. Daher gilt es, diesen Begriff gegenüber den anderen, ähnlichen Begriffen „Kunde", „Passagier", „Reisender" und „Beförderungsfall" abzugrenzen.

1.4.1 Kunde

Die Bezeichnung „Kunde" kommt von „kennen". Es bedeutete früher schlicht Bekannter oder Einheimischer.[29] Heutzutage bezeichnet es einen Nachfrager von Sach- oder Dienstleistungen. Er ist kein verkehrs- und erst recht kein ÖPNV-spezifischer Begriff. Die Bezeichnung Kunde ist auch unabhängig von der Frage, wie häufig jemand in Vertragsbeziehung mit dem Anbieter tritt. Ebenfalls keine Rolle spielt, wie oft eine Leistung abgerufen bzw. in Anspruch genommen wird. Der Begriff des

---

[28] Vgl. z. B. §§ 147 ff. SGB IX; § 8 Absätze 3 und 4 PBefG; § 13 Absatz 2 Nr. 2 c).

[29] Duden, Bd. 7, Herkunftswörterbuch.

Kunden taucht in vielen Gesetzen[30] und Verordnungen[31] auf. Er bezeichnet dort üblicherweise Personen, die Waren oder Dienstleistungen von Unternehmen gegen Entgelt beziehen.[32] Neuerdings werden sogar Leistungsbezieher der Bundesagentur für Arbeit als „Kunden" bezeichnet.[33] Der Begriff findet sich aber nicht in den allgemein zivilrechtlichen Normen oder den spezifischen Normen des ÖPNV, auf die es nachfolgend ankommt. Da er die Beziehungs- und nicht die Benutzungsebene beschreibt, ist er für die Untersuchung von Rechten und Pflichten bei der Benutzung des ÖPNV nur bedingt geeignet.

1.4.2 Passagier

Der Begriff des Passagiers bezeichnet in der deutschen Sprache sowohl Schiffs- und Fluggäste als auch sonstige Fahrgäste.[34] Er stammt ursprünglich aus dem Italienischen und bedeutet „Reisender".[35] Im deutschen Recht wird der Begriff des Passagiers jedoch nur bei Wasserfahrzeugen[36] (Schiffe und Fähren) sowie im Zusammenhang mit Luftfahrzeugen[37] (Flugzeuge etc.), nicht jedoch im Zusammenhang mit Landfahrzeugen benutzt. Entsprechend findet er in dieser Untersuchung auch keine weitere Verwendung.

1.4.3 Reisender

Im deutschen Recht findet sich der Begriff des Reisenden sowohl im Schiffs-[38], Fluggast-[39] als auch im Eisenbahnverkehr[40]. Im BGB wird der

---

[30] Vgl. nur z. B. mit Mehrfachnennungen und Definition: Wertpapierhandelsgesetz (WpHG); §§ 87 ff. HGB; §§ 310, 312d, 312e, 312g, 651k, 675r, 765y BGB; §§ 5 und 7 UWG; vielfach im TKG.

[31] Vgl. z. B. vielfach in der Gasgrundversorgungsverordnung (GasGVV) und der Stromgrundversorgungsverordnung (StromGVV), in beiden Verordnungen sogar im Langtitel und mit einer Definition des Kunden jeweils im § 1 Absatz 2; ferner mehrfach in der AVBWasserV, Wertpapierdienstleistungs-Verhaltens- und Organisationsverordnung (WpDVerOV) oder der AVBFernwärmeV.

[32] Vgl. z. B. § 31a WpHG.

[33] Vgl. z. B. § 51a SGB II.

[34] Duden, Die deutsche Rechtschreibung, Bd. 1; Duden, Herkunftswörterbuch, Bd. 7.

[35] Duden, Fremdwörterbuch, Bd. 5; Duden, Herkunftswörterbuch, Bd. 7.

[36] Vgl. z. B. NOKBefAbgV, Lotstarifverordnung (LTV).

[37] Vgl. z. B. Bodenabfertigungsdienst- Verordnung (BADV), Luftsicherheits-Schulungsverordnung (LuftSiSchulV).

[38] Z. B. § 675 HGB.

[39] Z. B. MontÜG.

Begriff der Reise in den §§ 651 ff. BGB verwendet. Die ursprüngliche Bedeutung des Wortes ist „aufbrechen, aufstehen, unternehmen".[41]

Für den ÖPNV-Verkehr des PBefG wird der Begriff üblicherweise nicht benutzt. Dies entspricht damit dem allgemeinen Sprachgebrauch, der unter Reise eher längere Fahrten, weitere Distanzen und Abwesenheit, die meist sogar mit einer oder mehreren Übernachtungen verbunden ist, versteht.

1.4.4 Beförderungsfall

Der Beförderungsfall ist ein Begriff, der überwiegend in der Statistik und Verkehrsplanung verwendet wird. Im Recht der PBefG- und der Eisenbahnverkehre findet er sich z. B. in den §§ 8 Absatz 1 Satz 2 und 57 Absatz 1 Nr. 8 PBefG, § 2 Satz 2 RegG, § 2 Absatz 5 Satz 2 AEG sowie in der Freistellungs-Verordnung[42].

Der Begriff stimmt nicht mit dem des Kunden überein, da ein Kunde mit jeder Fahrt ein neuer Beförderungsfall ist. Dies wird insbesondere in der journalistischen Berichterstattung oft übersehen, bei der suggeriert wird, die Verwendung des Begriffs des Beförderungsfalls indiziere den Nachholbedarf der Verkehrsunternehmen in Sachen Kundenorientierung.[43] Für die PBefG-Verkehre spielt der Begriff damit zwar eine Rolle, aber eben nicht bei den Rechten und Pflichten.

1.4.5 Fahrgast

Der Begriff des Fahrgastes hat im Deutschen – anders als der des Reisenden – nicht zwangsläufig den Beiklang der weiten oder längeren Fahrt. Entsprechend wird der Begriff in den gesetzlichen Bestimmungen von PBefG und VO-ABB verwandt, während der Gesetzgeber ursprünglich[44] bei der tendenziell für längere Strecken bestimmten Eisenbahn ausschließlich das Wort „Reisender" und nicht „Fahrgast"[45] benutzte. In

---

[40] Z. B. § 9 und 18 EVO.

[41] Duden, Herkunftswörterbuch, Bd. 7.

[42] Verordnung über die Befreiung bestimmter Beförderungsfälle von den Vorschriften des Personenbeförderungsgesetzes (Freistellungs-Verordnung) vom 30. August 1962, BGBl. I, Nr. 37 vom 5. September 1962, Seite 601 f. in der Fassung der „Zweiten Verordnung zur Änderung personenbeförderungsrechtlicher Vorschriften" vom 30. Juni 1989, BGBl. I, Nr. 31 vom 30. Juni 1990, Seite 1273.

[43] Vgl. z. B. Wüpper, Thomas, in: Frankfurter Rundschau vom 8. April 2010; Rippegather, Jutta, in: Frankfurter Rundschau vom 1. Dezember 2009.

[44] Anders teilweise in später eingefügten Bestimmungen im AEG.

[45] Vgl. z. B. die EVO, dort findet sich das Wort „Fahrgast" nur einmal in § 1 Satz 2 EVO, in dem die EG-Verordnung 1371/2007 zitiert wird.

der VO-ABB und dem PBefG verwendet der Gesetzgeber für die PBefG-Linienverkehre des ÖPNV fast durchgehend[46] den Begriff „Fahrgast".

Der Fahrgast ist danach der faktische Nutzer eines Verkehrsmittels. Er wird befördert, ohne dass es auf das Bestehen oder die Ausgestaltung eines Vertrages mit dem Beförderer ankommt.[47] Er umfasst damit nicht nur die Personen, die einen gültigen Fahrausweis haben, sondern alle Personen, die sich im Fahrzeug befinden und nicht zum Betriebspersonal zählen, das für den aktuellen Betrieb des Fahrzeugs zuständig ist.[48] Folglich ist auch ein Schwarzfahrer Fahrgast.[49]

Ferner ist eine Person nicht nur während der Beförderung Fahrgast; auch kurz vorher, beim Umsteigevorgang oder unmittelbar im Anschluss besteht die Fahrgasteigenschaft.[50] Entsprechend sind Fahrgäste im Personenbeförderungsrecht alle Personen, die Betriebsanlagen oder Fahrzeuge zum Zwecke ihrer Beförderung benutzen.[51]

Die Bezeichnung „Fahrgast" ist für die vorliegende Untersuchung der Rechte und Pflichten im ÖPNV daher die richtige Begrifflichkeit.

---

[46] Ausnahme in § 12 Absatz 2 Satz 2 VO-ABB – dort ist von „Mitreisenden" die Rede.

[47] Haselau, Klaus, § 14, Anm. 2; Hole, Gerhard, vor § 13, Anm. 2; Krämer, Horst, BOKraft § 14, Anm. 2; Bidinger, C § 4 VO-ABB, Anm. 1; Müller, Fritz (22. Auflage), § 9 BOKraft, Rn. 3.

[48] Hole, Gerhard, vor § 13, Anm. 2.

[49] Krämer, Horst, BOKraft § 14, Anm. 2; Fromm/Fey/Sellmann/Zuck, § 14 BOKraft, Rn. 1; Grätz, Thomas, in: Fielitz/Grätz, A 3 § 4 VO-ABB, Rn. 1; Bidinger, C § 4 VO-ABB, Anm. 1; Haselau, Klaus, § 14, Anm. 2; Lampe, Joachim, in: Erbs/Kohlhaas, P 56b, § 14, Rn. 1.

[50] Vgl. z. B. § 4 Absatz 3 Satz 1 Halbsatz 1 VO-ABB; § 16 Absatz 2 Satz 1 StVO; § 20 Absatz 2 Satz 1 und Absatz 4 StVO.

[51] Fromm/Fey/Sellmann/Zuck, § 14 BOKraft, Rn. 1; Bidinger, C § 4 VO-ABB, Anm. 1; Haselau, Klaus, § 14, Anm. 2; Hole, Gerhard, vor § 13, Anm. 2; Krämer, Horst, BOKraft § 14, Anm. 2.

2. Wesentliche Rechtsgrundlagen

Bei den wesentlichen Rechtsgrundlagen ist zunächst an das PBefG selbst sowie den auf diesem für die jeweiligen Verkehre gründenden Betriebsordnungen BOKraft und BOStrab zu denken. Des Weiteren ist die VO-ABB näher zu betrachten, da diese Regelungen über die Bedingungen der Beförderung der Fahrgäste trifft. Darüber hinaus könnte das BGB Anwendung finden. Schließlich ist zu untersuchen, inwieweit vorgefertigte oder ausgehandelte Vertragsbestimmungen Grundlage von Fahrgastrechten und Fahrgastpflichten sein können.

2.1 Personenbeförderungsrecht

2.1.1 PBefG

Das PBefG ergibt sich als einschlägige Rechtsgrundlage schon aus dem dargestellten Untersuchungsgegenstand. Ferner finden sich im PBefG Pflichten des Unternehmers, die für den Fahrgast erhebliche Bedeutung besitzen. Dies sind die Betriebspflicht (§ 21 PBefG), die Beförderungspflicht (§ 22 PBefG), die Tarifpflicht (§ 39 PBefG) sowie die Fahrplanpflicht (§ 40 PBefG). Hierbei sind diese Vorschriften noch nicht einmal unmittelbar den Fahrgast schützende Normen, sondern Bestimmungen, die der Unternehmer als öffentlich-rechtliche Verpflichtung zu erfüllen hat.[52] Die §§ 21 und 22 PBefG gelten dabei unmittelbar für alle zu untersuchenden Verkehre. Die §§ 39 und 40 PBefG gelten direkt nur für die Straßenbahnen. Für die Bus- und Obusverkehre finden sie ihre Anwendung über die §§ 41 Absatz 3 bzw. 45 Absatz 2 PBefG.

2.1.2 BOKraft und BOStrab

Darüber hinaus gilt für den Busverkehr die BOKraft, eine Verordnung auf der Grundlage des PBefG, die auch Fahrgastrechte und -pflichten für die Kraftverkehre des PBefG festlegt. Dort finden sich die diesbezüglich wesentlichen Regelungen im 2. Abschnitt, 3. Titel „Fahrgäste, Beförderungspflicht" mit den Bestimmungen des § 13 „Beförderung von Personen", § 14 „Verhalten der Fahrgäste" und § 15 „Beförderung von Sachen".

Entsprechend den Regelungen beim Busverkehr besteht für die Straßenbahnen mit der BOStrab ebenfalls eine Betriebsordnung. Auch wenn sich dort kein der BOKraft entsprechender Titel befindet, der Verhaltensre-

---

[52] Fromm/Fey/Sellmann/Zuck, § 21 PBefG, Rn. 1.

© Springer Fachmedien Wiesbaden GmbH, ein Teil von Springer Nature 2012
T. Hilpert-Janßen, *Fahrgastrechte und -pflichten der ÖPNV-Linienverkehre nach dem PBefG*, Edition KWV, https://doi.org/10.1007/978-3-658-24122-3_2

geln für die Fahrgäste aufstellt, besitzt die BOStrab gleichwohl Normen, die unmittelbar die Fahrgäste betreffen.[53] Außerdem sind dort insbesondere die Bestimmungen des 6. Abschnitts „Betrieb" mit den §§ 49 ff. hinsichtlich der Pflichten des Straßenbahnbetreibers gegenüber den Fahrgästen relevant. Auch wenn diese Normen dort nicht als Ansprüche formuliert sind, sondern als Pflichten des Fahrgastes[54] und des Straßenbahnunternehmers, dienen sie faktisch dem Schutz von Dritten.

2.1.3 VO-ABB

Mit der VO-ABB hat der Gesetzgeber auf der Grundlage des PBefG eine Verordnung geschaffen, die sich nahezu ausschließlich den Fahrgastrechten und -pflichten widmet.

2.1.4 Historie im Personenbeförderungsrecht

2.1.4.1 Entwicklung von 1919 bis 1945

Die Anfänge des modernen Personenbeförderungsrechts reichen in das Jahr 1919 zurück. In diesem Jahr verordnete die Reichsregierung die Kraftfahrlinien-Verordnung[55]. Sechs Jahre später wurde die Kraftfahrlinien-Verordnung zu Gunsten eines neuen Kraftfahrliniengesetzes[56] außer Kraft gesetzt. Sowohl die Kraftfahrlinien-Verordnung als auch das Kraftfahrliniengesetzes enthielten noch keine Regelungen zu Fahrgastrechten oder -pflichten.

Erst die im Jahr 1928 auf Grund des Kraftfahrliniengesetzes neu erlassene Kraftfahrlinienverordnung[57] sah mit den §§ 16 bis 18 erste fahrgastschützende Bestimmungen vor, die allerdings nicht als subjektives Recht der Fahrgäste, sondern als öffentlich-rechtliche Verpflichtungen formuliert waren. Diese Bestimmungen betrafen den Fahrplan (§ 16), die Beförderungspreise (§ 17) sowie die Bekanntmachung der Beförderungspreise und der Beförderungsbedingungen (§ 18).

---

[53] Vgl. z. B. § 13 Absatz 2, § 23 Absatz 3, § 31 Absatz 4, § 59 Absatz 2 BOStrab.

[54] § 59 Absatz 2 BOStrab.

[55] „Verordnung, betreffend Kraftfahrlinien" vom 24. Januar 1919, RGBl. I, Nr. 17 vom 27. Januar 1919, Seite 97 f.

[56] „Gesetz über Kraftfahrlinien (Kraftfahrliniengesetz)" vom 26. August 1925, RGBl. I, Nr. 43 vom 4. September 1925, Seite 319 f.

[57] „Kraftfahrlinienverordnung" vom 20. Oktober 1928, RGBl. I, Nr. 37 vom 26. Oktober 1928, Seite 380 ff.

Im Jahr 1931 wurde die Überlandverkehrsordnung[58] erlassen; gleichzeitig trat das Gesetz über Kraftfahrlinien vom 26. August 1925 außer Kraft. In der Überlandverkehrsordnung fanden sich keine ausdrücklichen Fahrgastrechte oder Fahrgastpflichten. Lediglich § 14 enthielt auch wieder öffentlich-rechtliche Bestimmungen zur Bekanntmachung von Fahrplan und Beförderungspreisen sowie zur Verbindlichkeit der Beförderungspreise. Ferner enthielt § 30 Absatz 2 eine Ermächtigungsgrundlage für den Reichsverkehrsminister zum Erlass allgemeiner Anordnungen „für die Ausrüstung und den Betrieb des Überlandverkehrs mit Kraftfahrzeugen".

Die Überlandverkehrsordnung wurde schließlich abgelöst durch die Regelungen des „Gesetzes über die Beförderung von Personen zu Lande" vom 4. Dezember 1934.[59] Dieses Gesetz enthielt in § 17 (für den Straßenbahnverkehr) bzw. § 24 (Verweis auf § 17 für den Busverkehr) Bestimmungen zur Veröffentlichungs- und Genehmigungspflicht der Beförderungspreise, Beförderungsbedingungen und Fahrpläne sowie zur Pflicht der gleichmäßigen Anwendung der angesetzten Preise. § 17 lautete:

„(1) Beförderungspreise, Beförderungsbedingungen und Fahrpläne bedürfen der Zustimmung der Genehmigungsbehörde. Sie müssen vor der Einführung veröffentlicht werden.

(2) Die angesetzten Beförderungspreise sind gleichmäßig anzuwenden. Ermäßigungen, die nicht unter gleichen Bedingungen jedermann zugutekommen, sind verboten und nichtig.

(3) Bei der Genehmigung können weitere Bedingungen festgesetzt werden."

Zu diesem Gesetz erging 1935 eine Durchführungsverordnung[60], die die vorgenannten Veröffentlichungspflichten in § 26 Absatz 3 bzw. § 33 konkretisierte. Das Gesetz über die Beförderung von Personen zu Lande wurde schließlich 1937[61] geändert, wobei die hier erwähnten Bestimmungen der §§ 17 und 24 gleich blieben.

---

[58] „Dritte Verordnung des Reichspräsidenten zur Sicherung von Wirtschaft und Finanzen und zur Bekämpfung politischer Ausschreitungen", „Fünfter Teil: Handels- und Wirtschaftspolitik", „Kapitel V. Überlandverkehr mit Kraftfahrzeugen" vom 6. Oktober 1931, RGBl. I, Nr. 67 vom 7. Oktober 1931, Seite 537, 558 ff.

[59] „Gesetz über die Beförderung von Personen zu Lande" vom 4. Dezember 1934, RGBl. I, Nr. 133 vom 10. Dezember 1934, Seite 1217 ff.

[60] „Verordnung zur Durchführung des Gesetzes über die Beförderung von Personen zu Lande" vom 26. März 1935, RGBl. I, Nr. 37 vom 30. März 1935, Seite 473 ff.

[61] „Gesetz zur Änderung des Gesetzes über die Beförderung von Personen zu Lande" vom 6. Dezember 1937, RGBl. I, Nr. 133, Seite 1319 ff.

Das „Gesetz über die Beförderung von Personen zu Lande" hatte weder im Reichsgesetzblatt 1934 noch in demjenigen von 1937 eine offizielle Abkürzung. Die Kommentarliteratur aus den Jahren kurz nach Erlass des Gesetzes verwendete durchgängig die Abkürzung PBG.[62] Am 29. Juni 1937 wurde das Polizeibeamtengesetz verkündet.[63] Es trug bereits im Titel die offizielle Abkürzung „PBG". Damit bestand eine Verwechselungsgefahr zum bisher als PBG bezeichneten Gesetz. Die Kommentarliteratur nach dem Krieg verwendete daher für das Gesetz über die Beförderung von Personen zu Lande vom 4. Dezember 1934 die Abkürzung „PBefG".[64] Die Rechtsprechung verblieb jedoch teilweise bei der Bezeichnung „PBG".[65] Nachfolgend wird zur Unterscheidung – einerseits vom Polizeibeamtengesetz, andererseits vom PBefG von 1961 – für das „Gesetz über die Beförderung von Personen zu Lande" vom 4. Dezember 1934 der Begriff „PBefG 1934" verwendet.

Das PBefG 1934 enthielt mit § 39 ebenfalls eine Ermächtigungsgrundlage für die zur Durchführung dieses Gesetzes erforderlichen Rechts- und Verwaltungsverordnungen. § 39 Nr. 1 sah auch eine Ermächtigung für eine Verordnung „über den Betrieb der Verkehrsunternehmen, bei Straßenbahnen über den Bau" vor. Eine Ermächtigungsgrundlage für eine Verordnung über Allgemeine Beförderungsbedingungen bestand jedoch nicht. Die Beförderungsbedingungen waren weitgehend in das Ermessen der Unternehmen gestellt. Eine Kontrolle ergab sich nur über die Genehmigungspflicht nach § 17 Absatz 1 PBefG 1934 und der Möglichkeit der Genehmigungsbehörde, gemäß § 17 Absatz 3 PBefG 1934 Ergänzungen der Bedingungen vorzunehmen. So hatten die Genehmigungsbehörden darauf zu achten, dass diese Bedingungen einerseits die Interessen des Unternehmens schützen, andererseits aber vor allem dem Gesichtspunkt Rechnung tragen, dass die Straßenbahn für die Fahrgäste da ist und nicht umgekehrt.[66] Im Übrigen konnten aber die Beförderungsbedingungen der Verkehre im Linienverkehr vom Unternehmer nach eigenem Ermessen gestaltet werden. Durch die behördliche Zustimmung sollte verhindert werden, dass die Beförderungsbedingungen den Interessen des öffentlichen Verkehrs oder zwingender Vorschriften des

---

[62] Vgl. die Kommentare von: Hein, Georg; Gülde, Hermann.

[63] „Deutsches Polizeibeamtengesetz (PBG)" vom 24. Juni 1937, RGBl. I, Nr. 72 vom 29. Juni 1937, Seite 653 ff.

[64] Vgl. den Kommentar von Oppelt, Wilhelm.

[65] BVerfG, Beschluss vom 8. Juni 1960 – Az. 1 BvL 53/55, 16, 31, 53/56, 7, 18, 24/57 = BVerfGE 11, 168, 169 ff.

[66] Gülde, Hermann, § 17, Anm. 2

PBefG 1934 oder anderer Gesetze oder den Genehmigungsbedingungen zuwiderlaufen.[67]

In den Jahren 1937 und 1939 wurden schließlich Betriebsordnungen für die Straßenbahn[68] und den Kraftverkehr[69] erlassen. Diese Betriebsordnungen enthielten in den §§ 24 f. BOKraft und §§ 41 ff. BOStrab Regelungen zu von der Beförderung ausgeschlossenen Personen sowie zum Verhalten der Fahrgäste. Spezifisch nationalsozialistische Regelungen waren nicht dabei. Daher bestanden keine Bedenken, diese Regelungen auch nach dem Ende der NSDAP-Herrschaft weiter gelten zu lassen. Ähnliche Regelungen befinden sich nunmehr in den §§ 3 und 4 VO-ABB sowie in § 14 BOKraft.

2.1.4.2 Regelungen in der BRD bis 1970

Nach der Gründung der Bundesrepublik Deutschland galt das PBefG 1934 zunächst weiter. Aber noch unter dessen Geltung, d. h. vor Erlass des neuen PBefG von 1961 und insbesondere vor Inkrafttreten der VO-ABB 1970, existierte mit den „Allgemeinen Beförderungsbedingungen für den Straßenbahn-, Obus- und Omnibuslinienverkehr" ab 1953 eine Vorläuferregelung der VO-ABB. Diese Vorläuferregelung erging als Verwaltungsvorschrift. Sie wurde im Verkehrsblatt des Bundesverkehrsministeriums[70] und im Amtsblatt des Postministeriums[71] veröffentlicht. Ihre Regelungen stimmen zum Teil wörtlich mit der heutigen VO-ABB überein. Sie sollte als Grundlage für die von den Unternehmen festzusetzenden Beförderungsbedingungen dienen.[72] Eine Ermächtigungsgrundlage für eine Rechtsverordnung wurde erst 1961 im PBefG geschaffen.

2.1.4.3 Beförderungsbedingungen in der DDR

In der DDR waren die heute in der VO-ABB geregelten Fragen in der Personenbeförderungsanordnung (PBO)[73] festgelegt. Diese regelte neben

---

67 Hein, Georg, § 17, Anm. 2.

68 „Verordnung über den Bau und Betrieb der Straßenbahnen (Straßenbahn-Bau- und Betriebsordnung – BOStrab)" vom 13. November 1937, RGBl. I, Nr. 123 vom 16. November 1937, Seite 1247, 1252 f.

69 „Verordnung über den Betrieb von Kraftfahrunternehmen im Personenverkehr" vom 13. Februar 1939, RGBl. I, Nr. 29 vom 20. Februar 1939, Seite 231 ff.

70 Verkehrsblatt vom 17. April 1953, Seite 175 ff., Nr. 139 – Az. StV 5 Nr. 14075 V/53.

71 Amtsblatt des Bundespostministeriums vom 5. Oktober 1953, Nr. 110.

72 Sigl, Richard, § 39, Anm. 11.

73 „Anordnung über die öffentliche Personen und Gepäckbeförderung des Kraftverkehrs, Nahverkehrs und der Fahrgastschifffahrt – Personenbeförderungsanordnung (PBO)" – vom 5. Januar 1984 (GBL. DDR I Nr. 4, Seite 44).

den heute im PBefG geregelten Verkehren auch die der Wasserfahrzeuge, der Pioniereisenbahn und der Seilbahnen sowie der Lifte. Teilweise waren die Bezeichnungen unterschiedlich, obgleich die Regelungen inhaltlich vergleichbar waren. So wurde z. B. das erhöhte Beförderungsentgelt – in der VO-ABB in § 9 geregelt – in der PBO als Nachlösegebühr bezeichnet. Sie betrug das doppelte Beförderungsentgelt ohne Ermäßigung, mindestens jedoch 20,-- Mark. Auch der spätere Nachweis der lediglich vergessenen Zeitkarte, in der VO-ABB in § 9 Absatz 3 geregelt, war möglich und führte zu einer Ermäßigung der Nachlösegebühr. § 26 Absätze 1 bis 4 PBO sahen eine relativ ausdifferenzierte Unpünktlichkeitsregelung vor. § 26 Absätze 5 und 6 PBO enthielten bereits Regelungen zur Falschinformation.

2.1.4.4 Die heutige VO-ABB

Die VO-ABB stammt vom 27. Februar 1970 und wurde am 6. März 1970 im Bundesgesetzblatt[74] verkündet. Im Zeitpunkt ihres Erlasses war § 58 Absatz 1 Nr. 3 PBefG die Ermächtigungsgrundlage. Es befand sich allerdings bereits seit der Neufassung des PBefG am 21. März 1961 in § 58 Absatz 1 Nr. 4 PBefG eine Ermächtigungsgrundlage für eine entsprechende Verordnung „über einheitliche Allgemeine Beförderungsbedingungen für den Straßenbahn- und Obusverkehr sowie den Linienverkehr mit Kraftfahrzeugen". Mit der Änderung des PBefG durch das „Zweite Gesetz zur Änderung des Personenbeförderungsgesetzes" vom 8. Mai 1969[75] wurde die Ermächtigungsgrundlage für die Verordnung von § 58 Absatz 1 Nr. 4 nach § 58 Absatz 1 Nr. 3 PBefG verschoben. Nach zwischenzeitlich vorgenommenen weiteren Änderungen des PBefG wurde der Standort der Ermächtigungsgrundlage für den Erlass der einheitlichen Beförderungsbedingungen schließlich 1990 durch Artikel 29 des Dritten Rechtsbereinigungsgesetzes[76] von § 57 Absatz 1 Nr. 6 PBefG in den noch heute gültigen § 57 Absatz 1 Nr. 5 PBefG überführt. Inhaltlich wurde die Ermächtigungsgrundlage nicht geändert.

Neben dieser Ermächtigungsgrundlage finden sich im PBefG weitere Ermächtigungsnormen für den Bundesminister für Verkehr, Bau und Stadtentwicklung zum Erlass von Rechtsverordnungen. So enthält § 57 Absatz 1 PBefG in Nr. 1 b) und Nr. 2 b) Ermächtigungsgrundlagen für die erforderlichen Vorschriften zur Regelung der „Sicherheit und Ordnung des Betriebs" bei Straßenbahnen und Obussen bzw. bei Kraftfahr-

---

[74] BGBl. I, Nr. 19 vom 6. März 1970, Seite 230 ff.

[75] BGBl. I, Nr. 36 vom 13. Mai 1969, Seite 348 ff.

[76] Drittes Rechtsbereinigungsgesetz vom 28. Juni 1990, BGBl. I, Nr. 32 vom 30. Juni 1990, Seite 1221, 1236 (Artikel 29, Sechstes Gesetz zur Änderung des Personenbeförderungsgesetzes).

zeugen. In § 57 Absatz 1 Nr. 1 b) PBefG findet sich eine Ermächtigungs-grundlage für die Einführung von Regelungen zum „Schutz der Be-triebsanlagen und Fahrzeuge gegen Schäden und Störungen" bei Stra-ßenbahnen und Bussen. Diese Bestimmungen werden in der Literatur hinsichtlich einiger Regelungspunkte der VO-ABB gleichfalls als Er-mächtigungsgrundlage herangezogen.[77]

2.1.4.5 Änderungen der VO-ABB

Die VO-ABB hat in ihrer Geschichte einige Änderungen erfahren. Aller-dings haben diese Änderungen keine wesentlich neuen Regelungsge-genstände in die Verordnung gebracht. Überwiegend bestanden sie in der Anpassung der für Sanktionen in der Verordnung enthaltenen Be-träge an die Geldentwertung sowie in Folgeänderungen auf Grund von Rechtsänderungen in anderen Gesetzen.

Im Einzelnen wurden folgende Änderungen vorgenommen:

Datum	Gesetz / Verordnung	BGBl. Seite	Änderungsinhalt
13.05.1981	Artikel 3 der Verordnung zur Änderung personenbe-förderungsrechtlicher Vor-schriften	428 f.	§ 5 Absatz 2 Satz 2: Ersetzung der Worte „Schwerbeschädigte, Gehbe-hinderte" durch die Worte „Schwer-behinderte, in der Gehfähigkeit Be-einträchtigte" § 9 Absatz 2 Satz 1: Ersetzung des EBE-Betrags „von 20,-- DM" auf „bis zu 40,-- DM" § 14: Änderung der Haftungsvor-schrift mit Erhöhung der Haftungs-höchstgrenze bei Sachschäden von 1.000,-- auf 2.000,-- DM und Aus-schluss der Haftungsbegrenzung bei Vorsatz und grober Fahrlässigkeit

---

[77] Bidinger, B § 57 PBefG, Rn. 12 und 18.

30.06.1989	Artikel 2 der Zweiten Verordnung zur Änderung personenbeförderungsrechtlicher Vorschriften	1273	§ 3 Absatz 1 Nr. 2: Streichung der Worte „ekelerregenden oder" § 9 Absatz 2 Satz 1: Ersetzung des EBE-Betrags von 40,-- DM auf 60,-- DM § 9 Absatz 3: Ersetzung des ermäßigten EBE-Betrags von 5,-- DM auf 10,-- DM § 9 Absatz 3: Beschränkung des ermäßigten EBE auf die Fälle einer „persönlichen" Zeitkarte
27.12.1993	Artikel 6 des ENeuOG	2378, 2405, 2420	§ 1 Absatz 2: Aufhebung des Absatzes
26.05.1998	Artikel 3 der Verordnung zur Änderung der Straßenverkehrs-Zulassungs-Ordnung und personenbeförderungsrechtlicher Vorschriften	1159, 1161	§ 4 Absatz 4: Einfügung folgender Worte nach dem Wort „stehen": „und nach Maßgabe der straßenverkehrsrechtlichen Vorschriften Sicherheitsgurte angelegt haben oder in einer Rückhalteeinrichtung für Kinder gesichert sind" § 18: Aufhebung (Berlin-Klausel) § 19 wird neuer § 18
15.12.2001	Artikel 15 des 10. EuroEG	3762, 3765	§ 4 Absatz 8: Ersetzung 30,-- DM durch 15,-- Euro § 7 Absatz 1: Ersetzung 10,-- DM durch 5,-- Euro und Änderung der Pfennig-Klausel in Cent-Klausel § 7 Absatz 2: Ersetzung 10,-- DM durch 5,-- Euro § 9 Absatz 2: Ersetzung 60,-- DM durch 30,-- Euro § 9 Absatz 3: Ersetzung 10,-- DM durch 5,-- Euro § 10 Absatz 5: Ersetzung 3,-- DM durch 1,50 Euro § 14 Absatz 2: Ersetzung 2.000,-- DM durch 1.000,-- Euro

15.10.2002	Artikel 1 der Verordnung zur Änderung der VO-ABB sowie zur Änderung der Eisenbahn-Verkehrs-ordnung	4046	§ 4 Absatz 2 Nr. 7: Ergänzung der bestehenden Rauchverbotsklausel um die „unterirdischen Bahnsteig-anlagen" § 4 Absatz 8: Ausdehnung der Zah-lungspflicht von 15,-- Euro auf den Verstoß gegen das Rauchverbot auf unterirdischen Bahnsteiganlagen § 9 Absatz 2 Satz 1: Ersetzung des EBE-Betrags von 30,-- Euro auf nunmehr 40,-- Euro § 9 Absatz 3: Ersetzung des ermä-ßigten EBE-Betrags von 5,-- Euro auf 7,-- Euro § 10 Absatz 5 Satz 1: Ersetzung des Betrags von 1,50 Euro auf 2,-- Euro
09.12.2004	Artikel 23 des Gesetzes zur Anpassung von Verjäh-rungsvorschriften an das Gesetz zur Modernisie-rung des Schuldrechts	3214, 3218	§ 15: wird aufgehoben (Verjährung)
08.11.2007	Artikel 4 der Fünften Ver-ordnung zur Änderung personenbeförderungs-rechtlicher Vorschriften	2569, 2570	§ 4 Absatz 2 Nr. 7: Streichung der Rauchverbotsklausel „in nicht hier-für besonders gekennzeichneten Fahrzeugen"

2.1.5 Rechtswirksamkeit der Regelungen in der VO-ABB

Teilweise wird vertreten, die VO-ABB sei insgesamt oder in Teilen rechtswidrig.[78] Diese Ansicht wird unterschiedlich begründet. Nach einer Auffassung[79] soll bereits die Ermächtigungsgrundlage im PBefG nicht für die in der VO-ABB geschaffenen Regelungen ausreichen, weil sie dem Bestimmtheitserfordernis nach Artikel 80 Absatz 1 GG nicht genüge. Eine andere Auffassung[80] bestreitet zwar nicht die Ermächti-

---

[78] Gregor, Stephan, NZV 2006, 518 ff.; Dalecki, Wolfgang, MDR 1987, 891 ff.; Loh, Ernesto, BB 1970, 1017 ff.; Verbraucherzentrale Baden-Württemberg e. V. – zitiert in: LG Karlsruhe, Urteil vom 9. Dezember 2002 – Az. 10 O 252/02.

[79] Gregor, Stephan, NZV 2006, 518 ff.

[80] Dalecki, Wolfgang, MDR 1987, 891 ff.

gungsgrundlage der VO-ABB als Ganzes; allerdings wird argumentiert, § 9 VO-ABB sei von der Ermächtigungsgrundlage nicht gedeckt, da die Ermächtigungsgrundlage nur die Regelung von Beförderungsbedingungen gestatte, es sich bei dem EBE nach § 9 VO-ABB um ein Entgelt und keine Bedingung handele.[81] Des Weiteren wird gegen die VO-ABB geltend gemacht, sie verstoße gegen die AGB-Vorschriften der §§ 305 ff. BGB.[82] Ferner wird vertreten, mit der VO-ABB als Verordnung könnten Regelungen des formellen Gesetzgebers nur bedingt geändert werden.[83] Schließlich wird vorgebracht, eine Verordnung, die einen weitgehenden Haftungsausschluss vorsehe, verstoße mit den als materielles Gesetz ausgestalteten AGB gegen die Richtlinie 93/13/EWG.[84]

2.1.5.1 Ausreichende Ermächtigungsgrundlage

Nach Artikel 80 Absatz 1 Satz 2 GG ist Voraussetzung einer ausreichenden Ermächtigungsgrundlage für eine Rechtsverordnung, dass Ausmaß, Zweck und Inhalt der Verordnung festgelegt sind. Dies soll bewirken, dass

- der Gesetzgeber und nicht nur der Verordnungsgeber die Entscheidung trifft, welche Fragen durch die Verordnung geregelt werden (Inhalt),
- die Grenzen einer Regelung feststehen (Ausmaß) und
- das Ziel der Regelung erkennbar ist (Zweck).[85]

In der Ermächtigungsgrundlage des § 57 Absatz 1 Nr. 5 PBefG findet sich zum Ausmaß der Ermächtigung die Formulierung, dass die Verordnung „Beförderungsbedingungen für den Straßenbahn- und Obusverkehr sowie für den Linienverkehr mit Kraftfahrzeugen" regeln kann. Bezüglich des Zwecks und des Inhalts der Verordnung gibt der Gesetzgeber zum einen die Einheitlichkeit und zum anderen die Regelung der Allgemeinen Bedingungen der Beförderung an. Damit besteht eine Eingrenzung auf Details einzelner Beförderungsarten nach dem PBefG. Eine Festlegung, welche einzelnen Details in der Verordnung geregelt werden können besteht hingegen nicht, wäre aber auch eine Überspannung der Anforderungen, die zum Ergebnis hätte, dass der formelle Gesetzgeber gleich selbst die Regelungen vornehmen könnte. Entsprechend geht

---

[81] Dalecki, Wolfgang, MDR 1987, 891 ff.

[82] Verbraucherzentrale Baden-Württemberg e. V. – zitiert in: LG Karlsruhe, Urteil vom 9. Dezember 2002 – Az. 10 O 252/02.

[83] Loh, Ernesto, BB 1970, 1017 ff.

[84] Zu § 17 EVO a. F.: Staudinger, Ansgar, NJW 1999, 3664 ff.; derselbe, RRa 2000, 19 ff.; derselbe, RRa 2000, 171 ff. (Anm. zu AG Frankfurt am Main, Urteil vom 30. März 2000 – Az. 29 C 169/00-81).

[85] Bryde, Brun Otto, in: von Münch/Kunig, Artikel 80, Rn. 20.

selbst Loh davon aus, dass der Inhalt der Ermächtigung hinreichend deutlich ist.[86]

Hinsichtlich der Bestimmtheit sind aber noch weitere Gesichtspunkte zu beachten. So braucht der Gesetzgeber Inhalt, Zweck und Ausmaß der Ermächtigung nicht ausdrücklich im Text des Gesetzes zu bestimmen. Vielmehr gelten auch für die Interpretation von Ermächtigungsnormen die allgemeinen Auslegungsgrundsätze; zu beachten sind also der systematische Standort der Norm und der Zweck, den die gesetzliche Regelung insgesamt verfolgt. Auch die Entstehungsgeschichte kann herangezogen werden.[87] Wie oben[88] bereits dargestellt, hatte die VO-ABB eine Vorläuferregelung mit der Verwaltungsvorschrift der „Allgemeinen Beförderungsbedingungen für den Straßenbahn-, Obus- und Omnibuslinienverkehr". Diese wurde 1953 im Einvernehmen mit den obersten Landesverkehrsbehörden unter Mitwirkung des Postministeriums erlassen.[89] Damit erfüllt die Ermächtigungsgrundlage fast idealerweise die sogenannte „Vorhersehbarkeitsformel" des BVerfG[90] und des BVerwG[91], die die Vorhersehbarkeit dessen, was Gegenstand einer Rechtsverordnung sein soll, als ein Kriterium für die Einhaltung des Bestimmtheitsgrundsatzes ansehen. Damit erweist sich ebenfalls der in der Literatur[92] vorgebrachte Einwand, die Regelung des § 9 VO-ABB sei nicht von der Ermächtigungsgrundlage gedeckt, als unzutreffend. Denn auch in § 6 der Vorläuferregelung von 1953 bestand eine Bestimmung zu einem erhöhten Beförderungsentgelt, wie sie sich heute in § 9 VO-ABB findet.

Entsprechende Einwände wegen der Rechtsgültigkeit der Ermächtigungsgrundlage bei der BOKraft wies das BVerfG im Rahmen einer Verfassungsbeschwerde dann auch sehr knapp zurück.[93]

---

[86] Loh, Ernesto, BB 1970, 1017, 1018.

[87] Z. B. BVerfG, Beschluss vom 20. Oktober 1981 – Az. 1 BvR 640/80 = BVerfGE 58, 257, 277; BVerfG, Beschluss vom 12. November 1958 – Az. 2 BvL 4, 26, 40/56, 1, 7/57 = BVerfGE 8, 274, 307; Schnapauff, Klaus-Dieter, in: Hömig, Artikel 80, Rn. 5.

[88] Siehe unter 2.1.4.2 Regelungen in der BRD bis 1970.

[89] Siehe unter Nr. 139 im Verkehrsblatt, amtlicher Teil von 1953, Seite 175 ff.

[90] BVerfG, Beschluss vom 20. Oktober 1981 – Az. 1 BvR 640/80 = BVerfGE 58, 257, 277; BVerfG, Urteil vom 23. Oktober 1951 – Az. 2 BvG 1/51 = BVerfGE 1, 14, 60; BVerfG, Beschluss vom 8. Januar 1981 – Az. 2 BvL 3, 9/77 = BVerfGE 56, 1, 12.

[91] BVerwG, Urteil vom 27. April 2000 – Az. 1 C 7.99 = BVerwGE 111, 143, 150.

[92] Dalecki, Wolfgang, MDR 1987, 891, 892.

[93] BVerfG, Beschluss vom 21. Dezember 1966 – Az. 1 BvR 339/66 = BVerfGE 21, 72 f.

2.1.5.2 Vereinbarkeit mit den §§ 305 ff. BGB

Die Normen in der VO-ABB enthalten teilweise Regelungen, die ansonsten üblicherweise in AGB geregelt werden. Denkbar wäre daher auch bei den Bestimmungen der VO-ABB das Prüfungsschema der §§ 305 ff. BGB anzuwenden.

Allerdings ist diese Auffassung nicht haltbar. Denn bei den Normen der VO-ABB handelt es sich, auch wenn üblicherweise solche Regelungen in AGB enthalten sind, nicht um AGB im Sinne der §§ 305 ff. BGB,[94] da AGB gemäß § 305 Absatz 1 Satz 1 BGB „alle für eine Vielzahl von Verträgen vorformulierte Vertragsbedingungen [sind], die eine Vertragspartei (Verwender) der anderen Vertragspartei bei Abschluss eines Vertrags stellt". Keine AGB im Sinne der §§ 305 ff. BGB sind Rechtsverordnungen,[95] denn sie werden vom Staat – bei der VO-ABB vom Bundesminister für Verkehr, Bau- und Stadtentwicklung mit Zustimmung des Bundesrates – erlassen. Damit sind sie nicht – wie es die Definition des § 305 Absatz 1 Satz 1 BGB voraussetzt – von einer Vertragspartei „gestellt". Bei ihnen scheidet schon begrifflich der AGB-Status aus.[96] Das Ergebnis ist auch zweckmäßig, da die §§ 305 ff. BGB die Vertragspartei schützen will, der die AGB von der anderen Vertragspartei vorgelegt wurden. Wenn jedoch keine der Parteien die Bedingungen stellt, sondern der Gesetzgeber sie entworfen hat, besteht wegen der Neutralität des Dritten eine Vermutung für deren Ausgewogenheit. Darüber hinaus will der Staat auch nicht mit der einen Rechtsvorschrift das zur Disposition stellen, was er in der anderen Rechtsvorschrift festgelegt hat. Diesem Gedanken folgt ebenfalls § 307 Absatz 3 Satz 1 BGB, der die AGB-Kontrolle auf diejenigen Bestimmungen beschränkt, „die von Rechtsvorschriften abweichende oder diese ergänzende Regelungen" enthalten. Verordnungen unterliegen daher nicht einer gerichtlichen Inhaltskontrolle im Sinne

---

[94] OLG München, Verfügung vom 3. Juni 2008 – Az. 10 U 2966/08; AG Hagen, Urteil vom 9. Januar 1984 – Az. 43 C 572/83 = VÖV-Nachrichten 2/1984; Grüneberg, Christian, in: Palandt, § 305, Rn. 2; Christensen, Guido, in: Ulmer/Brandner/Hensen, AGB-Recht, § 309 Nr. 7, Rn. 18; Bidinger, B § 39 PBefG, Rn. 82; Dammann, Jens, in: Wolf/Lindacher/Pfeiffer, 5. Teil, Rn. B 253; Basedow, Jürgen, in: MünchKommBGB, Bd. 2, § 305a, Rn. 8; Roloff, Stefanie, in: Erman, § 305, Rn. 7 und § 305a, Rn. 3; Stoffels, Markus, AGB-Recht, Rn. 297 f.; Filthaut, Werner, NZV 2001, 238, 239; Hilpert, Thomas, NZV 2007, 288 f.; Hallermann, Ulrich, Seite 16.

[95] Grüneberg, Christian, in: Palandt, § 305, Rn. 2; Bidinger, B § 39 PBefG, Rn. 82; Ulmer, Peter / Habersack, Mathias, in: Ulmer/Brandner/Hensen, AGB-Recht, § 305 BGB, Rn. 9; Basedow, Jürgen, in: MünchKommBGB, Bd. 2, § 305, Rn. 5 und § 305a, Rn. 8; Roloff, Stefanie, in: Erman, § 305, Rn. 7 und § 305a, Rn. 3; Stoffels, Markus, AGB-Recht, Rn. 112 und 298.

[96] Grüneberg, Christian, in: Palandt, § 305, Rn. 2.

einer AGB-Prüfung;[97] aus diesem Grund könnte selbst eine den AGB-Bestimmungen des BGB widersprechende Regelung der VO-ABB nicht deswegen zur Rechtswidrigkeit dieser Regelung oder der Verordnung führen.[98]

2.1.5.3 Vereinbarkeit mit anderen gesetzlichen Regelungen

Stellen somit die Ermächtigungsgrundlage im PBefG und die Vereinbarkeit mit den AGB-Bestimmungen des BGB kein Problem dar, verbleibt die Auseinandersetzung mit dem Argument, die Verordnung könne die Regelungen des BGB nicht verdrängen.[99]

Zunächst gilt, dass grundsätzlich eine „Verordnung [...] den Vorrang des Gesetzes beachten"[100] muss. Die VO-ABB steht als Rechtsverordnung daher in ihrem Rang unter einem formellen Gesetz.

Allerdings gilt der Vorrang des Gesetzes nicht uneingeschränkt. Besteht nämlich eine besondere Ermächtigung des Gesetzgebers, formelle Gesetze durch Rechtsverordnung zu ändern oder zu ergänzen, bestehen diesbezüglich auch nach Auffassung des BVerfG ausdrücklich keine Bedenken.[101]

Jedoch selbst wenn man die Meinung vertritt, es gebe keine Ermächtigung für abweichende Regelungen vom BGB oder, wenn man die Auffassung des BVerfG nicht teilen sollte, verfängt das Argument vorliegend nicht, da die VO-ABB die Rechtsfolgen des BGB nicht abändert. Denn es sind nicht zuerst die zivilrechtlichen Regelungen des BGB zu Grunde zu legen und anschließend zu prüfen, ob die Rechtsfolgen einzelner Normen durch eine Spezialvorschrift abgeändert werden durften. Vielmehr steht zunächst der vom Gesetzgeber für diesen Wirtschaftsbereich vorgegebene Rechtsrahmen – hier das PBefG mit seinen Rechtsverordnungen.[102] Sie geben den Raum vor, innerhalb dessen die Parteien einen Vertrag abschließen können, für den anschließend das BGB Anwendung findet. Denn die Privatautonomie besteht immer nur in den

---

[97] Grüneberg, Christian, in: Palandt, § 309, Rn. 46; Hallermann, Ulrich, Seite 16.

[98] BGH, Urteil vom 23.11.2006 – Az. X ZR 16/05 = TranspR 2007, 167 ff. = NJW-RR 2007, 1124 ff.; OLG Karlsruhe, Urteil vom 14. Januar 2005 – Az. 15 U 13/03 (Vorinstanz) = RRa 2005, 280 f.; LG Karlsruhe, Urteil vom 9.12.2002 – Az. 10 O 252/02 (1. Instanz); Basedow, Jürgen, in: MünchKommBGB, Bd. 2, § 305a, Rn. 8.

[99] Loh, Ernesto, BB 1970, 1017, 1019.

[100] Bryde, Brun Otto, in: von Münch/Kunig, Artikel 80, Rn. 4a.

[101] BVerfG, Beschluss vom 4. Mai 1997 – Az. 2 BvR 509/96 und 2 BvR 511/96 = NJW 1998, 669, 670.

[102] Hallermann, Ulrich, Seite 1 und 16.

Schranken der gesetzlichen Ordnung.[103] Die Verordnung gestaltet damit nicht das diesbezüglich vermeintlich zwingende, durch die Regelungen des BGB geschaffene Recht um, sondern im Gegenteil zeigt sie den Raum auf, der den Parteien im Rahmen ihrer Privatautonomie und des BGB zur Gestaltung verbleibt.

2.1.5.4 Vereinbarkeit mit der Richtlinie 93/13/EWG

Zu prüfen bleibt, ob die VO-ABB wegen ihrer Haftungsausschlussregelung bei einer Verspätung gegen die Richtlinie 93/13/EWG[104] verstößt. Dies wurde bislang zwar nur bezüglich des Haftungsausschlusses für Verspätungen im Eisenbahnrecht nach § 17 EVO in der Fassung vor dem 1. Juli 2006 vorgetragen;[105] denkbar wäre diese Argumentation allerdings auch gegenüber anderen Haftungsausschlüssen, z. B. dem des § 16 VO-ABB, da § 16 VO-ABB und § 17 EVO a. F. Ähnlichkeiten[106] aufweisen.

Grundlage dieser These ist die Auffassung, auch nationale gesetzliche Regelungen, die entgegen dem Gebot von Treu und Glauben zum Nachteil des Verbrauchers ein erhebliches und ungerechtfertigtes Missverhältnis der vertraglichen Rechte und Pflichten der Vertragspartner verursachen (Artikel 3 Absatz 1 Richtlinie 93/13/EWG), seien auf Grund der Richtlinie 93/13/EWG von Gerichten nicht anzuwenden.[107] Damit könnten nach dieser These einzelne Bestimmungen der VO-ABB keine Anwendung finden, wenn erstens die Richtlinie 93/13/EWG auch auf Rechtsnormen Anwendung fände und zweitens einzelne Rechtsnormen als missbräuchlich zu bewerten wären.

Zunächst spricht grundsätzlich für eine kritische Sicht das europäische Primärrecht. Denn ein hohes Verbraucherschutzniveau stellt nach Artikel 114 AEUV[108] ein Regelungsziel des Primärrechts dar.[109] Allerdings sind Adressaten dieses Ziels die Akteure der EU-Gesetzgebung, wie sich schon in der Überschrift des Kapitels 3 „Angleichung der Rechtsvorschriften" andeutet. Für die Interpretation bestehender Richtlinien hilft

---

[103] Ahrens, Martin, in: Prütting/Wegen/Weinreich, § 134, Rn. 1.

[104] Richtlinie 93/13/EWG des Rates vom 5. April 1993 über missbräuchliche Klauseln in Verbraucherverträgen, Amtsblatt Nr. L 95 vom 21. April 1993, Seite 29 ff.

[105] Staudinger, Ansgar, NJW 1999, 3664 ff.; derselbe, RRa 2000, 19 ff.; derselbe, RRa 2000, 171 ff. (Anm. zu AG Frankfurt am Main, Urteil vom 30. März 2000 – Az. 29 C 169/00-81); ihm folgend: Pohar, Mihael Aleksander, Seite 194 ff.

[106] Tonner, Klaus / Gaedtke, Enrico, NZV 2006, 393, 394.

[107] Staudinger, Ansgar, NJW 1999, 3664 ff.

[108] Bis zum Inkrafttreten des Vertrags von Lissabon: Artikel 95 Absatz 3 EG-Vertrag.

[109] Eingehend hierzu: Tonner, Klaus, EuZW 2010, 767, 768; Tonner, Klaus / Tamm, Marina, JZ 2009, 277, 282.

diese Erkenntnis daher kaum weiter. Ferner muss bedacht werden, dass das Primärrecht nach Artikel 169 Absatz 2 AEUV[110] die Gemeinschaftsaktivitäten nur auf einen Beitrag zur Verbesserung des Verbraucherschutzes beschränkt, und dass den primärrechtlichen Vorschriften implizit das „Prinzip der geteilten Verantwortung" zwischen den Mitgliedstaaten und der Gemeinschaft unterlegt ist.[111] Dem entspricht auch, dass der Grundsatz der Zurückhaltung und Rücksichtnahme gegenüber den anzuerkennenden nationalen Regelungsinteressen und -begehren aus dem Prinzip der begrenzten Einzelzuständigkeit und dem Subsidiaritätspostulat folgt.[112]

Konkret spricht gegen die These des Verstoßes gegen die Richtlinie 93/13/EWG der Wortlaut von Erwägungsgrund 13, Satz 1 und Satz 2 Halbsatz 1 der Richtlinie 93/13/EWG: „Bei Rechtsvorschriften der Mitgliedstaaten, in denen direkt oder indirekt die Klauseln für Verbraucherverträge festgelegt werden, wird davon ausgegangen, dass sie keine missbräuchlichen Klauseln enthalten. Daher sind Klauseln, die auf bindenden Rechtsvorschriften oder auf Grundsätzen oder Bestimmungen internationaler Übereinkommen beruhen, bei denen die Mitgliedstaaten oder die Gemeinschaft Vertragsparteien sind, nicht dieser Richtlinie zu unterwerfen."

Dem könnte allerdings der nachfolgende Erwägungsgrund 14 der Richtlinie 93/13/EWG entgegengehalten werden. Dieser lautet: „Die Mitgliedstaaten müssen jedoch dafür sorgen, dass darin keine missbräuchlichen Klauseln enthalten sind, zumal diese Richtlinie auch für die gewerbliche Tätigkeit im öffentlich-rechtlichen Rahmen gilt."

Dagegen ist wiederum vorzubringen, dass die Erwägungsgründe des europäischen Gesetzgebers zwar wichtig für die Auslegung sind, jedoch nur die Motive sowie die Programmsätze, nicht aber die eigentlichen Regelungen des Normgebers liefern. Außerdem müssen die Erwägungsgründe 13 und 14 zusammen gesehen werden. Ihre Aussage ist demnach so zu verstehen, dass eine Überprüfung des bestehenden nationalen Rechts ausgeschlossen sein soll, der nationale Gesetzgeber aber hinsichtlich der Weiterentwicklung seiner Rechtsnormen sich an den Wertungen und Gedanken dieser Richtlinie orientieren möge.[113] Diese Auslegung steht im Einklang mit der Politik der EU, bestehende Regelungen oft unangetastet zu lassen, für künftige Neuregelungen jedoch Vorgaben zu

---

[110] Bis zum Inkrafttreten des Vertrags von Lissabon: Artikel 153 Absatz 3 EG-Vertrag.

[111] Tonner, Klaus / Tamm, Marina, JZ 2009, 277, 284.

[112] Tonner, Klaus / Tamm, Marina, JZ 2009, 277, 284.

[113] Ähnlich: Pfeiffer, Thomas, in: Grabitz/Hilf, Bd. IV, A 5, Artikel 1, Rn. 24.

liefern.[114] Letztlich entscheidend ist aber der Wortlaut des Textes der Richtlinie 93/13/EWG selbst; hier heißt es in Artikel 1 Absatz 2: „Vertragsklauseln, die auf bindenden Rechtsvorschriften oder auf Bestimmungen oder Grundsätzen internationaler Übereinkommen beruhen, bei denen die Mitgliedstaaten oder die Gemeinschaft – insbesondere im Verkehrsbereich – Vertragsparteien sind, unterliegen nicht den Bestimmungen dieser Richtlinie." Mit Artikel 1 Absatz 2 Richtlinie 93/13/EWG soll die inhaltliche Prärogative der Mitgliedstaaten bei der Ausgestaltung ihrer Vertragsrechtsordnung anerkannt werden.[115] Eine andere interpretative Einschränkung findet in der Richtlinie keine hinreichende Stütze.[116] Hinzu kommt, dass der Verkehrsbereich auch noch ausdrücklich Erwähnung findet.

Gleichwohl wird als weiteres Argument für die Anwendung der Richtlinie 93/13/EWG auf bestehendes nationales Recht der Bericht der Kommission vom 27. April 2000 über die Anwendung der Richtlinie 93/13/EWG[117] ins Feld geführt.[118] Hierin schreibt die Kommission: „Nach dem Geist der Richtlinie wird weiterhin davon ausgegangen, dass Bestimmungen, die auf gesetzlichen Vorschriften beruhen, keine missbräuchlichen Vertragsklauseln enthalten und daher vom Anwendungsbereich der Richtlinie ausgenommen werden können, dies allerdings unter der Voraussetzung, dass die Mitgliedstaaten dafür sorgen, dass darin keine missbräuchlichen Klauseln enthalten sind (14. Erwägungsgrund)".[119] Auch dieses Zitat vermag das gefundene Ergebnis nicht mehr zu ändern. Denn zum einen ist der Bericht keine Rechtsquelle, zum anderen ist das Ziel des Berichtes nicht, über die Auslegung des europäischen Rechts zu urteilen; dies obliegt dem EuGH. Ausweislich seines eigenen Anspruchs soll der Bericht „nicht nur eine Bewertung [...] vorstellen, sondern auch eine Reihe von Fragen aufwerfen, die der Verbesserung der vorhandenen Situation dienen".[120] Mithin ist der Bericht ganz wesentlich auf eine Sondierung künftiger Maßnahmen gerichtet.

---

[114] Vgl. beispielhaft die unterschiedliche Behandlung von bestehenden und neu gewährten Beihilfen in der Verordnung (EG) Nr. 659/1999 vom 22. März 1999.

[115] Pfeiffer, Thomas, in: Grabitz/Hilf, Bd. IV, A 5, Artikel 1, Rn. 23.

[116] Wurmnest, Wolfgang, in: MünchKommBGB, Bd. 2, § 307, Rn. 2.

[117] KOM(2000) 248 endgültig „Bericht der Kommission über die Anwendung der Richtlinie 91/13/EWG des Rates vom 5. April 1993 über missbräuchliche Klauseln in Verbraucherverträgen" vom 27. April 2000.

[118] Staudinger, Ansgar, RRa 2000, 171, 172.

[119] KOM(2000) 248 endgültig, Seite 16.

[120] KOM(2000) 248 endgültig, Seite 2, Satz 1.

Weiteres Argument gegen die Anwendung der Richtlinie 91/13/EWG auf nationale gesetzliche Vorschriften ist, dass es nicht dem Zweck der Richtlinie entspräche, die Zivilrechtsordnungen der Mitgliedstaaten anhand der Richtlinie zu überprüfen, die hierfür auch keinen Maßstab enthält.[121] Ziel der Richtlinie muss vielmehr sein, einen Prozess der Europäisierung im Sinne eines langsamen Zusammenwachsens der mitgliedstaatlichen Rechtsordnungen in Gang zu setzen und nicht etwas von dem einen auf den anderen Tag durch einen europäischen Rechtsakt herbeizuführen.[122]

Auch am Titel der Richtlinie zeigt sich, dass diese nur vertragliche Vereinbarungen der Kontrolle unterziehen will, nicht jedoch Rechtsvorschriften.[123] Denn dieser Titel ist formuliert als Richtlinie „über missbräuchliche Klauseln in Verbraucherverträgen" und nicht als Richtlinie „über missbräuchliche Klauseln in Rechtsnormen". Dies gilt dabei nicht nur hinsichtlich einer unmittelbaren Kontrolle von Rechtsvorschriften, sondern insbesondere auch für Verträge, die auf bindenden Rechtsvorschriften der Mitgliedstaaten beruhen.[124]

Entsprechend urteilten die Gerichte[125] sowie Teile der Literatur[126], dass die Richtlinie 93/13/EWG der Rechtmäßigkeit des Haftungsausschlusses in § 17 EVO [alt] nicht entgegen steht. Auch der BGH geht davon aus, dass die Klauselrichtlinie keine Anwendung findet, soweit eine Klausel auf bindenden Rechtsvorschriften beruht.[127]

Für die Haftungsregelung in der VO-ABB kommt hinzu, dass der in Teilen der Literatur[128] kritisierte Haftungsausschluss des § 17 EVO [alt] sogar noch deutlich weiter ging als der ähnliche Fallkonstellationen betreffende Haftungsausschluss in § 16 VO-ABB.

---

[121] Pfeiffer, Thomas, in: Grabitz/Hilf, Bd. IV, A 5, Artikel 1, Rn. 23.

[122] Vgl. Tonner, Klaus, JZ 1996, 533, 539.

[123] Im Ergebnis ebenso: Wolf, Manfred, in: Wolf/Lindacher/Pfeiffer, 7. Teil, RL Artikel 1, Rn. 33.

[124] Wolf, Manfred, in: Wolf/Lindacher/Pfeiffer, 7. Teil, RL Artikel 1, Rn. 33.

[125] LG Frankfurt am Main, Urteil vom 15. Oktober 2003 – Az. 2/1 S 131/03 = NJW 2003, 3641 f. = RRa 2004, 33 ff.; AG Frankfurt am Main, Urteil vom 30. März 2000 – Az. 29 C 169/00-81 = NZV 2001, 132 f. = RRa 2000, 171; AG Berlin-Lichtenberg, Urteil vom 22. Dezember 2000 – Az. 5 C 556/99 = TranspR 2001, 212 f.

[126] Vgl. Filthaut, Werner, NZV 2001, 238, 239; allgemein bei Verordnungen: Stoffels, Markus, AGB-Recht, Rn. 112.

[127] BGH, Beschluss vom 9. Februar 2011 – Az. VIII ZR 162/09, Rn. 30.

[128] Staudinger, Ansgar, NJW 1999, 3664 ff.; derselbe, RRa 2000, 19 ff.; derselbe, RRa 2000, 171 ff. (Anm. zu AG Frankfurt am Main, Urteil vom 30. März 2000 – Az. 29 C 169/00-81); ihm folgend: Pohar, Mihael Aleksander, Seite 194 ff.

Daher braucht an dieser Stelle nicht weiter geprüft zu werden, ob einzelne Bestimmungen der VO-ABB „entgegen dem Gebot von Treu und Glauben zum Nachteil des Verbrauchers ein erhebliches und ungerechtfertigtes Missverhältnis der vertraglichen Rechte und Pflichten der Vertragspartner" überhaupt verursachen könnten und damit als missbräuchlich im Sinne der Richtlinie 93/13/EWG anzusehen wären.

2.2 BGB

Eine weitere einschlägige Rechtsgrundlage für Fahrgastrechte und Fahrgastpflichten im ÖPNV-Linienverkehr nach dem PBefG könnte bei Beförderungsverträgen auch das BGB darstellen. Voraussetzung hierfür ist zunächst, dass das Zivilrecht überhaupt einschlägig ist. Im Falle der Anwendbarkeit des Zivilrechts ist schließlich der Beförderungsvertrag zu definieren. Erst nach einer Inhaltsbestimmung kann der einschlägige Vertragstypus ermittelt werden.

2.2.1 Beförderungsvertrag und Zivilrecht

Zunächst stellt sich die Frage, ob das Zivilrecht beim Beförderungsvertrag überhaupt Anwendung findet. Denn für die Beurteilung als öffentlich-rechtliches Rechtsverhältnis könnte sprechen, dass das PBefG selbst dem öffentlichen Recht zuzuordnen ist.[129] Ferner könnte ein Argument hierfür sein, dass der Verkehrsunternehmer und der Fahrgast keine Vertragsfreiheit haben, sondern ihnen der Rahmen vorgegeben ist, da der Unternehmer nach § 22 PBefG und § 2 VO-ABB einem Kontrahierungszwang[130] unterliegt und die Beförderungsentgelte sowie deren Änderungen bei Straßenbahnen nach § 39 Absatz 1 und bei Obussen und Kfz über § 41 Absatz 3 bzw. § 45 Absatz 2 i. V. m. § 39 Absatz 1 PBefG der Zustimmung der Genehmigungsbehörde bedürfen.

Allerdings finden sich im PBefG weder Normen, die einen Beförderungsvertrag regeln, noch Hinweise darauf, dass das Beförderungsverhältnis zwischen Verkehrsunternehmer und Fahrgast nicht zivilvertraglich geregelt sein sollte. Im Gegenteil: Die VO-ABB verweist in § 13 selbst auf die Fundsachenbestimmungen des BGB, und das BGB geht selbst von seiner Anwendbarkeit auf die Beförderungsverträge für die Verkehre nach dem PBefG aus. Letzteres ergibt sich ausdrücklich aus § 305a Nr. 1 BGB, in dem geregelt ist, dass „auch ohne Einhaltung der in § 305

---

[129]   Grätz, Thomas, in: Fielitz/Grätz, Einführung I.

[130]   BayVGH, Beschluss vom 22. Januar 1980 – Az. 11 CS 80 A 101 = VRS Bd. 58, Nr. 92, Seite 239, 240; Esser/Schmidt, § 10 II, 4 a); Ellenberger, Jürgen, in: Palandt, Einf v § 145, Rn. 8.

Absatz 2 Nr. 1 und 2 bezeichneten Erfordernisse" bei Einverständnis der anderen Vertragspartei „die mit Genehmigung der zuständigen Verkehrsbehörde oder auf Grund von internationalen Übereinkommen erlassenen Tarife und Ausführungsbestimmungen der Eisenbahnen und die nach Maßgabe des Personenbeförderungsgesetzes genehmigten Beförderungsbedingungen der Straßenbahnen, Obusse und Kraftfahrzeuge im Linienverkehr in den Beförderungsvertrag" einbezogen werden.

Das PBefG und seine Verordnungen geben somit hinsichtlich ihrer Regelungen zwar einen Rahmen für den Beförderungsvertrag und das Verhältnis zwischen Fahrgast und Unternehmer vor. Dennoch bleiben, innerhalb dieser Vorgaben, für das Verhältnis von Fahrgästen und Unternehmer sowie für die Beförderungsverträge der PBefG-Linienverkehre des ÖPNV die allgemeinen Bestimmungen des Zivilrechts und damit auch des BGB anwendbar. Entsprechend handelt es sich bei dem Verhältnis zwischen Fahrgast und Verkehrsunternehmen um ein zivilrechtliches.

2.2.2 Definition eines Beförderungsvertrages

Im BGB findet sich keine eigene Regelung oder Definition des Beförderungsvertrages. Auch darüber hinaus liefert das bundesdeutsche Recht keine Bestimmung, was unter einem Beförderungsvertrag für die hier untersuchten Personenbeförderungsverkehre zu verstehen ist.

Allerdings findet sich im europäischen Recht des Eisenbahnverkehrs eine Definition für den Beförderungsvertrag. Danach ist dies bei der Eisenbahn nach Artikel 3 Nr. 8 der Verordnung (EG) Nr. 1371/2007 ein „Vertrag über die entgeltliche oder unentgeltliche Beförderung zwischen einem Eisenbahnunternehmen oder einem Fahrkartenverkäufer und dem Fahrgast über die Durchführung einer oder mehrerer Beförderungsleistungen".

Auch in der Verordnung (EU) Nr. 181/2011 wurde der Beförderungsvertrag definiert – und zwar in Artikel 3 c) als „Vertrag zwischen einem Beförderer und einem Fahrgast über die Erbringung eines oder mehrerer Linien- oder Gelegenheitsverkehrsdienste".

Nachfolgend wird von der Definition der Verordnung (EU) Nr. 181/2011 ausgegangen, zumal die Definition auch mit dem PBefG und seinen Verordnungen im Einklang steht.

2.2.3 Bestimmung des Vertragstyps

Welcher zivilrechtliche Vertragstyp auf das Verhältnis zwischen Fahrgast und Unternehmer Anwendung findet, hängt entscheidend von dem Inhalt des Beförderungsvertrages ab. In Betracht kommt der Dienst-, Reise- oder Werkvertrag und gegebenenfalls sogar, falls keiner der vorgenannten Vertragstypen passen sollte, ein Vertrag sui generis.

2.2.3.1 Dienstvertrag

Der Dienstvertrag richtet sich nach den Bestimmungen der §§ 611 ff. BGB. Die vertragstypischen Pflichten beim Dienstvertrag sind gemäß § 611 Absatz 1 BGB die Verpflichtung des einen zur Erbringung der versprochenen Dienste und des anderen zur Gewährung der vereinbarten Vergütung. Hauptpflicht auf Seiten des Dienstverpflichteten ist die im Gegenseitigkeitsverhältnis stehende Dienstleistungs- oder Arbeitspflicht.[131] Diese Verpflichtung besteht in der Vornahme der Tätigkeit, nicht jedoch in einem Erfolg.[132] Dies bedeutet, der Dienstvertrag zielt nicht wie der Werkvertrag auf ein bestimmtes Ergebnis oder einen Erfolg.[133]

In der Rechtsprechung[134] und Literatur[135] ist anerkannt, dass Transportverträge auch Dienstverträge sein können. Entschieden wurde dies bisher für die Überführung eines Kfz durch einen Fahrer in selbständiger Tätigkeit.

Die Beförderungsverträge der PBefG-Linienverkehre des ÖPNV unterscheiden sich jedoch von den vorgenannten Fällen. Zwar ist die Zeitkomponente meist auch bei den PBefG-Verkehren ein Vertragsbestandteil.[136] Allerdings stellt sie regelmäßig nicht den Hauptbestandteil des Vertrages dar, selbst wenn die Zeitkomponente Namensbestandteil des Tarifangebots ist (z. B. Ticket 24[137]). Der Hauptbestandteil besteht vielmehr regelmäßig in der Berechtigung der Beförderung von A nach B –

---

[131] Weidenkaff, Walter, in: Palandt, § 611, Rn. 24.

[132] Huber, Peter, § 16 I, Rn. 318.

[133] Müller-Glöge, Rudi, in: MünchKommBGB, Bd. 4, § 611, Rn. 22.

[134] BGH, Urteil vom 1. Februar 1963 – Az. VI ZR 271/61 = BB 1963, 432 = MDR 1963, 490 ff. = VersR 1963, 460 ff. = NJW 1963, 1100 ff.

[135] Vgl. statt vieler Sprau, Hartwig, in: Palandt, Einf v § 631, Rn. 17a.

[136] Beispiel: VRS (Metropolregion Köln), Gemeinschaftstarif 2011, 6.1.1 Absatz 3, Seite 25.

[137] VRN (Mannheim, Ludwigshafen, Heidelberg etc.) „Tarifbestimmungen, Beförderungsbedingungen, Tarif 1/2011", „Fahrpreise Ticket 24", Seite 48 und „6. Ticket 24 / Ticket 24 PLUS", Seite 73.

sei es in der Form, dass Abfahrts- und Ankunftsort als Haltestelle definiert sind,[138] sei es, dass ein Fahrausweis ausgegeben wird, der eine Beförderungsleistung innerhalb einer Wabe[139] oder einer Zone[140] erlaubt.

2.2.3.2 Reisevertrag

Das Wesen des Reisevertrags nach § 651a BGB ist die Erbringung einer Gesamtheit von Reiseleistungen.[141] Dabei bedeutet Gesamtheit von Reiseleistungen zum einen, dass mehrere Reiseleistungen vorliegen müssen, zum anderen, dass diese nicht nur additiv zusammengefügt werden.[142] Dies drückt sich beim Reisevertrag wesentlich dadurch aus, dass hier mindestens zwei erhebliche Reiseleistungen zu einem Gesamtpreis angeboten werden.[143] Diese Reiseleistungen haben i. d. R. zwar auch eine Beförderung zum Gegenstand. Bei der Erbringung nur einzelner Reiseleistungen, wie z. B. einer Beförderung, ist aber nicht das Reisevertragsrecht, sondern der für diese Einzelleistung geltende Vertragstyp anzuwenden.[144]

Der Beförderungsvertrag stellt nur eine einzelne Reiseleistung dar. Entsprechend ist das Reisevertragsrecht nicht anwendbar.

2.2.3.3 Werkvertrag

Im Gegensatz zum Dienstvertrag ist dem Werkvertrag nicht nur das Bemühen, sondern die Erfolgsbezogenheit immanent.[145] Die geschuldete Leistung ist die Herstellung eines Werks.

Allerdings könnte unter dem Begriff „Werk" assoziativ eine nur taktil wahrnehmbare Sache verstanden werden. So bezeichnet der Begriff

---

[138] Beispiel: Chemnitz, Kurzstrecke bis zur 6. Haltestelle nach Zustieg auf den Linien der CVAG, http://www.cvag.de/cgi-bin/click.system?navid=Gelegenheitsfahrer_1559&sid=c, Stand: 2. April 2009.

[139] Beispiele: VRR (Düsseldorf, Duisburg, Essen, Bochum, Dortmund etc.), Handbuch für Tarif und Vertrieb 2012, B. Tarifbestimmungen, 2.2 Flächenzonen.

[140] Beispiele: MDV (Leipzig und Halle etc.), Beförderungsbedingungen und Tarifbestimmungen ab 1. August 2011, Teil B – Tarifbestimmungen der Verkehrsunternehmen des MDV.

[141] Tonner, Klaus, in: MünchKommBGB, Bd. 4, § 651a, Rn. 11.

[142] Tonner, Klaus, in: MünchKommBGB, Bd. 4, § 651a, Rn. 13.

[143] Huber, Peter, § 17 I, Rn. 377.

[144] Huber, Peter, § 17 I, Rn. 377.

[145] Medicus, Dieter, Schuldrecht II, Besonderer Teil, § 103, Rn. 412; Medicus/Lorenz, Schuldrecht II, Besonderer Teil, § 103, Rn. 687; Jacoby, Florian / Peters, Frank, in: Staudinger, BGB, Buch 2, Vorbemerkung zu §§ 631 ff., Rn. 4; Huber, Peter, § 16 I, Rn. 318.

„werkeln" das handwerkliche Arbeiten[146] und die „Werkstatt" eine (handwerkliche) Arbeitsstätte[147]. Deshalb könnten Zweifel bestehen, ob der Werkvertrag auf den Beförderungsvertrag anzuwenden ist.

Beförderungsleistungen sind darüber hinaus nicht abnahmefähig, da sie keine gegenständliche Verkörperung erfahren und somit im Bereich des Immateriellen bleiben.[148] Das Unternehmerpfandrecht und die Sicherungshypothek sind ferner nicht auf Beförderungsverträge anwendbar. Zur Nachbesserung als dem wichtigsten Element der Gewährleistung ist beim Beförderungsvertrag wegen der vertragstypischen Zeitkomponente wenig Gelegenheit.[149] Schließlich geht der Gesetzgeber nach § 641 Absatz 1 BGB, unbeschadet des § 632a BGB, beim Werkvertrag von einer grundsätzlichen Zahlungspflicht für die erbrachte Leistung nach „Abnahme des Werks" aus, während bei Beförderungsverträgen Fahrausweise vor der Fahrt zu bezahlen sind. Daher wird vertreten, dass das Werkvertragsrecht weitgehend nicht auf den Beförderungsvertrag passt.[150]

Jedoch ist die Hauptpflicht des Werkvertrages ein Erfolg.[151] Die Hauptpflicht des Beförderungsvertrages ist die Ortsveränderung von A nach B.[152] Damit wird bei ihm das den Werkvertrag kennzeichnende Hauptmerkmal, der Erfolg, geschuldet.

Der Erfolg des Werks muss auch nicht „körperlicher" Art sein.[153] Das Wort „Werk" ist verwandt mit dem griechischen Wort „érgon", das Arbeit bedeutet und aus dem auch das Wort „Energie" abgeleitet ist, das „die Fähigkeit, Arbeit zu verrichten", bedeutet.[154] Die spontanassoziative Vorstellung von Werk als körperliches Ergebnis ist daher das Ergebnis der Tatsache, dass Arbeit früher weniger in Dienstleistungen als vielmehr in Produktion bestand. Zwingend ist dies jedoch nicht, wie auch die Bezeichnung von Kompositionen, die nur einen Gedanken und

---

[146] Duden, Bd. 7, Herkunftswörterbuch.

[147] Duden, Bd. 7, Herkunftswörterbuch.

[148] Ebert, Ina, in: Schulze/Dörner/Ebert u. a., § 646, Rn. 2.

[149] Jacoby, Florian / Peters, Frank, in: Staudinger, BGB, Buch 2, Vorbemerkung zu §§ 631 ff., Rn. 76.

[150] So: Schwenker, Hans Christian, in: Erman, Vor §§ 631 – 651, Rn. 17; a. A. Jacoby, Florian / Peters, Frank, in: Staudinger, BGB, Buch 2, Vorbemerkung zu §§ 631 ff., Rn. 5.

[151] Busche, Jan, in: MünchKommBGB, Bd. 4, § 631, Rn. 1.

[152] RG, Urteil vom 15. April 1907 – Az. VI. 331/06 = RGZ 66, 12, 15; Busche, Jan, in: MünchKommBGB, Bd. 4, § 631, Rn. 248.

[153] Busche, Jan, in: MünchKommBGB, Bd. 4, § 631, Rn. 70.

[154] Duden, Bd. 7, Herkunftswörterbuch.

keinen körperlichen Gegenstand darstellen, als „Werk" erkennen lässt. Der Begriff des „Werks" stellt somit eine Bezeichnung für das Ergebnis einer Mühewaltung dar. Die Verbindung von Arbeit und Werk drückt sich heute noch gut in dem Begriff des „Werktags" aus. Entsprechend können auch die Ergebnisse unkörperlicher Arbeit, z. B. Theateraufführungen oder Gutachten – und ebenso Beförderungen – Werke darstellen.[155]

Da andere Regelungen außerhalb des Werkvertragsrechts, sei es innerhalb des BGB, sei es in Spezialgesetzen wie dem PBefG, keine den Werkvertrag ausschließenden oder abschließenden Regelungen des Beförderungsvertrages enthalten, sondern nur Einzelfragen, wie z. B. die Haftung, regeln,[156] kann man – bei allen Besonderheiten im Einzelfall – dennoch im Ergebnis das Werkvertragsrecht auf Beförderungsverträge anwenden.[157] Die Schaffung eines Vertragstyps sui generis ist damit nicht notwendig.

---

[155] Cebulla, Mario, in: Tonner/Willingmann/Tamm, § 631, Rn. 3; Busche, Jan, in: MünchKommBGB, Bd. 4, § 631, Rn. 1.

[156] Tonner, Klaus, in: MünchKommBGB, Bd. 4, Nach § 651, Rn. 1.

[157] Ebenso, zum Beförderungsvertrag allgemein: Tonner, Klaus, in: MünchKomm-BGB, Bd. 4, Nach § 651, Rn. 1 und 45; Tonner, Klaus / Gaedtke, Enrico, NZV 2006, 393, 394; Cebulla, Mario, in: Tonner/Willingmann/Tamm, § 631, Rn. 6; Busche, Jan, in: MünchKommBGB, Bd. 4, § 631, Rn. 2 und 248; Lattka, Cornelia, Kapitel 4 A III, Seite 29 f. und B IV, Seite 77; Bitter, Georg, NZV 2005, 553, 556; Schwenker, Hans Christian, in: Erman, Vor §§ 631 – 651, Rn. 17; Hilpert, Thomas, Der Nahverkehr 2003, Heft 9, Seite 21; Jacoby, Florian / Peters, Frank, in: Staudinger, BGB, Buch 2, Vorbemerkung zu §§ 631 ff., Rn. 2 und 76; Mansel, Heinz-Peter, in: Jauernig, BGB, Vor § 631, Rn. 5; Medicus, Schuldrecht II, Besonderer Teil, § 103, Rn. 412; Huber, Peter, § 17 I, Rn. 377; für die überwiegenden Fälle ebenso: Sprau, Hartwig, in: Palandt, Einf v § 631, Rn. 17a; vor Einführung des BGB als „Werkverdingungsvertrag" für den gewerblichen Gütertransport: RG, Urteil vom 23. Juni 1883 – Az. I. 249/83, RGZ 10, 164, 167; zum Eisenbahnbeförderungsvertrag: AG München, Urteil vom 21. September 2004 – Az. 112 C 17525/04; AG Köln, Urteil vom 10. Januar 2002 – Az. 117 C 222/01 = NZV 2003, 345 ff. = RRa 2004, 36 f.; AG Frankfurt am Main, Urteil vom 30. März 2000 – Az. 29 C 169/00-81 = RRa 2000, 171 = TranspR 2000, 312 f. = NZV 2001, 132 f.; Schulz, Daniela / Gaedtke, Enrico, RRa 2005, 104; Rott, Peter, RRa 2003, 242; zum Luftbeförderungsvertrag: BGH, Urteil vom 21. Dezember 1973 – Az. IV ZR 158/72 = BGHZ 62, 71, 75; AG Düsseldorf, Urteil vom 30. Mai 2006 – Az. 33 C 13795/05, Rn. 17; zum Taxibeförderungsvertrag: OLG Düsseldorf, Beschluss vom 18. Juni 1986 – Az. 5 Ss (Owi) 173/86 – 158/86 I = VRS Bd. 71, Nr. 160, Seite 390 ff. = NVwZ 1986, 965 f.; KG Berlin, Beschluss vom 25. Juli 1983 – Az. 3 Ws [B] 180/83 = VRS Bd. 65, Nr. 140, Seite 312, 314; KG Berlin, Beschluss vom 16. Februar 1970 – Az. 2 Ws [B] 206/69 = VRS Bd. 38, Nr. 179, Seite 379, 380; zur PBefG-Beförderung: AG Chemnitz, Urteil vom 7. Februar 2002 – Az. 14 C 2972/01; AG Chemnitz, Urteil vom 2. Mai 2001 – Az. 16 C 5185/00; AG Köln, Urteil vom 7. Oktober 1982 – Az. 121 C

2.3 Besondere Beförderungsbedingungen

Weitere Gestaltung erfahren die Fahrgastrechte und -pflichten der ÖPNV-Linienverkehre nach dem PBefG durch von den Verkehrsunternehmen verwendete sogenannte Besondere Beförderungsbedingungen (BBB). Hierbei ist zunächst zu prüfen, inwieweit diese BBB zulässig sind. Ferner stellt sich die Frage des Verhältnisses der BBB zum AGB-Recht nach den §§ 305 ff. BGB.

2.3.1 Zulässigkeit nach der VO-ABB

Nach § 1 Absatz 1 Satz 2 VO-ABB sind BBB die Beförderungsbedingungen, die von den Bestimmungen der VO-ABB abweichen. Die Verwendung solcher BBB ist allerdings an bestimmte Voraussetzungen gebunden.

Die erste Hürde hierfür stellt § 39 Absatz 6 PBefG sowie § 1 Absatz 1 Satz 2 VO-ABB auf. Danach ist die Zustimmung der zuständigen Genehmigungsbehörde erforderlich.

Zweitens sind „Abweichungen" von der VO-ABB nur in Berücksichtigung „besonderer Verhältnisse" zulässig. Eine Abweichung von der VO-ABB liegt vor, wenn eine Bestimmung in der Verordnung inhaltlich anders geregelt ist.[158] Entsprechend liegt keine Abweichung vor, soweit lediglich der Gesetzeswortlaut der VO-ABB wiederholt wird.[159] Diese Regelungen sind von vornherein rechtmäßig und nicht der Prüfung durch das AGB-Recht unterworfen.[160] Auch Ergänzungen, die Sachverhalte regeln, die bisher in der Verordnung noch gar nicht oder nicht abschließend geregelt wurden, sind keine Abweichungen. Beispiele hierfür sind Bestimmungen zum Halten zwischen den Haltestellen (Halten auf Wunsch)[161], besondere Verhaltensvorschriften für einen mit Sperren versehenen Verkehrsbereich[162] oder die Videoüberwachung[163] in den Fahrzeugen.

356/82; Weth, Stephan, JuS 1998, 795 ff.; Grätz, Thomas, in: Fielitz/Grätz, § 22 PBefG, Rn. 4; Fromm/Fey/Sellmann/Zuck, § 22 PBefG, Rn. 1; Bauer, Michael, § 22, Rn. 5; Lampe, Joachim, in: Erbs/Kohlhaas, P 56, § 22, Rn. 8.

[158] Hilpert, Thomas, NZV 2007, 288 ff.

[159] BGH, Urteil vom 23. November 2006 – Az. X ZR 16/05, Rn. 12 = TranspR 2007, 167; OLG Karlsruhe, Urteil vom 14. Januar 2005 – Az. 15 U 13/03; LG Karlsruhe, Urteil vom 9. September 2002 – Az. 10 O 252/02, Seite 12.

[160] Bauer, Michael, § 22, Rn. 9.

[161] Hierzu: Hilpert, Thomas, Der Nahverkehr 2000, Heft 11, Seite 43 ff.; derselbe, Der Nahverkehr 2002, Heft 3, Seite 44 ff.

[162] Trittel, Manfred, BB 1980, 497, 499.

Bestehen „Abweichungen", bedarf es einer Erklärung, warum die „besonderen Verhältnisse" dies verlangen. Ein Beispiel wäre eine vom Gesetzgeber beschlossene, aber noch nicht in Kraft getretene Änderung, wie z. B. die Erhöhung des EBE, deren Umsetzung von dem Unternehmen vorgezogen wird, weil ohnehin gerade eine Tarifanpassung geplant ist und vermieden werden soll, die entsprechenden Informationsmaterialien nach kurzer Zeit neu drucken zu müssen. Dagegen wird der Wunsch eines Unternehmens, auf Grund der allgemeinen Geldentwertung nunmehr höhere Beträge für das EBE zu verlangen, als alleiniger Grund zweifelhaft sein.[164]

Ein weiteres Beispiel für eine zulässige Abweichung ist die Harmonisierung von Beförderungsbedingungen, insbesondere in einem Verkehrsverbund, da dort regelmäßig der Eisenbahnverkehr integriert ist, für den nicht die VO-ABB, sondern die EVO gilt.[165]

Ebenfalls liegen „besondere Verhältnisse" vor, soweit systembedingte Unterschiede zwischen verschiedenen, der VO-ABB unterfallenden Beförderungsmitteln berücksichtigt werden sollen; so können beispielsweise Regelungen für U-Bahnen getroffen werden, die bei Bussen oder Straßenbahnen nicht oder nicht in dieser Weise erforderlich sind.[166]

2.3.2 Verhältnis zu den §§ 305 ff. BGB

Weitere Voraussetzung für die Geltung von BBB sind neben ihrer personenbeförderungsrechtlichen auch ihre zivilrechtliche Zulässigkeit. Hier könnten dann Bedenken bestehen, wenn die BBB anhand der §§ 305 ff. BGB zu prüfen sind und sie diese Prüfung nicht bestehen.

Gegen eine Prüfung nach dem AGB-Recht ließe sich argumentieren, dass die von den Unternehmen erlassenen BBB bereits einem Zustimmungserfordernis der Genehmigungsbehörden unterliegen.[167] Dies ergibt sich bei den PBefG-Verkehren aus § 39 Absatz 6, § 41 Absatz 3 und § 45 Absatz 2 PBefG sowie § 1 Absatz 1 Satz 2 VO-ABB. Allerdings vertritt der

---

[163] Hierzu: Hilpert, Thomas, RDV 2009, 160 ff.; derselbe, in: VDV-Mitteilung Nr. 9044; derselbe, Der Nahverkehr 2009, Heft 4, Seite 35 ff.; derselbe, Der Nahverkehr 2009, Heft 3, Seite 30 ff.; derselbe, Der Nahverkehr 2001, Heft 7-8, Seite 27 ff.

[164] Trittel, Manfred, BB 1980, 497, 500.

[165] Hilpert, Thomas, NZV 2007, 288 ff.

[166] BGH, Urteil vom 4. Dezember 1980 – Az. VII ZR 217/80 = BGHZ 79, 111, 113 f. = MDR 1981, 307 = NJW 1981, 569.

[167] Brandt, Eberhard und Ahlbrecht, Alfred, BB 1976, 1196 f.

BGH im Luftverkehrsrecht[168] und im Recht der Versicherungswirtschaft[169] schon länger die Auffassung, behördliche Genehmigungen stünden einer Prüfung anhand der AGB-Vorschriften nicht entgegen. Jüngst hat der BGH auch hinsichtlich der PBefG-Verkehre, ebenso wie die überwiegende Literatur,[170] die Auffassung bekundet, dass diese sich an den AGB-Bestimmungen des BGB grundsätzlich messen lassen müssen.[171]

Dem ist zuzustimmen. Denn anders als die Bestimmungen der VO-ABB, die keiner Prüfung anhand der §§ 305 ff. BGB unterliegen,[172] handelt es sich bei den BBB nicht um materiell-gesetzliche Regelungen. Darüber hinaus sind es keine Bestimmungen eines Dritten, sondern einer Vertragspartei. Für die AGB-Kontrolle spricht ferner die ausdrückliche Erwähnung der BBB in § 305a Nr. 1 BGB und § 309 Nr. 7 BGB, welche überflüssig wäre, wenn die §§ 305 ff. BGB nicht auf die BBB anzuwenden wären. Gleichwohl muss auch der Zivilrichter bei seiner AGB-Kontrolle die größere Sachkunde der Fachaufsichtsbehörde in technischen Fragen sowie etwaige branchenspezifische Bedürfnisse angemessen berücksichtigen.[173]

Obgleich daher eine inhaltliche AGB-Prüfung zu bejahen ist, findet sie jedenfalls nur soweit statt, wie die Formulierungsunterschiede inhaltliche Abweichungen im Sinne von § 307 Absatz 3 Satz 1 BGB zu der jeweiligen Verordnung begründen und nicht deren Wortlaut lediglich unerheblich modifizieren.[174] In diesem Fall ist für die Bestimmung des Klauselinhalts, ebenso wie beim materiellen Recht, die allgemeine Gesetzes-

---

[168] BGH, Urteil vom 20. Januar 1983 – Az. VII ZR 105/81 = BGHZ 86, 284 ff. = NJW 1983, 1322 ff.; BGH, Urteil vom 27. Oktober 1972 – Az. KZR 9/71 = MDR 1973, 999 f.

[169] BGH, Urteil vom 3. März 1992 – Az. IVa ZR 256/80 = BGHZ 83, 169, 172 f. = MDR 1982, 559 f.

[170] Trittel, Manfred, BB 1980, 497, 501; Pfeiffer, Thomas, in: Wolf/Lindacher/Pfeiffer, § 305a, Rn. 4; Christensen, Guido, in: Ulmer/Brandner/Hensen, AGB-Recht, § 309 Nr. 7, Rn. 18; Ulmer, Peter / Habersack, Mathias, in: Ulmer/Brandner/Hensen, AGB-Recht, § 305, Rn. 75; a. A. Brandt, Eberhard und Ahlbrecht, Alfred, BB 1976, 1196 f.; Bettermann, Karl August, in: Festschrift für Walter Reimers zum 65. Geburtstag, 415, 436 ff.

[171] BGH, Urteil vom 23. November 2006 – Az. X ZR 16/05, Rn. 12 = TranspR 2007, 167.

[172] Vgl. oben unter 2.1.5.2 Vereinbarkeit mit den §§ 305ff. BGB.

[173] Fuchs, Andreas, in: Ulmer/Brandner/Hensen, AGB-Recht, Vorb. v. § 307, Rn. 96.

[174] BGH, Urteil vom 23. November 2006 – Az. X ZR 16/05, Rn. 12 = TranspR 2007, 167; LG München, Urteil vom 18. Mai 1983 – Az. 9 O 3266/83 Vi = VRS Bd. 66, Nr. 6, Seite 12, 13.

auslegung maßgeblich.[175] Denn derjenige, der lediglich den Inhalt einer Rechtsvorschrift wiedergibt, die im Falle des Wegfalls der Klausel ohnehin zur Anwendung käme, übernimmt keine besondere Formulierungsverantwortung, die es rechtfertigen würde, Unklarheiten der (einschränkenden) Interpretation der Vorschrift zu seinen Lasten gehen zu lassen.[176]

Bei der inhaltlichen AGB-Prüfung hat der Gesetzgeber für die BBB nur eine Ausnahme vorgesehen. Diese betrifft § 309 Nr. 7 BGB, die allerdings wegen ihrer Begrenzung auf Abweichungen zu Gunsten des Kunden keine praktische Relevanz hat.

Demgegenüber hat der Gesetzgeber für die BBB eine Erleichterung bei der Einbeziehung in den Beförderungsvertrag vorgesehen. So werden die BBB nach § 305a Nr. 1 BGB „auch ohne Einhaltung der in § 305 Absatz 2 Nr. 1 und 2 [BGB] bezeichneten Erfordernisse" in den Beförderungsvertrag einbezogen, wenn es sich dabei um „mit Genehmigung der zuständigen Verkehrsbehörde oder auf Grund von internationalen Übereinkommen erlassene Tarife und Ausführungsbestimmungen der Eisenbahnen und die nach Maßgabe des Personenbeförderungsgesetzes genehmigten Beförderungsbedingungen der Straßenbahnen, Obusse und Kraftfahrzeuge im Linienverkehr" handelt. Entsprechend finden § 305 Absatz 2 Nr. 1 und 2 BGB auf BBB der PBefG-Verkehre keine Anwendung, soweit diese von der entsprechenden Behörde genehmigt wurden.[177]

Im Hinblick auf die erleichterte Einbeziehung nach § 305a Nr. 1 BGB müssen die BBB nach ihrem Erlass „vom Unternehmer vor ihrer Einführung ortsüblich bekannt" gemacht werden.[178] Dies ergibt sich zwar nicht aus den AGB-Bestimmungen des BGB, jedoch aus den Vorschriften der §§ 39 Absatz 7, 41 Absatz 3 und 45 Absatz 2 PBefG.

---

[175] BGH, Urteil vom 23. November 2006 – Az. X ZR 16/05, Rn. 12 = TranspR 2007, 167; BGH, Urteil vom 19. März 2003 – VIII ZR 135/02 = NJW 2003, 2607, 2608; BGH, Urteil vom 20. Januar 1993 – VIII ZR 10/92 = NJW 1993, 1061, 1063; Ulmer, Peter / Schäfer, Carsten, in: Ulmer/Brandner/Hensen, AGB-Recht, § 305c, Rn. 83.

[176] BGH, Urteil vom 23. November 2006 – Az. X ZR 16/05, Rn. 12 = TranspR 2007, 167.

[177] Freise, Rainer, VersR 2004, 974 ff.; noch zur nahezu identischen Regelung im AGB-Gesetz: AG Frankfurt am Main, Urteil vom 6. November 1998 – Az. 31 C 2068/98 - 10 = VDV-Nachrichten 3/99, Nr. 96.

[178] Hierzu: Freise, Rainer, VersR 2004, 974, 975.

2.4 Die Individualabrede

Neben den gesetzlich normierten Regelungen, die gegebenenfalls durch BBB modifiziert werden, ist auch denkbar, dass Fahrgastrechte und Fahrgastpflichten individuell vereinbart werden. Dem sind allerdings deutliche Grenzen sowohl in praktischer und wirtschaftlicher Hinsicht als auch bezüglich ihrer rechtlichen Möglichkeit gesetzt.

Praktisch hat die Individualabrede schon deshalb keine Bedeutung, da es sich beim Personenbeförderungsvertrag im Linienverkehr um ein Massentransportmittel handelt. So weist die VDV-Statistik für die Mitgliedsunternehmen des VDV in Deutschland im Jahr 2009 bei den PBefG-Verkehren 7,658 Mrd. Beförderungen mit Bussen und Bahnen aus.[179] Bei diesen Mengen, die mit einem durchschnittlichen Nettoertrag von 0,85 Euro pro Fahrt[180] befördert werden, sind individuelle Diskussionen über Beförderungsbedingungen weder organisatorisch machbar noch wirtschaftlich auch nur ansatzweise darstellbar. Für die Bereiche U-Bahn, Straßenbahn und Obus kann daher die Individualabrede bereits aus praktischen und wirtschaftlichen Gründen in den allermeisten Fällen ausgeschlossen werden.

Aber auch rechtlich besteht eine Grenze für die Individualabrede. Insbesondere die Fahrplanpflicht (§ 40 PBefG) und die Tarifpflicht (§ 39 PBefG) setzen hier Grenzen. Die Fahrplanpflicht bedingt, dass individuelle Abreden hinsichtlich einer geänderten Abfahrtzeit unzulässig sind. Aus der Tarifpflicht folgt die Notwendigkeit, gleiche Preise zu verlangen. So bestimmt § 39 Absatz 1 Satz 2 PBefG, dass Beförderungsentgelte allgemein verbindlich sind. Ausdrücklich gegen eine anderweitige Abrede bei Beförderungsentgelten steht die Vorschrift des § 39 Absatz 3 Satz 1 PBefG, nach der die nach Absatz 1 festgestellten Beförderungsentgelte nicht über- oder unterschritten werden dürfen und gleichmäßig anzuwenden sind. Als Rechtsfolge bestimmt § 39 Absatz 3 Satz 2 PBefG sogar, dass Ermäßigungen, die nicht unter gleichen Bedingungen jedermann zu Gute kommen, verboten und nichtig sind. Im Ergebnis besteht so nach den Vorschriften des PBefG für die Fahrpreise und die Abfahrtzeiten kein Raum für eine von der Genehmigung abweichende Individualabrede.[181]

Bei den Beförderungsbedingen bestehen ebenfalls kaum Spielräume. Sie haben ihre Regelung in der VO-ABB erfahren. Diese stellen zwingendes

---

[179] VDV-Statistik 2009, Seite 17, Darstellung 17.

[180] VDV-Statistik 2009, Seite 17, Darstellung 17 i. V. m. Seite 21, Darstellung 26.

[181] Freise, Rainer, VersR 2004, 974, 977.

Recht dar.[182] Soweit von ihnen abgewichen werden soll, bedarf es nach § 1 Absatz 1 Satz 1 VO-ABB für diese Besonderen Beförderungsbedingungen zum einen der bereits erörterten[183] „besonderen Verhältnisse" und zum anderen einer Genehmigung.

2.5 Das Hausrecht

Häufig wird geltend gemacht, Fahrgäste haben sich bei der Ausübung ihrer Rechte und Pflichten auch an die Grenzen zu halten, die ihnen das Verkehrsunternehmen über sein Hausrecht setzt.[184]

Allein die Befassung mit dem Begriff des Hausrechts wäre schon eine eigenständige juristische Betrachtung wert, denn eine gesetzliche Definition besteht nicht[185] und Einigkeit hierüber in der Literatur und Rechtsprechung ist ebenfalls nicht zu finden.[186] Einen überwiegenden Konsens wird man aber wohl herstellen, wenn man das Hausrecht als „Herrschaftsbefugnis des Inhabers hinsichtlich des Hausfriedens" definiert.

Unstreitig ist dabei zunächst, dass auch den Verkehrsunternehmen grundsätzlich ein Hausrecht in ihren Fahrzeugen und Anlagen zusteht.[187] Allerdings besteht das Hausrecht nicht uneingeschränkt. Insbesondere besteht es nicht, soweit man auf die Ausübung des Hausrechts verzichtet hat.[188] Ferner ist für das Hausrecht die Rechtsausübung gegenüber von außen kommenden Störungen kennzeichnend, d. h. gegenüber Personen die nicht berechtigt sind, in den räumlichen Bereich einzudringen oder sich darin aufzuhalten.[189] Damit ist auch Gegenstand des Hausrechts die Verhinderung des widmungsfremden Gebrauchs.[190]

---

[182] Trittel, Manfred, BB 1980, 497, 499.

[183] Siehe oben unter 2.3.1 Zulässigkeit nach der VO-ABB.

[184] Vgl. z. B. Beschluss-Sammlung der Verkehrsministerkonferenz am 6./7. Oktober 2010 auf Schloss Ettersburg, TOP 6.2 b) Thema „Alkoholverbot" Nr. 3, Satz 2: „Verkehrsunternehmen können für ihren gezielten Bedarf entsprechende Regelungen über ihr Hausrecht verankern."

[185] Ehlers, Dirk, DÖV 1977, 737; Knemeyer, Franz-Ludwig, DÖV 1970, 596.

[186] Vgl. statt vieler: OVG NRW, Urteil vom 8. Mai 2009 – Az. 16 A 3375/07 = RDV 2009, 232 ff.; VG München, Urteil vom 15. März 2004 – Az. M 3 K 03.4560, II. 1); Ronellenfitsch, Michael, VerwArch 1982, 465, 467 f.; Ehlers, Dirk, DÖV 1977, 737 f.

[187] Vgl. statt vieler: KG Berlin, Beschluss vom 30. April 2008 – Az. (2/5) 1 Ss 223/05 (73/05) = NJW 2008, 2132 ff.

[188] Vgl. BGH, Urteil vom 3. November 1993 – Az. VIII ZR 106/93 = BGHZ 124, 39 ff. = NJW 1994, 188 ff. = MDR 1994, 188 f.

[189] Knemeyer, Franz-Ludwig, DÖV 1970, 596, 597.

[190] Knemeyer, Franz-Ludwig, DÖV 1970, 596, 598.

Insofern ist ähnlich wie beim Hausrecht in öffentlichen Gebäuden, und der dortigen Abgrenzung zwischen öffentlichem Recht und Zivilrecht, das ausschlaggebende Kriterium für eine Nichtanwendbarkeit des zivilrechtlichen Hausrechts bei den ÖPNV-Linienverkehren des PBefG die „widmungsgemäße Aufgabenerledigung"[191] – hier die Durchführung des genehmigten PBefG-Verkehrs.

Mit der Aufnahme eines genehmigten Linienbetriebs verpflichtet sich das Verkehrsunternehmen zu einer Beförderung im Rahmen der gesetzlichen Vorgaben des § 22 PBefG. Damit verpflichtet es sich, nur in den im Gesetz aufgeführten Fällen die Beförderung zu verweigern. Das Hausrecht gehört nicht dazu. Entsprechend kann auf das Hausrecht keine Sanktion wie z. B. ein Beförderungsausschluss gestützt werden.[192] Das Hausrecht ist damit ein ins Leere greifende Rechtsinstrument, soweit Sachverhalte nach dem Personenbeförderungsrecht zu beurteilen sind.

Als Rechtsgrundlage kommt das Hausrecht im ÖPNV daher nur in Randbereichen in Frage, in denen der Adressat gerade kein Fahrgast ist, wie z. B. bei Verkäufern, Bettlern, Musikern oder Schlafwilligen in ÖPNV-Bauwerken. Aber selbst in diesen Fällen ist zu beachten, dass zumindest bei den Verkehrsunternehmen, die teilweise oder vollständig im Eigentum der öffentlichen Hand sind, eine unmittelbare Grundrechtsbindung besteht und daher etwa Demonstrationen nicht einfach unter Berufung auf das Hausrecht verboten werden dürfen.[193]

Die verbleibenden Fälle, in denen das Verhalten eines Fahrgastes Gegenstand der Betrachtung ist und das Hausrecht keine Handhabe bietet, sind innerhalb des vorgegebenen Systems von Besonderen und Allgemeinen Beförderungsbedingungen zu lösen.

---

[191] Brüning, Christoph, DÖV 2003, 389, 391 mit weiteren Nachweisen.
[192] Vgl. AG Norden, Urteil vom 18. November 1988 – Az. 5 C 910/88.
[193] BVerfG, Urteil vom 22. Februar 2011 – Az. 1 BvR 699/06.

3. Reichweite des Beförderungsvertrags

Bevor die einzelnen Rechte und Pflichten der Fahrgäste in den ÖPNV-Linienverkehren untersucht werden, ist zu klären, wie weit sich der Geltungsbereich der Rechte und Pflichten erstreckt. Unproblematisch erscheint zunächst, dass die vertraglichen Rechte und Pflichten gelten, soweit ein Beförderungsvertrag vorliegt. Daher sind zunächst der Beginn und das Ende des Beförderungsvertrages festzustellen. Ferner sind die Vertragspartner zu klären. Schließlich ist zu prüfen, welche Auswirkungen die nicht volle Geschäftsfähigkeit auf die Rechte und Pflichten hat.

3.1 Beginn und Ende des Beförderungsvertrags

3.1.1 Beginn des Beförderungsvertrags

Üblicherweise wird eine Begründung des Beförderungsvertrages mit dem Zusteigen in das Fahrzeug angenommen.[194] Historisch ist diese Vorstellung auch richtig. Früher erwarb man beim Betreten des Fahrzeugs einen Fahrausweis bei dem Schaffner oder dem Fahrer. Allerdings entspricht dies nicht mehr dem üblichen Geschehen. Denn Schaffner finden sich nur noch selten in den Fahrzeugen. Selbst der Erwerb des Fahrausweises beim Fahrer oder am Automaten ist die Ausnahme geworden und erfolgt – wenn überhaupt zulässig und möglich – nahezu ausschließlich bei Einzelfahrausweisen. Darüber hinaus gilt zu bedenken, dass diese Fahrausweiskategorie einschließlich der Mehrfahrtenausweise nur noch einen Anteil von 16 % bei den Beförderungen hat,[195] während über 76 % der Fahrgäste mittlerweile mit Zeitfahrausweisen fahren.[196] Zumindest diese Fahrausweise werden regelmäßig nicht im Fahrzeug, sondern vor Fahrtantritt erworben.

Damit stellt sich die Frage, ob die althergebrachte Ansicht, der Beförderungsvertrag werde mit dem Betreten des Fahrzeugs begründet, weiterhin aufrecht zu erhalten ist. Des Weiteren ist zu prüfen, wie es sich auf den Vertragsbeginn auswirkt, falls der Fahrschein noch entwertet wer-

---

[194] Vgl. z. B.: LG Frankfurt am Main, Urteil vom 18. Dezember 1958 – Az. 2/4 O 171/58; Bauer, Michael, § 22, Rn. 2; Rott, Peter, RRa 2003, 242, 243; Fielenbach, Martin, NZV 2000, 358, 359; Weth, Stephan, JuS 1998, 795; Fischer, Georg, TranspR 1992, 7; Winkler von Mohrenfels, Peter, JuS 1987, 692, 693; Lampe, Joachim, in: Erbs/Kohlhaas, P 56, § 22, Rn. 9; Filthaut, Werner, Haftpflichtgesetz, § 12, Rn. 121 und 129.

[195] VDV-Statistik 2009, Seite 17, Darstellung 20.

[196] VDV-Statistik 2009, Seite 17, Darstellung 20.

© Springer Fachmedien Wiesbaden GmbH, ein Teil von Springer Nature 2012
T. Hilpert-Janßen, *Fahrgastrechte und -pflichten der ÖPNV-Linienverkehre nach dem PBefG*, Edition KWV, https://doi.org/10.1007/978-3-658-24122-3_3

den muss bzw. bereits mit dem Erwerb entwertet ist. Geklärt werden muss auch, ob ein Vertrag geschlossen wird, wenn kein Fahrausweis gelöst wird.

Weder die Vorschriften des PBefG oder der VO-ABB noch des Besonderen Schuldrechts im BGB haben hierzu Regelungen getroffen. Daher muss auf die Normen des Allgemeinen Teils des BGB über das Zustandekommen von Verträgen, somit insbesondere auf die §§ 145 ff. BGB, zurückgegriffen werden. Hiernach müssen von mindestens zwei Personen erklärte Willensübereinstimmungen über die Herbeiführung eines rechtlichen Erfolges vorliegen.[197] Es sind verschiedene Fälle zu unterscheiden.

3.1.1.1 Fahrausweiserwerb bei Fahrtantritt

Bei dem klassischen Fall des Fahrausweiserwerbs beim Fahrer mit Betreten des Fahrzeugs erfolgt in dem Moment auch eine Einigung zwischen dem Fahrgast und dem Verkehrsunternehmen, vertreten durch den Fahrer, über den Abschluss eines Beförderungsvertrags. Dies ist der einfachste und unproblematische Fall des Abschlusses eines Beförderungsvertrages, denn das Vertragsangebot, die Annahme des Angebots, das Betreten des Fahrzeugs, die Erfüllung seitens des Fahrgasts und der Beginn der Erfüllung seitens des Verkehrsunternehmens fallen zeitlich zusammen. Da in dieser Situation unstreitig ein Beförderungsvertrag geschlossen wird,[198] braucht nicht weiter differenziert zu werden, welche Handlung hierfür ursächlich ist.

3.1.1.2 Fahrausweiserwerb vor Fahrtantritt

Der Fahrausweiserwerb kann vor Fahrtantritt erfolgen, indem ein Mitarbeiter als Vertreter des Verkehrsunternehmens gemäß § 164 Absatz 1 BGB das Vertragsangebot des Kunden annimmt.[199] Der Fahrausweiserwerb kann aber auch über eine technische Infrastruktur des Unternehmens (Fahrausweisautomat, Internet, Telefonautomat etc.) stattfinden. Hier soll es sich nach einer Auffassung bei der Bereitstellung der Technik um eine invitatio ad offerendum[200] handeln,[201] so dass der Kunde am Automaten das Angebot macht, welches das Unternehmen durch die Ausgabe des Fahrausweises annimmt. Nach anderer Auffassung gibt das

---

[197] Ellenberger, Jürgen, in: Palandt, Einf v § 145, Rn. 1.

[198] Vgl. z. B. Weth, Stephan, JuS 1998, 795; Rott, Peter, RRa 2003, 242, 243.

[199] Pohar, Mihael Aleksander, Seite 51.

[200] Aufforderung zur Abgabe eines Angebots, vgl. hierzu: Ellenberger, Jürgen, in: Palandt, § 145, Rn. 2; Boemke/Ulrici, § 7, Rn. 12.

[201] Pohar, Mihael Aleksander, NZV 2003, 257, 258.

Unternehmen im Rahmen der Figur der sogenannten offerta ad incertas personas[202] bereits ein Angebot ab, das der Kunde lediglich annimmt.[203] Das Ergebnis ist letztlich für die hier entscheidende Frage des Vertragsbeginns gleich, da beide Ansichten zu einem Abschluss eines Vertrages zum Zeitpunkt des Fahrausweiserwerbs kommen. Nach § 151 BGB muss die der Einigung vorausgehende Annahme des Antrags nicht einmal dem Antragenden gegenüber erklärt werden, soweit dies in der Regel nicht zu erwarten ist oder der Antragende auf sie verzichtet hat.[204]

Damit stellt sich die Frage, welches Vertragsverhältnis der Fahrgast eingeht, wenn er sich den Fahrausweis bereits vor der Fahrt besorgt. Denkbar ist, dass mit dem Erwerb ein Rahmenvertrag über künftige Beförderungsverträge abgeschlossen wird. Ferner könnte das umgangssprachlich als „Kauf" eines Fahrausweises bezeichnete Verhalten tatsächlich ein Kaufvertrag sein. Schließlich könnte hiermit auch schon vor Fahrtantritt der Beförderungsvertrag geschlossen werden.

3.1.1.2.1 Rahmenvertrag

Ein Rahmenvertrag hat einen den Hauptvertrag begleitenden und ergänzenden Charakter.[205] Wenn das Besorgen einer Mehrfahrten- oder Zeitkarte den Abschluss eines Rahmenvertrages über künftige Beförderungsverträge darstellen sollte, müssten die konkreten Beförderungen den Hauptvertrag bilden. Dies könnte der Fall sein, wenn jeweils mit dem Betreten des Fahrzeugs die Hauptverträge mit den befördernden Unternehmen geschlossen würden.

Ein Argument für die Annahme eines nur begleitenden Charakters des Fahrausweiserwerbs könnte sein, dass beim Erwerb eines Fahrausweises für den ÖPNV in aller Regel nicht die konkrete Beförderung hinsichtlich Uhrzeit, Strecke, Linie etc. festgelegt wird. Allerdings müssen selbst beim Betreten des Fahrzeugs die Wegstrecke und die Ausstiegshaltestelle noch nicht feststehen oder festgelegt werden. Ferner ist die Bestimmung der konkreten Beförderung nicht Gegenstand einer zweiten Ver-

---

[202] Angebot an unbestimmte Personen, vgl. hierzu: Ellenberger, Jürgen, in: Palandt, § 145, Rn. 7; Bork, Reinhard, in: Staudinger, BGB, § 145, Rn. 8 und 19; Wolf, Manfred, in: Soergel, § 145, Rn. 8; Boemke/Ulrici, § 7, Rn. 14.

[203] Ellenberger, Jürgen, in: Palandt, § 145, Rn. 7; Dörner, Heinrich, in: Schulze/Dörner/Ebert u. a., § 145, Rn. 6; Berger, Christian, in: Jauernig, BGB, § 929, Rn. 4; Bork, Reinhard, in: Staudinger, BGB, § 145, Rn. 8 und 10; Busche, Jan, in: MünchKommBGB, Bd. 1 (6. Auflage), § 145, Rn. 10 ff.; Boemke/Ulrici, § 7, Rn. 14.

[204] Hierzu näher: Deinert, Olaf, in: Tonner/Willingmann/Tamm, § 145, Rn. 1 ff.; Ellenberger, Jürgen, in: Palandt, § 151, Rn. 1 ff.

[205] Larenz/Wolf (9. Auflage), 2004, § 23 VI, Rn. 112; Ellenberger, Jürgen, in: Palandt, Einf v § 145, Rn. 19.

einbarung, sondern kann durch einseitige Bestimmung des Fahrgasts erfolgen, indem dieser zu einer bestimmten Zeit seinen Fahrausweis entwertet, das Fahrzeug betritt oder verlässt. Hiermit übt der Fahrgast ein Wahlrecht im Sinne des § 263 BGB aus. Zwar steht gemäß § 262 BGB das Wahlrecht im Zweifel dem Schuldner zu, bezogen auf die Beförderung also dem Verkehrsunternehmen. § 262 BGB ist jedoch dispositiv, so dass dem Gläubiger durch Vertrag das Wahlrecht gewährt werden kann.[206]

Gegen die Annahme, der Fahrausweiserwerb sei ein Rahmenvertrag für einen Beförderungsvertrag, spricht auch die Fahrpreiszahlung. Denn ein Rahmenvertrag enthält noch keinen Leistungsaustausch.[207] Er regelt nur die Konditionen, zu welchen diese Leistungsaustauschverträge durchgeführt werden sollen. Ein Rahmenvertrag ist hinsichtlich der Hauptverträge sogar so unbestimmt, dass ihm noch nicht einmal der Charakter eines Vorvertrages zukommt, mit dem auf den Abschluss des Hauptvertrages geklagt werden könnte.[208] Da der Fahrgast beim Erwerb des Fahrausweises bereits vollständig seine Hauptleistungspflicht erfüllt hat, liegt zu diesem Zeitpunkt bereits deutlich mehr als nur ein Rahmenvertrag für künftige Beförderungsverträge und auch mehr als ein Vorvertrag auf eine Hauptleistung vor.

3.1.1.2.2 Kaufvertrag

Beim Erwerb eines Fahrausweises geht es nicht um das Verschaffen des Eigentums einer Sache. Dies ergibt sich bei einem als Papierschein ausgegebenen Fahrausweis bereits aus der mangelnden Werthaltigkeit der Sache an sich. Ferner ist noch nicht einmal notwendig, dass dem Fahrgast überhaupt das Eigentum an dem Fahrausweis eingeräumt wird; es kann durchaus im Eigentum des „Verkäufers" verbleiben. Praktisch relevant ist dies insbesondere bei Fahrausweisen, die auf Chipkarten ausgegeben werden. Desweiteren erfolgt beim Erwerb eines Fahrausweises als Handyticket[209] überhaupt keine Übertragung einer Sache, sondern nur eine Mitteilung per SMS. Mithin ist der Erwerb eines Fahrausweises jedenfalls nicht als Sachkauf im Sinne der §§ 433 ff. BGB zu werten.

Allerdings könnte es sich um einen Rechtskauf im Sinne des § 453 BGB handeln. Hiernach kann Gegenstand eines Kaufvertrages auch ein obli-

---

[206] Schulze, Reiner, in: Schulze/Dörner/Ebert u. a., § 262, Rn. 1.

[207] Schmidt, Karsten, § 20 I 2 b); Larenz/Wolf (9. Auflage), 2004, § 23 VI, Rn. 112 ff.

[208] Larenz/Wolf (9. Auflage), 2004, § 23 VI, Rn. 114.

[209] Hierzu: Grote, Uwe / Promoli, Katharina / Joseph, Matthias, Der Nahverkehr 2004, Heft 3, Seite 39 ff.; Pohar, Mihael Aleksander, Seite 57 ff.; Pohar, Mihael Aleksander, NZV 2003, 257 ff.

gatorisches Recht sein.[210] Dieses Recht könnte darin bestehen, mit einem Fahrzeug im ÖPNV-Linienverkehr in dem von den Tarifbestimmungen beschriebenen Umfang von A nach B transportiert zu werden. Damit ist jedoch genau die Gegenleistungspflicht des Beförderungsvertrages beschrieben. Vertragsgegenstand eines Rechtskaufs können aber nur Rechte sein, soweit die Übertragung des Rechts gegen ein Entgelt nicht speziell geregelt ist.[211] Der Beförderungsvertrag, der zum Werkvertragsrecht gehört,[212] stellt aber eine speziellere Regelung dar, da er das erworbene Recht nicht nur allgemein als Recht, sondern spezifisch qualifiziert. Entsprechend liegt kein Kaufvertrag im Rechtssinn vor.

Diese Feststellung wird noch durch eine Kontrollüberlegung bestätigt. Die VO-ABB macht sowohl Vorgaben für den Fahrausweiserwerb und die Rücknahme des Fahrausweises[213] als auch für die eigentliche Beförderung[214]. Zwar bezieht sich die VO-ABB in ihrer Geltung nicht ausdrücklich auf den Beförderungsvertrag, sogar noch nicht einmal auf ein Vertragsverhältnis an sich, allerdings regelt die VO-ABB sogar ausweislich ihres Titels die Bedingungen im Zusammenhang mit der Beförderung. Wenn sich daher in ihr auch die Regelungen zum Kauf und zur Rücknahme der Fahrausweise befinden, geht auch der Gesetzgeber davon aus, dass dieser Aspekt Teil des Lebenssachverhalts der Beförderung ist. Die Aufspaltung dieses Lebenssachverhaltes in einen Kauf- und einen Beförderungsvertrag entspräche damit ersichtlich nicht der Intention des Gesetzgebers.

3.1.1.2.3 Beförderungsvertrag

Nachdem festgestellt ist, dass der Erwerb eines Fahrausweises vor Fahrtantritt weder einen Rahmenvertrag noch einen Kaufvertrag darstellt, verbleibt die Möglichkeit, den Fahrausweiserwerb vor Fahrtantritt als Abschluss eines Beförderungsvertrages anzusehen.[215] Die abweichende Ansicht,[216] die hierin nur eine deklaratorische Handlung sieht, steht schon nicht im Einklang mit der Regelung, die der Gesetzgeber in dem im Jahre 2009 reformierten Eisenbahnrecht[217] getroffen hat. Denn

---

[210] Weidenkaff, Walter, in: Palandt, § 453, Rn. 4.

[211] Alpmann-Pieper, Annegerd, in: jurisPK-BGB, § 453, Rn. 6.

[212] Siehe hierzu unter 2.2.3.3 Werkvertrag.

[213] Vgl. z. B. §§ 6 Absatz 2, 7 und 10 VO-ABB.

[214] Vgl. z. B. §§ 3, 4 und 5 VO-ABB.

[215] Ebenso: Trittel, Manfred, BB 1980, 497, 501; für die Eisenbahn: Czerwenka/Heidersdorf/Schönbeck, Vor § 8, 2) a) aa).

[216] Filthaut, Werner, Haftpflichtgesetz, § 12, Rn. 121.

[217] BGBl. I, Nr. 28 vom 29. Mai 2009, Seite 1146 ff.

dieser hat bei den Verspätungsvorschriften in § 17 EVO, die auch greifen, bevor der Fahrgast überhaupt ein Fahrzeug betreten hat, ausdrücklich die Formulierung des „Beförderungsvertrages" und nicht die einer culpa in contrahendo[218] gewählt, aus dem sich die Fahrgastrechte ergeben. Für die Ansicht, der Beförderungsvertrag beginne bei einer U-Bahnfahrt mit dem Betreten des Fahrzeugs, bei der gegebenenfalls am Bahnsteig gegenüber abfahrenden S-Bahn aber mit dem Fahrausweiserwerb[219] gibt es keinen rechtlichen oder sachlichen Grund. Dies wird umso deutlicher, soweit beide Verkehrsmittel mit dem gleichen Fahrausweis eines Verkehrsverbundes benutzt werden können und von dem einen auf das andere Verkehrsmittel unter Weitergeltung desselben Fahrausweises umgestiegen werden darf.

3.1.1.3 Fahrtantritt ohne Fahrausweiserwerb

Erwirbt der Fahrgast dagegen keinen Fahrausweis und betritt das Fahrzeug in der Absicht ohne Fahrausweis zu fahren, kann man einen Vertrag nur annehmen, wenn man entweder der Lehre vom sozialtypischen Verhalten oder der Theorie von der Realofferte folgt.

3.1.1.3.1 Lehre vom sozialtypischen Verhalten

Die Lehre vom sozialtypischen Verhalten geht auf die dogmatische Figur des von Haupt[220] entwickelten faktischen Vertragsverhältnisses zurück,[221] das später vom BGH[222], der untergerichtlichen Rechtsprechung[223] und in der Literatur[224] unter der Bezeichnung „sozialtypisches Verhalten" übernommen und teilweise modifiziert wurde. Nach dieser Lehre wird auf das Erfordernis der rechtsgeschäftlichen Einigung verzichtet. Die Gegenleistungspflicht entsteht danach durch die faktische Inanspruchnahme z. B. der Straßenbahn, eines Parkplatzes oder von leitungsgebundenen Versorgungsleistungen.[225] Das Angebot, z. B. des Straßenbahnbetriebs, diene der sozialen Daseinsfürsorge und benötige nicht eine Einigung zwischen der Verkehrsgesellschaft und dem Fahrgast, so dass die bloße Tatsache des Einsteigens in die Straßenbahn und

---

[218] Hierzu: Grüneberg, Christian, in: Palandt, § 311, Rn. 11 ff.

[219] So jedoch: Filthaut, Werner, Haftpflichtgesetz, § 12, Rn. 122.

[220] Haupt, Günter, Seite 1 ff.

[221] Ellenberger, Jürgen, in: Palandt, Einf v § 145, Rn. 25.

[222] BGH, Urteil vom 14. Juli 1956 – Az. V ZR 223/54 = BGHZ 21, 319, 333.

[223] Vgl. z. B. AG Frankfurt am Main, Urteil vom 18. Dezember 1958 – Az. 2/4.0.171/58.

[224] Z. B. Larenz, Karl (6. Auflage), 1983, § 28 II, Seite 522 ff.

[225] Haupt, Günter, Seite 21 ff.; Deinert, Olaf, in: Tonner/Willingmann/Tamm, § 145, Rn. 6.

der ordnungsgemäßen Benutzung der Bahn unmittelbar das Vertragsverhältnis mit seinen beiderseitigen Rechten und Pflichten begründe.
Einer rechtsgeschäftlichen Einigung darüber bedürfe es schon deshalb
nicht, weil der Umfang solcher Rechte und Pflichten ohnehin unabän-
derbar feststehe.[226]

Die Figur des sozialtypischen Verhaltens wurde von Teilen der Rechtsprechung noch vor einigen Jahren im Zusammenhang mit Schwarzfahrten bei der Personenbeförderung vertreten.[227] Da sich ein Anhaltspunkt
für diese in der Zeit des Nationalsozialismus entwickelte Dogmatik im
Gesetz nicht finden lässt,[228] ist die Lehre des sogenannten sozialtypischen Verhaltens contra legem. Sie ist daher abzulehnen.[229] Konsequenterweise haben mittlerweile auch der BGH[230] und selbst Larenz[231] von ihr
Abstand genommen.

3.1.1.3.2 Vertrag durch Realofferte

Eine andere Theorie versucht, die Vertragsbindung über eine sogenannte
Realofferte herzustellen.[232] Danach soll das Bereitstellen der Leistung
durch das Unternehmen ein Angebot darstellen, das der Fahrgast mit
dem Betreten annimmt.[233] Teilweise wird hierbei sogar angenommen,
dass allein das Durch-die-Stadt-fahren der Straßenbahn als Angebot
anzusehen sei.[234] Die Theorie der Realofferte unterscheidet sich kaum
von der des sozialtypischen Verhaltens, außer, dass sie das Minderjährigenrecht für anwendbar erklärt.

---

[226] Vgl. auch BGH, Urteil vom 14. Juli 1956 – Az. V ZR 223/54 = BGHZ 21, 319, 333.

[227] AG Erfurt, Urteil vom 12. Mai 2004 – 14 C 196/04; AG Bonn, Urteil vom
24. November 1983 – Az. 12 C 393/83; AG Essen, Urteil vom 5. November 1981 –
Az. 24 C 313/81 = VÖV-Nachrichten 2/82; LG Bremen, Urteil vom 18. August 1966
– Az. 8 O 512/66 = NJW 1966, 2360 f.

[228] Boemke/Ulrici, § 7, Rn. 51 f.; Lehmann, Heinrich, NJW 1958, 1 ff.

[229] Ebenso: Esser/Schmidt, § 10 I, 2; Ellenberger, Jürgen, in: Palandt, Einf v § 145,
Rn. 25.; Kramer, Ernst A., in: MünchKommBGB, Bd. 1 (bis zur 5. Auflage), § 151,
Rn. 10; Weth, Stephan, JuS 1998, 795; Harder, Manfred, NJW 1990, 857, 858;
Trittel, Manfred, BB 1980, 497, 500 f.

[230] Vgl. BGH, Urteil vom 7. Januar 1971 – Az. VII ZR 9/70 = BGHZ 55, 128 ff.

[231] Larenz, Karl (7. Auflage), 1989, § 28 II, Seite 534 ff.; Larenz/Wolf (9. Auflage),
2004, § 30 II, Rn. 21 ff.

[232] Ellenberger, Jürgen, in: Palandt, Einf v § 145, Rn. 25 ff.; Fielenbach, Martin, NZV
2000, 358, 359; Harder, Manfred, NJW 1990, 857, 858; Weth, Stephan, JuS 1998,
795 f.

[233] Ellenberger, Jürgen, in: Palandt, Einf v § 145, Rn. 25 ff.

[234] So: Boemke/Ulrici, § 7, Rn. 14.

Da allerdings die Lehre vom sozialtypischen Verhalten nicht wegen der Minderjährigen-Thematik verworfen wurde,[235] sprechen gegen die Theorie der sogenannten Realofferte die gleichen Gründe wie gegen die Lehre vom sozialtypischen Verhalten: die Unterstellung eines Vertragsbindungswillens, die durch das Gesetz nicht begründbar ist. Eklatant offensichtlich wird dies im Falle der Argumentation, es liege allein ein Angebot wegen des Fahrens der Straßenbahn durch die Stadt vor. Hier können Sachverhalte gegeben sein, auf Grund derer das Verkehrsunternehmen gerade keinen Vertrag schließen will; beispielhaft seien nur die Sonder- oder Fahrschulfahrten genannt. Allein die Präsenz ist kein Angebot.

Desweiteren hat der Schwarzfahrer keinen Vertragsbindungswillen. Gleichfalls ergibt sich kein Argument aus § 116 Satz 1 BGB, nach der eine Willenserklärung nicht deshalb nichtig ist, weil sich der Erklärende insgeheim vorbehält, das Erklärte nicht zu wollen. Denn der Schwarzfahrer erklärt meist gar nichts; er will schlicht nur fahren. Auch die Figur des protestatio facto contraria[236] ist nicht anwendbar, da der gewöhnliche Schwarzfahrer nicht protestiert, sondern sich bedeckt hält. Ferner gibt es regelmäßig keinen Erklärungsempfänger, der die nicht erfolgte Erklärung, wäre sie erfolgt, hätte annehmen oder als Erklärung hätte verstehen können. Selbst wenn man dieses alles konstruieren und fingieren würde, kommt eine protestatio facto contraria-Argumentation nicht über die Grenze des erklärten Willens hinweg, einen Vertrag nicht oder nicht zu den geforderten Bedingungen abschießen zu wollen.[237]

3.1.1.3.3 Vertragsbegründung durch das Einsteigen

Zusammenfassend lässt sich daher sagen, dass allein durch das Einsteigen in ein Fahrzeug noch kein Vertrag zustande kommt.[238]

---

[235] Siehe zuvor unter 3.1.1.3.1 Lehre vom sozialtypischen Verhalten.

[236] Ellenberger, Jürgen, in: Palandt, Einf v § 145, Rn. 26.

[237] Köhler, Helmut, JZ 1981, 464, 466 f.

[238] Trittel, Manfred, BB 1980, 497, 500 f; Czerwenka/Heidersdorf/Schönbeck, Vor § 8, Anm. 2) a) aa); Pohar, Mihael Aleksander, Seite 63 ff.; Dörner, Heinrich, in: Schulze/Dörner/Ebert u. a., § 145, Rn. 6; Lattka, Cornelia, Kapitel 4 B II 4 a) bb), Seite 62; a. A., meist ohne Begründung, die noch bislang h. M., z. B. AG Hamburg, Urteil vom 24. April 1986 – Az. 22b C 708/85 = NJW 1987, 448; Ellenberger, Jürgen, in: Palandt, Einf v § 145, Rn. 25; Hallermann, Ulrich, Seite 34 ff.; Rott, Peter, RRa 2003, 242, 243; Fielenbach, Martin, NZV 2000, 358, 359; Weth, Stephan, JuS 1998, 795 f.; Fischer, Georg, TranspR 1992, 7; Harder, Manfred, NJW 1990, 857, 858; Winkler von Mohrenfels, Peter, JuS 1987, 692, 693; Bartl, Harald, BB 1978, 1446, 1447.

Kein Argument hierfür ist jedoch das Fehlen einer Einigung über die essentialia negotii. Zwar ist für einen Vertragsabschluss die Einigung über die essentialia negotii Voraussetzung;[239] wahrscheinlich ist auch nur dem Schwarzfahrer selbst bekannt, bis wohin er fahren will.[240] Allerdings kann gleichwohl ohne Strecken- und Zeitangabe der Preis mittels des Tarifwerks ermittelt werden: Es ist das erhöhte Beförderungsentgelt nach § 9 VO-ABB.

Selbst auf der Seite des Unternehmens kann man nicht von einem Vertragsbindungswillen ausgehen.[241] Dies gilt insbesondere vor dem Hintergrund, dass das Unternehmen überhaupt kein Interesse daran hat, gegenüber einem Schwarzfahrer, der nur Platz einnimmt und Kosten verursacht, in irgendeiner Form vertraglich gebunden zu sein, gerade auch in haftungsrechtlicher Hinsicht, z. B. im Falle eines Unfalls. Denn ein Verkehrsunternehmen will nur mit solchen Fahrgästen einen Beförderungsvertrag schließen, die an einer Haltestelle ordnungsgemäß einsteigen.[242] Hinzu kommt, dass in vielen Fahrzeugen gar nicht die Möglichkeit besteht, einen Fahrausweis zu erwerben. Hier könnte der Fahrgast ohne gültigen Fahrausweis überhaupt nicht seine Gegenleistung erfüllen – selbst wenn er wollte. In diesen Fällen kann kaum davon ausgegangen werden, dass das Unternehmen ihm mit dem Betreten des Fahrzeugs einen Beförderungsvertrag anbietet, wenn gleichzeitig der Erhalt der Gegenleistung schlicht unmöglich ist.[243] Vollständig absurd wird die Auffassung, allein mit dem Betreten werde ein Beförderungsvertrag geschlossen, wenn im vorgenannten Fall nicht nur das Verkehrsunternehmen keinen Fahrausweisvertrieb im Fahrzeug hat, sondern auch der Fahrgast gar nicht mitfahren will, sondern nur jemandem beim Hineintragen des Gepäcks helfen oder sich von jemandem im Fahrzeug verabschieden will.[244]

3.1.1.4 Weitere mögliche Vertragsbegründungen

Gleichwohl bedeutet die hier vertretene Ansicht nicht, dass ein Vertrag nur, aber dann immer besteht, wenn ein Fahrausweis erworben wurde. So kann ein Vertrag auch anders zustande kommen, etwa dadurch, dass

---

[239] Deinert, Olaf, in: Tonner/Willingmann/Tamm, § 145, Rn. 4; Ellenberger, Jürgen, in: Palandt, Einf v § 145, Rn. 3; Boemke/Ulrici, § 7, Rn. 9.

[240] Pohar, Mihael Aleksander, Seite 65.

[241] Ebenso: Köhler, Helmut, JZ 1981, 464, 467.

[242] BGH, Urteil vom 19. Januar 1961 – Az. VI ZR 165/61 = VRS Bd. 22, Nr. 112, Seite 249 f.

[243] Ebenso: Dörner, Heinrich, in: Schulze/Dörner/Ebert u. a., § 145, Rn. 6; Pohar, Mihael Aleksander, Seite 64.

[244] Filthaut, Werner, Haftpflichtgesetz, § 12, Rn. 131.

das Personal – unter Verstoß gegen den Arbeitsvertrag und das Personenbeförderungsrecht – auf den Fahrausweiserwerb durch den Fahrgast verzichtet, oder, wenn der Fahrer beim Fahrausweisverkauf kein Geld wechseln kann und auf später vertröstet, weil dann weitere Fahrgäste zusteigen, die das angebotene Geld wechseln können.

Besteht nur die Möglichkeit an der Haltestelle, aber nicht im Fahrzeug einen Fahrausweis zu lösen, betritt der Fahrgast das Fahrzeug jedoch ohne Fahrausweis, aber mit der irrigen Ansicht im Fahrzeug einen Fahrausweis erwerben zu können, wurde der Antrag des Verkehrsunternehmens an der Haltestelle von dem Fahrgast nicht rechtzeitig gemäß § 146 BGB angenommen. Es bestehen dann noch zwei Möglichkeiten: Offenbart er sich dem Betriebspersonal, hängt es von der Abmachung zwischen den beiden ab, ob ein Vertrag doch noch geschlossen wird oder nicht. Offenbart er sich dem Betriebspersonal nicht – sei es, weil kein solches in dem Teil des Fahrzeugs vorhanden ist, sei es, weil er darauf verzichtet – kommt auch im Fahrzeug kein Vertrag zustande.

3.1.1.5 Gesamtergebnis Beginn des Beförderungsvertrags

Im Ergebnis ist daher zur Bestimmung des Zeitpunkts, wann ein Beförderungsvertrag zustande kommt, in aller Regel auf den Erwerb des Fahrausweises, in seltenen Fällen auf den lediglich mündlichen Vertragsschluss mit dem Betriebspersonal abzustellen.

3.1.2 Ende des Beförderungsvertrages

Nach § 362 Absatz 1 BGB erlischt ein Schuldverhältnis, wenn die geschuldete Leistung an den Gläubiger bewirkt wird. Daher endet regelmäßig der Beförderungsvertrag, wenn die Fahrt mit der Bahn oder dem Bus abgeschlossen ist.[245] Denn dann hat der Fahrgast mit dem Erwerb des Fahrausweises ebenso seine Verpflichtung erfüllt wie das Unternehmen mit der Beförderung. Etwaige Pflichten aus einer culpa post pactum finitum bleiben hiervon unberührt.

Allerdings bestimmen auch hier die Ausnahmen die Regel. Denn wie zuvor[246] dargestellt fahren mittlerweile über 76 % der Fahrgäste mit Zeitfahrausweisen.[247] In diesen Fällen besteht die vertragliche Abmachung nicht in jeweils einzelnen Fahrten, sondern in der Möglichkeit, in dem im Zeitfahrausweis bestimmten Zeitraum das näher definierte Leistungsangebot wahrzunehmen. Das Ende des Beförderungsvertrags ist in diesen Fällen erst mit dem Ablauf der Gültigkeit der Zeitkarte gegeben.

---

[245] Filthaut, Werner, Haftpflichtgesetz, § 12, Rn. 124.

[246] Siehe oben unter 3.1.1 Beginn des Beförderungsvertrags.

[247] VDV-Statistik 2009, Seite 17, Darstellung 20.

3.2 Vertragspartner beim Beförderungsvertrag

Rechte und Pflichten gelten, soweit sie auf Vertrag und nicht auf Gesetz beruhen, zunächst primär für die Vertragspartner. Wer die Vertragspartner beim Beförderungsvertrag sind, ist jedoch nicht immer offensichtlich.

3.2.1 Vertragspartner auf Fahrgastseite

Erwirbt ein Fahrgast einen Fahrausweis und fährt selbst damit, besteht keine rechtliche Schwierigkeit hinsichtlich der Frage, wer der Vertragspartner auf Fahrgastseite ist.

Die Frage nach dem Vertragspartner kann sich jedoch ergeben, wenn auf Fahrgastseite mehrere Beteiligte auftreten, z. B. weil einer den Fahrausweis erwirbt und ein anderer damit fährt. Wie oben[248] ausgeführt, beginnt der Beförderungsvertrag regelmäßig bereits mit dem Erwerb des Fahrausweises. Vertragspartner ist daher, soweit kein Vertrag für einen Dritten vorliegt, derjenige, der den Fahrausweis besorgt. Wird der Fahrausweis weitergegeben und fährt ein Dritter mit diesem Fahrausweis, ist für die Zulässigkeit entscheidend, ob der mit dem Erwerb des Fahrausweises geschlossene Beförderungsvertrag diese Abtretung in den Beförderungs- und Tarifbestimmungen gemäß § 399 BGB ausschließt oder nicht. Neuer Gläubiger ist im Falle einer zulässigen Abtretung der Zessionar.[249] Dieser kann als Fahrgast die entsprechende Leistung des Verkehrsunternehmens in Anspruch nehmen.

3.2.2 Vertragspartner auf Anbieterseite

Die Feststellung des Vertragspartners auf Unternehmensseite ist oft dadurch erschwert, dass hier Subunternehmer, Verkehrsverbünde und verschiedene Verkehrsunternehmen auftreten.

3.2.2.1 Geschäft den es angeht

Allerdings kann die Frage der Vertragspartnerschaft auf Anbieterseite dann offen bleiben, wenn sie unerheblich ist. Hierfür wurde in der Rechtswissenschaft das Institut des sogenannten „Geschäfts den es angeht"[250] entwickelt, das auch von der Rechtsprechung[251] teilweise ange-

---

[248] Siehe unter 3.1.1 Beginn des Beförderungsvertrags.

[249] Tamm, Marina, in: Tonner/Willingmann/Tamm, § 398, Rn. 4.

[250] Hierzu: Schramm, Karl-Heinz, in: MünchKommBGB, Bd. 1 (6. Auflage), § 164, Rn. 47 ff.; Dörner, Heinrich, in: Schulze/Dörner/Ebert u. a., § 164, Rn. 7; Ellenberger, Jürgen, in: Palandt, § 164, Rn. 8; Jauernig, Othmar, in: Jauernig, BGB, § 164, Rn. 4 f.; Medicus/Petersen, Bürgerliches Recht, Rn. 90; Larenz/Wolf

wandt wird. Manche Autoren gehen davon aus, dass auch der Fahrausweisvertrieb nach den Grundsätzen des sogenannten „Geschäfts den es angeht" erfolgt.[252]

Voraussetzung eines „Geschäfts den es angeht" sind die subjektive Gleichgültigkeit auf Seiten des Vertragspartners bei gleichzeitiger objektiver Bestimmbarkeit.[253]

Die objektive Bestimmbarkeit ist bei dem Fahrausweisvertrieb unproblematisch, denn wer diesen organisiert, die Automaten aufstellt und die Angestellten beschäftigt, ist dem Insider bekannt.

Allerdings bleibt die Frage der subjektiven Gleichgültigkeit auf Seiten des Fahrgastes. Grundsätzlich hat der Kunde im Wirtschaftsleben das Interesse, möglichst preiswert und zu einer guten Qualität ein Produkt zu erlangen. Deshalb hat er Interesse an verschiedenen Anbietern, belegt diese verschiedenen Anbieter in seiner Vorstellung mit Preis- und Qualitätskategorien und will sie daher kennen. Dies ist bei einem Fahrausweiserwerb in einem Verkehrsverbund anders. Denn die ihn hier interessierende Qualität betrifft kaum den Fahrausweis, sondern das Verkehrsmittel. Auch hinsichtlich der Höhe der Fahrpreise ist ihm der Verkäufer regelmäßig gleichgültig. Denn im ÖPNV sind die Fahrpreise Festpreise, unabhängig davon, bei wem die Fahrausweise erworben werden. Eine andere Vorgehensweise wäre rechtswidrig, da sie gegen § 39 Absatz 3 PBefG verstieße.[254] Entsprechend könnte man bei diesen Kriterien von einer subjektiven Gleichgültigkeit ausgehen.[255]

Problematisch an der Annahme eines „Geschäfts den es angeht" ist gleichwohl die fehlende Offenkundigkeit[256] des Vertragspartners.[257] Denn die Offenkundigkeit fordert der Gesetzgeber ausdrücklich in § 164 Absatz 1 BGB („im Namen des Vertretenen"). Und selbst bei einer sub-

---

(9. Auflage), 2004, § 46, Rn. 37 ff.; <u>kritisch, aber nicht grundsätzlich ablehnend:</u> Schilken, Eberhard, in: Staudinger, Vorbem. zu §§ 164 ff., Rn. 51 ff.; Flume, Werner, AT II, § 44 II 2 b).

[251] Vgl. z. B. BGH, Urteil vom 13. März 1991 – Az. XII ZR 53/90 = BGHZ 114, 79, 80.

[252] Lattka, Cornelia, Kapitel IV B III 2 b), Seite 76 f.; für die Eisenbahnbeförderung: Pohar, Mihael Aleksander, Seite 81 ff.

[253] Larenz/Wolf (9. Auflage), 2004, § 46 III, Rn. 44.

[254] Bidinger, B § 39 PBefG, Rn. 131; siehe auch oben unter 2.4 Die Individualabrede.

[255] So für den Eisenbahnverkehr: Pohar, Mihael Aleksander, Seite 81.

[256] Vgl. z. B.: Dörner, Heinrich, in: Schulze/Dörner/Ebert u. a., § 164, Rn. 7; Maier-Reimer, Georg, in: Erman, § 164, Rn. 14; Larenz/Wolf (9. Auflage), 2004, § 46, Rn. 42 ff.

[257] Ebenfalls kritisch zur Konstruktion des „Geschäfts den es angeht": Flume, Werner, AT II, § 44 II 2.

jektiven Gleichgültigkeit des Anderen, wer der Vertragspartner ist, muss dies noch nicht automatisch einen Dispens hinsichtlich der Offenkundigkeit, d. h. der Bekanntgabe des Vertragspartners, bedeuten.

Auch stellt sich die Frage, ob dem Fahrgast wirklich der Vertragspartner immer gleichgültig ist, da neben Preis und Qualität des Beförderungsmittels für den Fahrgast auch andere Faktoren von Interesse sein können – so z. B. die Kulanz des Verkäufers bei einer Rücknahme des Fahrausweises oder die Lage des Kundenzentrums, falls es Probleme gibt, die nur dort gelöst werden können.

Schließlich gilt auch zu bedenken, dass ein „Geschäft den es angeht" in der Regel nur bei Geschäften des täglichen Lebens angenommen wird, die sofort abgewickelt werden.[258] Dies ist allerdings zumindest für Fahrausweise nicht der Fall, die deutlich vor Fahrtantritt erworben werden oder als Zeitkarten ausgegeben werden.

Im Ergebnis ist daher beim Beförderungsvertrag nicht von einem „Geschäft den es angeht" auszugehen.

3.2.2.2 Vertragspartner bei vollständiger Eigenerbringung

Unproblematisch sind zunächst die Fälle, in denen der Fahrgast vor Fahrtantritt bei einer Verkaufsstelle des Unternehmers, bei Betreten des Unternehmerfahrzeugs beim Fahrer oder im Fahrzeug am Automaten einen Fahrausweis erwirbt. In diesen Fällen erbringt der Unternehmer die Leistung vollständig selbst; es besteht eine hundertprozentige Produktionstiefe. Daher kann nur der Unternehmer der Vertragspartner sein.

3.2.2.3 Vertragspartner und Subunternehmer

Allerdings gibt es auch Fälle, in denen das Fahrzeug nicht von dem Liniengenehmigungsinhaber selbst, sondern von einem Subunternehmer gefahren wird. Hat der Fahrgast bereits vor Beginn der Fahrt einen gültigen Fahrausweis erworben und damit einen Beförderungsvertrag abgeschlossen, bestehen keine Schwierigkeiten. Denn der Beförderungsvertrag wird bereits zum Zeitpunkt des Erwerbs eines Fahrausweises, d. h. vor Beginn der Beförderung abgeschlossen,[259] so dass das Betreten des Fahrzeugs keine einen neuen Vertrag begründende Handlung darstellt. Entsprechend kann auch der Subunternehmer nicht Vertragspartner werden.

---

[258] Vgl. z. B.: Larenz/Wolf (9. Auflage), 2004, § 46, Rn. 42 ff.; Dörner, Heinrich, in: Schulze/Dörner/Ebert u. a., § 164, Rn. 7; Schramm, Karl-Heinz, in: Münch-KommBGB, Bd. 1 (6. Auflage), § 164, Rn. 52.

[259] Siehe unter 3.1.1 Beginn des Beförderungsvertrags.

Aber auch in den Fällen, in denen der Fahrausweis erst bei Fahrtantritt beim Fahrer des Subunternehmers erworben wird, bestehen in der Praxis keine Schwierigkeiten, da der Subunternehmer im Außenverhältnis gegenüber dem Fahrgast kaum in Erscheinung tritt: Er steht weder auf dem Haltestellenschild noch auf dem Fahrplan oder an einer anderen Einrichtung der Haltestelle. Auch in der sonstigen Kommunikation, vom Internet bis zur Bekanntmachung der Beförderungsbedingungen, tritt der Subunternehmer nicht in Erscheinung. Hinzu kommt, dass an den Bussen nach § 20 Absatz 1 Nr. 1 BOKraft der Name des PBefG-Unternehmers kenntlich gemacht werden muss. Mit dem regelmäßig angebrachten Hinweis „im Auftrag" ist jedenfalls dem Offenkundigkeitsprinzip genüge getan.[260] Selbst der Fahrausweis gibt regelmäßig keinen Anhaltspunkt dafür, dass der Subunternehmer Vertragspartner sein könnte. Aus diesen Gründen greift daher die Regelung des § 164 Absatz 1 BGB, so dass Vertragspartner auf Unternehmensseite der Inhaber der Liniengenehmigung wird.

3.2.2.4 Vertragspartner im (Verkehrs-)verbund

Schwieriger gestaltet sich die Frage hinsichtlich des Vertragspartners auf Anbieterseite, wenn ein Verbund existiert. Denn in diesen Fällen sind auch folgende Konstellationen möglich:

1. Der Fahrausweis wird bei dem einen Unternehmen besorgt, die Fahrt wird aber mit einem anderen Unternehmen durchgeführt.

2. Die Fahrt wird zwar bei dem Unternehmen begonnen, bei dem der Fahrausweis besorgt wurde, aber mit einem anderen Unternehmen fortgesetzt.

3. Es wird ein Fahrausweis erworben, der als Mehrfahrtenkarte oder als Zeitkarte für mehrere Fahrten gilt, wobei die einzelnen Fahrten mit verschiedenen Unternehmen durchgeführt werden.

Rechtlich sind verschiedene Möglichkeiten denkbar, wer Vertragspartner des Beförderungsvertrages auf Anbieterseite sein kann. Hierbei ist ein Vertrag mit dem Verbund, ein Vertrag mit allen Verkehrsunternehmen des Verbundes oder ein Vertrag nur mit dem Fahrausweisverkäufer in Betracht zu ziehen. Im letzteren Fall könnten die ausführenden Verkehrsunternehmen Erfüllungsgehilfen des Fahrausweisverkäufers sein.

---

[260] LG Kaiserslautern, Urteil vom 2. November 2005 – Az. 1 S 56/05.

3.2.2.4.1 Verbund als Vertragspartner

Naheliegend wäre zunächst, den jeweiligen Verbund als Vertragspartner des Fahrgastes anzusehen. Allerdings können die Verbünde sehr unterschiedlich ausgestaltet sein; in Deutschland gleicht kaum eine Kooperation der anderen.[261] Sie treten unter dem Namen Verkehrsverbund, Tarifgemeinschaft, oder Verkehrsgemeinschaft auf.[262] Als Tarifgemeinschaften bezeichnet man dabei Zusammenschlüsse, bei denen sich die Zusammenarbeit hauptsächlich auf eine gemeinsame Tarifpolitik und die Verrechnung von Einnahmen oder Einnahmeanteilen bezieht.[263] Verkehrsgemeinschaften werden Kooperationsformen genannt, in denen zusätzlich Vereinbarungen über eine gemeinsame Fahrplangestaltung, die gegenseitige Abstimmung des Leistungsangebotes und gegebenenfalls auch über eine innerbetriebliche Zusammenarbeit getroffen werden.[264] Allerdings wird bei den Verkehrsgemeinschaften keine Zuständigkeit auf eine besondere Organisation übertragen.[265] Hingegen sind Verkehrsverbünde Kooperationsformen, bei denen in einer durch die Zusammenarbeit der Beteiligten gebildeten, rechtlich selbständigen Gesellschaft wesentliche Zuständigkeiten übertragen werden.[266] Sie unterscheiden sich damit von Verkehrsgemeinschaften hinsichtlich des Maßes der Integration. Entsprechend sind die Verkehrsverbünde die am weitesten entwickelte Kooperationsform im ÖPNV.[267] Nachfolgend wird nicht weiter zwischen den Kooperationsformen unterschieden, sondern vereinfachend von Verbünden gesprochen.

Gemeinsam ist den Verbünden, dass der Fahrgast die Verkehre aller beteiligten Unternehmen nutzen kann. Auch wenn die Arbeit der Verbünde vor allem eine Koordinierungsfunktion in vielerlei Hinsicht zwischen den Verkehrsunternehmen ist, treten die Verbünde gleichwohl auch gegenüber den Fahrgästen in Erscheinung. So agieren sie meist im Bereich der Werbung und des Marketings für den Nahverkehr in der

---

[261] Vgl. hierzu: Knieps, Manfred, Der Nahverkehr 2006, Heft 12, Seite 7 ff.

[262] Krämer, Horst, ErlPBefG, Seite 65, Rn. 11.

[263] Knieps, Manfred, in: Verkehrsverbünde, Seite 12; Krämer, Horst, ErlPBefG, Seite 65, Rn. 11.

[264] Krämer, Horst, ErlPBefG, Seite 65, Rn. 11.

[265] Knieps, Manfred, in: Verkehrsverbünde, Seite 12

[266] Knieps, Manfred, Der Nahverkehr 2006, Heft 12, Seite 7.

[267] Knieps, Manfred, in: Verkehrsverbünde, Seite 12; derselbe, Der Nahverkehr 2006, Heft 12, Seite 7.

Region.[268] Die Kundenansprache erfolgt auch oder ausschließlich unter einem Verbundlogo. Entsprechend befindet sich an den Fahrausweisautomaten das Verbundlogo und die Fahrausweise tragenden regelmäßig einen Verbundhinweis.

Die Argumentation, der Verbund werde Vertragspartner, könnte sich daher darauf stützen, dass er z. B. über sein Logo oder seine Internetseite gegenüber dem Fahrgast bei Vertragsabschluss in Erscheinung trete. Allerdings ist normalerweise für die Frage, wer Vertragspartei ist, darauf zu schauen, wer eine Erklärung mit dem Ziel der Vertragsbindung abgegeben hat. Denn ein Vertrag ist ein Rechtsgeschäft, das aus mehreren inhaltlich übereinstimmenden Willenserklärungen besteht, aus denen sich die Einigung der Parteien ergibt.[269] Im ÖPNV ist Erklärender dabei regelmäßig das Verkehrsunternehmen und nicht der Verbund.

Gleichwohl kann die Möglichkeit, den Verbund als Vertragspartner anzusehen, nicht so einfach zur Seite geschoben werden. Denn es ist erforderlich, den Vertrag auszulegen, wenn der übereinstimmende Vertragswille fehlt, Zweifel über die Tragweite oder die Bedeutung der von den Parteien gewählten Ausdrücke entstehen, Zweifel über das Verhältnis einzelner vertraglicher Bestimmungen zueinander und über ihre Anwendbarkeit auf die jetzt eingetretene Situation auftauchen oder wenn die Parteien darüber streiten, was der Vertrag hierüber bestimmt.[270] Hier kann in eng begrenzten Fällen des Vertrauensschutzes auch jemand unter Rechtsscheingesichtspunkten Vertragspartei werden, der nicht eine entsprechende Willenserklärung abgegeben hat.[271] Vorliegend könnte rechtlich wie folgt argumentiert werden:

Soweit der Verbund selbst agiert, z. B. über seine Internetseite,[272] könnte man der Meinung sein, die Hinweise des Verbundes auf den fehlenden eigenen Vertragsbindungswillen und die lediglich beabsichtigte Vermittlung eines Vertrages mit einem Verbundunternehmen[273] seien unzureichend. Daher sei ein Fall des § 164 Absatz 2 BGB gegeben.

---

[268]   Krause, Reinhard, Seite 80 ff. und 129 ff.; Knieps, Manfred, in: Verkehrsverbünde, Seite 14; vgl. ferner z. B. die Internetauftritte der Verkehrsverbünde VVW, HVV oder VRS.

[269]   Larenz/Wolf (9. Auflage), 2004, § 23 I, 2 a), Rn. 11 ff. und § 29 II 1, Rn. 8.

[270]   Larenz/Wolf (8. Auflage), 1997, § 33 II, Rn. 5.

[271]   LG Frankfurt am Main, Urteil vom 15. Oktober 2003 – Az. 2/1 S 131/03 = NJW 2003, 3641 f. = RRa 2004, 33 ff. = TranspR 2004, 170 ff.

[272]   Vgl. z. B.: www.hvv.de/fahrkarten/, Stand: 1 Januar 2012.

[273]   Vgl. z. B. den Hinweis auf der Homepage des HVV in § 4 seiner AGB, Stand: 1. Juli 2008: „§ 4 Vertragsabschluss: Der Vertragsabschluss kommt mit der Hamburger Hochbahn AG (im Folgenden HOCHBAHN genannt), Steinstraße 20, 20095 Hamburg, stellvertretend für die Verkehrsunternehmen im HVV,

Soweit der Vertrieb durch das Verkehrsunternehmen erfolgt, jedoch in der Fahrgastansprache ein alleiniger Hinweis auf den Verbund vorliegt oder zumindest dieser Hinweis dominiert, könnte ein Vertragsschluss mit dem Verbund rechtlich damit begründet werden, es liege ein Handeln unter fremdem Namen vor und es sei eine Identitätstäuschung gegeben. Da in Fällen des Handelns unter fremdem Namen, in denen eine Identitätstäuschung vorliegt, die Regeln über die Stellvertretung analoge Anwendung finden[274] und der Erklärungsempfänger, hier der Fahrgast, grundsätzlich schutzwürdig ist,[275] könnte daher unter Berücksichtigung der Duldungsvollmacht der Beförderungsvertrag mit dem Verbund zustande kommen.

Um die Frage der Vertragspartnerschaft letztlich zu klären, sind daher der Vertrag und die Vertragsbegründung genauer zu betrachten und auszulegen.

Bei der Auslegung von Rechtsgeschäften ist die Verkehrssitte[276] zu berücksichtigen. Für die Verkehrssitte wiederum ist die Geschichte ein wichtiger Anhaltspunkt.[277] Die Geschichte der Verbünde[278] beginnt mit der Gründung des HVV am 29. November 1965,[279] als erstem Verbund überhaupt.[280] In dessen Folge wurden weitere Verbünde in Westdeutschland gebildet. In Ostdeutschland wurde mit dem VVW, der den Großraum Rostock umfasst, im Jahr 1997 der erste Verbund gegründet.[281] Durch die Gründung der Verbünde sollte den Fahrgästen ermöglicht werden, mit ihrem Fahrausweis zwischen den Linien unterschiedlicher

---

zustande. Der Vertragsabschluss erfolgt durch Rücksendung einer E-Mail an die in der Bestellung genannte E-Mail-Adresse des Kunden als Kaufbestätigung seitens der HOCHBAHN. Der Vertragsabschluss erfolgt vorbehaltlich einer Bonitäts- und Datenprüfung durch die HOCHBAHN oder einem damit beauftragten Unternehmen." sowie den Gemeinschaftstarif des HVV, B Tarifbestimmungen, 1 Allgemeines vom 1. Januar 2012 „Die Fahrkarten werden im Namen und für Rechnung des befördernden Verkehrsunternehmens verkauft."

[274] Dörner, Heinrich, in: Schulze/Dörner/Ebert u. a., § 164, Rn. 9.

[275] Dörner, Heinrich, in: Schulze/Dörner/Ebert u. a., § 164, Rn. 9.

[276] Larenz/Wolf (9. Auflage), 2004, § 28 IV, 6, Rn. 47 ff.

[277] Larenz/Wolf (9. Auflage), 2004, § 28 IV, 6, Rn. 47.

[278] Allgemein zu den Aufgaben und Strukturen der Verbünde: Knieps, Manfred, Der Nahverkehr 2006, Heft 12, Seite 7 ff.; Knieps, Manfred, in: Verkehrsverbünde, Seite 12 ff.

[279] Krause, Reinhard, Seite 11 ff.; Museum der Arbeit (Hrsg.), Seite 70 und 124; Knieps, Manfred, in: Verkehrsverbünde, Seite 16.

[280] Knieps, Manfred, Der Nahverkehr 2006, Heft 12, Seite 7, 9; derselbe, in: Verkehrsverbünde, Seite 16 ff.

[281] Knieps, Manfred, in: Verkehrsverbünde, Seite 22.

Verkehrsunternehmen in ihrer Region umsteigen zu können, ohne einen neuen Fahrausweis besorgen zu müssen.[282] Dies hat der Gesetzgeber später, ohne die Verkehrsverbünde im PBefG ausdrücklich zu erwähnen, bei der Novellierung des PBefG[283] in § 8 Absatz 3 Satz 1 PBefG nochmals als wichtiges Ziel im Nahverkehr bestätigt. Wörtlich spricht der Gesetzgeber dort von „Verkehrskooperationen, für die Abstimmung oder den Verbund der Beförderungsentgelte". Danach geht es also um Kooperation, Abstimmung und Verbund, kurz um interne, zwischen den Unternehmen bzw. mit den Aufgabenträgern durchzuführende Handlungen, die eine Erleichterung der Benutzung für den Fahrgast bewirken, nicht jedoch um das Auftreten als Vertragspartner gegenüber dem Fahrgast. Noch deutlicher wird es in der Formulierung, die bis zum 31. Dezember 1995, dem Inkrafttreten der Novellierung des § 8 PBefG, galt. Dort hieß es in § 8 Absatz 3 Satz 2 PBefG, die Genehmigungsbehörde habe „auf freiwillige Zusammenarbeit oder Zusammenschlüsse der Unternehmer hinzuwirken und das Entstehen zusammenhängender Liniennetze zu fördern".[284] Die Historie der Verbünde zeigt damit, dass die Aufgabe darin bestand, Verkehre zu harmonisieren, nicht aber die Verkehrsunternehmen als Vertragspartner zu ersetzen.

Ein weiterer Gesichtspunkt bei der Auslegung ist die Interessenlage der Parteien.[285] Diese spricht aus steuerrechtlichen Gründen gegen ein Vertragsverhältnis zwischen Fahrgast und Verbund. Denn nur die Verkehrsunternehmen können Fahrausweise für den ÖPNV zum ermäßigten Umsatzsteuersatz nach § 12 Absatz 2 Nr. 10 UStG vertreiben, während bei einem Vertrieb durch den Verbund steuerlich der Regelsteuersatz nach § 12 Absatz 1 UStG anfiele und damit die Einnahmen für die Unternehmen geringer und / oder die Fahrpreise für die Fahrgäste höher ausfielen.

Entscheidend dafür, die Verbünde regelmäßig nicht als Vertragspartner anzusehen, ist schließlich, dass der Hinweis auf den Verbund bei redlicher Auslegung[286] kein Zeichen auf den Vertragspartner darstellt, son-

---

[282] Knieps, Manfred, in: Verkehrsverbünde, Seite 12.

[283] ENeuOG vom 27. Dezember 1993, BGBl. I, Nr. 73 vom 30. Dezember 1993, Seite 2378, 2418 f.

[284] Bekanntmachung der Neufassung des Personenbeförderungsgesetzes vom 8. August 1990, BGBl. I, Nr. 40 vom 17. August 1990, Seite 1690, 1692.

[285] Hierzu: BGH, Urteil vom 14. Juli 1956 – Az. V ZR 223/54 = BGHZ 21, 319, 328; Larenz/Wolf (9. Auflage), 2004, § 28 IV, 4, Rn. 43; Ellenberger, Jürgen, in: Palandt, § 133, Rn. 18.

[286] Hierzu: BGH, Urteil vom 20. November 1980 – Az. VII ZR 70/80 = BGHZ 79,16, 18; Larenz/Wolf (9. Auflage), 2004, § 28 IV, 5, Rn. 45; Ellenberger, Jürgen, in: Palandt, § 133, Rn. 26.

dern dem Fahrgast lediglich einen Hinweis zum Leistungsumfang, d. h. den Möglichkeiten des Fahrausweises gibt – nämlich mit diesem Fahrausweis bei allen dem Verbund angehörenden Verkehrsunternehmen fahren zu können.

Dieser Aspekt wird bei einem Vergleich mit einem anderen Lebenssachverhalt deutlich: Auch das Logo eines Boulevardblattes vor einem Kiosk oder der Biermarke an einer Schankwirtschaft kann redlicherweise nicht derart interpretiert werden, bei den Geschäften in dem Kiosk oder der Schankwirtschaft wolle oder solle der Zeitungsverlag oder die Brauerei Vertragspartner werden. Auch hier besagt der Hinweis nur, dass in diesem Kiosk dieses Boulevardblatt und in der Schankwirtschaft dieses Bier erhältlich ist.

Aus den vorgenannten Gründen besteht für den Fahrgast zumindest kein Vertrauenstatbestand, dass der Verbund Vertragspartner ist.[287] Entsprechendes gilt auch in den Fällen, in denen Fahrausweise über die Internetseiten der Verbünde vertrieben werden. Da die Verbünde üblicherweise nicht Vertragspartner der Fahrgäste sind, folgt hieraus auch, dass eine Klausel in den Vertragsbestimmungen beim Fahrausweiserwerb über die Internetseite des Verbundes, der Vertrieb erfolge für ein Verkehrsunternehmen, keine überraschende Klausel im Sinne des § 305c Absatz 1 BGB ist. Daher ist eine solche Klausel wirksam und schließt den Fall des § 164 Absatz 2 BGB aus.

Die Verbünde werden damit regelmäßig sowohl beim stationären, als auch beim Internetvertrieb nicht Vertragspartner der Fahrgäste.[288]

3.2.2.4.2 Verkehrsunternehmen als Vertragspartner

Steht somit fest, dass nicht der Verbund Vertragspartner des Fahrgastes wird, verbleiben als Vertragspartner die Verkehrsunternehmen. Fraglich ist aber, welches Verkehrsunternehmen Vertragspartner des Fahrgastes wird. Möglich ist, dass das den Fahrausweis vertreibende Verkehrsunternehmen alleiniger Vertragspartner wird und die anderen Verkehrsunternehmen, die der Fahrgast im Verbund mit seinem Fahrausweis benutzt, Erfüllungsgehilfen sind. Ferner könnte auch angenommen werden, alle Verbundunternehmen werden Vertragspartner und der Fahr-

---

[287] Zu vergleichbaren Fällen siehe: OLG München, Urteil vom 17. Juli 1997 – Az. 29 U 2102/97 = NJW 1998, 1406 f.; LG Frankfurt am Main, Urteil vom 15. Oktober 2003 – Az. 2/1 S 131/03 = NJW 2003, 3641 f. = RRa 2004, 33 ff.

[288] Im Ergebnis ebenso: z. B. Hole, Gerhard, § 20, Anm. 1.

ausweisverkäufer trete als Stellvertreter für die anderen Verkehrsunternehmen auf.[289]

3.2.2.4.2.1 Erfüllungsgehilfe

Nach Rechtsprechung und Literatur ist Erfüllungsgehilfe, wer nach den tatsächlichen Verhältnissen mit dem Willen des Schuldners bei der Erfüllung der diesem obliegenden Verbindlichkeit als seine Hilfsperson tätig wird.[290] Für die Konstruktion des Fahrausweisverkäufers als Vertragspartner und den anderen Verkehrsunternehmen als Erfüllungsgehilfen würde sprechen, wenn der Fahrgast erklärte, er wolle nur von dem Fahrausweisverkäufer transportiert werden. Auch könnte ein Indiz sein, dass der Kunde seine Gegenleistung, den Fahrpreis, nur dem fahrausweisvertreibenden Unternehmen zahlt. Ferner findet sich am Fahrausweisautomaten oft nur der Hinweis auf den Verbund und das vertreibende Unternehmen, nicht jedoch ein Hinweis auf einen Vertragsabschluss mit einem weiteren Verbundpartner oder einem sonstigen Dritten.

Um diese Überlegung zu prüfen, bedarf es der Auslegung des beim Fahrausweiserwerb geschlossenen Vertrages. Rechtlich bestimmt sich das, was die Vertragsparteien erklären, nach den §§ 133 und 157 BGB. Danach sind Verträge so auszulegen, wie Treu und Glauben mit Rücksicht auf die Verkehrssitte es erfordern.

Bei einer Auslegung nach dem Wortlaut,[291] als dem primären Sinnträger einer Erklärung, ist festzustellen, dass beim Fahrausweisvertrieb im Verbund durch die Verkehrsunternehmen regelmäßig zumindest auch auf den Verbund hingewiesen wird. Würde ein Verkehrsunternehmen die Beförderungen mit den öffentlichen Verkehrsmitteln im Verbundraum nur als seine eigene Vertragspflicht ansehen wollen, könnte der Hinweis auf den Verbund fehlen; es reichte ein Hinweis auf die vom Verbund umfassten Linien.

Der Hinweis auf den Verbund zeigt sprachlich darüber hinaus noch einen weiteren Aspekt: Das Wort „Verbund" kommt aus dem mittelhochdeutschen „verbunt", das „Bündnis" bedeutet.[292] Ein Bündnis ist

---

[289] So: Lattka, Cornelia, Kapitel IV B III 2 b), Seite 76 f.; für die Eisenbahnbeförderung: Pohar, Mihael Aleksander, Seite 81 ff.

[290] BGH, Urteil vom 9. Oktober 1986 – Az. I ZR 138/84 = BGHZ 98, 330, 334; BGH, Urteil vom 8. Februar 1974 – Az. V ZR 21/72 = BGHZ 62, 119, 124; BGH, Urteil vom 21. April 1954 – Az. VI ZR 55/53 = BGHZ 13, 111, 113; Grünberg, Christian, in: Palandt, § 278, Rn. 7.

[291] Dazu: Larenz/Wolf (9. Auflage), 2004, § 28 IV, Rn. 34.

[292] Duden, Bd. 7, Herkunftswörterbuch.

jedoch regelmäßig nicht geprägt von Erfüllungsgehilfen, sondern drückt eine Gleichwertigkeit aus.

Eine weitere Auslegungshilfe ist der Blick auf die Interessen der Parteien.[293] Denn man kann davon ausgehen, dass eine sinnvolle Regelung erreicht werden soll, die den Interessen und Bedürfnissen der Parteien entspricht.[294] Das beiderseitige Parteiinteresse ist beim Beförderungsvertrag im Verbund darauf ausgerichtet, die Vertragsabwicklung und die Behebung eventueller Störungen bei der Beförderung auf der Strecke unmittelbar zwischen Fahrgast und Beförderer, nicht jedoch mit dem den Fahrausweis vertreibenden Verkehrsunternehmen abzuwickeln. Gegen die Annahme einer Erfüllungsgehilfenthese spricht auch, dass in diesen Fällen dann der Fahrgast, außer gegen das den Fahrausweis vertreibende Verkehrsunternehmen, keinen vertraglichen Anspruch hätte.[295] Der Fahrgast müsste alle vertraglichen Ansprüche über das den Fahrausweis vertreibende Unternehmen geltend machen. Dies widerspricht nicht nur der gelebten Realität,[296] sondern gleichfalls den Interessen beider Parteien.

Auch die Verkehrssitte, für deren nähere Bestimmung die zuvor dargestellte[297] Historie der Verbünde herangezogen werden kann, zeigt, dass die These, die anderen Verbundpartner seien Erfüllungsgehilfen des Fahrausweisverkäufers, nicht überzeugt. Denn Teil der Geschäftsgrundlage einer Verbundgründung ist immer die gegenseitige Anerkennung der Fahrausweise, keinesfalls aber eine Unterordnung in eine Erfüllungsgehilfenfunktion.

Letztlich führt auch die Auslegung nach der redlichen Denkweise[298] zu dem Ergebnis, dass die Fahrgäste nicht die anderen Verkehrsunternehmen als Erfüllungsgehilfen ansehen können, da § 2 PBefG von dem Unternehmer eine Genehmigung verlangt, der Fahrausweisverkäufer aber nur die Genehmigung für die von ihm betriebenen Linien besitzt.

---

[293] Hierzu: BGH, Urteil vom 14. Juli 1956 – Az. V ZR 223/54 = BGHZ 21, 319, 328; Larenz/Wolf (9. Auflage), 2004, § 28 IV, 4, Rn. 43; Ellenberger, Jürgen, in: Palandt, § 133, Rn. 18.

[294] Larenz/Wolf (9. Auflage), 2004, § 28 IV, 4, Rn. 43.

[295] So auch für den Eisenbahnbeförderungsvertrag: Pohar, Mihael Aleksander, Seite 80.

[296] So auch für den Eisenbahnbeförderungsvertrag: Pohar, Mihael Aleksander, Seite 80.

[297] Siehe unter 3.2.2.4.1 Verbund als Vertragspartner.

[298] Hierzu: BGH, Urteil vom 20. November 1980 – Az. VII ZR 70/80 = BGHZ 79,16, 18; Larenz/Wolf (9. Auflage), 2004, § 28 IV, 5, Rn. 45; Ellenberger, Jürgen, in: Palandt, § 133, Rn. 26.

Entsprechend ist die These einer Erfüllungsgehilfenschaft nicht haltbar.[299]

3.2.2.4.2.2 Stellvertretung

Handeln die anderen Verbundunternehmen gegenüber dem Fahrausweisverkäufer nicht als Erfüllungsgehilfen, gelten die Fahrausweise des
vertreibenden Unternehmens gleichwohl auch bei den anderen Verbundunternehmen als gültige Fahrausweise, ergibt sich hieraus, dass der
Fahrausweisvertreiber für die anderen Verkehrsunternehmer als Stellvertreter handelt. Die entsprechende Bevollmächtigung der anderen
Verkehrsunternehmen ergibt sich hierbei aus dem Verbundvertrag.
Diese Stellvertretung bezieht sich – wie sich aus dem Hinweis auf den
Verbund ergibt – auf alle Verkehrsunternehmen des Verbundes. Über
diesen Verbundhinweis wird auch dem Offenkundigkeitsprinzip genüge
getan.

3.2.2.4.2.3 Ergebnis Vertragspartner im Verbund

Vertragspartner beim Beförderungsvertrag im Verbund sind damit auf
Unternehmerseite alle Verkehrsunternehmen des Verbundes.

3.3   Bestimmung von Schuldner und Leistung

Nachdem geklärt ist, wer Vertragspartner des Beförderungsvertrages ist,
besteht noch nicht unbedingt Klarheit darüber, von wem der Fahrgast
die gewünschte Leistung verlangen kann und an wen er sich wenden
muss, wenn eine Störung im Vertragsverhältnis auftritt. Unproblematisch ist dies nur in den Fällen, in denen lediglich ein Vertragspartner
besteht. Sind jedoch, wie im Verbund, mehrere Vertragspartner vorhanden, ist zunächst zu bestimmen, wer Schuldner welcher Leistung ist.

3.3.1 Schuldnereigenschaft

Für die Klärung der Schuldnereigenschaft ist entscheidend, ob der Beförderungsvertrag im Verbundverkehr zu einer Gesamt-, Teil- oder gemeinschaftlichen Schuld führt.

3.3.1.1 Gesamtschuldner

Für die Annahme der Gesamtschuldnerschaft im Sinne des § 421 BGB
könnte insbesondere die gesetzliche Wertung des § 427 BGB sprechen,
der bei einer gemeinschaftlichen Verpflichtung mehrerer durch Vertrag
zu einer teilbaren Leistung im Zweifel die Gesamtschuldnerschaft anordnet. Bei der Gesamtschuldnerschaft wäre es für den Fahrgast gleich,

---

[299] Im Ergebnis auch: Lattka, Cornelia, Kapitel 4 B III 2 b), Seite 75 f.

wer den Fahrausweis vertrieben hat, weil alle Unternehmen, die durch den Fahrausweiserwerb Vertragspartner wurden, die ganze Leistung zu bewirken verpflichtet wären. Da bei einer Gesamtschuldnerschaft der Schuldner die Leistung nach seinem Belieben von jedem der Schuldner ganz oder zu einem Teil fordern kann,[300] würde auch jedes vertretene Verkehrsunternehmen im Verbund die Beförderung auf jeder Strecke schulden. Bei dieser Überlegung ließe sich noch eine Differenzierung dahingehend vornehmen, dass entweder eine Gesamtschuldnerschaft aller im Verbund zusammengeschlossenen Verkehrsunternehmen vorliegt oder nur die Verkehrsunternehmen Vertragspartner und damit Gesamtschuldner werden, deren Leistung der Fahrgast mit seinem Fahrausweis in Anspruch nimmt.

Allerdings ist die Auslegungsregel der Gesamtschuldnerschaft des § 427 BGB eine Ausnahme zu § 420 BGB.[301] Sie regelt, dass im Zweifel von Gesamtschuldnern auszugehen ist, wenn eine gemeinschaftliche Verpflichtung vorliegt. Dies ist bei dem Fahrausweisvertrieb im Verbund nicht der Fall. Aus den Fahrplänen, Liniennetzplänen, Tarifbestimmungen etc. lässt sich genau ablesen, welches Unternehmen welche Strecke bedient – und nach den §§ 9 ff. PBefG auch nur bedienen darf. Für die Annahme einer gemeinschaftlichen Verpflichtung, alle Strecken durch jedes Unternehmen bedienen zu wollen fehlt jeglicher Anhaltspunkt. Daher ist die Theorie einer Gesamtschuldnerschaft nicht vertretbar.[302]

3.3.1.2 Gemeinschaftliche Schuldner

Ferner ließe sich argumentieren, beim Beförderungsvertrag handele es sich um eine gemeinschaftliche Schuld.[303] Merkmal einer gemeinschaftlichen Schuld ist, dass die Leistung nur von allen Schuldnern gemeinsam erbracht werden kann.[304] Es setzt also aus tatsächlichen oder rechtlichen Gründen ein gemeinschaftliches Zusammenwirken aller Schuldner voraus.[305] Diese nicht im Gesetz geregelte Schuldnergemeinschaft[306] unter-

---

[300] Larenz, Karl, Schuldrecht Bd. 1 AT § 36 II b).

[301] Grünberg, Christian, in: Palandt, § 427, Rn. 1.

[302] Für den Eisenbahnverkehr ebenfalls: Pohar, Mihael Aleksander, Seite 84.

[303] So für eine Eisenbahnbeförderung: Pohar, Mihael Aleksander, Seite 84.

[304] Schulze, Reiner, in: Schulze/Dörner/Ebert u. a., § 431, Rn. 3; derselbe, Vorbemerkung zu §§ 420 ff., Rn. 2; Larenz, Karl, Schuldrecht Bd. 1 AT § 36 II c).

[305] Müller, Hans-Friedrich, in: Prütting/Wegen/Weinreich, Vor §§ 420 ff., Rn. 4.

[306] Schulze, Reiner, in: Schulze/Dörner/Ebert u. a., Vorbemerkung zu §§ 420 ff., Rn. 2.

scheidet sich von der Gesamtschuld dadurch, dass nicht jeder der Schuldner die Leistung allein schuldet, sondern „nur" alle zusammen.[307]

Die Annahme der gemeinschaftlichen Schuld hat gegenüber der Annahme einer Gesamtschuldnerschaft den Vorteil, dass sie nicht bereits offensichtlich dem PBefG widerspricht. Allerdings bedeutet sie, dass die Beförderungsverträge davon abhängen würden, dass alle Verbundpartner ihre jeweiligen Leistungen erbringen. Würden daher bei einem Verkehrsunternehmen die Fahrten auf Grund eines Streiks ausfallen, wäre die Leistungserfüllung in einem Verbund unmöglich. Das ist weder im Interesse der Fahrgäste noch der Unternehmen. Außerdem widerspricht diese Annahme der bereits zuvor[308] dargestellten Historie und den Motiven der Verbundgründungen: der gegenseitigen Anerkennung der Fahrausweise. Auch spricht dagegen, dass der jeweilige Verbundpartner über seine Verkehrsleistung autonom entscheidet. Es besteht weder Einfluss auf das Angebot, noch Teilhabe am wirtschaftlichen Erfolg der Verbundpartner. Die Annahme einer gemeinschaftlichen Schuld entspricht daher nicht der Lebenswirklichkeit der Organisation des ÖPNV in einem Verbund.

3.3.1.3 Teilschuldner

Eine dritte Möglichkeit ist, die Verkehrsunternehmen in einem Verbund als Teilschuldner jeweils hinsichtlich ihrer eigenen Leistung anzusehen. Die Teilschuldnerschaft ist nach der Bestimmung des § 420 BGB der Regelfall, obgleich das BGB selbst in den häufigsten Fällen[309] Gesamtschuldnerschaft vorsieht.[310] Voraussetzung für die Teilschuldnerschaft ist erstens die Teilbarkeit der Leistung und zweitens die Verabredung dieser Teilschuld.[311]

Die Verkehrsunternehmen fahren in einem Verbund jeweils die ihnen nach den §§ 9 ff. PBefG genehmigten Linien. Die einzelnen Leistungen sind damit sowohl zwischen den Unternehmen als auch gegenüber den Fahrgästen transparent abgegrenzt und teilbar. Im Verbund besteht nur die Verabredung zur gegenseitigen Anerkennung der Fahrausweise, aber nicht zur gegenseitigen Leistungserbringung der Linienverkehre. Dies wäre auch betrieblich großenteils gar nicht möglich und genehmigungsrechtlich nach dem PBefG unzulässig. Daher sind auch die Leis-

---

[307] Larenz, Karl, Schuldrecht Bd. 1 AT § 36 II c).

[308] Siehe unter 3.2.2.4.1 Verbund als Vertragspartner.

[309] Vgl. z. B. §§ 427, 431, 556 Absatz 2, 613a Absatz 2, 651b Absatz 2, 840 Absatz 1 BGB.

[310] Larenz, Karl, Schuldrecht Bd. 1 AT § 36 II a).

[311] Larenz, Karl, Schuldrecht Bd. 1 AT § 36 II a).

tungen ausschließlich als Teilleistungen und die Verkehrsunternehmen als Teilschuldner anzusehen.

3.3.2 Abgrenzung der Leistungsschuld

Mit dem Ergebnis der Teilschuldnerschaft der Verkehrsunternehmen verbleibt zu klären, wie die Bestimmung des jeweiligen vertraglichen Schuldners erfolgt. Hierbei sind zwei Aspekte zu betrachten: Zum einen die Bestimmung des Teilschuldners hinsichtlich einer bestimmten Teilleistung und zum anderen die Bestimmung der Teilleistung selbst.

3.3.2.1 Bestimmung des Teilschuldners

Zur Bestimmung des Teilschuldners muss die Frage gestellt werden, welcher der Vertragspartner als Teilschuldner zuständig zur Vertragserfüllung welchen Vertragsteils ist. Ein Beförderungsvertrag besteht regelmäßig aus einem – gegebenenfalls nochmals unterteilbaren – Hauptteil, der Beförderung, und einem Nebenteil, der Fahrausweisausgabe.

3.3.2.1.1 Beförderungsleistung

Die Bestimmung des Teilschuldners für die Beförderungsleistung ist beim Beförderungsvertrag im PBefG-konformen Sinne zu bestimmen. Dies bedeutet, dass Teilschuldner der jeweiligen Beförderungsleistung derjenige ist, der die Beförderung mit der Genehmigung nach dem PBefG durchführt.

3.3.2.1.2 Fahrausweiserwerb

Die Bestimmung des Teilschuldners zum Fahrausweiserwerb erfolgt durch den Fahrgast selbst, indem er seinen Fahrausweisverkäufer auswählt.

3.3.2.2 Bestimmung der Teilleistung

Zur Bestimmung der Teilleistung muss gefragt werden, welche Leistung der Fahrgast auf Grund des Beförderungsvertrages verlangen kann. Auch hier ist zwischen dem Hauptteil, der Beförderung, und der Nebenleistung, der Ausstellung des Fahrausweises, zu unterscheiden.

3.3.2.2.1 Beförderungsleistung

Der Inhalt des Hauptteils „Beförderung" wird hierbei durch zwei Faktoren bestimmt: zum einen durch die Tarifbestimmungen, die Teil des Beförderungsvertrags sind. Sie definieren Fragen wie den zeitlichen und räumlichen Geltungsbereich. Zum anderen wird dies durch die Beförderungsbedingungen im engeren Sinne bestimmt.

Gesichtspunkte der Einbeziehung in den Vertrag nach AGB-Recht sind hierbei auf Grund des § 39 PBefG und des § 305a Nr. 1 BGB unbeachtlich.[312]

3.3.2.2.2 Fahrausweiserwerb

Inhalt des Vertragsbestandteils „Fahrausweiserwerb" sind alle etwaigen Probleme im Zusammenhang mit dem Fahrausweis selbst. Dies können Themen sein wie z. B. das Verblassen des Dokuments, weil der Fahrausweis auf Thermopapier gedruckt ist, eine Falschberatung durch den Verkäufer hinsichtlich des Preises oder der Tarifzone, das Verschmieren des Fahrausweises wegen schadhafter Druckertinte oder die Forderung des Fahrgastes, den Fahrausweis aus bestimmten Gründen zurückgeben zu können.

3.4   Einbeziehung Dritter in den Vertrag

Neben den Fällen der originären Vertragsbindung gibt es Fälle, in denen vertragliche Pflichten und Rechte bestehen, weil eine Einbeziehung in den Vertrag über einen Dritten erfolgt.

3.4.1 Kinder

Kinder können, müssen jedoch nicht in die Kategorie der Einbeziehung in den Vertrag eines Dritten fallen. Soweit Kinder mit einem eigenen Fahrausweis unterwegs sind, haben sie eine originär eigene Rechtsbeziehung mit dem Beförderer. In diesen Fällen gelten keine Besonderheiten.

Fahren Kinder jedoch in Begleitung eines Fahrgastes, dessen Fahrausweis dazu berechtigt, werden sie in den Vertrag des Dritten einbezogen.[313]

Es handelt sich um einen echten Vertrag zu Gunsten Dritter[314] nach § 328 BGB, wenn ein Fahrausweis erworben wurde, der für mehrere Personen gilt und bei dem das Kind eine dieser mehreren Personen ist.[315]

Dagegen ist von einem Vertrag mit Schutzwirkung zu Gunsten Dritter[316] auszugehen, soweit ein Kind von einem Fahrgast im Rahmen der Gül-

---

[312] Vgl. hierzu: Hilpert, Thomas, NZV 2007, 288 ff.

[313] RG, Urteil vom 7. Juni 1915 – Az. VI. 7/15 = RGZ 87, 64, 65.

[314] Hierzu z. B.: Zimmer, Maximilian, in: Tonner/Willingmann/Tamm, § 328, Rn. 6; Gottwald, Peter, in: MünchKommBGB, Bd. 2, § 328, Rn. 1 ff.; Medicus, Dieter / Stürner, Michael, in: Prütting/Wegen/Weinreich, § 328, Rn. 3 ff.

[315] RG, Urteil vom 7. Juni 1915 – Az. VI. 7/15 = RGZ 87, 64, 65.

[316] Hierzu: Zimmer, Maximilian, in: Tonner/Willingmann/Tamm, § 328, Rn. 13 ff.; Medicus, Dieter, / Stürner, Michael, in: Prütting/Wegen/Weinreich, Vor § 328,

tigkeit seines Fahrausweises lediglich mitgenommen wird.[317] Dies ist z. B. regelmäßig bei nicht schulpflichtigen Kindern bis zum sechsten Lebensjahr gegeben, die nach den meisten Tarifbestimmungen keinen eigenen Fahrausweis benötigen.[318]

Unabhängig davon, ob das Kind über den eigenen Fahrausweis originär einen Vertrag mit dem Verkehrsunternehmen hat, es über den Fahrausweis eines anderen Fahrgasts in einen Vertrag zu Gunsten Dritter einbezogen ist oder seine Einbeziehung über die Konstruktion des Vertrags mit Schutzwirkung zu Gunsten Dritter erfolgt, bestehen die vertraglichen Rechte und Pflichten.

Lediglich in den Fällen, in denen Kinder ohne eigenen Fahrausweis und ohne Einbeziehung in den Beförderungsvertrag eines Dritten mit dem Verkehrsunternehmen fahren, besteht keine vertragliche Bindung.

3.4.2 JobTicket

JobTickets sind ein für Berufstätige entwickeltes Tarifangebot. Auch bei ihnen gibt es die Einbeziehung in den Vertrag eines Dritten. Allerdings gibt es JobTickets in unterschiedlichen Ausgestaltungen. Denn das Wort „JobTicket" ist weder ein gesetzlicher Begriff noch eine einheitliche Bezeichnung. Es wird je nach Anbieter auch Firmenkarte[319], FirmenTicket[320] oder ProfiCard[321] genannt. Die Bezeichnung JobTicket[322] überwiegt jedoch.[323] Diese Fahrausweise sind nicht zwingend an eine Arbeitnehmereigenschaft gebunden, da sie meist auch von Vorständen oder Selbständigen genutzt werden können.

Teilweise wird das JobTicket als Fahrausweis angeboten, bei dem der Beschäftigte den Fahrausweis selbst erwirbt, allerdings zu günstigeren

---

Rn. 5 ff.; Stadler, Astrid, in: Jauernig, BGB, § 328, Rn. 19 ff.; Gottwald, Peter, in: MünchKommBGB, Bd. 2, § 328, Rn. 161 ff.

[317] Stadler, Astrid, in: Jauernig, BGB, § 328, Rn. 34; Grüneberg, Christian, in: Palandt, § 328, Rn. 24; Gottwald, Peter, in: MünchKommBGB, Bd. 2, § 328, Rn. 221 ff.; für den Eisenbahnverkehr: BGH Urteil vom 28. Mai 1957 – Az. VI ZR 136/56 = BGHZ 24, 325, 327.

[318] Vgl. z. B. Großraum Rostock, Tarifbestimmungen im VVW, Nr. 1.2, Stand: 1. Januar 2012; Großraum Köln, VRS-Gemeinschaftstarif, Beförderungsbedingungen, Nr. 9.1 vom 1. März 2012; Großraum Hamburg, Gemeinschaftstarif des HVV, B, Nr. 1.1 vom 1. Januar 2012.

[319] So im KVV.

[320] So im VRR.

[321] So im HVV.

[322] Teilweise auch mit der Schreibweise „Jobticket" oder „Job-Ticket".

[323] So z. B. im VRS, VBN, NVV.

Konditionen unter Bezugnahme auf einen Rahmenvertrag. Dieser Rahmenvertrag wird mit dem Arbeitgeber oder einem Verband, dem der Arbeitgeber angehört, abgeschlossen.[324] Die von den Fahrgästen abgeschlossenen Verträge können unmittelbar zwischen den Verkehrsunternehmen und den Fahrgästen geschlossene Beförderungsverträge sein, denen nur der Rahmenvertrag als Vertrag zu Gunsten Dritter zu Grunde liegt.

Die zweite Variante von JobTickets sind solche, in denen keine vertragliche Beziehung zwischen dem Fahrgast und dem Verkehrsunternehmen existiert. In diesen Fällen wird auch ein Vertrag mit dem Arbeitgeber oder dessen Verband abgeschlossen.[325] Hier handelt es sich um echte Verträge zu Gunsten Dritter. Ob der Fahrgast gleichwohl einen Obolus für den Fahrausweis entrichten muss, fällt dabei nicht in den vertraglichen Bereich mit dem Anbieter, sondern mit dem Arbeitgeber. Im Unternehmen wird hierbei auch entschieden, wie dort die Kostenverteilung vorgenommen wird, ob etwa

1. nur die tatsächlichen Nutzer belastet werden,
2. der Arbeitgeber die Kosten allein trägt oder
3. sich der Arbeitgeber z. B. hinsichtlich der nicht abgenommenen Fahrausweise oder prozentual an den Kosten beteiligt.

In beiden Fällen, ob originär eine eigene Rechtsbeziehung oder, ob ein Rechtsverhältnis über einen Vertrag zu Gunsten Dritter besteht, gelten für die Fahrgäste mit JobTicket die vertraglichen Rechte und Pflichten.

3.4.3 Semesterticket

Semestertickets sind ebenfalls Tarifangebote, die je nach Verbund oder sogar Universität bzw. Fachhochschule unterschiedlich ausgestaltet sind.[326]

In den meisten Fällen stellen sie einen Sondertarif dar, bei dem der Studierendenausweis auch als Fahrausweis bei einem örtlichen Unterneh-

---

[324] Vgl. z. B. zum JobTicket Fakultativmodell VRS Gemeinschaftstarif Anlage 13 vom 1. März 2012.

[325] Vgl. z. B. zum JobTicket Solidarmodell VRS Gemeinschaftstarif Anlage 12 vom 1. März 2012.

[326] Vgl. zur Zulässigkeit von Semestertickets: BVerfG, Beschluss vom 4. August 2000 – Az. 1 BvR 1510/99 = DVBl. 2000, 1779 ff. = NVwZ 2001, 190 ff.; BVerwG, Urteil vom 12. Mai 1999 – Az. 6 C 14/98 = BVerwGE 109, 97 ff. = DVBl. 1999, 1588 ff. = DÖV 2000, 154 ff. = NVwZ 2000, 318 ff.; Nds. OVG, Urteil vom 15. Oktober 1998 – Az. 10 L 7904/95 = NVwZ 1999, 899 ff.; Gregor, Stephan, JA 2009, 195 ff.; Kettler, Dietmar, DÖV 1997, 674 ff.; Hendler, Reinhard / Friebertshäuser, Sonja, NWVBl. 1993, 41 ff. und 81 ff.; Beckmann, Edmund, DÖV 1993, 340 ff.; Kroh, Ralph, NVwZ 1993, 1071 ff.; Schmidt, Walter, NVwZ 1992, 40 ff.

men oder dem örtlichen Verkehrsverbund, manchmal sogar auch in dem ganzen Bundesland gilt.[327] Hierbei wird zwischen dem Verkehrsunternehmen oder Verbund sowie in der Regel dem AStA der jeweiligen Universität bzw. Fachhochschule ein Vertrag geschlossen. Die Studierenden zahlen bei der Rückmeldung den Fahrpreis für ein Semester zusammen mit dem studentischen Sozialbeitrag ein. In diesen Fällen stellen die Verträge zwischen Anbieter und Studierendenvertretung Verträge zu Gunsten Dritter dar.

Teilweise gibt es auch Semestertickets, die von den Studierenden unmittelbar bei dem Verkehrsunternehmen erworben werden können.[328] Sie sind Zeitfahrausweise, für die keine Besonderheiten gegenüber anderen Zeitfahrausweisen gelten und die eine originäre vertragliche Berechtigung und Verpflichtung zwischen dem Studierenden und dem Verkehrsunternehmen begründen.

Im Ergebnis gelten daher bei allen Konstruktionen von Studierendenfahrausweisen – gleich ob als eigener Vertrag zwischen Unternehmen und Studierendem oder als Vertrag zu Gunsten Dritter ausgestaltet – sowohl die Rechte als auch die Pflichten zwischen Unternehmen und Fahrgast.

3.4.4 Sonstige Fälle der Einbeziehung Dritter

Neben den vorgenannten Fällen gibt es in den Tarifen der Verkehrsunternehmen Angebote, in denen Mitnahmemöglichkeiten bestehen. Diese Angebote beziehen sich meist auf bestimmte Personenkreise oder Tageszeiten und sollen das Tarifangebot attraktiver machen. Diesen Tarifangeboten ist gemein, dass durch die Mitnahmemöglichkeiten entweder echte oder unechte Verträge zu Gunsten Dritter bzw. Verträge mit Schutzwirkung zu Gunsten Dritter begründet werden können. In diesen Fällen gelten die vertraglichen Fahrgastrechte und Fahrgastpflichten für die Dritten ebenfalls.[329]

Allerdings gilt dies nicht für unberechtigt mitfahrende Begleitpersonen, wie z. B. die Begleitung durch eine Person zu einer Tageszeit, zu der der Fahrgast nach den Bestimmungen des Tarifs gerade keine zweite Person auf seinem Fahrausweis mitnehmen darf. Denn der Drittbezug ist Teil der Vertragsvereinbarung. Wenn sich in den Tarifbestimmungen und

---

[327] Vgl. z. B.: Tarifbestimmungen für den VVW, 2.8, Stand 1. Januar 2011; VRS Gemeinschaftstarif, Anlage 11 vom 1. März 2012.

[328] Vgl. z. B. die sogenannten Semestermarken im Gemeinschaftstarif für den Verkehrsverbund Großraum Nürnberg, Teil B Tarifbestimmungen, 7.1, 7.6 und 7.7 vom 1. Januar 2012.

[329] RG, Urteil vom 18. November 1915 – Az. IV 178/15 = RGZ 87, 289, 292 f.

damit im Vertrag die Mitfahrmöglichkeit nicht auf eine Begleitperson erstreckt, mithin die Hauptleistung sich nicht auf die Begleitperson erstreckt, kann sich in diesem Fall erst recht nicht die Nebenleistung hierauf erstrecken. In diesen Fällen gelten die Regularien für Fahrten ohne gültigen Fahrausweis.

3.5 Vertrag mit beschränkt Geschäftsfähigen

Eine eigene Betrachtung verdient das Thema der Rechte bzw. Pflichten bei beschränkt Geschäftsfähigen. Nach den §§ 106 ff. BGB gehören hierzu die Minderjährigen, die das siebente Lebensjahr vollendet haben. Deren Willenserklärung bedarf nach § 107 BGB der Einwilligung des gesetzlichen Vertreters, soweit sie nicht lediglich einen rechtlichen Vorteil erlangen. Schließen sie dennoch einen Vertrag ohne die erforderliche Einwilligung des gesetzlichen Vertreters ab, hängt die Wirksamkeit des Vertrages von der Genehmigung des Vertreters ab. Mit Ausnahme der Fälle des § 110 BGB können sie daher Beförderungsverträge nur mit Zustimmung des gesetzlichen Vertreters abschließen.

Unproblematisch wären diese Fälle, wenn man der Lehre vom sozialtypischen Verhalten, auch als faktisches Vertragsverhältnis bezeichnet, folgte. Nach dieser Lehre wird die Gegenleistungspflicht durch die faktische Inanspruchnahme z. B. der Straßenbahn, unter Verzicht auf das Erfordernis der rechtsgeschäftlichen Einigung, begründet.[330] Diese früher sogar vom BGH[331], einem Teil der untergerichtlichen Rechtsprechung[332] und Teilen der Literatur[333] vertretene Theorie wurde bereits oben[334] als contra legem abgelehnt. Unter Berufung auf diese Theorie kann daher kein Vertrag begründet werden.

3.5.1 Rechte beschränkt Geschäftsfähiger

Keine Probleme bestehen, soweit es um die Rechte beschränkt geschäftsfähiger Minderjähriger geht. Soweit die gesetzlichen Vertreter noch nicht ihre Zustimmung erteilt haben, können sie gemäß § 108 Absatz 1 BGB den vom Minderjährigen ohne die erforderliche Einwilligung des gesetz-

---

[330] Haupt, Günter, Seite 21 ff.; Deinert, Olaf, in: Tonner/Willingmann/Tamm, § 145, Rn. 6.

[331] BGH, Urteil vom 14. Juli 1956 – Az. V ZR 223/54 = BGHZ 21, 319, 333.

[332] Vgl. z. B. LG Bremen, Urteil vom 18. August 1966 – Az. 8 O 512/66 = NJW 1966, 2360 f.; AG Frankfurt am Main, Urteil vom 18. Dezember 1958 – Az. 2/4.0.171/58.

[333] Larenz, Karl (6. Auflage), 1983, § 28 II, Seite 522 ff.

[334] Siehe unter 3.1.1.3.1 Lehre vom sozialtypischen Verhalten.

lichen Vertreters geschlossenen Vertrag genehmigen und ihm so zur Wirksamkeit verhelfen.

3.5.2 Pflichten beschränkt Geschäftsfähiger

Besonders praxisrelevant sind die Fälle, bei denen die Wirksamkeit eines Beförderungsvertrages wegen der nur beschränkten Geschäftsfähigkeit des Minderjährigen streitig ist. Häufig wird über eine Einwilligung der Erziehungsberechtigten in den Beförderungsvertrag gestritten oder eine Genehmigung des Vertragsschlusses vom gesetzlichen Vertreter versagt. Daher stellt sich die Frage, ob gleichwohl die Verpflichtungen bestehen.

Die meisten Konflikte entstehen in der Praxis hinsichtlich der Pflichtenbegründung im Bereich der Fahrten von Minderjährigen ohne gültigen Fahrausweis. Nach derzeit noch h. M. in Literatur und Rechtsprechung ist zur Begründung eines EBE ein Beförderungsvertrag zwischen dem Verkehrsunternehmen und dem Fahrgast Voraussetzung.[335]

Diese EBE-Fälle finden häufigen Widerhall in der Presse.[336] In jüngster Zeit werden diese Fragen auch in Internetforen[337] und dem Internetlexikon Wikipedia[338] ausgiebig diskutiert und mit mehr oder weniger Sachverstand erläutert. Gleichfalls findet sich einiges an juristischer Litera-

---

[335] Vgl. z. B. LG Hamburg, Urteil vom 15. April 1975 – Az. 18 S 207/74 = VÖV-Nachrichten 19/1975; Kreisgericht Erfurt, Urteil vom 30. April 1992 – Az. 1 C 94/92; AG Bonn, Urteil vom 14. Oktober 2009 – Az. 4 C 521/08 = NJW-RR 2010, 417; AG Bonn, Urteil vom 8. Juli 2009 – Az. 4 C 486/08; AG Jena, Urteil vom 5. Juli 2001 – Az. 22 C 21/01 = NJW-RR 2001, 1469; AG Bergheim, Urteil vom 23. September 1998 – Az. 23 C 166/98 = NJW-RR 2000, 202 ff.; AG Wolfsburg Urteil vom 9. Mai 1990 – Az. 12 C 30/90 = NJW-RR 1990, 1142 f.; Weth, Stephan, JuS 1998, 795, 798 f.; Stacke, Rolf B., NJW 1991, 875 ff.; Winkler von Mohrenfels, Peter, JuS 1987, 692 ff.; Fielenbach, Martin, NZV 2000, 358 ff.; a. A. LG Bremen, Urteil vom 17. August 1966 – Az. 8 O 512/66 = NJW 1966, 2360 f.; Trittel, Manfred, BB 1980, 497 ff.

[336] Vergleiche statt vieler: Finanztest (Stiftung Warentest) „Mein Sohn fährt schwarz", Heft 2 (Februar) 2002; Express (Köln) „Schwarzfahrer unter 18 müssen nicht mehr blechen" vom 6. Dezember 2001, Seite 36; Wiesbadener Kurier „Minderjährige Schwarzfahrer müssen meist nicht zahlen" vom 6. Dezember 2001; Kölner Stadtanzeiger „Müssen Schwarzfahrer unter 18 keine 60 Mark zahlen?" vom 6. Dezember 2001, Seite 18; Express (Bonn) „Schwarzfahrer-Pänz müssen nicht mehr blechen – Geschäftsbedingungen gelten nicht" vom 6. Dezember 2001; Test (Stiftung Warentest) „Keine Strafe für Teens", Heft 5 (Mai) 2000; Ruhr Nachrichten (Dortmund) „Amtsrichter entschied: 17jährige Mirjana nicht voll geschäftsfähig – Schwarzfahrt war gar keine" vom 4. August 1997.

[337] Vgl. z. B. www.juraforum.de; www.f-sb.de/forumneu/; www.forum.gofeminin.de/forum, Stand: 15. Februar 2010.

[338] Vgl. z. B. Wikipedia (http://de.wikipedia.org/wiki/Bef%C3%B6rderungserschleichung), Stand: 15. Februar 2010, Stichwort: „Beförderungserschleichung".

tur[339] sowie an Gerichtsentscheidungen zu dem Thema. Dennoch ist diesbezüglich keine höchstrichterliche Entscheidung ergangen. Letzteres liegt darin begründet, dass der Streitwert des EBE mit in der Regel 40,-- Euro niedrig ist und damit die Berufungssumme nach § 511 Absatz 2 Nr. 1 ZPO von über 600,-- Euro nicht erreicht wird. Entsprechend sind bisher lediglich zwei landgerichtliche Entscheidungen[340] und eine die Problematik am Rande betreffende Entscheidung des BVerfG[341] bekannt geworden.

Zur Entscheidung des LG Hamburg kam es nur deshalb, weil die Beklagten eine Widerklage (auf Schmerzensgeld) erhoben, um einen höheren und damit berufungsfähigen Streitwert zu erreichen.[342]

Bei der beim BVerfG eingereichten Verfassungsbeschwerde einer Minderjährigen, die wegen einer Schwarzfahrt zu einem EBE verurteilt wurde, nahm das Gericht den Fall erst gar nicht zur Sachentscheidung an, da die hinreichende Aussicht auf Erfolg fehlte. Das BVerfG entschied, die angegriffene Entscheidung biete keinen Anhalt dafür, dass das Amtsgericht die Bedeutung von Grundrechten der Beschwerdeführerin verkannt habe. Darüber hinaus wurde die Antragstellerin mit einer sogenannten Missbrauchsgebühr nach § 34 Absatz 2 BVerfGG belegt.[343]

Die übrigen bekannt gewordenen Entscheidungen sind auf der Ebene der Amtsgerichte bzw. kurz nach 1989 auf dem Gebiet der ehemaligen DDR durch Kreisgerichte entschieden worden. Teilweise verneinen die

---

[339] Zum Streitstand: Bartl, Harald, NJW 1976, 854 f.; derselbe, BB 1978, 1446 f.; Bender, Wilhelm, NJW 1976, 855 f.; Bidinger, C, § 9 VO-ABB, Anm. 9 f.; Dalecki, Wolfgang, MDR 1987, 891 ff.; Dreyer, Stephan, Seite 1 ff.; Fielenbach, Martin, NZV 2000, 358 ff.; Fischer, Georg, TranspR 1992, 7 ff.; Harder, Manfred, NJW 1990, 857 ff.; Heinze, Werner, V + T 1971, 166 f.; derselbe, Gutachten, 1975; derselbe, V + T 1979, 246 ff.; Hensen, Horst-Diether, BB 1979, 499 f.; Hilpert, Thomas, Bus & Bahn 1998, Heft 3, Seite 2; Jauernig, Othmar, NJW 1972, 1 ff.; Koller, Ingo, BB 1973, 1560 ff.; Loh, Ernesto, BB 1970, 1017 ff.; Mildner, Raimud, V + T 1984, 399 ff.; Pohar, Mihael Aleksander, Seite 67 ff.; Salamon, Udo, V + T 1970, 211 ff.; Stacke, Rolf B., NJW 1991, 875 ff.; Trittel, Manfred, BB 1980, 497 ff.; Wegner, Johannes, V + T 1979, 438 ff.; Weth, Stephan, JuS 1998, 795 ff.; Winkler von Mohrenfels, Peter, JuS 1987, 692 ff.

[340] LG Bremen, Urteil vom 18. August 1966 – Az. 8 O 512/66 = NJW 1966, 2360 f.; LG Hamburg, Urteil vom 15. April 1975 – Az. 18 S 207/74 = VÖV-Nachrichten 19/1975, 123 ff.

[341] BVerfG, Beschluss vom 20. Mai 1987 – Az. 1 BvR 1340/86 = VRS Bd. 80, Nr. 37, Seite 81 ff.

[342] LG Hamburg, Urteil vom 15. April 1975 – Az. 18 S 207/74 = VÖV-Nachrichten 19/1975, 123 ff.

[343] BVerfG, Beschluss vom 20. Mai 1987 – Az. 1 BvR 1340/86 = VRS Bd. 80, Nr. 37, Seite 81 ff.

Gerichte die Pflicht des Minderjährigen zur Zahlung eines EBE.[344] Überwiegend werden jedoch die minderjährigen Schwarzfahrer mit – ebenso wie in der Literatur – unterschiedlichsten Begründungen zur Zahlung eines EBE verpflichtet.[345]

---

[344] AG Bonn, Urteil vom 14. Oktober 2009 – Az. 4 C 521/08 = NJW-RR 2010, 417; AG Bonn, Urteil vom 8. Juli 2009 – Az. 4 C 486/08; AG Jena, Urteil vom 5. Juli 2001 – Az. 22 C 21/01 = NJW-RR 2001, 1469; AG Bergheim, Urteil vom 23. September 1998 – Az. 23 C 166/98 = NJW-RR 2000, 202 ff.; AG Wolfsburg Urteil vom 9. Mai 1990 – Az. 12 C 30/90 = NJW-RR 1990, 1142 f.; AG Mülheim a. d. Ruhr, Urteil vom 14. Oktober 1988 – Az. 12 C 17/88 = NJW-RR 1989, 175 f.; AG Hamburg, Urteil vom 24. April 1986 – Az. 22b C 708/85 = NJW 1987, 448 = VersR 1987, 724.

[345] AG Augsburg, Urteil vom 30. September 1991 – Az. 11 C 2790/91 = VÖV-Nachrichten 8/1991, 183 f.; AG Bad Kreuznach, Urteil vom 26. Oktober 1999 – Az. 2 C 958/99; AG Bergisch Gladbach, Urteil vom 16. September 1994 – Az. 60 C 166/94; AG Bingen, Urteil vom 8. März 2005 – Az. 3 C 668/04; AG Bonn, Urteil vom 7. Mai 1976 – Az. 3 C 603/75; AG Bonn, Urteil vom 7. März 1980 – Az. 4 C 80/80; AG Bonn, Sitzungsprotokoll mit Vergleich vom 25. November 1981 – Az. 9 C 706/81; AG Bonn, Urteil vom 24. November 1983 – Az. 12 C 393/83; AG Bonn, Urteil vom 27. März 1986 – Az. 2 C 857/85; AG Bonn, Urteil vom 7. April 1986 – Az. 4 C 41/86; AG Bonn, Urteil vom 16. Januar 1996 Az. 11 C 589/95; AG Brandenburg an der Havel, Urteil vom 15. Januar 2001 – Az. 30 C 630/00; AG Brandenburg an der Havel, Urteil vom 10. April 2001 – Az. 33 C 561/00; LG Bremen, Urteil vom 17. August 1966 – Az. 8 O 512/66 = NJW 1966, 2360 f.; AG Brühl, Urteil vom 20. März 2001 – Az. 22 C 445/00; AG Duisburg, Urteil vom 3. Mai 1996 – Az. 2 C 721/95; AG Düsseldorf, Urteil vom 5. Januar 1990 – Az. 43 C 15392/89; AG Düsseldorf, Urteil vom 22. Juli 1992 – Az. 24 C 7956/92; AG Düsseldorf, Urteil vom 12. Juni 1996 – Az. 22 C 5352/96; AG Düsseldorf, Urteil vom 25. März 1998 – Az. 22 C 116/98; AG Düsseldorf, Urteil vom 26. Juli 2001 – Az. 24 C 3609/01; Kreisgericht Erfurt, Urteil vom 30. April 1992 – Az. 1 C 94/92 = VÖV-Nachrichten 5/1993; AG Erfurt, Urteil vom 22. September 1995 – Az. 26 C 469/94; AG Erfurt, Urteil vom 12. Mai 2004 – Az. 14 C 196/04; AG Essen, Urteil vom 5. November 1981 – Az. 24 C 313/81 = VÖV-Nachrichten 2/82; AG Euskirchen, Urteil vom 22. Dezember 1999 – Az. 17 C 343/99; AG Frankfurt, Urteil vom 24. Juni 1982 – Az. 32 C 6126/82 = VÖV-Nachrichten 1/1983; AG Geldern, Urteil vom 30. November 1978 – Az. 4 C 400/78 = VÖV-Nachrichten 4/79; AG Hamburg, Urteil vom 21. Januar 1971 – Az. 6 C 1050/70 = MDR 1971, 578; LG Hamburg, Urteil vom 15. April 1975 – Az. 18 S 207/74 = VÖV-Nachrichten 19/1975, 123 ff.; AG Hameln, Urteil vom 23. Juni 1995 – Az. 23 C 154/95; AG Hechingen, Urteil vom 31. Januar 2002 – Az. 3 C 587/01; AG Heilbronn, Urteil vom 13. Januar 2000 – Az. 2 C 3132/99; AG Karlsruhe, Urteil vom 30. März 1990 – Az. 11 C 113/90 = VÖV-Nachrichten 4/1990; AG Kerpen, Urteil vom 23. Januar 1997 – Az. 25 C 446/96; AG Kerpen, Urteil vom 11. Juli 2001 – Az. 20 C 547/00; AG Koblenz, Urteil vom 24. Mai 1991 – Az. 17 C 0835/91; AG Köln, Urteil vom 1. März 1984 – Az. 122 C 813/83; AG Köln, Urteil vom 1. März 1984 – Az. 122 C 814/83; AG Köln, Urteil vom 9. Juli 1986 – Az. 119 C 68/86 = NJW 1987, 447 f. = VRS Bd. 80, Nr. 37, Seite 81 ff.; AG Köln, Urteil vom 29. Mai 1987 – Az. 126 C 404/86; AG Köln, Urteil vom 25. November 1987 – Az. 119 C 232/87 = VÖV-Nachrichten 4/1988, Nr. 92; AG

Gleichwohl haben die den EBE-Anspruch des Verkehrsunternehmens verneinenden Urteile ein höheres öffentliches Interesse – auch bezogen auf die Veröffentlichungen in der juristischen Fachpresse – ausgelöst. So wurden insbesondere die beiden, die Minderjährigen nicht zur Zahlung eines EBE verpflichtenden Entscheidungen der Amtsgerichte Jena[346] und Bergheim[347] ein häufig aufgegriffenes Thema in den Medien.[348]

Zentraler Diskussionspunkt ist die Zustimmung der gesetzlichen Vertreter, d. h. nach § 1629 BGB in der Regel der Eltern, zum Beförderungsver-

---

Köln, Urteil vom 12. Januar 1989 – Az. 135 C 600/88; AG Köln, Urteil vom 24. Oktober 1990 – Az. 127 C 219/90; AG Köln, Urteil vom 23. November 1990 – Az. 136 C 403/89; AG Köln, Urteil vom 8. Juli 1991 – Az. 138 C 96/91; AG Köln, Urteil vom 27. März 1992 – Az. 111 C 456/91; AG Köln, Urteil vom 12. Januar 1993 – Az. 140 C 125/92; AG Köln, Urteil vom 11. Februar 1993 – Az. 135 C 3/93; AG Köln, Urteil vom 11. August 1993 – Az. 112 C 46/93; AG Köln, Urteil vom 21. Dezember 1994 – Az. 138 C 289/94; AG Köln, Urteil vom 23. November 1998 – Az. 144 C 453/98; AG Köln, Urteil vom 1. September 2000 – Az. 144 C 96/00; AG Ludwigshafen/Rhein, Urteil vom 4. Juni 1987 – Az. 2e C 283/87 = VÖV-Nachrichten 7/1987; AG Marburg, Urteil vom 13. Februar 1987 – Az. 10 C 869/86 = VÖV-Nachrichten 4/1987; AG Meinerzhagen, Urteil vom 18. November 1998 – Az. 4 C 186/98; AG München, Urteil vom 28. November 1994 – Az. 222 C 21583/94 = VDV-Nachrichten 1/1995; AG München, Urteil vom 25. August 1995 – Az. 155 C 5955/95; AG Münster, Urteil vom 1. März 1996 – Az. 53 C 411/95; AG Neuenkirchen, Urteil vom 23. Juni 2000 – Az. 4 C 485/00; AG Neustadt am Rübenberg, Urteil vom 20. März 1997 – Az. 14 C 1946/96; AG Regensburg, Urteil vom 30. April 1986 – Az. 3 C 546/86 = VÖV-Nachrichten 5/86; AG Rheinbach, Urteil vom 2. Oktober 1995 – Az. 3 C 353/95; AG Schleiden, Urteil vom 21. September 1994 – Az. 2 C 14/94; AG Siegburg, Urteil vom 31. Mai 2001 – Az. 6 C 132/01; AG Sigmaringen, Urteil vom 7. Oktober 1999 – Az. 1 C 609/99; AG Sigmaringen, Urteil vom 14. April 2000 – Az. 2 C 185/00; AG Sigmaringen, Urteil vom 14. Juli 2000 – Az. 1 C 360/00; AG Solingen, Urteil vom 28. Juni 1984 – Az. 14 C 375/84; AG Wennigsen, Urteil vom 27. September 2005 – Az. 10 C 200/05; AG Wetter (Ruhr), Urteil vom 19. September 1989 – Az. 3 C 209/89 = VÖV-Nachrichten 8/1989; AG Wiesbaden, Urteil vom 27. August 1982 – Az. 97 C 862/1982; AG Wiesbaden, Urteil vom 19. März 1984 – Az. 99 C 1806/83; AG Wilhelmshaven, Urteil vom 17. Juli 1973 – Az. 6 C 233/73 (13).

[346] AG Jena, Urteil vom 5. Juli 2001 – Az. 22 C 21/01 = NJW-RR 2001, 1469.

[347] AG Bergheim, Urteil vom 23. September 1998 – Az. 23 C 166/98 = NJW-RR 2000, 202 ff.

[348] Vgl. z. B.: Finanztest (Stiftung Warentest) „Mein Sohn fährt schwarz", Heft 2 (Februar) 2002; Express (Köln) „Schwarzfahrer unter 18 müssen nicht mehr blechen" vom 6. Dezember 2001, Seite 36; Wiesbadener Kurier „Minderjährige Schwarzfahrer müssen meist nicht zahlen" vom 6. Dezember 2001; Kölner Stadtanzeiger „Müssen Schwarzfahrer unter 18 keine 60 Mark zahlen?" vom 6. Dezember 2001, Seite 18; Express (Bonn) „Schwarzfahrer-Pänz müssen nicht mehr blechen – Geschäftsbedingungen gelten nicht" vom 6. Dezember 2001; Test (Stiftung Warentest) „Keine Strafe für Teens", Heft 5 (Mai) 2000.

trag. Gelinge die Darlegung der Zustimmung nicht, bestehe keine Verpflichtung des Minderjährigen zur EBE-Zahlung auf Grund des Beförderungsvertrages.[349]

3.5.2.1 Fahrausweis als Dokumentation des Vertrags

Unproblematisch sind zunächst die Fälle, in denen der minderjährige Fahrgast mit Fahrausweis zur Zahlung eines EBE aufgefordert wird. Diese Situation liegt etwa vor, wenn der Fahrausweis für diese Fahrt zwar erworben, jedoch nicht entwertet oder der Fahrausweis vergessen wurde und die nachträgliche Vorlage nicht von der Zahlungspflicht eines EBE befreit oder – wie in den Fällen des § 9 Absatz 3 VO-ABB – die nachträgliche Vorlage des Fahrausweises innerhalb einer Woche ab dem Feststellungstag bei der Verwaltung des Unternehmers zwar von der Zahlungspflicht des regulären EBE befreien würde, der Betreffende jedoch entweder die Frist von einer Woche nicht einhält oder die Rechtmäßigkeit des ermäßigten EBE bestritten wird.

Liegt ein solcher Fall des nicht entwerteten oder vergessenen Fahrausweises bei einem Minderjährigen vor, greift bereits deshalb kein Minderjährigenschutz, weil entweder der Fall des § 110 BGB gegeben ist oder die Erziehungsberechtigten durch den tatsächlichen oder lediglich auch nur behaupteten Erwerb des Fahrausweises, z. B. in Gestalt der Schüler- oder Monatskarte, die Zustimmung zur Fahrt mit dem ÖPNV dokumentiert haben.[350]

3.5.2.2 Kausalgeschäft und § 110 BGB

Nur schwer begründbar ist allerdings die Anwendung von § 110 BGB, wenn kein Fahrausweis erworben wurde. Denn in diesen Fällen hat der Minderjährige gerade nicht die (Fahrpreis-) Leistung erbracht. Nach h. M. ist § 110 BGB hinsichtlich des Tatbestandsmerkmals „bewirken"

---

[349] Vgl. z. B. AG Bergheim, Urteil vom 23. September 1998 – Az. 23 C 166/98 = NJW-RR 2000, 202 ff.; AG Wolfsburg Urteil vom 9. Mai 1990 – Az. 12 C 30/90 = NJW-RR 1990, 1142 f.; AG Mülheim a. d. Ruhr, Urteil vom 14. Oktober 1988 – Az. 12 C 17/88 = NJW-RR 1989, 175 f.

[350] LG Hamburg, Urteil vom 15. April 1975 – Az. 18 S 207/74 = VÖV-Nachrichten 19/1975, 123 ff.; AG Bergisch Gladbach, Urteil vom 16. September 1994 – Az. 60 C 166/94; AG Bonn, Urteil vom 24. November 1983 – Az. 12 C 393/83; AG Bonn, Urteil vom 7. April 1986 – Az. 4 C 41/86; AG Duisburg, Urteil vom 3. Mai 1996 – Az. 2 C 721/95; AG Düsseldorf, Urteil vom 12. Juni 1996 – Az. 22 C 5352/96; AG Düsseldorf, Urteil vom 25. März 1998 – Az. 22 C 116/98; AG Geldern, Urteil vom 30. November 1978 – Az. 4 C 400/78 = VÖV-Nachrichten 4/79; AG Heilbronn, Urteil vom 13. Januar 2000 – Az. 2 C 3132/99; AG Karlsruhe, Urteil vom 30. März 1990 – Az. 11 C 113/90 = VÖV-Nachrichten 4/1990; AG Köln, Urteil vom 8. Juli 1991 – Az. 138 C 96/91.

aber gerade so zu verstehen, dass die Leistung vollständig erbracht worden sein muss.[351] Nur eine Mindermeinung lässt auch lediglich den Abschluss des Kausalgeschäfts genügen, wenn dieses mit Mitteln bewirkt werden könnte, die im Rahmen eines Taschengeldes zur Verfügung stehen.[352]

3.5.2.3 Zustimmung durch Generaleinwilligung

Neben der individuellen Zustimmung besteht auch die Möglichkeit, dem Minderjährigen für eine Reihe von zunächst noch nicht individualisierten Geschäften eine „Generaleinwilligung" zu erteilen.[353] Entsprechend ist auch bei Fahrten im ÖPNV keine Zustimmung für jede einzelne Fahrt des Minderjährigen notwendig; es kann generell in die Benutzung öffentlicher Verkehrsmittel eingewilligt[354] oder z. B. für alle Fahrten in die Schule[355] oder zum Sportverein die Zustimmung erteilt werden. Die meisten Gerichte und ein Teil der Literatur gehen dabei, sofern nicht ausdrücklich die in Rede stehende Fahrt verboten wurde, von einer solchen Generaleinwilligung der Erziehungsberechtigten für die Benutzung von Bussen und Bahnen aus.[356] Die Annahme einer Generaleinwil-

---

[351] AG Jena, Urteil vom 5. Juli 2001 – Az. 22 C 21/01 = NJW-RR 2001, 1469; AG Hamburg, Urteil vom 24. April 1986 – Az. 22b C 708/85 = NJW 1987, 448; Fleischer, Franziska, in: Tonner/Willingmann/Tamm, § 110, Rn. 5; Müller, Hans-Friedrich, in: Erman, § 110, Rn. 2; Winkler von Mohrenfels, Peter, JuS, 1987, 692, 694; Harder, Manfred, NJW 1990, 857, 859; Ellenberger, Jürgen, in: Palandt, § 110, Rn. 4.

[352] AG Erfurt, Urteil vom 22. September 1995 – Az. 26 C 469/94; AG Wilhelmshaven, Urteil vom 17. Juli 1973 – Az. 6 C 233/73 (13).

[353] Hierzu: BGH, Urteil vom 12. Oktober 1976 – Az. VI ZR 172/75 = NJW 1977, 622 ff. = MDR 1977, 302; BGH, Urteil vom 17. April 1967 – Az. II ZR 228/64 = BGHZ 47, 352, 359 = MDR 1967, 655 f. = NJW 1967, 1800 ff.; Lange, Jérôme, in: jurisPK-BGB, § 107, Rn. 30 ff.; Fischer, Georg, TranspR 1992, 7, 8.

[354] AG Bergheim, Urteil vom 23. September 1998 – Az. 23 C 166/98 = NJW-RR 2000, 202 ff.; AG Wolfsburg, Urteil vom 9. Mai 1990 – Az. 12 C 30/90 = NJW-RR 1990, 1142 f.; Ellenberger, Jürgen, in: Palandt, § 107, Rn. 9; Harder, Manfred, NJW 1990, 857, 858; Winkler von Mohrenfels, Peter, JuS 1987, 692, 694.

[355] AG Bergheim, Urteil vom 23. September 1998 – Az. 23 C 166/98 = NJW-RR 2000, 202 ff.

[356] So z. B. LG Hamburg, Urteil vom 15. April 1975 – Az. 18 S 207/74 = VÖV-Nachrichten 19/1975, 123 ff.; AG Augsburg, Urteil vom 30. September 1991 – Az. 11 C 2790/91 = VÖV-Nachrichten 8/1991, 183 f.; AG Bonn, Sitzungsprotokoll vom 25. November 1981 – Az. 9 C 706/81; AG Bonn, Urteil vom 24. November 1983 – Az. 12 C 393/83; AG Bonn, Urteil vom 7. April 1986 – Az. 4 C 41/86; AG Bonn, Urteil vom 16. Januar 1996 – Az. 11 C 589/95; AG Duisburg, Urteil vom 3. Mai 1996 – Az. 2 C 721/95; AG Düsseldorf, Urteil vom 22. Juli 1992 – Az. 24 C 7956/92; AG Düsseldorf, Urteil vom 26. Juli 2001 – Az. 24 C 3609/01; Kreisgericht Erfurt,

ligung wird dabei umso eher bejaht, je älter der Betreffende ist.[357] Die Begründung für die Annahme einer Generaleinwilligung variiert je nach Sachverhalt. So vertritt z. B. das AG München die Auffassung, bei Jugendlichen könne in der heutigen Zeit immer von einer Generaleinwilligung der Erziehungsberechtigten ausgegangen werden.[358] Auch der Beweis des ersten Anscheins spricht nach Auffassung einiger Gerichte für die Annahme einer Generaleinwilligung.[359] Ein weiteres Indiz für die Annahme einer Generaleinwilligung sei die Zurverfügungstellung von Blanko-Fahrscheinen, wie z. B. Streifenkarten.[360] Teilweise wird auch die Zustimmung der Eltern aus dem Nichtkümmern bezüglich der Verkehrsmittelwahl[361], etwa im Sinne einer Duldungsvollmacht, geschlossen. Hierbei gelte auch zu berücksichtigen, dass in der Regel den Eltern unterstellt werden könne, ihnen liege die Sicherheit ihrer Kinder am Herzen, weshalb sie gerade nicht wollten, dass die Kinder zu Fuß gehen oder per Anhalter fahren, sondern die öffentlichen Verkehrsmittel als die sicherste Fortbewegungsmöglichkeit nutzen.[362]

Urteil vom 30. April 1992 – Az. 1 C 94/92 = VÖV-Nachrichten 5/1993; AG Frankfurt, Urteil vom 24. Juni 1982 – Az. 32 C 6126/82 = VÖV-Nachrichten 1/1983; AG Marburg, Urteil vom 13. Februar 1987 – Az. 10 C 869/86; AG Geldern, Urteil vom 30. November 1978 – Az. 4 C 400/78 = VÖV-Nachrichten 4/79; AG Heilbronn, Urteil vom 13. Januar 2000 – Az. 2 C 3132/99; AG Karlsruhe, Urteil vom 30. März 1990 – Az. 11 C 113/90 = VÖV-Nachrichten 4/1990; AG Kerpen, Urteil vom 23. Januar 1997 – Az. 25 C 446/96; AG Köln, Urteil vom 12. Januar 1993 – Az. 140 C 125/92; AG Köln, Urteil vom 1. September 2000 – Az. 144 C 96/00; AG Köln, Urteil vom 23. November 1990 – Az. 136 C 403/89; AG Köln, Urteil vom 12. Januar 1989 – Az. 135 C 600/88; AG München, Urteil vom 28. November 1994 – Az. 222 C 21583/94 = VDV-Nachrichten 1/1995; AG Solingen, Urteil vom 28. Juni 1984 – Az. 14 C 375/84; AG Wetter (Ruhr), Urteil vom 19. September 1989 – Az. 3 C 209/89 = VÖV-Nachrichten 8/1989; AG Wiesbaden, Urteil vom 27. August 1982 – Az. 97 C 862/1982; Bidinger, C § 9 VO-ABB, Anm. 5.

[357] AG Bonn, Urteil vom 7. April 1986 – Az. 4 C 41/86; soweit das Alter der Minderjährigen in den Entscheidungen der vorhergehenden Fußnote angegeben war, lag es jeweils einmal bei 10, 12, 13 und 16 Jahren, zweimal bei 14 und 17 Jahren und dreimal bei 15 Jahren.

[358] AG München, Urteil vom 28. November 1994 – Az. 222 C 21583/94 = VDV-Nachrichten 1/1995.

[359] AG Düsseldorf, Urteil vom 26. Juli 2001 – Az. 24 C 3609/01; AG Frankfurt, Urteil vom 24. Juni 1982 – Az. 32 C 6126/82 = VÖV-Nachrichten 1/1983.

[360] AG Augsburg, Urteil vom 30. September 1991 – Az. 11 C 2790/91 = VÖV-Nachrichten 8/1991, 183 f.

[361] AG Wiesbaden, Urteil vom 27. August 1982 – Az. 97 C 862/1982.

[362] AG Augsburg, Urteil vom 30. September 1991 – Az. 11 C 2790/91 = VÖV-Nachrichten 8/1991, 183 f.

3.5.2.4 Beschränkung der Zustimmung

Streitig ist allerdings, ob es zulässig sei, die Zustimmung so einzugrenzen, dass sie sich nur auf die Fahrten mit gültigem Fahrausweis bezieht und nicht auf Schwarzfahrten.

3.5.2.4.1 Befürwortung der Beschränkung

Von einigen Gerichten[363] und Teilen der Literatur[364] wird dies vertreten. Als Begründung hierfür wird angeführt, Einwilligungen stellten kein bedingungsfeindliches Rechtsgeschäft dar.[365]

3.5.2.4.2 Ablehnung der Beschränkung

Demgegenüber hält die überwiegende Rechtsprechung[366] und ein anderer Teil der Literatur[367] die Beschränkung der Zustimmung für unzulässig.

3.5.2.4.2.1 Bedingungsfeindlichkeit der Beschränkung

Als ein Gegenargument wird angeführt, dass diese Fälle – so wie die Ausübung von Gestaltungsrechten[368] – zu der Gruppe der bedingungsfeindlichen Handlungen zu zählen seien.[369]

---

[363] AG Jena, Urteil vom 5. Juli 2001 – Az. 22 C 21/01 = NJW-RR 2001, 1469; AG Wolfsburg Urteil vom 9. Mai 1990 – Az. 12 C 30/90 = NJW-RR 1990, 1142 f.; AG Hamburg, Urteil vom 24. April 1986 – Az. 22b C 708/85 = NJW 1987, 448; AG Bergheim, Urteil vom 23. September 1998 – Az. 23 C 166/98 = NJW-RR 2000, 202 ff.

[364] Ellenberger, Jürgen, in: Palandt, § 107, Rn. 9; Lange, Jérôme, in: jurisPK-BGB, § 107, Rn. 32; Harder, Manfred, NJW 1990, 857, 858; Winkler von Mohrenfels, Peter, JuS 1987, 692, 694.

[365] Harder, Manfred, NJW 1990, 857, 858;

[366] AG Augsburg, Urteil vom 30. September 1991 – Az. 11 C 2790/91 = VÖV-Nachrichten 8/1991, 183 f.; AG Bingen, Urteil vom 8. März 2005 – Az. 3 C 668/04; AG Brandenburg an der Havel, Urteil vom 10. April 2001 – Az. 33 C 561/00; AG Duisburg, Urteil vom 3. Mai 1996 – Az. 2 C 721/95; AG Erfurt, Urteil vom 12. Mai 2004 – 14 C 196/04; Kreisgericht Erfurt, Urteil vom 30. April 1992 – Az. 1 C 94/92 = VÖV-Nachrichten 5/1993; AG Euskirchen, Urteil vom 22. Dezember 1999 – Az. 17 C 343/99; AG Karlsruhe, Urteil vom 30. März 1990 – Az. 11 C 113/90 = VÖV-Nachrichten 4/1990; AG Köln, Urteil vom 9. Juli 1986 – Az. 119 C 68/86 = NJW 1987, 447 f. = VRS Bd. 80, Nr. 37, Seite 81 ff.; AG Köln, Urteil vom 23. November 1990 – Az. 136 C 403/89; AG Köln, Urteil vom 12. Januar 1993 – Az. 140 C 125/92; AG Ludwigshafen/Rhein, Urteil vom 4. Juni 1987 – Az. 2e C 283/87 = VÖV-Nachrichten 7/1987; AG Schleiden, Urteil vom 21. September 1994 – Az. 2 C 14/94; AG Sigmaringen, Urteil vom 14. Juli 2000 – Az. 1 C 360/00.

[367] Weth, Stephan, JuS 1998, 795, 797 f.; Stacke, Rolf B., NJW 1991, 875, 876 f.; Horn, Norbert, in: Wolf/Horn/Lindacher, § 23, Rn. 116.

3.5.2.4.2.2 Treu und Glauben

Ein weiterer Ansatz, den insbesondere die für ihre Pragmatik bekannten Amtsgerichten wählen, ist, den Erziehungsberechtigten die Berufung auf die verweigerte Zustimmung nach dem Grundsatz von Treu und Glauben gemäß § 242 BGB zu verwehren.[370] Zwar wird vereinzelt hiergegen vorgebracht, dass es für die Berufung auf Treu und Glauben ebenfalls an einem Vertragsverhältnis fehle.[371] Allerdings greift § 242 BGB nicht nur bei wirksamen Rechtsgeschäften, sondern ebenfalls in den Fällen des sogenannten „qualifizierten sozialen Kontaktes", der auch bei durch nichtige Verträge entstandenen Beziehungen vorliegt.[372] Da selbst bei einer angenommenen bedingten Einwilligung der gesetzlichen Vertreter zumindest ein schwebend unwirksamer Vertrag zustande käme, der den Anforderungen an einen qualifizierten sozialen Kontakt genügen würde, wäre vorliegend § 242 BGB anwendbar.

3.5.2.4.2.3 Vertragsabschluss und Fahrausweiserwerb

Ferner gelte auch zu bedenken, dass, bei der Annahme der Beförderungsvertrag werde mit dem Zusteigen geschlossen, der Abschluss des Beförderungsvertrags und der Fahrausweiserwerb bzw. dessen Entwertung zeitlich oft auseinanderfallen.[373] Befinde sich beispielsweise ein Fahrausweisautomat oder der Entwerter im Fahrzeug, werde nach der h. L. der Beförderungsvertrag bereits mit dem Betreten geschlossen. Für

---

[368] Deinert, Olaf / Zimmer, Maximilian / Jodexnus-Dixen, Birke, in: Tonner/Willingmann/Tamm, § 158, Rn. 5.

[369] Weth, Stephan, JuS 1998, 795, 798; Stacke, Rolf B., NJW 1991, 875, 877.

[370] Kreisgericht Erfurt, Urteil vom 30. April 1992 – Az. 1 C 94/92 = VÖV-Nachrichten 5/1993; AG Bingen, Urteil vom 8. März 2005 – Az. 3 C 668/04; AG Brandenburg an der Havel, Urteil vom 10. April 2001 – Az. 33 C 561/00; AG Sigmaringen, Urteil vom 14. Juli 2000 – Az. 1 C 360/00; AG Euskirchen, Urteil vom 22. Dezember 1999 – Az. 17 C 343/99; AG Duisburg, Urteil vom 3. Mai 1996 – Az. 2 C 721/95; AG Köln, Urteil vom 12. Januar 1993 – Az. 140 C 125/92; AG Augsburg, Urteil vom 30. September 1991 – Az. 11 C 2790/91 = VÖV-Nachrichten 8/1991, 183 f.; AG Köln, Urteil vom 24. Oktober 1990 – Az. 127 C 219/90; AG Karlsruhe, Urteil vom 30. März 1990 – Az. 11 C 113/90 = VÖV-Nachrichten 4/1990; AG Ludwigshafen/Rhein, Urteil vom 4. Juni 1987 – Az. 2e C 283/87 = VÖV-Nachrichten 1987, Nr. 7, 106; AG Köln, Urteil vom 9. Juli 1986 – Az. 119 C 68/86 = NJW 1987, 447 = VRS Bd. 80, Nr. 37, Seite 81 ff.

[371] AG Wolfsburg, Urteil vom 9. Mai 1990 – Az. 12 C 30/90 = NJW-RR 1990, 1142 f.

[372] BGH, Urteil vom 23. September 1982 – Az. VII ZR 183/80 = BGHZ 85, 39, 48; AG Sigmaringen, Urteil vom 14. Juli 2000 – Az. 1 C 360/00; Grüneberg, Christian, in: Palandt, § 242, Rn. 3; Roth, Günter H. / Schubert, Claudia, in: MünchKommBGB, Bd. 2, § 242, Rn. 89.

[373] Weth, Stephan, JuS 1998, 795, 797.

eine Bedingung der Eltern in dem Sinne „Ich stimme dem Vertrag nur zu, wenn Du einen Fahrausweis erwirbst oder den erworbenen Fahrausweis entwertest" bleibe damit im Zeitpunkt des Vertragsschlusses überhaupt kein Raum.[374]

3.5.2.4.2.4 Rechtsfolge als Gegenstand einer Bedingung

Ein weiteres Argument dafür, dass man die Zustimmung nicht auf Fahrten begrenzen könne, die keine Schwarzfahrten seien, wird vom AG Wiesbaden vorgebracht. Es erklärt, dass die Einwilligung der Eltern zur ÖPNV-Benutzung die EBE-Pflicht nicht zu umfassen brauche, da die Verwirkung des EBE eine Folge der Vertragsverletzung sei, die unabhängig von einem dahingehenden Willen der Vertragspartner eintrete.[375] Die Zustimmung zum Beförderungsvertrag an sich impliziere damit auch mögliche EBE-Ansprüche des Verkehrsunternehmens.

3.5.2.4.2.5 Auslegung der Willenserklärung

Desweiteren sei der Gesichtspunkt der Auslegung der Willenserklärung zu bedenken. Denn die Willenserklärung sei nach den §§ 133, 157 BGB grundsätzlich vom Empfängerhorizont her auszulegen.[376] Hierbei gelte zu berücksichtigen, dass kein verständiger Empfänger die Bedingung akzeptieren würde.[377] Ferner betreffe der bloße Wille, unentgeltlich befördert zu werden, nicht die Frage der Willenserklärung als solche, auf die allein sich die Einwilligung gemäß § 107 BGB beziehe; sie sei daher als geheimer Vorbehalt gemäß § 116 BGB unbeachtlich.[378]

3.5.2.4.2.6 Zustimmungsfiktion über § 162 Absatz 1 BGB

Als weiteres Argument für einen wirksamen Vertrag wird § 162 Absatz 1 BGB herangezogen.[379] Diese Vorschrift enthalte den allgemeinen Rechtsgrundsatz, dass man sich nicht auf eine selbst treuwidrig herbeigeführte Situation berufen dürfe, um hieraus Vorteile zu ziehen.[380] Hiernach wäre die Berufung der Eltern minderjähriger Schwarzfahrer, sie hätten nicht der Schwarzfahrt zugestimmt, unbeachtlich. Gemäß § 162 BGB wäre daher auch in diesem Falle die Bedingung als eingetreten anzusehen, mit

---

[374] Weth, Stephan, JuS 1998, 795, 797.

[375] AG Wiesbaden, Urteil vom 19. März 1984 – Az. 99 C 1806/83.

[376] Fielenbach, Martin, NZV 2000, 358, 360.

[377] AG Bonn, Urteil vom 7. Mai 1976 – Az. 3 C 603/75.

[378] AG Wetter/Ruhr, Urteil vom 19. September 1989 – Az. 3 C 209/89 = VÖV-Nachrichten 8/1989.

[379] AG Sigmaringen, Urteil vom 14. Juli 2000 – Az. 1 C 360/00; Fielenbach, Martin, NZV 2000, 358 ff.; ähnlich: Weth, Stephan, JuS 1998, 795, 798; Stacke, Rolf B., NJW 1991, 875, 877.

[380] Weth, Stephan, JuS 1998, 795, 798.

der Folge, dass wiederum von einem wirksamen, von der Einwilligung der gesetzlichen Vertreter gedeckten Beförderungsvertrag ausgegangen werden müsste.[381] Dies hat im Ergebnis ebenfalls die Verpflichtung zur Zahlung des EBE zur Konsequenz.[382]

3.5.2.4.3 Entscheidung

Es ist nicht zulässig, die Zustimmung zum Vertrag auf diejenigen Fälle zu beschränken, in denen der Minderjährige den Fahrpreis zahlt. Denn die Bedingung ist die Formulierung einer Voraussetzung, unter der das Rechtsgeschäft zustande kommen oder enden soll. Soweit die Bedingung lautet, „nur wenn Du auch den Fahrpreis zahlst", formuliert die Bedingung nichts anderes als den vertraglichen Gegenleistungsanspruch. Sie wiederholt somit nur einen Vertragsbestandteil. Die Zahlung oder Nichtzahlung des Fahrpreises ist damit Teil des Erfüllungs-, nicht des Verpflichtungsgeschäftes. Wird also die Gegenleistung, d. h. hier der Fahrpreis, nicht gezahlt, wird die vertraglich geschuldete Zahlungsverpflichtung nur nicht erfüllt.

Ferner spricht gegen die Möglichkeit, den Abschluss des Beförderungsvertrages unter eine Bedingung zu stellen, die Regelung des § 39 PBefG. Denn der Inhalt der Vereinbarung bestimmt sich ausschließlich nach den von der Behörde genehmigten Beförderungsbedingungen, die keinen Raum für eine Bedingung lassen. Desweiteren dürfen die Verkehrsunternehmen keine Verträge unter dieser Bedingung schließen, da dies gegen den Grundsatz der Gleichheit der Tarife und Beförderungsbedingungen verstieße.

Praktisch erweist sich die Thematisierung, ob eine Zustimmung zu einem Beförderungsvertrag unter eine Bedingung gestellt werden kann, darüber hinaus als Scheindiskussion.[383]

Denn sie stellt sich dann nicht, wenn ein Fahrausweis gelöst wurde. In diesen Fällen liegt, entweder über eine ausdrückliche Zustimmung oder eine Generaleinwilligung, hilfsweise über § 110 BGB, ein Beförderungsvertrag vor. Besteht in diesen Fällen ein Mangel bei der Fahrtberechtigung, z. B. weil ein Fahrausweis einer zu niedrigen Preisstufe gelöst wurde, können wegen des gültigen Beförderungsvertrags die Pflichten, z. B. ein EBE, eingefordert werden.

Soweit der betreffende Minderjährige jedoch keinen Fahrausweis gelöst hat, ist nach der hier vertretenen Auffassung[384] – unabhängig von der

---

[381] AG Sigmaringen, Urteil vom 14. Juli 2000 – Az. 1 C 360/00.

[382] Fielenbach, Martin, „Können Minderjährige aus zivilrechtlicher Sicht bedenkenlos schwarzfahren?", NZV 2000, 358, 360.

[383] Ebenso: Lattka, Cornelia, Kapitel 4 B III 1 b) bb), Seite 72.

Minderjährigkeit des Schwarzfahrers – meist noch kein Beförderungs-vertrag zustande gekommen. Denn allein das Betreten des Fahrzeugs begründet noch nicht den Vertragsschluss. In diesen Fällen könnte daher aus einem Schuldverhältnis nur dann ein EBE erhoben werden, wenn dieses statt auf einen vertraglichen Anspruch auf ein gesetzliches Schuldverhältnis gestützt werden könnte; hierfür ist eine Zustimmung der Erziehungsberechtigten aber nicht notwendig.

---

[384] Siehe oben unter 3.1.1 Beginn des Beförderungsvertrags.

4. Gesetzliche Schuldverhältnisse

Nachdem die Grundlagen für eine Betrachtung der Rechte und Pflichten im Hinblick auf den Beförderungsvertrag gelegt wurden, stellt sich die Frage, ob daneben auch Rechte und Pflichten bestehen, die nicht aus einem vertraglichen Verhältnis, sondern aus einem gesetzlichen Schuldverhältnis abgeleitet werden. Diese Frage ist insbesondere vor dem Hintergrund zu stellen, dass die Untersuchung nicht nur die Kunden, sondern allgemein die Fahrgäste der entsprechenden Verkehre betrifft.

4.1 VO-ABB

Zuerst ist dabei zu prüfen, ob Ansprüche unmittelbar aus der VO-ABB ableitbar sind. Denn die VO-ABB begründet eine Vielzahl von Rechten und Pflichten. Hierfür müsste jedoch die VO-ABB auch ohne Vertragsverhältnis Anwendung finden. Bislang wurde diese Frage in Rechtsprechung und Wissenschaft wenig diskutiert. Soweit eine Diskussion stattfand, betraf sie die Frage, ob minderjährige Schwarzfahrer in Ermangelung eines vertraglichen Anspruchs auf Grund der VO-ABB unmittelbar zu einem EBE nach § 9 VO-ABB herangezogen werden können.

Allerdings ist die Frage auch für andere Verhaltensweisen relevant, für die in der VO-ABB Sanktionen vorgesehen sind. So würden bei der Ablehnung eines Anspruchs unmittelbar aus der Verordnung bei fehlendem oder unwirksamem Vertrag auch keine Sanktion nach der VO-ABB wegen der missbräuchlichen Betätigung der Notbremse oder anderer Sicherungseinrichtungen (§ 4 Absatz 8 Satz 1 VO-ABB) und bei einem Verstoß gegen das Rauchverbot (§ 4 Absatz 8 Satz 2 VO-ABB) verhängt werden können. Diese träfen dann nur diejenigen Fahrgäste, mit denen ein Vertragsverhältnis besteht.

4.1.1 Befürworter eines unmittelbaren Anspruchs

Die Auffassung, nach der ein unmittelbarer Anspruch aus der VO-ABB besteht, wird bislang erst von einigen Autoren in der Literatur vertreten und dort auch kaum begründet.[385]

---

[385] Larenz/Wolf (9. Auflage), 2004, § 30 II, Rn. 27; Ulmer, Peter / Schäfer, Carsten, in: Ulmer/Brandner/Hensen, AGB-Recht, § 305a, Rn. 9; Ulmer, Peter, in: Ulmer/Brandner/Hensen, AGB-Gesetz, § 23, Rn. 35; Horn, Norbert, in: Wolf/Horn/Lindacher, § 23 AGBG, Rn. 115; Trittel, Manfred, BB 1980, 497 ff.; Boemke/Ulrici, § 7, Rn. 52; Czerwenka/Heidersdorf/Schönbeck, § 12, Anm. 1) a) aa); Finger/Eiermann, § 12 EVO, Anm. 1d; Lattka, Cornelia, Kapitel 4 C IV 2 b), Seite 138; Hallermann, Ulrich, Seite 46 f.; Hilpert, Thomas, NaNa 2010, Heft 13, Seite 2.

© Springer Fachmedien Wiesbaden GmbH, ein Teil von Springer Nature 2012
T. Hilpert-Janßen, *Fahrgastrechte und -pflichten der ÖPNV-Linienverkehre nach dem PBefG*, Edition KWV, https://doi.org/10.1007/978-3-658-24122-3_4

In der Rechtsprechung ist die Auffassung ebenfalls noch Mindermeinung. Soweit für die Anspruchsbegründung die VO-ABB herangezogen wird, sind die ergangenen Entscheidungen[386] nicht konsequent. Denn einerseits erkennen sie zwar an, dass die Bejahung eines Anspruchs aus der Verordnung keinen Vertragsschluss voraussetzt und hierdurch nicht die §§ 106 ff. BGB greifen, die die Minderjährigen bei Geschäften schützen sollen. Gleichwohl scheinen die Gerichte das Ergebnis zu scheuen. Denn letztlich lehnt etwa das AG Mülheim an der Ruhr den EBE-Anspruch ab und begründet dies ohne rechtlichen Anknüpfungspunkt mit der Abschaffung der Fahrkartenschaffner.[387] Das AG Köln verurteilt zwar den Minderjährigen zur Zahlung eines EBE, will aber nicht allein auf der Grundlage eines gesetzlichen Schuldverhältnisses entscheiden. Es stützt seine Argumentation schließlich doch auf einen über eine Generaleinwilligung wirksam zustande gekommenen Beförderungsvertrag.[388] Denn, so das AG Köln, es sei hinsichtlich der Begründung eines unmittelbaren Anspruchs aus der Verordnung zu berücksichtigen, dass eine uneingeschränkte Anwendung zu einer Einschränkung des Minderjährigenschutzes führen würde.[389]

4.1.2 Gegner eines unmittelbaren Anspruchs

Einige wenige Gerichte lehnen es ausdrücklich ab, einen gesetzlichen Anspruch aus der VO-ABB abzuleiten.[390] Die allgemeine zivilrechtliche Literatur, die sich mit den Fällen der minderjährigen Schwarzfahrer auseinandersetzt, bestreitet überwiegend die Anwendung der VO-ABB in Fällen, in denen kein Vertrag vorliegt.[391] Hierzu werden folgende Argumente vorgebracht:

- Erstens sei das Ziel der Verordnung nur die Ausgestaltung, aber nicht die Begründung von Rechtsverhältnissen.[392]

---

[386] AG Köln, Urteil vom 12. Januar 1993 – Az. 140 C 125/92; AG Mülheim an der Ruhr, Urteil vom 14. Oktober 1988 – Az. 12 C 17/88 = NJW-RR 1989, 175 f.

[387] AG Mülheim an der Ruhr, Urteil vom 14. Oktober 1988 – Az. 12 C 17/88 = NJW-RR 1989, 175 f.

[388] AG Köln, Urteil vom 12. Januar 1993 – Az. 140 C 125/92.

[389] AG Köln, Urteil vom 12. Januar 1993 – Az. 140 C 125/92.

[390] AG Bonn, Urteil vom 14. Oktober 2009 – Az. 4 C 521/08; AG Hamburg, Urteil vom 24. April 1986 – Az. 22b C 708/85 = NJW 1987, 448.

[391] Lange, Jérôme, in: jurisPK-BGB, § 107, Rn. 32; Fielenbach, Martin, NZV 2000, 358, 359; Weth, Stephan, JuS 1998, 795, 798 f.; Stacke, Rolf B., NJW 1991, 875; Harder, Manfred, NJW 1990, 857, 860 ff.; Winkler von Mohrenfels, Peter, JuS 1987, 692, 693; Medicus/Petersen, Bürgerliches Recht, Rn. 190.

[392] AG Bonn, Urteil vom 14. Oktober 2009 – Az. 4 C 521/08 = NJW-RR 2010, 417; AG Bonn, Urteil vom 8. Juli 2009 – Az. 4 C 486/08; AG Wolfsburg Urteil vom 9. Mai

- Zweitens fehle bei einer unmittelbaren Anwendung der VO-ABB ein Minderjährigenschutz.[393] Auf diese Weise könne sonst auch ein Sechsjähriger belangt werden.[394]
- Drittens könne eine Rechtsverordnung nicht ein formelles Gesetz, hier das BGB, aushebeln.[395]
- Viertens entstünde ein Widerspruch; denn je nachdem, ob die Verpflichtung zur Zahlung eines EBE nur in der VO-ABB geregelt sei oder auch in den BBB, werde in einem Fall ein wirksamer Vertrag verlangt und in einem anderen Fall nicht.[396]
- Fünftens sei, da die Regelungen der VO-ABB auch gänzlich durch BBB abgelöst werden könnten, denkbar, dass einmal die Verordnung – dann mit Haftung der Minderjährigen – und einmal die BBB – ohne Haftung der Minderjährigen – gelten würden. Es sei unwahrscheinlich, dass der Gesetzgeber dies gewollt habe.[397]

4.1.3 Auseinandersetzung mit den Argumenten

4.1.3.1 Lediglich Ausgestaltung des Vertragsverhältnisses?

Die These, die VO-ABB wolle gar nicht Rechtsverhältnisse begründen, sondern nur bestehenden Rechtsverhältnissen ihren Stempel aufdrücken, könnte sich – obgleich dies offensichtlich niemand von den Verfechtern erkannt hat – auf die Begründung zur Änderung der Verordnung im Jahr 2002 stützen, in der hinsichtlich des EBE von einer Vertragsstrafe die Rede war.[398] Allerdings trifft diese Formulierung keine inhaltliche Aussage, sondern gibt nur die Auffassung der bislang herrschenden Meinung zum EBE wieder.

Gegen die Theorie, das Vertragsverhältnis werde lediglich ausgestaltet, sprechen die systematischen, sprachlichen und historischen Argumente.

1990 – Az. 12 C 30/90 = NJW-RR 1990, 1142 f.; AG Hamburg, Urteil vom 24. April 1986 – Az. 22b C 708/85 = NJW 1987, 448 = VersR 1987, 724; Stacke, Rolf B., NJW 1991, 875; Harder, Manfred, NJW 1990, 857, 861.

[393] Fielenbach, Martin, NZV 2000, 358, 359; Weth, Stephan, JuS 1998, 795, 798; Harder, Manfred, NJW 1990, 857, 861; Mohrenfels, Peter, JuS 1987, 692, 693; Medicus/Petersen, Bürgerliches Recht, Rn. 190.

[394] Weth, Stephan, JuS 1998, 795, 798.

[395] Medicus/Petersen, Bürgerliches Recht (bis zur 22. Auflage), Rn. 190; Fielenbach, Martin, NZV 2000, 358, 359; Harder, Manfred, NJW 1990, 857, 861; Winkler von Mohrenfels, Peter, JuS 1987, 692, 693.

[396] Fielenbach, Martin, NZV 2000, 358, 359; Weth, Stephan, JuS 1998, 795, 799.

[397] Weth, Stephan, JuS 1998, 795, 799.

[398] Deutscher Bundesrat, Drucksache 635/02 vom 9. Juli 2002, Seite 4.

So wird bereits aus dem Namen der Verordnung, die nicht Verordnung über die Allgemeinen „Vertragsbedingungen", sondern Verordnung über die Allgemeinen „Beförderungsbedingungen" heißt, deutlich, dass es sich nicht bloß um vertragliche Bestimmungen, sondern um Regelungen für alle Beförderungen handeln soll.

Auch aus der Begründung zur VO-ABB lässt sich die umfassende Geltung und eben keine Beschränkung auf die Vertragspartner erkennen. Dort heißt es wörtlich: „Sie regelt verbindlich die Rechtsbeziehungen zwischen den Verkehrsunternehmen und den Fahrgästen" – und nicht den Kunden.[399]

Gleiches folgt auch unmittelbar aus dem Text der VO-ABB. Dort ist ebenfalls nicht von dem „Kunden", sondern dem „Fahrgast"[400] die Rede. Es geht mithin um den Realakt des Mitfahrens.

Ferner ist auch die Nichtbeschränkung auf Vertragspartner aus dem ersten Satz der Verordnung erkennbar, in dem es heißt, dass die Allgemeinen Beförderungsbedingungen für die „Beförderung" im Straßenbahn- und Obusverkehr sowie im Linienverkehr mit Kraftfahrzeugen gelten; auch hier ist nicht von Verträgen die Rede.

Hinzu kommt, dass in der VO-ABB neben dem Schwarzfahren weitere Verhaltensweisen mit Sanktionen belegt sind, bei denen offensichtlich ist, dass sie kein Vertragsverhältnis voraussetzen sollen, wie z. B. das in § 4 Absatz 2 Nr. 7 VO-ABB normierte Rauchverbot auf unterirdischen Bahnsteiganlagen. Denn es ist nicht vom gesetzgeberischen Willen auszugehen, den Personen, die noch nicht im Besitz eines Fahrausweises sind und noch kein Fahrzeug betreten haben, die beides vielleicht gar nicht vorhaben, bei denen also nach allen Auffassungen kein Vertragsverhältnis begründet ist, das Rauchen zu gestatten, während es den anderen verboten ist.

Gleiches gilt für § 4 Absatz 8 Satz 1 VO-ABB, der die missbräuchliche Betätigung der Notbremse oder anderer Sicherungseinrichtungen ebenfalls mit einem Strafgeld von 15,-- Euro belegt. Auch hier ist nicht vom gesetzgeberischen Willen auszugehen, das Strafgeld bei missbräuchlicher Betätigung der Notbremse an den wirksamen Abschluss eines Vertrages koppeln zu wollen.

Des Weiteren sollen bei verständiger Auslegung die Regelungen der VO-ABB zum Ausschluss von der Beförderung alle Fahrgäste treffen und nicht nur diejenigen mit einem wirksamen Beförderungsvertrag. So wäre es doch zumindest kein befriedigendes Ergebnis, wenn minderjährige

---

[399] Deutscher Bundesrat, Drucksache 663/69 vom 9. Dezember 1969, Seite 1, Begründung.

[400] Zum Begriff des Fahrgastes, siehe oben unter 1.4.5 Fahrgast.

Schwarzfahrer nicht an das Gebot des § 3 Absatz 1 Nr. 3 VO-ABB gebunden wären, ohne geladene Schusswaffe zu fahren.

4.1.3.2 Aushöhlung des Minderjährigenrechts?

Soweit folglich die VO-ABB auch ohne Vertrag Anwendung findet, kann
nicht mehr auf die Schutzvorschriften für die Minderjährigen bei Vertragsbegründung verwiesen werden. Hinzu kommt, dass im Personenbeförderungsrecht keine eigenen Regelungen zum Minderjährigenrecht
existieren. Daher fragt es sich, ob und gegebenenfalls wie ein Minderjährigenschutz gewährleistet wird.

Um diese Frage zu beantworten, ist zunächst zu schauen, um was für
eine Art Rechtsverhältnis es sich bei dem direkten Anspruch aus der
Verordnung handeln kann. Eine Zahlungsverpflichtung auf Grund gesetzlicher Vorschriften bedeutet, dass es sich ebenso wie bei den
§§ 823 ff. BGB um ein gesetzliches Schuldverhältnis handelt. Hierfür
existiert eine Regelung zum Minderjährigenschutz in § 828 BGB.

Zwar spricht § 828 BGB im Wortlaut nur von der Verantwortlichkeit für
einen Schaden. Aber die Regelung des § 828 BGB bezieht sich in ihrer
Formulierung nur deshalb auf den Schaden, weil sie hiermit auf die
zuvor stehenden Paragrafen Bezug nimmt. Dies ändert nichts an der
Tatsache, dass in dieser Vorschrift der Wille des Gesetzgebers zum Ausdruck kommt, wie die Verantwortlichkeit von Minderjährigen in gesetzlichen Schuldverhältnissen geregelt sein soll. Ob daher der Schadensbe-
griff extensiv ausgelegt wird, um dem Wortlaut des § 828 BGB zu entsprechen, oder ob im Sinne des Minderjährigenschutzes § 828 BGB analog Anwendung findet, ist zweitrangig.

Die Anwendung der Regelung des § 828 BGB statt derjenigen der
§§ 104 ff. BGB ist auch aus anderen Gründen angemessener. Denn bei
vertraglichen Schuldverhältnissen kann der Vertragspartner des Minderjährigen in der Regel bei Bedenken hinsichtlich des Alters den Vertragsschluss ablehnen. Der Vertragspartner ist daher weniger schutzwürdig
als der Gläubiger aus einem gesetzlichen Schuldverhältnis. Die gleiche
Situation besteht bei der Mitfahrt in öffentlichen Verkehrsmitteln. Wie
oben bereits ausgeführt, stellt das Betreten eines Verkehrsmittels keinen
Vertragsschluss dar;[401] es ist ein Realakt.[402] Auf Realakte findet das Minderjährigenrecht der §§ 104 ff. BGB jedoch regelmäßig keine Anwendung.[403]

---

[401] Siehe oben unter: 3.1.1 Beginn des Beförderungsvertrags.

[402] Vgl. AG Mülheim an der Ruhr, Urteil vom 14. Oktober 1988 – Az. 12 C 17/88 =
NJW-RR 1989, 175, 176.

[403] Vgl. z. B. Ellenberger, Jürgen, in: Palandt, Überblick vor § 104, Rn. 10.

Auch der Einwand verfassungsrechtlicher Bedenken unter dem Gesichtspunkt des Schutzes Minderjähriger wegen der Verletzung des allgemeinen Persönlichkeitsrechts (Artikel 2 Absatz 1 i. V. m. Artikel 1 Absatz 1 GG) greift nicht durch. Zwar hat das BVerfG festgestellt, dass durch die Auferlegung finanzieller Verpflichtungen in erheblichem Maße die Grundbedingungen freier Entfaltung und Entwicklung und damit nicht nur einzelne Ausformungen allgemeiner Handlungsfreiheit, sondern die engere persönliche Lebenssphäre junger Menschen betroffen werde.[404] Allerdings greift dieser Gesichtspunkt vorliegend nicht. Denn zum einen erfolgt hier ein Minderjährigenschutz über § 828 BGB, zum anderen hat das BVerfG in einem Beschluss[405] ausdrücklich erklärt, dass eine Grundrechtsverletzung bei einem erhöhten Beförderungsentgelt schon in Anbetracht der Höhe des zu entrichtenden Beförderungsentgelts nicht in Betracht kommt. Davon könne erst die Rede sein, wenn dem Minderjährigen kein Raum bleibt, sein weiteres Leben ohne unzumutbare Belastungen zu gestalten, die er nicht zu verantworten hat.[406]

Im Ergebnis kann daher nicht davon gesprochen werden, dass durch eine vertragsunabhängige Begründung eines Anspruchs auf Grund der VO-ABB ein adäquater Minderjährigenschutz nicht gewährleistet sei. Im Gegenteil: Der Minderjährigenschutz nach § 828 BGB bei minderjährigen Schwarzfahrern ist viel adäquater, da er dem Richter auf Grund eigener Anschauung einen flexiblen Beurteilungsspielraum hinsichtlich der Tat gibt und somit auch zu sachgerechten Ergebnissen kommt. Das Beispiel[407] des Sechsjährigen, der zum EBE herangezogen werde, weil er seinen Eltern entwischt sei, entpuppt sich damit schon deshalb als unzutreffend, da § 828 BGB eine Verantwortlichkeit erst mit Vollendung des siebenten Lebensjahres beginnen lässt. Entsprechend haben auch bisher schon Gerichte im Zusammenhang mit minderjährigen Schwarzfahrern – wenn auch mit einer anderen Begründung – § 828 BGB angewendet.[408]

---

[404] BVerfG, Beschluss vom 13. Mai 1986 – Az. 1 BvR 1542/84 = BVerfGE 72, 155, 170 ff.

[405] BVerfG, Beschluss vom 20. Mai 1987 – Az. 1 BvR 1340/86 = VÖV-Nachrichten 1/1988 = VRS Bd. 80, Nr. 37, Seite 81 ff.

[406] BVerfG, Beschluss vom 20. Mai 1987 – Az. 1 BvR 1340/86 = VÖV-Nachrichten 1/1988 = VRS Bd. 80, Nr. 37, Seite 81 ff.

[407] Weth, Stephan, JuS 1998, 795, 798.

[408] AG Hechingen, Urteil vom 31. Januar 2002 – Az. 3 C 587/01; AG Geldern, Urteil vom 30. November 1978 – Az. 4 C 400/78; AG Köln, Urteil vom 29. Mai 1987 – Az. 126 C 404/86; AG Köln, Urteil vom 25. November 1987 – Az. 119 C 232/87.

4.1.3.3 Aushebelung des BGB?

Auch die Behauptung, mit der VO-ABB könne kein formelles Gesetz wie das BGB ausgehöhlt werden, greift nicht. Denn zum einen werden mit § 828 BGB die Minderjährigen-Regelungen der gesetzlichen Schuldverhältnisse und damit das BGB angewandt und nicht verdrängt. Zum anderen wurde bereits oben[409] dargestellt, dass die hier anwendbaren Regelungen des BGB nur im Kontext mit dem Personenbeförderungsrecht gesehen werden können.

4.1.3.4 Widerspruch zwischen VO-ABB und BBB?

Das Vorbringen, zwischen VO-ABB und BBB entstehe ein Widerspruch, ist nicht nachvollziehbar.

Erstens stellt sich diese Frage schon deshalb nicht, da gemäß § 1 Absatz 1, Satz 2 VO-ABB die BBB der Verkehrsunternehmen die Regelungen der VO-ABB nur abändern dürfen, wenn besondere Verhältnisse zu berücksichtigen sind und zudem die Genehmigungsbehörde zustimmt.

Zweites würden bei Abweichungen der BBB die gleichen Grundsätze wie bei anderen vertraglichen Abweichungen vom gesetzlich festgelegten Recht gelten: entweder ist dieses dispositiv und damit die Abweichung zulässig – oder die Abweichung ist unzulässig, dann gilt die gesetzliche Regelung.

Soweit die Regelungen im Vertrag und im Gesetz aber gleich sind, entsteht noch nicht einmal ein Widerspruch; es liegt nur eine den Gesetzeswortlaut wiederholende vertragliche Regelung vor.

Schließlich ist das Vorbringen auch deshalb falsch, da die VO-ABB nicht durch wirksame BBB außer Kraft gesetzt wird.

4.1.3.5 Alternative Geltung von VO-ABB und BBB?

Auch der Einwand, die Regelungen der VO-ABB könnten gänzlich durch BBB abgelöst werden, mit der Konsequenz, dass das eine Mal die Verordnung und das andere Mal die BBB gelten, ist nicht zielführend.

Erstens sind immer von der gesetzgeberischen Entscheidung abweichende Rechtsfolgen möglich, soweit gesetzliche Regelungen dispositiv sind. Allerdings ist, wie zuvor dargestellt,[410] bei den Beförderungsbedingungen der dispositive Anteil gerade sehr gering. Für die vollständige Ablösung der VO-ABB durch BBB besteht daher kein Raum.

Zweitens würde selbst bei vollständiger Ablösung der VO-ABB durch BBB diese Ablösung nur die Vertragsverhältnisse und nicht die Beförde-

---

[409] Vgl. oben unter 2.1.5.3 Vereinbarkeit mit anderen gesetzlichen Regelungen.
[410] Siehe oben unter 2.3 Besondere Beförderungsbedingungen.

rungen ohne Vertrag betreffen. Daher würde für die Minderjährigen ohne Vertrag immer die VO-ABB zur Anwendung kommen, unabhängig davon, ob für Vertragsinhaber BBB greifen.

4.1.4 Ergebnis Ansprüche aus der VO-ABB

Die vorgenannten Ausführungen haben gezeigt, dass die sich aus der VO-ABB ergebenden Rechte und Pflichten keiner vertraglichen Grundlage bedürfen.

Diese am Beispiel der minderjährigen Schwarzfahrer dargestellte Erkenntnis gilt auch für andere, in der VO-ABB enthaltene Pflichten: so die Strafzahlungen bei einem Verstoß gegen das Rauchverbot auf unterirdischen Bahnsteiganlagen oder das Verbot der missbräuchlichen Betätigung der Notbremse.

Daher werden durch die VO-ABB Sanktionen als gesetzliche Schuldverhältnisse begründet. Für dieses Schuldverhältnis gelten, soweit keine eigenen Regelungen in dem spezifischen Personenbeförderungsrecht existieren, die gleichen Regelungen wie bei anderen gesetzlichen Schuldverhältnissen. Deswegen besteht hinsichtlich der Minderjährigen eine Einschränkung der Verantwortlichkeit nur gemäß § 828 BGB, soweit die Einsichtsfähigkeit des Minderjährigen nicht gegeben ist.

Ob man diese Verpflichtung auf Grund eines gesetzlichen Schuldverhältnisses als an den Verletzten zu zahlende Geldstrafe,[411] als durch den Gesetzgeber pauschalierten Schadenersatzanspruch oder als sonstiges Konstrukt ansieht, ist für die Feststellung, dass es sich bei dem EBE in § 9 VO-ABB oder der Zahlungspflicht nach § 4 Absatz 8 Satz 1 und Satz 2 VO-ABB nicht um einen vertraglichen Anspruch und damit auch nicht um eine Vertragsstrafe[412], sondern um einen Anspruch aus einem gesetzlichen Schuldverhältnis handelt, völlig belanglos. Das Vorbringen von Harder,[413] es könne sich nicht um ein Anspruch kraft Gesetzes handeln, da es sich dann um „die Auferstehung eines längst versteinerten Fossils handeln" würde, ist zumindest kein rechtliches Argument.

---

[411] Harder, Manfred, NJW 1990, 857, 862.

[412] Zutreffend: Köhler, Helmut, JZ 1981, 464, 468; a. A.: BFH, Urteil vom 25. November 1986 – Az. V R 109/78; AG Essen, Urteil vom 12. Dezember 1983 – Az. 13 C 568/83; Bartl, Harald, BB 1978, 1446 f.; Bidinger, C § 9, Anm. 3 und 9; Grätz, Thomas, in: Fielitz/Grätz, A 3 § 4 VO-ABB, Rn. 2 und § 9 VO-ABB, Rn. 1; für das Eisenbahnrecht: AG Essen, Urteil vom 20. Dezember 1979 – Az. 12 C 535-79 = DÖV 1980, 882 f.

[413] Harder, Manfred, NJW 1990, 857, 862, Fn. 83.

Im Übrigen ist der Gedanke einer Zahlungspflicht gegenüber dem Verletzten dem deutschen und europäischen Recht nicht fremd.[414] Doch letztlich ist die Frage nach vergleichbaren Rechtskonstruktionen müßig. Denn selbst wenn kein einziger vergleichbarer Fall existierte, gäbe dies der Rechtswissenschaft oder dem Rechtsanwender nicht die Kompetenz, die Strafzahlungspflichten der VO-ABB in ein vertragliches Konstrukt zu zwingen.

4.2 Weitere gesetzliche Schuldverhältnisse

Weitere gesetzliche Schuldverhältnisse zwischen Fahrgast und Verkehrsunternehmen können sich aus dem BGB ergeben, insbesondere nach Bereicherungsrecht und dem Recht der unerlaubten Handlung. Ferner kommen bei Straßenbahn-Unfällen Ansprüche nach dem HaftpflG und bei Bus-Unfällen Ansprüche nach dem StVG in Betracht.

---

[414] Vgl. z. B. BGH, Urteil vom 5. Oktober 2004 – Az. VI ZR 255/03, Seite 12 f. = BGHZ, 160, 298 ff. = MDR 2005, 393 f. = NJW 2005, 215 ff.; EuGH, Urteil vom 22. April 1997 – Rechtssache C-180/95, Nils Draehmpaehl gegen Urania Immobilienservice OHG.

5. Fahrgastrechte und -pflichten

Die wichtigsten Fahrgastrechte sind das Recht auf Beförderung und der Anspruch auf Gewährung größtmöglicher Sicherheit bei der Beförderung durch den Unternehmer. Hinsichtlich der Pflichten obliegt den Fahrgästen zuvörderst die Zahlung des Fahrpreises sowie ein angemessenes Verhalten im Fahrzeug. Die Rechte und Pflichten korrespondieren. So kann der Verstoß gegen die Fahrpreiszahlungspflicht genauso zum Fahrausschluss und damit einem Wegfall der Beförderungspflicht führen wie Verstöße gegen bestimmte Verhaltenspflichten. Umgekehrt kann die Nichtbeförderung die Pflicht zur Zahlung des Fahrpreises entfallen lassen.

5.1 Beförderungsanspruch

Gemäß § 2 Satz 1 VO-ABB besteht ein Beförderungsanspruch, soweit nach den Vorschriften des PBefG und den auf Grund dieses Gesetzes erlassenen Rechtsvorschriften eine Beförderungspflicht gegeben ist. Beförderungsanspruch und Beförderungspflicht begründen einen Kontrahierungszwang.[415]

5.1.1 Gesetzliche Grundlage der Beförderungspflicht

Bei den PBefG-Linienverkehren des ÖPNV besteht im PBefG – und für die Busverkehre auch in der BOKraft – eine Verpflichtung des Unternehmers, den Fahrgast zu befördern.

Die Verpflichtung in § 22 PBefG lautet: „Der Unternehmer ist zur Beförderung verpflichtet, wenn
1. die Beförderungsbedingungen eingehalten werden,
2. die Beförderung mit den regelmäßig eingesetzten Beförderungsmitteln möglich ist und
3. die Beförderung nicht durch Umstände verhindert wird, die der Unternehmer nicht abwenden und denen er auch nicht abhelfen kann."

In § 13 BOKraft ist die Verpflichtung wie folgt formuliert:
„Der Unternehmer und das im Fahrdienst eingesetzte Betriebspersonal sind nach Maßgabe der Vorschriften des Personenbeförderungsgesetzes verpflichtet, die Beförderung von Personen durchzuführen. Soweit nicht ein Ausschluss von der Beförderungspflicht nach anderen Rechtsvor-

---

[415] BayVGH, Beschluss vom 22. Januar 1980 – Az. 11 CS 80 A 101 = VRS Bd. 58, Nr. 92, Seite 239, 240; Heinze, PBefG § 22; Bidinger, B § 22 PBefG, Anm. 2; Grätz, Thomas, in: Fielitz/Grätz, A 3 § 2 VO-ABB, Rn. 1.

© Springer Fachmedien Wiesbaden GmbH, ein Teil von Springer Nature 2012
T. Hilpert-Janßen, *Fahrgastrechte und -pflichten der ÖPNV-Linienverkehre nach dem PBefG*, Edition KWV, https://doi.org/10.1007/978-3-658-24122-3_5

schriften besteht, können sie die Beförderung ablehnen, wenn Tatsachen vorliegen, die die Annahme rechtfertigen, dass die zu befördernde Person eine Gefahr für die Sicherheit und Ordnung des Betriebs oder für die Fahrgäste darstellt."

In der für die Straßenbahnen geltenden BOStrab besteht demgegenüber keine entsprechende Vorschrift. Gleichwohl ist hierdurch kein gesetzgeberisches Defizit gegeben, da die Verpflichtung im PBefG bereits die BOStrab-Verkehre abdeckt.

Die im Gegensatz zur BOStrab in der BOKraft zusätzlich normierte Beförderungspflicht ist zwar nicht schädlich, da aber für die BOKraft-Verkehre auch die Verpflichtung des PBefG gilt, ist sie redundant.

5.1.2 Historie von Beförderungspflicht und -anspruch

Die Beförderungspflicht war zunächst nur für die Kraftverkehre in § 63 Absatz 1 BOKraft von 1939 normiert.[416] Sie hatte folgenden Wortlaut:

„Im Linien- und Droschkenverkehr ist der Unternehmer zur Beförderung verpflichtet, wenn

1. den geltenden Beförderungsbedingungen und den behördlichen oder behördlich genehmigten Anordnungen entsprochen wird;
2. die Beförderung mit den regelmäßigen Beförderungsmitteln möglich ist und
3. die Beförderung nicht durch Umstände verhindert wird, die der Unternehmer nicht abwenden konnte und denen er auch nicht abzuhelfen vermochte."

Die Neuveröffentlichung der BOKraft im Bundesgesetzblatt 1960[417] übernahm in § 29 Absatz 1 BOKraft den zuvor zitierten Wortlaut des § 63 Absatz 1 BOKraft 1939 unverändert.

Mit der Novelle des PBefG 1961 wurde die Verpflichtung in § 22 PBefG aufgenommen.[418] Dort bestand ihr neuer Wortlaut in folgender Formulierung:

„Der Unternehmer ist zur Beförderung verpflichtet, wenn

1. den geltenden Beförderungsbedingungen und den behördlichen Anordnungen entsprochen wird;

---

[416] Verordnung über den Betrieb von Kraftfahrunternehmen im Personenverkehr, RGBl. I, Nr. 29 vom 20. Februar 1939, Seite 231, 241.

[417] Bekanntmachung der Neufassung der Verordnung über den Betrieb von Kraftfahrunternehmen im Personenverkehr (BOKraft), BGBl. I, Nr. 36 vom 22. Juli 1960, Seite 553, 558.

[418] Personenbeförderungsgesetz (PBefG), BGBl. I, Nr. 18 vom 27. März 1961, Seite 241, 248.

2. die Beförderung mit den regelmäßigen Beförderungsmitteln möglich ist und

3. die Beförderung nicht durch Umstände verhindert wird, die der Unternehmer nicht abwenden konnte und denen er auch nicht abzuhelfen vermochte."

Die heutige Formulierung im PBefG ist das Ergebnis der Änderungen im Rechtsbereinigungsgesetz 1990.[419] Inhaltlich hat sich die Beförderungspflicht durch die Jahre nicht geändert. Die Anpassungen waren lediglich redaktioneller Art.[420]

Im Gegensatz zur Beförderungspflicht ist der Beförderungsanspruch gesetzlich erst 1970 in die damals neu erlassene VO-ABB[421] aufgenommen worden. Die dortige Formulierung in § 2 Satz 1 VO-ABB lautet: „Anspruch auf Beförderung besteht, soweit nach den Vorschriften des Personenbeförderungsgesetzes und den auf Grund dieses Gesetzes erlassenen Rechtsvorschriften eine Beförderungspflicht gegeben ist." Die Regelung ist von Beginn an unverändert geblieben.

5.1.3 Rechtfertigung der Beförderungspflicht

Zweck der Beförderungspflicht ist die Gewährleistung eines funktionsfähigen ÖPNV.[422]

Die Frage, ob der durch die Beförderungspflicht auferlegte Kontrahierungszwang im Sinne der Wesentlichkeitstheorie verfassungsrechtlich haltbar ist, wäre nur dann zu prüfen, wenn der Kontrahierungszwang, so wie bis 1961, nicht in einem formellen Gesetz, sondern nur in der BOKraft festgeschrieben wäre. Mit der Verankerung der Verpflichtung in § 22 PBefG[423] sind mögliche Bedenken im Sinne der Wesentlichkeitstheorie des BVerfG[424] von vornherein ausgeschlossen.

---

[419] Drittes Rechtsbereinigungsgesetz, BGBl. I, Nr. 32 vom 30. Juni 1990, Seite 1221, 1229, 1231.

[420] Bidinger, B § 22 PBefG, Anm. 1.

[421] Verordnung über die Allgemeinen Beförderungsbedingungen für den Straßenbahn- und Obusverkehr sowie den Linienverkehr mit Kraftfahrzeugen, BGBl. I, Nr. 19 vom 6. März 1970, Seite 230 ff.

[422] OLG Düsseldorf, Beschluss vom 14. Juni 1996 – Az. 5 Ss [Owi] 91/96 – [Owi] 63/96 I = VRS Bd. 92, Nr. 24, Seite 53, 56.

[423] Esser/Schmidt, § 10 II, 4 a); Ellenberger, Jürgen, in: Palandt, Einf v § 145, Rn. 8.

[424] Beschluss vom 9. Mai 1972 – Az. 1 BvR 518/62 und 308/64 = BVerfGE 33,125, 158; Urteil vom 18. Juli 1972 – Az. 1 BvL 32/70 und 25/71 = BVerfGE 33, 303, 346; Beschluss vom 28. Oktober 1975 – Az. 2 BvR 883/73 und 379, 497, 526/74 = BVerfGE 40, 237, 249 f.; Beschluss vom 20. Oktober 1981 – Az. 1 BvR 640/80 = BVerfGE 58, 257, 274.

Aus demselben Grund erübrigt sich die Prüfung, ob ein Kontrahierungszwang in der VO-ABB oder BOKraft durch die Ermächtigungsgrundlagen des PBefG gedeckt wäre.[425]

5.1.4 Voraussetzungen des Beförderungsanspruchs

Hinsichtlich der Voraussetzungen des Beförderungsanspruchs verweist die VO-ABB auf die Vorschriften des PBefG, soweit danach und nach den auf Grund dieses Gesetzes erlassenen Rechtsvorschriften eine Beförderungspflicht gegeben ist. Diese Beförderungspflicht ist nach § 22 PBefG gegeben, wenn drei Voraussetzungen erfüllt sind, die kumulativ eingehalten sein müssen.[426]

5.1.4.1 Einhaltung der Beförderungsbedingungen

Die erste Voraussetzung für den Beförderungsanspruch ist gemäß § 22 Nr. 1 PBefG die Einhaltung der Beförderungsbedingungen. Der Begriff der Beförderungsbedingungen im Sinne dieser Vorschrift ist weit auszulegen.[427] Er bedeutet die Einhaltung sowohl der Vorschriften der VO-ABB als auch aller anderen einschlägigen Regelungen, wie z. B. der BOKraft, der Tarifbestimmungen oder der BBB.[428]

5.1.4.2 Möglichkeit der Beförderung

Eine weitere Grenze der Beförderungspflicht ist nach § 22 Nr. 2 PBefG die Möglichkeit, mit den regelmäßig eingesetzten Beförderungsmitteln den Verkehr zu bewältigen. Dies bedeutet einerseits: Fährt der Unternehmer mit einem Fahrzeug vor, das eine geringere Kapazität als das „regelmäßig eingesetzte" Fahrzeug hat, verletzt er die Beförderungspflicht des § 22 PBefG, wenn deshalb nicht alle Fahrgäste befördert werden können. Andererseits ergibt sich aus dem Wortlaut „regelmäßig eingesetzt", dass keine Beförderungspflicht besteht, soweit eine unplanmäßige oder einmalige Spitze vorhanden ist.[429]

---

[425] Zweifelnd hinsichtlich der Ermächtigungsgrundlage für Beförderungsbedingungen: KG Berlin, Beschluss vom 16. Februar 1970 – Az. 2 Ws [B] 206/69 = VRS Bd. 38, Nr. 179, Seite 379, 380.

[426] Grätz, Thomas, in: Fielitz/Grätz, A 3 § 2 VO-ABB, Rn. 1.

[427] Fromm/Fey/Sellmann/Zuck, § 22 PBefG, Rn. 3; Bidinger, C § 2 VO-ABB, Anm. 2; Lampe, Joachim, in: Erbs/Kohlhaas, P 56, § 22, Rn. 4.

[428] Lampe, Joachim, in: Erbs/Kohlhaas, P 56, § 22, Rn. 4; Bidinger, B § 22 PBefG, Anm. 3 a); derselbe, C § 2 VO-ABB, Anm. 2.

[429] Bidinger, B § 22 PBefG, Anm. 3 b); Grätz, Thomas, in: Fielitz/Grätz, A 3 § 2 VO-ABB, Rn. 1; Fromm/Fey/Sellmann/Zuck, § 22 PBefG, Rn. 5; Lampe, Joachim, in: Erbs/Kohlhaas, P 56, § 22, Rn. 6.

§ 22 Nr. 2 PBefG beantwortet nicht die Frage, ob bei einer dauerhaften Veränderung der Verkehrsnachfrage der Unternehmer verpflichtet ist, seinen Fuhrpark dieser veränderten Nachfrage anzupassen. Denn § 22 Nr. 2 PBefG beschreibt nur die Pflicht zur Beförderung mit den „regelmäßig eingesetzten Beförderungsmitteln" und nicht, welche Beförderungsmittel regelmäßig einzusetzen sind.

Diese Frage, zu der kontroverse Meinungen vertreten werden,[430] ist daher keine Thematik der Beförderungspflicht, und damit auch nicht des zivilrechtlichen Beförderungsanspruchs, sondern der Betriebspflicht des § 21 PBefG. Entsprechend ist sie eine Frage der öffentlich-rechtlichen Genehmigung und folglich im Verhältnis zwischen Genehmigungsbehörde und Unternehmen zu thematisieren – auch wenn die Antwort auf diese Frage für die Fahrgäste von Interesse ist.

Das Limit aller zusätzlichen Anforderungen wäre aber jedenfalls, wie sich u. a. aus den §§ 8 Absatz 4 Satz 1 und 39 Absatz 2 PBefG ergibt, die Zumutbarkeit oder „Opfergrenze" des Verkehrsunternehmens, ab der es seine Eigenwirtschaftlichkeit einbüßt.[431] Der Gesetzgeber hat dies in seiner Novelle im Rahmen des Dritten Rechtsbereinigungsgesetzes[432] im Jahr 1990 in § 21 Absatz 3 PBefG nochmals klargestellt, indem er dort die Berechtigung der Genehmigungsbehörde, die Erweiterung oder Änderung des betriebenen Verkehrs aufzuerlegen, wenn die öffentlichen Verkehrsinteressen es erfordern, an die Berücksichtigung der wirtschaftlichen Lage und eine ausreichende Verzinsung und Tilgung des Anlagekapitals gebunden hat.

5.1.4.3 Nicht abwendbare oder abhelfbare Umstände

Die dritte Voraussetzung der Beförderungspflicht ist nach § 22 Nr. 3 PBefG, dass „die Beförderung nicht durch Umstände verhindert wird, die der Unternehmer nicht abwenden und denen er auch nicht abhelfen kann". Diese Bedingung entspricht aber nicht dem Begriff der höheren

---

[430] Eine Verpflichtung zur Angebotsausweitung bejahend z. B. Fromm/Fey/Sellmann/Zuck, § 21 PBefG, Rn. 2; eine Verpflichtung zur Angebotsausweitung eher verneinend: Bidinger, B § 22 PBefG, Anm. 3 b); eindeutig verneinend: Grätz, Thomas, in: Fielitz/Grätz, § 22 PBefG, Rn. 7.

[431] Vgl. schon zur alten Fassung des PBefG: Gesetzesbegründung zur damals mit § 20a PBefG eingeführten Möglichkeit der Verpflichtung zu zusätzlichen Verkehrsdiensten: Deutscher Bundesrat, Drucksache 567/67 vom 24. November 1967, Seite 39, 45 f.; Fromm, Günter, BB, 1968, 177, 178 mit weiteren Nachweisen.

[432] Drittes Rechtsbereinigungsgesetz vom 28. Juni 1990, BGBl. I, Nr. 32 vom 30. Juni 1990, Seite 1221, 1229 (Artikel 28, Personenbeförderungsgesetz), Nr. 12, Seite 1231.

Gewalt.[433] Das hat für den Fahrgast und den Unternehmer jeweils eine günstige Konsequenz:

Zum einen kommt es – insofern für die Unternehmen im Vergleich zur höheren Gewalt günstig – nicht auf ein Verschulden oder ein Ereignis von außen an.[434] So können auch betriebsinterne Umstände den Wegfall der Beförderungspflicht rechtfertigen, wie z. B. ein defektes Fahrzeug, selbst wenn dies auf fehlender Wartung beruht.[435] Der Grund hierfür ist, dass es bei dem Wegfall der Beförderungspflicht durch Umstände, die der Unternehmer nicht abwenden kann, auf die gegenwärtige Beurteilung ankommt. Ansonsten hätte der Gesetzgeber formulieren müssen, „abwenden konnte". Diese Regelung entspricht damit dem Rechtsgedanken des „ultra posse nemo obligatur", der sich im Zivilrecht auch in § 275 Absatz 1 BGB[436] niederschlägt. Es geht bei dem Wegfall der Beförderungspflicht nach Nr. 3 daher ausschließlich um faktisches Unvermögen und nicht um Haftungsfragen oder zivilrechtliche Ansprüche des Fahrgasts.

Dies bedeutet jedoch nicht, dass damit eine Fehlleistung des Unternehmers ohne Konsequenzen bleibt. Denn das Unvermögen kann auf der einen Seite später Einfluss auf die Entscheidung der Behörde hinsichtlich Zuverlässigkeit, Leistungsfähigkeit und Sicherheit im Rahmen einer erneuten Genehmigungserteilung nach § 13 Absatz 1 PBefG haben. Auf der anderen Seite kann dies gegebenenfalls Schadenersatzansprüche des Kunden auslösen, was im Rahmen des § 16 VO-ABB zu prüfen ist, aber keine Frage des Beförderungsanspruchs darstellt.

Zum anderen – und insofern für den Fahrgast günstig – bleibt der Unternehmer auch im Falle der höheren Gewalt bei einem nicht abwendbaren Umstand dennoch zur Beförderung verpflichtet, wenn er diesem Umstand abhelfen kann – z. B. ein Ersatzfahrzeug einzusetzen vermag.[437] Denn auch hier ist das Entscheidungskriterium nicht das Verschulden oder Nicht-Verschulden.

---

[433] Bidinger, B § 22 PBefG, Anm. 3 c).

[434] <u>A. A.</u> Bidinger, C § 2 VO-ABB, Anm. 2.

[435] Im Ergebnis ebenso: Fromm/Fey/Sellmann/Zuck, § 22 PBefG, Rn. 6.

[436] § 275 Absatz 1 BGB: Ausschluss der Leistungspflicht: „Der Anspruch auf Leistung ist ausgeschlossen, soweit diese für den Schuldner oder für jedermann unmöglich ist."

[437] Lampe, Joachim, in: Erbs/Kohlhaas, P 56, § 22, Rn. 7.

5.2 Verhaltenspflichten

Im Gegensatz zu dem Beförderungsanspruch, der ein Recht des Fahrgastes gegenüber dem Verkehrsunternehmer ist, stellen die im PBefG-Recht festgelegten Verhaltensvorschriften Pflichten der Fahrgäste dar.

Diese Verhaltenspflichten sind im Wesentlichen in § 4 VO-ABB festgelegt. Hinzu kommen im Busverkehr die großenteils deckungsgleichen Verhaltenspflichten aus § 14 BOKraft. Die weitgehende Redundanz der Regelungen hat zwei Gründe:

Zum einen ist der Anwendungsbereich von VO-ABB und BOKraft nicht immer deckungsgleich. Während die VO-ABB die PBefG-Linienverkehre des ÖPNV umfasst, liegt der Anwendungsbereich der BOKraft einerseits enger (nur Kraftverkehre, keine Straßenbahnen), andererseits weiter (bei den Kraftfahrzeugen keine Beschränkung auf die Linienverkehre).

Zum anderen sind VO-ABB und BOKraft unterschiedlichen Rechtskreisen mit unterschiedlichen Rechtsfolgen zuzuordnen. Während die VO-ABB das zivilrechtliche Verhältnis zwischen Fahrgast und Verkehrsunternehmer regelt, sind die Rechtsfolgen bei der BOKraft im Wesentlichen öffentlich-rechtlich. So begründen die §§ 4 Absatz 8 und 9 Absatz 2 VO-ABB als Rechtsfolge eines Verstoßes des Fahrgastes gegen seine Pflichten ein gesetzliches Schuldverhältnis zwischen Fahrgast und Unternehmen,[438] während § 45 BOKraft als Rechtsfolge Ordnungswidrigkeiten zum Gegenstand hat.

In der ersten BOStrab[439] existierte mit § 43 BOStrab eine knapp gehaltene Vorschrift mit dem Titel „Verhalten der Fahrgäste". Bei der Novellierung von 1965[440] wurde in § 67 BOStrab dann unter dem Titel „Verhalten der Fahrgäste" eine weitgehend mit dem heutigen § 14 BOKraft übereinstimmende Formulierung eingefügt. Die BOStrab von 1987[441] übernahm diese Vorschrift nicht mehr. Es verblieben wenige Verhaltensvorschriften in § 58 Absatz 1 Satz 1 und § 59 Absatz 2 sowie die Ordnungswidrigkeitsbestimmung in § 63 Absatz 2 BOStrab.

---

[438] Vgl. hierzu oben unter 4.1.4 Ergebnis Ansprüche aus der VO-ABB.

[439] Verordnung über den Bau und Betrieb der Straßenbahnen (Straßenbahn-Bau- und Betriebsordnung – BOStrab –) vom 13. November 1937, RGBl. I, Nr. 123 vom 16. November 1937, Seite 1247, 1253.

[440] Verordnung über den Bau und Betrieb der Straßenbahnen (Straßenbahn-Bau- und Betriebsordnung – BOStrab) vom 31. August 1965, BGBl. I, Nr. 58 vom 16. Oktober 1965, Seite 1513, 1534.

[441] Verordnung über den Bau und Betrieb der Straßenbahnen (Straßenbahn-Bau- und Betriebsordnung – BOStrab) vom 11. Dezember 1987, BGBl. I, Nr. 58 vom 18. Dezember 1987, Seite 2648 ff.

5.2.1 Generalklausel

Die wichtigste Verhaltenspflicht der Fahrgäste ist in § 4 Absatz 1 VO-ABB sowie in § 14 Absatz 1 Satz 1 BOKraft festgelegt. Danach haben sich die Fahrgäste bei Benutzung der Betriebsanlagen und Fahrzeuge so zu verhalten, wie es die Sicherheit und Ordnung des Betriebs, ihre eigene Sicherheit und die Rücksicht auf andere Personen gebieten. Anweisungen des Betriebspersonals ist zu folgen. Diese Regelung enthält den Grundsatz und die Generalklausel für das Verhalten der Fahrgäste.[442]

5.2.1.1 Fahrgäste

Hinsichtlich des Begriffs der Fahrgäste kann auf die obigen Ausführungen[443] verwiesen werden.

5.2.1.2 Betriebsanlagen

Eine eigene Definition der Betriebsanlagen findet sich in der VO-ABB nicht. Allerdings ist der Begriff in § 1 Absatz 7 BOStrab gesetzlich definiert. Danach sind Betriebsanlagen „alle dem Betrieb dienenden Anlagen, insbesondere
1. die bau-, maschinen- und elektrotechnischen Anlagen für den Fahrbetrieb, einschließlich der Hilfsbauwerke,
2. die für den Aufenthalt und die Abfertigung der Fahrgäste bestimmten Anlagen,
3. die Abstellanlagen für Fahrzeuge,
4. die an das Gleisnetz angeschlossenen Werkstätten".

Diese Definition der BOStrab kann, soweit sie sich auf Straßenbahnen bezieht, für die VO-ABB übernommen werden. Im Kraftomnibusverkehr muss der Begriff der Betriebsanlage demgegenüber enger gefasst werden. Hier ist die Infrastruktur meist öffentlich gewidmet, d. h. sie wird auch von anderen Verkehrsteilnehmern in Anspruch genommen. Daher unterfällt die Benutzung dieser Anlagen dem allgemeinen Verhaltensrecht im Straßenverkehr, d. h. in erster Linie der StVO[444] und dem Straßenrecht der Bundesländer. Dies gilt jedoch nicht für die betriebseigenen Fahrstraßen, Wendeanlagen oder Betriebshöfe der Busse. Sie sind gleichfalls vom Begriff der Betriebsanlage umfasst. Für Busbahnhöfe kann keine allgemeingültige Aussage getroffen werden, da sowohl deren

---

[442] Fromm/Fey/Sellmann/Zuck, § 14 BOKraft, Rn. 2; Krämer, Horst, BOKraft, § 14, Anm. 3; Grätz, Thomas, in: Fielitz/Grätz, A 3 § 4 VO-ABB, Rn. 1; Bidinger, C § 4 VO-ABB, Anm. 1.

[443] Siehe unter 1.4 Fahrgäste.

[444] So auch Hole, Gerhard, § 14, Anm. 1.

Widmung und Eigentumsverhältnisse als auch die Gesamtfunktion der Anlagen jeweils sehr unterschiedlich sind.

5.2.1.3 Fahrzeuge

Bezüglich Straßenbahnen wird der Begriff des Fahrzeugs in § 1 Absatz 8 Satz 1 BOStrab definiert. Dort heißt es: „Fahrzeuge sind solche, die spurgebunden als Züge oder in Zügen verkehren können." Diese Definition hilft allerdings wenig weiter, da sie letztlich nicht den Begriff des Fahrzeugs definiert, sondern die Definition des Zuges in § 1 Absatz 10 BOStrab ergänzt.

Auch für die Kraftfahrzeuge findet sich in § 16 Absatz 2 StVZO nur eine wenig hilfreiche Negativdefinition des Fahrzeugs.

Eine weitere Definition des Kraftfahrzeugs enthält § 1 Absatz 2 StVG. Danach gelten als Kraftfahrzeuge im Sinne dieses Gesetzes „Landfahrzeuge, die durch Maschinenkraft bewegt werden, ohne an Bahngleise gebunden zu sein".

Ferner wäre denkbar, auf die Definitionen der einzelnen Fahrzeuge in § 4 PBefG abzustellen.[445] Diese Definitionen sind allerdings auch technisch orientiert und für die Verhaltensvorschriften in der VO-ABB wenig hilfreich.

Letztlich muss für die VO-ABB eine eigene Definition des Fahrzeugs gebildet werden. Im Sinne der VO-ABB ist danach ein „Fahrzeug" ein Gefäß, das zur Beförderung der Fahrgäste eingesetzt wird.

5.2.1.4 Benutzung

Der Begriff „Benutzung" im Sinne des § 4 VO-ABB und des § 14 BOKraft meint jeden freiwilligen, räumlichen Kontakt mit der Betriebsanlage oder dem Fahrzeug. Hierunter ist nicht lediglich ein aktives Tun zu verstehen. Zur Nutzung kann auch ein Verbleiben zählen. Daher kann sowohl ein aktives als auch ein passives Verhalten eine Benutzung darstellen.

5.2.1.5 Sicherheit und Ordnung des Betriebs

Hinsichtlich der Auslegung der Begriffe Sicherheit und Ordnung kann auf das allgemeine Polizei- und Ordnungsrecht verwiesen werden. Denn diese Begriffe sind in der VO-ABB und der BOKraft diesem Rechtsgebiet entnommen.[446] Das allgemeine Polizei- und Ordnungsrecht kennt allerdings nicht den Begriff der „Sicherheit und Ordnung des Betriebs", sondern nur den Begriff der „öffentlichen Sicherheit und Ordnung".

---

445 Siehe hierzu unter 1.1.3 Beförderung mit Straßenbahn, Obus oder Kfz.

446 Fromm/Fey/Sellmann/Zuck, § 13 BOKraft, Rn. 3.

Die Fahrgäste haben zur Einhaltung der Sicherheit und Ordnung nicht nur eine konkrete Gefährdung zu unterlassen; auch die abstrakte Gefährdung ist verboten.[447]

5.2.1.5.1 Sicherheit des Betriebs

Der Begriff der „Sicherheit des Betriebs" ist enger als derjenige der „öffentlichen Sicherheit". Denn unter letzteren fällt die Unverletzlichkeit der objektiven Rechtsordnung, die subjektiven Rechte und Rechtsgüter des Einzelnen sowie der Einrichtungen und Veranstaltungen des Staates und sonstiger Träger der Hoheitsgewalt.[448] Unter dem Begriff der Sicherheit des Betriebs können hingegen nur die Elemente der Sicherheit verstanden werden, die auch den Betrieb betreffen.

Allerdings ist der Begriff des „Betriebs" in diesem Sinn auch nicht so eng zu verstehen wie in der Definition des § 1 Absatz 4 der BOStrab, wonach der Betrieb nur die Gesamtheit aller „Maßnahmen" ist, die der Personenbeförderung dienen. Denn mit dem Begriff der „Sicherheit des Betriebes" sollen insbesondere die von der Rechtsordnung anerkannten Rechtsgüter der Fahrgäste, des Betriebspersonals und des Unternehmers geschützt sein. Ferner gehört hierzu die Verkehrssicherheit.[449]

Beispiele für das, was der Gesetzgeber sich unter der Sicherheit des Betriebs vorgestellt hat, sind aus den explizit aufgeführten Verboten zu entnehmen. Dies sind z. B. bei Straßenbahnen das Betreten der Betriebsanlagen oder der Fahrzeuge, soweit sie nicht dem allgemeinen Verkehrsgebrauch dienen (§ 58 Absatz 1 Satz 1 BOStrab), oder das missbräuchliche Betätigen der Außentüren oder Einrichtungen zur Notbremsung (§ 59 Absatz 2 BOStrab). Im Busverkehr finden sich die Beispiele in den Vorschriften des § 14 Absatz 1 bis 3 und § 15 Absatz 1 BOKraft. Ein Verstoß gegen die vorgenannten Normen stellt nach § 63 Absatz 2 BOStrab und § 45 Absatz 2 Nr. 7 BOKraft jeweils auch eine Ordnungswidrigkeit dar. Gleichwohl liegt ein Verstoß gegen die Sicherheit nicht nur dann vor, wenn ein Ordnungswidrigkeits- oder Straftatbestand erfüllt ist, sondern auch, wenn „nur" gegen ein Verbot verstoßen wird, das nicht mit Sanktionen verbunden ist.

5.2.1.5.2 Ordnung des Betriebs

Für die „Ordnung des Betriebs" gibt das Gesetz kein Beispiel. Das Polizei- und Ordnungsrecht versteht üblicherweise unter dem Begriff der

---

[447] Hole, Gerhard, § 14, Anm. 2.

[448] Götz, Volkmar, 2. Abschnitt, § 4 I, Rn. 3.

[449] OLG Düsseldorf, Beschluss vom 28. Januar 2004 – Az. IV-5 Ss (OWi) 221/03 - (OWi) 6/04 I = NZV 2004, 95.

„öffentlichen Ordnung" die Gesamtheit der ungeschriebenen Regeln für das Verhalten des Einzelnen in der Öffentlichkeit, deren Beachtung nach den jeweils herrschenden Anschauungen als unerlässliche Voraussetzung eines geordneten staatsbürgerlichen Zusammenlebens betrachtet wird.[450] Diese Definition, die noch auf vorkonstitutionelles Recht, nämlich das preußische Polizeirecht[451] zurückgeht, wird heutzutage teilweise dahingehend konkretisiert, dass sie in den Rahmen der verfassungsmäßigen Ordnung gestellt wird. So bestimmt z. B. das SOG in Sachsen-Anhalt[452], unter öffentlicher Ordnung sei „die Gesamtheit der im Rahmen der verfassungsmäßigen Ordnung liegenden ungeschriebenen Regeln für das Verhalten des einzelnen in der Öffentlichkeit, deren Beachtung nach den jeweils herrschenden Anschauungen als unerlässliche Voraussetzung eines geordneten staatsbürgerlichen Zusammenlebens betrachtet wird" zu verstehen. Fraglich ist allerdings, ob auch solche vermeintlichen Konkretisierungen und Eingrenzungen weiterhelfen.

Erstens ist bereits das Abstellen auf „die herrschenden Anschauungen" verfassungsrechtlich bedenklich. So kann diese Voraussetzung dahingehend gedeutet werden, dass vor der Anwendung der öffentlichen Ordnung durch empirische Sozialforschung die Mehrheitsauffassung der Bevölkerung zunächst festgestellt werden müsse.[453] Entsprechendes findet aber schon nicht statt; daher führt dies zu einer hohen ideologischen Anfälligkeit des Begriffs der öffentlichen Ordnung.[454] Der Begriff steht aus diesem Grund in der Gefahr, schnell eine große Nähe zu der früheren Bezeichnung des „gesunden Volksempfindens" zu bekommen. Folglich liegt es nahe, dass auch die Verfassungskonformität des Begriffs der „öffentlichen Ordnung" bezweifelt wird.[455]

Zweitens wird bei enger Auslegung des Begriffs der „öffentlichen Ordnung" und weiter Auslegung der „öffentlichen Sicherheit" der Begriff überflüssig, weil er schon von der öffentlichen Sicherheit abgedeckt wird. Bei dieser Auslegung ist es konsequent, den Begriff der öffentli-

---

[450] Vgl. statt vieler: OVG Mecklenburg-Vorpommern, Beschluss vom 19. September 2009 – Az. 3 M 155/09, Rn. 31; OVG Thüringen, Beschluss vom 13. Februar 2002 – Az. 3 EO 123/02, Rn. 35; VG Gelsenkirchen, Urteil vom 18. Mai 2010 – Az. 14 K 5459/08; VG Gera, Beschluss vom 16. August 2007 – Az. 1 E 666/07 Ge, Rn. 18; VG München, Beschluss vom 2. November 2005 – Az. M 7 S 05.5397, Rn. 9; Götz, Volkmar, 2. Abschnitt, § 5 I, Rn. 1.

[451] Vgl. Nachweise bei Götz, Volkmar, 2. Abschnitt, § 5 I, Rn. 1.

[452] § 3 Nr. 2 SOG LSA.

[453] Pieroth/Schlink/Kniesel, 3. Teil, § 8 III 2., Rn. 48.

[454] Pieroth/Schlink/Kniesel, 3. Teil, § 8 III 2., Rn. 48.

[455] Z. B. Pieroth/Schlink/Kniesel, 3. Teil, § 8 III 2., Rn. 53.

chen Ordnung – so wie beim Bremer Polizeigesetz geschehen – zu streichen.[456]

Richtigerweise ist jedoch weder von einer Verfassungswidrigkeit auszugehen noch die alte Definition fortzuführen. Mit der Geltung des Grundgesetzes und der weitgehenden Verrechtlichung der Lebensbereiche wäre es auch falsch, wenn sich die Definition der öffentlichen Ordnung nach den mehrheitlichen oder herrschenden Anschauungen richtete. Denn die Staatsgewalten Exekutive und Judikative dürfen sich nicht an den Ergebnissen von Meinungsforschungsinstituten oder den Medien orientieren, sondern sind nach Artikel 20 Absatz 3 GG an Recht und Gesetz gebunden. Hieraus ergibt sich für den Begriff der „öffentlichen Ordnung" folgende Konsequenz: Legt man die öffentliche Ordnung verfassungskonform aus und reduziert sie nicht lediglich auf eine Untermenge der öffentlichen Sicherheit, findet sie in Bereichen Anwendung, die vom Gesetzgeber bislang (noch) nicht ausdrücklich geregelt wurden, bei denen der Gesetzgeber aber bereits Wertungen in anderen Regelungen getroffen hat. Grund für die bislang fehlende Regelung kann dabei sein, dass die Entwicklung neueren Datums ist oder einen seltenen Fall darstellt. Bei der Anwendung der öffentlichen Ordnung darf deshalb nicht auf eine vermeintliche Mehrheitsauffassung oder ähnliches abgestellt werden, sondern nur auf die Wertungen des Gesetzgebers, die sich aus anderen Regelungen ergeben. Dies bedeutet: Für die öffentliche Ordnung muss immer ein Anknüpfungspunkt in einer anderen gesetzlichen Regelung bestehen. Die öffentliche Ordnung findet mithin ihre Anwendung für die Bereiche, in denen im Zivilrecht eine Analogie benutzt wird. Über die öffentliche Ordnung wird somit ein Raum für eine analoge Betrachtung geschaffen, ohne dass die Problematik der Analogie im öffentlichen Recht[457] berührt wäre, da die öffentliche Ordnung hierfür die Ermächtigungsgrundlage bietet.

Für den Begriff der „Ordnung des Betriebs" gilt das Gleiche. Hier ist für die Ordnungsvorstellung ebenfalls an einen Tatbestand anzuknüpfen, den der Gesetzgeber in einem anderen Zusammenhang bereits geregelt hat.

Als ein Beispiel für den Verstoß gegen die Ordnung des Betriebs kann bei § 4 Absatz 1 Satz 1 VO-ABB ein extrem riechender Fahrgast genannt werden. Der Gesetzgeber hat diesen Fall bislang nicht ausdrücklich geregelt. Ein Verstoß gegen die Sicherheit liegt nicht vor. Allerdings hat

---

[456] Vgl. § 1 Absatz 1 BremPolG.

[457] Vgl. zum erstaunlich wenig behandelten Thema der Analogie im öffentlichen Recht: BSG, Urteil vom 7. Oktober 2009 – Az. B 11 AL 32/08 R, Rn. 30 f.; Beaucamp, Guy, AöR 2009, Bd. 134, 83 ff.; Hemke, Katja, Seite 134 ff.; Lücke, Jörg, Seite 102 ff.; Pieper, Goswin, Seite 52 ff.

der Gesetzgeber mit § 11 Absatz 2 Nr. 1 VO-ABB und § 15 Absatz 2 Nr. 1 BOKraft Stoffe von der Beförderung ausgeschlossen, die übelriechend sind; mit dem Rauchverbot in § 4 Absatz 2 Nr. 7 VO-ABB sowie in anderen Nichtraucher schützenden Gesetzen hat er neben dem Motiv des Gesundheitsschutzes außerdem einen Anhaltspunkt für das Verbot von Geruchsbelästigungen durch Personen und den Ausschluss von der Beförderung geliefert. Eine Wertung des Gesetzgebers liegt somit vor, ohne dass eine ausdrückliche Regelung besteht. Damit öffnet sich der Raum für die Anwendung der öffentlichen Ordnung. Die Rechtsprechung hat den Ausschluss eines extrem riechenden Passagiers bislang bei einem Fall im Luftverkehr ausdrücklich anerkannt, konnte dort allerdings den Ausschluss auf die Beförderungsbedingungen stützen.[458]

Ein Gegenbeispiel, in dem kein Verstoß gegen die Ordnung des Betriebes vorliegt, wäre ein Fahrgast, der es vorzieht, ohne Fußbekleidung das Fahrzeug zu benutzen. Denn es existiert in Deutschland keine Vorschrift, die Anhaltspunkte dafür liefert, dass Fußbekleidung generell, oder speziell bei der Benutzung des ÖPNV, zu tragen ist. Bekleidungsvorschriften bestehen hierzulande – anders als in anderen Kulturkreisen, in denen insbesondere religiös-motivierte strenge Bekleidungsvorschriften existieren – gesetzlich im Wesentlichen lediglich in Fällen der Sicherheit (Unfallverhütungsvorschriften), des § 183 StGB oder zur „Wahrung der Würde" einer Institution (Robe).

5.2.1.6 Eigene Sicherheit

§ 4 Absatz 1 Satz 1 VO-ABB verlangt als Verhaltenspflicht neben der Beachtung der Sicherheit und Ordnung des Betriebs auch die Beachtung der eigenen Sicherheit.

Da das Gebot zur Beachtung der eigenen Sicherheit in der Verordnung festgeschrieben ist, kann ein Fahrgast nicht einwenden, er könne über seine eigene Sicherheit selbst disponieren und müsse sie daher nicht beachten.

Ferner muss hierdurch nicht thematisiert werden, ob die eigene Sicherheit bereits über die Pflicht zur Beachtung der Sicherheit des Betriebs beachtet werden muss. Denn diese beiden Pflichten werden oft ineinander greifen, da – soweit jemand seine eigene Sicherheit riskiert, z. B. bei geschlossener Schranke die Gleise überquert – dies zu einer Behinderung des Betriebs (Notbremsung, Streckensperrung etc.) führen kann.

---

[458] OLG Düsseldorf, Versäumnisurteil vom 15. November 2006 – Az. I-18 U 110/06; AG Düsseldorf, Urteil vom 30. Mai 2006 – Az. 33 C 13795/05 (Vorinstanz).

5.2.1.7 Rücksicht auf andere Personen

Die Verpflichtung zur Rücksichtnahme auf andere Personen findet sich in § 4 Absatz 1 Satz 1 Halbsatz 2 VO-ABB sowie in § 14 Absatz 1 Satz 1 Halbsatz 2 BOKraft.

Der Begriff der Rücksichtnahme wird auch in anderen Rechtsbereichen verwandt, so z. B. vom Gesetzgeber im Familienrecht,[459] oder von der Rechtsprechung im Baurecht[460]. Seit dem Gesetz zur Modernisierung des Schuldrechts[461] ist der Begriff der Rücksichtnahme auch in § 241 Absatz 2 BGB enthalten. Dort beschreibt er eine Nebenpflicht der Vertragsparteien untereinander.[462] Im Gegensatz zu § 241 Absatz 2 BGB handelt es sich bei dem Gebot der Rücksichtnahme in der VO-ABB und BOKraft nicht nur um eine Verpflichtung im Vertragsverhältnis, sondern um eine vertrags-unabhängige, gesetzliche Pflicht. Sie ist vergleichbar mit der Rücksicht-nahmepflicht in § 1 Absatz 1, § 2 Absatz 5 Satz 2 und § 9 Absatz 3 Satz 3 Halbsatz 1 StVO. Dort hat das Rücksichtnahmegebot insbesondere eine programmatische und pädagogische Bedeutung.[463] Gleichwohl begrün-det es eine Rechtspflicht und entfaltet zumindest mittelbar Rechtswir-kungen, da es als „ungeschriebenes Tatbestandsmerkmal" bei der Inter-pretation der Verhaltensgebote zu beachten ist.[464] So wird Rücksicht u. a. als Pflicht zu defensivem Handeln interpretiert.[465]

Die Pflicht zur Rücksichtnahme betrifft bei der VO-ABB und BOKraft im Vergleich zur Sicherheit und Ordnung „weichere" Schutzgüter. Sie soll vor Lästigkeiten, Unmut und Konflikten schützen. Sie setzt auf Beson-nenheit, Entgegenkommen, Diskretion, Toleranz, Respekt und Behut-samkeit. Mithin sind bei dieser Verpflichtung besonders sogenannte „soft skills" angesprochen. Beispiele für eine selbständige Bedeutung des Rücksichtnahmegebots sind das Beiseitegehen, damit sich jemand vom Sitz entfernen kann oder die Beschränkung auf den über einem selbst liegenden Luftbereich, d. h. die Breite der eigenen Sitzfläche, etwa beim Lesen einer Zeitung.

Aber das Maß der notwendigen Rücksichtnahme ist nicht einheitlich. Es hängt wesentlich von den jeweiligen Umständen ab. Je empfindlicher

---

[459] Vgl. § 1618a BGB.

[460] Vgl. z. B. BVerwG, Urteil vom 30. September 1983 – Az. 4 C 74.78 = BVerwGE 68, 58 ff.

[461] BGBl. I, Nr. 61 vom 29. November 2001, Seite 3138 ff.

[462] Tamm, Marina, in: Tonner/Willingmann/Tamm, § 241, Rn. 25.

[463] König, Peter, in: Hentschel/König/Dauer, § 1 StVO, Rn. 6.

[464] König, Peter, in: Hentschel/König/Dauer, § 1 StVO, Rn. 6.

[465] Heß, Rainer, in: Burmann/Heß/Jahnke/Janker, § 1 StVO, Rn. 1; König, Peter, in: Hentschel/König/Dauer, § 1 StVO, Rn. 6.

und schutzwürdiger die Stellung desjenigen ist, dem die Rücksichtnahme im gegebenen Zusammenhang zu Gute kommen soll, desto mehr ist eine Rücksichtnahme geboten.[466] Hierbei kommt es für die sachgerechte Beurteilung des Einzelfalls wesentlich auf eine Abwägung zwischen dem an, was einerseits dem Empfänger der Rücksichtnahme und andererseits dem Verpflichteten der Rücksichtnahme nach Lage der Dinge zuzumuten ist.[467] So ist beispielsweise kranken oder schwangeren Menschen gegenüber ein höheres Maß an Rücksichtnahme entgegenzubringen als anderen Personen.

Aus der Pflicht zur Rücksichtnahme gegenüber anderen Personen folgt zwar in erster Linie eine Pflicht zur Rücksichtnahme gegenüber den anderen Fahrgästen. Allerdings gilt diese Pflicht ebenfalls gegenüber dem Fahrpersonal,[468] da unter dem Begriff „andere Personen" im Sinne dieser Vorschriften jede Person außer einem selbst und seiner Begleitung zu verstehen ist.

Wie weit diese Verpflichtung hierbei geht, kann im Einzelfall streitig sein, wie ein Pressebericht[469] zeigt. Danach fühlte sich ein Busfahrer durch den tiefen Ausschnitt einer 20-Jährigen so abgelenkt, dass er meinte, nicht mehr sicher fahren zu können. Er fuhr erst weiter, nachdem sie seiner Aufforderung sich umzusetzen nachgekommen war und er die junge Frau im Spiegel nicht mehr sehen konnte. Ob in diesem Fall wirklich das Gebot der Rücksichtnahme durch die Frau verletzt war oder es vielmehr an der Befähigung des Fahrers zur Trennung zwischen privaten Wünschen und dienstlichen Erfordernissen fehlte, ist sicher eine Frage des Einzelfalles. In der Regel muss ein Fahrer in der Lage sein, sich von kleineren Vorkommnissen nicht ablenken zu lassen. Aber es ist dann eine Grenze erreicht, wenn durch gezielte, häufige oder deutliche Ablenkungen provoziert wird. Dann liegt nicht nur ein Verstoß gegen das Gebot der Rücksichtnahme, sondern auch ein der Verpflichtung zur Beachtung der Sicherheit widersprechendes Verhalten vor.

5.2.1.8 Anweisungen des Betriebspersonals

§ 4 Absatz 1 Satz 2 VO-ABB formuliert die Verpflichtung, den Anweisungen des Betriebspersonals zu folgen. Diese Verpflichtung ist wortgleich mit der Pflicht des § 14 Absatz 1 Satz 2 BOKraft.

---

[466] BVerwG, Urteil vom 18. November 2004 – Az. 4 C 1.04 = DVBl. 2005, 702 ff. = NVwZ 2005, 328 ff.

[467] BVerwG, Urteil vom 25. Februar 1977 – Az. 4 C 22.75 = BVerwGE 52, 122, 125; BVerwG, Urteil vom 23. September 1999 – Az. 4 C 6.98 = BVerwGE 109, 314.

[468] Hole, Gerhard, § 14, Anm. 1.

[469] Schwäbische Zeitung „Zu sexy für den Stadtbus: Dekolletee verwirrt Fahrer" vom 11. Juli 2007.

Unter Betriebspersonal ist jede Person zu verstehen, die vom Verkehrsunternehmen mit der Wahrnehmung von Aufgaben des Betriebs betraut wurde. Dies sind z. B. Fahrer[470], Fahrausweisprüfer[471], Verkehrsmeister etc. Die in der BOStrab als Betriebsbedienstete bezeichneten Personen[472] unterfallen ebenfalls dem Betriebspersonal. Auf ein arbeitsrechtliches Anstellungsverhältnis kommt es nicht an. Zum Betriebspersonal können damit sowohl Bedienstete einer Auftragsfirma gehören, wie ehren- oder nebenamtlich Beschäftigte. Entscheidendes Kriterium ist nur die Betrauung durch das Verkehrsunternehmen.

Die Verpflichtung, die Anweisungen des Betriebspersonals zu befolgen, bezieht sich als Generalklausel[473] auf Anweisungen zum Verhalten. Bezogen auf Einzelfallpflichten findet sich das Gebot, teilweise etwas modifiziert formuliert, wiederholt an mehreren Stellen der VO-ABB: so in § 5 Absatz 1, § 5 Absatz 2 Satz 1, § 6 Absatz 4, § 11 Absatz 3 Satz 3 und § 11 Absatz 5 VO-ABB.

Die Anweisungen ergehen nicht in Ausübung öffentlich-rechtlicher Befugnisse.[474] Sie sind vielmehr eine vom Gesetzgeber in der VO-ABB und der BOKraft vorgenommene Ausgestaltung des Beförderungsvertrages und des Hausrechts. Denn der Gesetzgeber hat im Personenbeförderungsrecht dem Betriebspersonal keine hoheitlichen Befugnisse verliehen.[475] Damit unterscheidet sich das Personenbeförderungsrecht vom See- und Luftverkehr[476], in denen der Fahrzeugführer jeweils mit hoheitlichen Befugnissen während der Beförderung ausgestattet ist. Gründe für die unterschiedliche Behandlung sind, dass die Fahrzeuge des ÖPNV zum einen nicht exterritorial verkehren und zum anderen bei einer Gefahrenlage im Gegensatz zur Seeschifffahrt und zum Luftverkehr jederzeit angehalten und die Polizei hinzugerufen werden kann.[477]

---

[470] Grätz, Thomas, in: Fielitz/Grätz, A 3 § 4 VO-ABB, Rn. 1.

[471] Grätz, Thomas, in: Fielitz/Grätz, A 3 § 4 VO-ABB, Rn. 1.

[472] Vgl. zur Definition des Begriffs Betriebsbedienstete in der BOStrab: § 1 Absatz 6 BOStrab.

[473] Grätz, Thomas, in: Fielitz/Grätz, A 3 § 4 VO-ABB, Rn. 1.

[474] BVerwG, Beschluss vom 7. Juni 1984 – Az. 7 B 153/83 = NVwZ 1985, 48 = DÖV 1984, 1025 ff.; Hole, Gerhard, § 14, Anm. 1.

[475] BVerwG, Beschluss vom 7. Juni 1984 – Az. 7 B 153/83 = NVwZ 1985, 48; Fromm/Fey/Sellmann/Zuck, § 14 BOKraft, Rn. 3.

[476] Vgl. § 106 f. Seemannsgesetz und § 12 LuftSiG.

[477] Ebenso: BVerwG, Beschluss vom 7. Juni 1984 – Az. 7 B 153/83 = DÖV 1984, 1025 f. = NVwZ 1985, 48.

Für die Anweisungen ist keine konkrete Gefahrenlage notwendig; eine lediglich abstrakte Gefährdung reicht aus.[478] Das Anweisungsrecht des Betriebspersonals bezieht sich auf den sicheren und ordnungsgemäßen Ablauf des Betriebs.[479] Die Anweisungen dürfen weder gesetzliche Vorschriften noch den Beförderungsvertrag verletzen. Werden Anweisungen erteilt, zu denen das Betriebspersonal nicht berechtigt ist, brauchen diese nicht befolgt zu werden.[480] Soweit mehrere geschützte Güter gegeneinander stehen, muss eine Abwägung vorgenommen werden.

5.2.2 Unterhaltung mit dem Fahrzeugführer

Die konkreten Verhaltensvorschriften des § 4 Absatz 2 VO-ABB, die nur Regelbeispiele zu der Generalklausel des Absatzes 1 darstellen, beginnen in Nr. 1 mit dem Verbot, sich mit dem Fahrzeugführer während der Fahrt zu unterhalten. Dieses Verbot findet sich ebenfalls in § 14 Absatz 2 Nr. 1 BOKraft.

Allerdings ist aus der Vorschrift kein allgemeines Verbot abzuleiten, den Fahrer während der Fahrt anzusprechen.[481] Denn die Norm verbietet keine Fragen, die die Beförderung oder den Betriebsablauf betreffen[482], wie z. B. nach einem zusätzlichen Halt[483], der richtigen Ausstiegshaltestelle[484], Umsteige- und Anschlussmöglichkeiten[485] oder dem Linienweg, sondern lediglich die Unterhaltung. Unterhaltung bedeutet ein Gespräch zu führen.[486] Ein Gespräch führen ist ein auf eine gewisse Dauer angelegtes Verhalten. Die Vorschrift will damit nicht den Fahrer isolieren, sondern Ablenkungen durch ein andauerndes Gespräch vermeiden. Betriebsbezogene Fragen sollen nicht verhindert werden.[487]

Das Verbot hat die Funktion, die Sicherheit des Fahrbetriebs zu gewährleisten. Aus diesem Grund gilt es nicht grundsätzlich, sondern nur während der Fahrt. Der Begriff der Fahrt kann hier ähnlich interpretiert wer-

---

[478] Hole, Gerhard, § 14, Anm. 2.

[479] Bidinger, C § 4 VO-ABB, Anm. 4; Grätz, Thomas, in: Fielitz/Grätz, A 3 § 4 VO-ABB, Rn. 1.

[480] Lampe, Joachim, in: Erbs/Kohlhaas, P 56b, § 14, Rn. 3.

[481] Hole, Gerhard, § 14, Anm. 7; Krämer, Horst, BOKraft § 14, Anm. 3; Müller, Fritz (22. Auflage), § 13 BOKraft, Rn. 2.

[482] Bidinger, C § 4 VO-ABB, Anm. 7; Haselau, Klaus, § 14, Anm. 5; Krämer, Horst, BOKraft § 14, Anm. 3; Lampe, Joachim, in: Erbs/Kohlhaas, P 56b, § 14, Rn. 4.

[483] Haselau, Klaus, § 14, Anm. 5.

[484] Grätz, Thomas, in: Fielitz/Grätz, A 3 § 4 VO-ABB, Rn. 2.

[485] Haselau, Klaus, § 14, Anm. 5; Krämer, Horst, BOKraft § 14, Anm. 3.

[486] Duden, Bd. 7, Herkunftswörterbuch, unter: „halten".

[487] Bidinger, C § 4 VO-ABB, Anm. 7; Hole, Gerhard, § 14, Anm. 7.

den wie in § 21a StVO, da beide auf die Gefahrenlage des Straßenverkehrs abstellen. Daher gehört auch das verkehrsbedingte, vorübergehende Anhalten dazu.[488] Nicht hierzu gehört jedoch der Halt beim Fahrgastwechsel oder während der Wendezeit. Zwar mögen in diesen Fällen die Fahrer auch Pflichten haben, denen sie durch die Unterhaltung nicht nachkommen können, allerdings ist der Zweck dieser Vorschrift, der Schutz vor den Gefahren im fließenden Verkehr, nicht betroffen.

Ferner gilt das Verbot nicht gegenüber dem gesamten Betriebspersonal, sondern nur gegenüber dem Fahrer.[489]

5.2.3 Öffnen von Türen während der Fahrt

Nach § 4 Absatz 2 Nr. 2 VO-ABB ist den Fahrgästen insbesondere untersagt, die Türen während der Fahrt eigenmächtig zu öffnen. Dieses Verbot trifft die Fahrgäste ebenfalls nach § 14 Absatz 2 Nr. 2 BOKraft. Der Grund für diese Regelungen ist die Verkehrssicherheit und der Schutz der Fahrgäste.[490] Die Regelung bestand schon in § 25 Absatz 2 Nr. 2 BOKraft 1939.[491] Ihre tatsächliche Bedeutung ist mittlerweile gering. Denn der diesbezügliche Stand der Technik ermöglicht schon seit Jahren, das eigenmächtige Öffnen zu verhindern. Die in den letzten Jahren von der Industrie gelieferten Fahrzeuge entsprechen diesem Stand der Technik. Die Türen können bei den im regulären Linienverkehr eingesetzten Fahrzeugen daher nur noch geöffnet werden, wenn zuvor der Notriegelmechanismus ausgelöst wird. Dies schreibt bei Omnibussen mittlerweile auch die Richtlinie EG/2001/85 vor, die in ihrem Anhang I unter Punkt 7.6.7 detaillierte technische Vorschriften für Nottüren vorgibt. Diese Regelungen werden in Deutschland umgesetzt und ergänzt durch die Vorschriften in § 30d Absatz 3, § 35e Absatz 4 und Nr. 5, Anlage X StVZO. Während § 30d StVZO allgemein für Kraftomnibusse auf die im Anhang zu dieser Vorschrift genannten Bestimmungen verweist, bestimmt § 35e Absatz 4 StVZO, dass Türen während der Fahrt geschlossen sein müssen; die Anlage X Nr. 5 StVZO regelt die Details der Notausstiege insgesamt.

Das Tatbestandsmerkmal der Fahrt ist bei der Vorschrift im gleichen Sinne zu verstehen wie bei den Bestimmungen des § 4 Absatz 2 Nr. 1 VO-ABB und des § 14 Absatz 2 Nr. 1 BOKraft.

---

[488] Janker, Helmut, in: Burmann/Heß/Jahnke/Janker, § 21a StVO, Rn. 2; König, Peter, in: Hentschel/König/Dauer, § 21a StVO, Rn. 3.

[489] Fromm/Fey/Sellmann/Zuck, § 14 BOKraft, Rn. 4.

[490] Bidinger, C § 4 VO-ABB, Anm. 8.

[491] „Verordnung über den Betrieb von Kraftfahrunternehmen im Personenverkehr" vom 13. Februar 1939, RGBl. I, Nr. 29 vom 20. Februar 1939, Seite 231, 236.

Das Öffnen der Tür ist nur verboten, wenn es „eigenmächtig" erfolgt. Auch hier liefert die VO-ABB keine eigene Definition. Die Definition des Gesetzgebers zur „verbotenen Eigenmacht" in § 858 Absatz 1 BGB hilft nicht weiter, da es hier nicht um Besitzstörung oder Besitzentziehung geht. Nützlicher ist die Verwendung des Begriffs der „Eigenmächtigkeit" in § 15 WStG. Dort wird unter „Eigenmächtigkeit" das Handeln aufgrund eines eigenen Entschlusses ohne die erforderliche Einwilligung eines Zuständigen[492] verstanden. Überträgt man diesen Gedanken auf die hier in Rede stehende Vorschrift, ist für eine eigenmächtige Öffnung der Tür notwendig, dass sie ohne oder gegen den Willen des Unternehmens, in der Regel vertreten durch den Fahrer, erfolgt.[493]

5.2.4 Hinauswerfen oder -ragen lassen von Gegenständen

In § 4 Absatz 2 Nr. 3 VO-ABB und in § 14 Absatz 2 Nr. 4 BOKraft findet sich ferner das Verbot, Gegenstände aus den Fahrzeugen zu werfen oder hinausragen zu lassen. Die Regelung ergänzt damit die Verpflichtung der Fahrzeugführer aus § 22 Absätze 3 bis 5 StVO.[494]

Das Verbot hat mittlerweile eine geringe praktische Bedeutung. Denn nach § 35e Absatz 4 StVZO und § 54 Absatz 1 BOStrab müssen bei Bussen und Bahnen die Türen während der Fahrt geschlossen sein, so dass ein Hinauswerfen oder -ragen lassen aus dem Fahrzeug durch die Tür bereits nicht möglich ist. Darüber hinaus ist bei vielen Fahrzeugen auch ein Öffnen der Fenster auf Grund des Einbaus von Klimaanlagen unmöglich. Jedenfalls sind die Fenster dort, wo sie zu öffnen sind, nur noch im oberen Fensterbereich kippbar.

Gleichwohl ist das Verhalten, soweit es möglich ist, besonders gefährlich, da durch die Fahrgeschwindigkeit die Wirkung der Handlung verstärkt wird. Aus diesem Grund hat der Verordnungsgeber hierfür, anders als bei den vorgenannten Handlungen, neben der Ordnungswidrigkeit in § 45 Absatz 2 Nr. 7 BOKraft in § 4 Absatz 8 Satz 2 VO-ABB eine an das Verkehrsunternehmen zu zahlende Strafe von 15,-- Euro vorgesehen. Diese Strafe ist allerdings – ebenso wie das EBE – keine Vertragsstrafe.[495] Denn die Vorschrift richtet sich ausweislich des Wortlauts des § 4 VO-ABB – so wie die gesamte Verordnung – nicht an die Vertrags-

---

[492] Lingens, Eric, in: Schölz/Lingens, § 15, Rn. 18.

[493] Bidinger, C § 4 VO-ABB, Anm. 8; Fromm/Fey/Sellmann/Zuck, § 14 BOKraft, Rn. 5; Lampe, Joachim, in: Erbs/Kohlhaas, P 56b, § 14, Rn. 5.

[494] Lampe, Joachim, in: Erbs/Kohlhaas, P 56b, § 14, Rn. 7.

[495] Irreführend insoweit Grätz, Thomas, in: Fielitz/Grätz, A 3 § 4 VO-ABB, Rn. 2; vgl. 4.1.4 Ergebnis Ansprüche aus der VO-ABB.

partner, also die Kunden, sondern an die Fahrgäste. Der Begriff der Fahrgäste umfasst aber nicht nur die Vertragspartner.[496]

5.2.5 Auf- oder abspringen während der Fahrt

Die Vorschrift des § 4 Absatz 2 Nr. 4 VO-ABB und des § 14 Absatz 2 Nr. 5 BOKraft verbietet, während der Fahrt auf- oder abzuspringen. Der Wortlaut ist hinsichtlich des „Auf- und Abspringens" tatsächlich so gemeint, wie formuliert. Es wäre falsch, in die Vorschrift ein Verbot des Fahrgastwechsels zwischen den Haltestellen hineininterpretieren zu wollen. Denn diese Norm muss in ihrem historischen Kontext gesehen werden. Die Regelung existierte bereits in § 25 Absatz 2 Nr. 3 BOKraft 1939.[497] Zu diesem Zeitpunkt hatten die Fahrzeuge noch Trittbretter und vielfältige Gelegenheiten, auf sie hinauf- oder hinabzuspringen. Heutzutage bieten sowohl die Busse als auch die Bahnen kaum noch Möglichkeiten, bei geschlossenen Türen von außen Halt zu finden. Daher ist ihr Bedeutungsgehalt mittlerweile gering.[498] Lediglich die Kupplungen bei den Bahnen sind teilweise noch Teile, bei denen es zu missbräuchlichen „Mitfahrversuchen" kommen kann. Ferner hat die Vorschrift Bedeutung, soweit ein historisches Fahrzeug eingesetzt wird,[499] obgleich dies im Linienverkehr nur selten der Fall ist.

Wenn ein Fahrgast gegen das Verbot verstößt, besteht allerdings keine Sanktion nach § 4 Absatz 8 Satz 2 VO-ABB. Im Busverkehr stellt dieses Verhalten jedoch nach § 45 Absatz 2 Nr. 7 BOKraft eine Ordnungswidrigkeit dar. Im Bahnverkehr besteht nur die Möglichkeit des Beförderungsausschlusses. Eine weitere Konsequenz ist, dass bei einem Unfall das Eigenverschulden des Fahrgastes so stark zu gewichten ist, dass die Betriebsgefahr der Bahn dahinter vollständig zurücktritt.[500]

---

[496] Vgl. oben unter 1.4 Fahrgäste.

[497] „Verordnung über den Betrieb von Kraftfahrunternehmen im Personenverkehr" vom 13. Februar 1939, RGBl. I, Nr. 29 vom 20. Februar 1939, Seite 231, 236.

[498] Im Ergebnis ebenso: Bidinger, D § 14 BOKraft, Rn. 42.

[499] Fromm/Fey/Sellmann/Zuck, § 14 BOKraft, Rn. 8.

[500] BGH, Urteil vom 21. Dezember 1955 – Az. VI ZR 63/55 = Verkehrsblatt 1956, Nr. 11, Seite 330 f.; LG Frankfurt am Main, Urteil vom 27. September 2000 – Az. 2/4 O 317/99 = NZV 2001, 308 = RRa 2003, 191.

5.2.6 Betreten eines als besetzt bezeichneten Fahrzeugs

Das Verbot, ein als besetzt bezeichnetes Fahrzeug zu betreten, findet sich in § 4 Absatz 2 Nr. 5 VO-ABB und § 14 Absatz 2 Nr. 6 BOKraft. Auch diese Regelung existierte bereits in § 25 Absatz 2 Nr. 4 BOKraft 1939.[501]

Bei der Regelung ist unerheblich, ob das Fahrzeug objektiv wirklich besetzt ist oder nicht. Entscheidend ist nur, ob das Betriebspersonal das Fahrzeug als solches bezeichnet hat.[502] Denn gerade bei hohem Fahrgastandrang (z. B. nach einem Fußballspiel oder zu Karneval) soll eine Diskussion mit den Fahrgästen darüber vermieden werden, ob noch Platz besteht oder nicht. Selbst wenn noch Platz bestünde, z. B. weil nur im Bereich der Türen dichtes Gedränge herrscht und nicht durchgerückt wurde, kann es im Gesamtinteresse sinnvoll sein, ein Fahrzeug als besetzt zu bezeichnen und zur Fahrt abzufertigen. Denn eine Aufforderung zum Durchrücken und deren Vollzug kosten Zeit. Dieser Zeitverzug kann sowohl zu einer Gefahr für die Sicherheit führen, weil die schon im Fahrzeug befindlichen Fahrgäste wegen der Abfahrtverzögerung unruhig werden, als auch behindert dies gegebenenfalls den Betriebsablauf, da hinter diesem Fahrzeug möglicherweise schon das nächste Fahrzeug wartet oder weil das Fahrzeug dadurch eine Signalphase verpasst. Die Vorschrift sichert somit den Vorrang des betrieblichen und damit des Gesamtinteresses vor dem Individualinteresse.

Die Regelung erfordert nicht, dass das Betriebspersonal das Fahrzeug mündlich gegenüber den Fahrgästen als besetzt bezeichnet. Ausreichend ist auch jede andere Form der Mitteilung,[503] wie z. B. eine Bandansage, eine Geste oder eine Display-Anzeige.

5.2.7 Beeinträchtigung durch sperrige Gegenstände

Das Verbot der Beeinträchtigung durch sperrige Gegenstände in § 4 Absatz 2 Nr. 6 VO-ABB bezieht sich anders als die Verhaltenspflichten des § 4 Absatz 2 Nr. 1 bis 5 VO-ABB nicht nur auf das Verhalten im Fahrzeug, sondern auch auf die Betriebseinrichtungen, Durchgänge und Ein- und Ausstiege. Geschützt sind damit alle Verkehrsflächen des Betriebs. Grund für diese Regelung ist, ähnlich wie die Regelungen in § 1 Absatz 2, § 3 Absatz 2, § 29 Absatz 2, § 32 und § 33 Absatz 1 StVO, die

---

[501] „Verordnung über den Betrieb von Kraftfahrunternehmen im Personenverkehr" vom 13. Februar 1939, RGBl. I, Nr. 29 vom 20. Februar 1939, Seite 231, 236.

[502] Fromm/Fey/Sellmann/Zuck, § 14 BOKraft, Rn. 9; Lampe, Joachim, in: Erbs/Kohlhaas, P 56b, § 14, Rn. 9.

[503] Grätz, Thomas, in: Fielitz/Grätz, A 3 § 4 VO-ABB, Rn. 2; Bidinger, C § 4 VO-ABB, Anm. 10; Lampe, Joachim, in: Erbs/Kohlhaas, P 56b, § 14, Rn. 9.

Behinderung, Erschwerung oder Belästigung des Verkehrs zu verhindern. Die Regelung ergänzt damit die Normen des § 11 Absatz 4 VO-ABB und § 15 Absatz 1 Satz 1 BOKraft, nach denen Sachen so unterzubringen und zu beaufsichtigen sind, dass die Sicherheit und Ordnung des Betriebs durch sie nicht gefährdet und andere Fahrgäste nicht belästigt werden können.

5.2.8 Rauchverbot

Bei der Benutzung des ÖPNV gibt es in verschiedenen Vorschriften Rauchverbote für die Fahrgäste. Sowohl im Hinblick auf den Zeitpunkt der Einführung als auch hinsichtlich der gesetzessystematischen Verortung ist dabei zwischen dem Rauchverbot auf den unterirdischen Bahnsteiganlagen, in den Fahrzeugen und in den U-Bahnverteilerebenen zu unterscheiden.

Die Auslegung des Begriffs „rauchen" kann dagegen einheitlich erfolgen. Hierunter fällt bereits das Anzünden, ohne dass es auf ein Inhalieren ankommt.[504] Entscheidend ist das Entweichen von Rauch und den damit verbundenen Gift- und Geruchsstoffen. Bloße Vorbereitungshandlungen, wie z. B. das Drehen einer Zigarette oder das Stopfen einer Pfeife sind nicht Gegenstand des Verbots.[505]

Bei der Einführung des Rauchverbots auf unterirdischen Bahnsteiganlagen wurden als Begründung die Beschwerden von nichtrauchenden Fahrgästen, die hohen Reinigungskosten für die Verkehrsunternehmen und eine erhöhte Brandgefahr durch achtlos weggeworfene Zigaretten genannt.[506] Diese Begründung führte damit gleichgewichtig drei Argumente auf, die in früheren und späteren Jahren vom BGH bzw. dem Gesetzgeber unterschiedlich beurteilt wurden. So hatten Verkehrsunternehmen bereits vor dem allgemeinen Rauchverbot auf unterirdischen Bahnsteiganlagen in ihren U-Bahn-Bereichen ein solches Rauchverbot eingeführt. Bei einer hiergegen gerichteten Klage gegen das in den BBB festgeschriebene Verbot begründete der BGH im Jahr 1980 die Zulässigkeit des Rauchverbots auf Grund von BBB noch ausschließlich mit dem erhöhten Reinigungsaufwand.[507] Das BNichtrSchG bezog sich im Jahr 2007 in seiner Begründung für ein Rauchverbot in diversen Einrichtun-

---

[504] Bidinger, D Anhang § 14 BOKraft, Rn. 42.

[505] Bidinger, D Anhang § 14 BOKraft, Rn. 42.

[506] Deutscher Bundesrat, Drucksache 635/02 vom 9. Juli 2002, Begründung, Seite 4.

[507] BGH, Urteil vom 4.12.1980 – Az. VII ZR 217/80 = BGHZ 79, 111, 116. = MDR 1981, 307 = NJW 1981, 569 = DB 1981, 1404 f.

gen dagegen nur auf den Schutz Dritter vor den Gefahren des Passivrauchens.[508]

5.2.8.1 Rauchverbot auf unterirdischem Bahnsteig

Ein Rauchverbot in öffentlich zugänglichen und frequentierten Räumen, einschließlich auf unterirdischen Bahnsteiganlagen, wurde von dem EG-Ministerrat in einer Entschließung bereits 1989 gefordert.[509]

In Deutschland wurde ein Verbot für die Fahrgäste, auf unterirdischen Bahnsteiganlagen zu rauchen, erst im Jahre 2002 durch § 4 Absatz 2 Nr. 7 VO-ABB mit Wirkung zum 1. Januar 2003 eingeführt.[510]

Rechtsfolge eines Verstoßes gegen das Rauchverbot auf unterirdischen Bahnsteiganlagen ist gemäß § 4 Absatz 8 Satz 2 VO-ABB die Verpflichtung, einen Betrag von 15,-- Euro zu zahlen. Diese Verpflichtung trifft jeden, der gegen dieses Verbot verstößt. Denn das Verbot richtet sich an alle Fahrgäste im Sinne der VO-ABB.[511] Die Sanktion trifft damit nicht nur Personen, die in einem vertraglichen Verhältnis zu dem Verkehrsunternehmen stehen. Die Strafe von 15,-- Euro ist damit – ebenso wie das EBE[512] – keine Vertragsstrafe, obgleich dies missverständlich in der Begründung zur Änderung der Verordnung so bezeichnet wurde.[513]

5.2.8.2 Rauchverbot in den Fahrzeugen

Im Gegensatz zu dem im Jahr 2002 eingeführten Rauchverbot auf unterirdischen Bahnsteiganlagen existiert ein gesetzliches Rauchverbot in den Fahrzeugen des ÖPNV-Linienverkehrs schon lange.

Die BOKraft von 1939 hatte in § 64 unter der Überschrift „Rauchen" schon eine Regelung zum Rauchverbot für Fahrgäste. Sie lautete wie folgt: „In Omnibussen und Omnibusanhängern darf nur in den besonders gekennzeichneten Wagen oder Wagenteilen geraucht werden."[514]

---

[508] Deutscher Bundestag, Drucksache 16/5049 vom 20. April 2007, Seite 1 und Begründung, Seite 2.

[509] „Entschließung des Rates und der im Rat vereinigten Minister für das Gesundheitswesen der Mitgliedstaaten vom 18. Juli 1989 über ein Rauchverbot in öffentlich zugänglichen und frequentierten Räumen", Amtsblatt der Europäischen Gemeinschaften, Nr. C 189 vom 26.07.1989, Seite 1 f.

[510] BGBl. I, Nr. 74 vom 23. Oktober 2002, Seite 4046, Artikel 1 Nr. 1 der Verordnung zur Änderung der VO-ABB sowie zur Änderung der EVO vom 15. Oktober 2002.

[511] Siehe hierzu unter 1.4.5 Fahrgast.

[512] Siehe hierzu unter 4.1 VO-ABB.

[513] Deutscher Bundesrat, Drucksache 635/02 vom 9. Juli 2002, Seite 4.

[514] „Verordnung über den Betrieb von Kraftfahrunternehmen im Personenverkehr" vom 13. Februar 1939, RGBl. I, Nr. 29 vom 20. Februar 1939, Seite 231, 241.

Auch für das Rauchverbot im Bus wechselten mit der Zeit die Begründungen. Hinsichtlich des Rauchverbots für das Fahrpersonal in § 9 Absatz 2 Nr. 4 BOKraft von 1960[515] wurde noch 1966 entschieden, dass hierfür nicht der Grund die Verhinderung der Belästigung der Fahrgäste sei, sondern das Rauchverbot nur der Verkehrssicherheit diene.[516] Da auch hier nunmehr das BNichtrSchG gilt, ist jetzt gleichfalls dessen Begründung für ein Rauchverbot maßgebend, nämlich der Schutz Dritter vor den Gefahren des Passivrauchens.[517]

In der BOKraft-Neufassung von 1975[518] verbot der Gesetzgeber schließlich in § 14 Absatz 2 Nr. 8 BOKraft „in Fahrzeugen des Obusverkehrs, des Linienverkehrs mit Kraftfahrzeugen, in gekennzeichneten Nichtraucherzonen von Kraftomnibussen des Gelegenheitsverkehrs (§ 24) sowie in den als „Nichtraucher" gekennzeichneten Fahrzeugen des Taxenverkehrs (§ 26 Absatz 2) zu rauchen".[519] Darüber hinaus war dem Fahrpersonal nach § 8 Absatz 3 Nr. 2 BOKraft das Rauchen verboten.[520]

Laut § 67 Absatz 2 Nr. 6 der BOStrab von 1965 war den Fahrgästen das Rauchen in nicht hierfür besonders gekennzeichneten Fahrzeugen untersagt.[521] In der BOStrab von 1987 wurde das Rauchen durch § 59 Absatz 2 BOStrab verboten und nach § 63 Absatz 2 Nr. 2 BOStrab bestraft.[522]

Mit Einführung der VO-ABB wurde mit § 4 Absatz 2 Nr. 7 VO-ABB den Fahrgästen ebenfalls verboten, „in nicht hierfür besonders gekennzeichneten Fahrzeugen zu rauchen".[523]

Sämtliche vorgenannten Rauchverbote sind mittlerweile gestrichen. Die in § 59 Absatz 2 und § 63 Absatz 2 Nr. 2 BOStrab, in § 8 Absatz 3 Nr. 2, § 14 Absatz 2 Nr. 8 und § 45 Absatz 2 Nr. 2 BOKraft sowie § 4 Absatz 2 Nr. 7 VO-ABB formulierten Rauchverbote in den Fahrzeugen sowie die damit verbundenen Ordnungswidrigkeiten wurden nach Erlass des BNichtrSchG für überflüssig gehalten und durch die „Fünfte Verord-

---

[515] BGBl. I, Nr. 36 vom 22. Juli 1960, Seite 553, 556.

[516] OLG Hamm, Beschluss vom 13. Juli 1966 – Az. 4 Ws (B) 140/66 = VRS Bd. 31, Nr. 175, Seite 393 f. = NJW 1966, 2422 f.; a. A. Müller, Fritz (22. Auflage), § 9 BOKraft, Rn. 3; derselbe, zur BOKraft bis 1960 (21. Auflage), § 20 BOKraft.

[517] Deutscher Bundestag, Drucksache 16/5049 vom 20. April 2007, Seite 1 und Begründung, Seite 2.

[518] BGBl. I, Nr. 72 vom 1. Juli 1975, Seite 1573 ff.

[519] BGBl. I, Nr. 72 vom 1. Juli 1975, Seite 1573, 1576.

[520] BGBl. I, Nr. 72 vom 1. Juli 1975, Seite 1573, 1575.

[521] BGBl. I, Nr. 58 vom 16. Oktober 1965, Seite 1513, 1534.

[522] BGBl. I, Nr. 58 vom 18. Dezember 1987, Seite 2648, 2664, 2666.

[523] BGBl. I, Nr. 19 vom 6. März 1970, Seite 230.

nung zur Änderung personenbeförderungsrechtlicher Vorschriften" aufgehoben.[524]

Das BNichtrSchG wurde durch Artikel 1 des Gesetzes zum Schutz vor den Gefahren des Passivrauchens[525] erlassen. Es enthält in § 1 Absatz 1 Nr. 2 ein Verbot, „in Verkehrsmitteln des öffentlichen Personenverkehrs" zu rauchen. Verkehrsmittel des öffentlichen Personenverkehrs im Sinne dieses Gesetzes sind nach § 2 Nr. 2 b) auch die zur Beförderung von Personen eingesetzten Straßenbahnen, Obusse und Kraftfahrzeuge, soweit die Beförderung den Vorschriften des PBefG unterliegt. Für Verkehrsmittel des ÖPNV-Linienverkehrs gilt das Verbot gemäß § 1 Absatz 3 Satz 2 i. V. m. § 2 Nr. 2 lit. b) BNichtrSchG ausnahmslos. Nach § 5 BNichtrSchG ist ein Verstoß auch bußgeldbewährt.

Das BNichtrSchG enthält darüber hinaus nicht nur, wie § 8 Absatz 3 Nr. 2 BOKraft a. F.[526], für das Fahrpersonal ein Verbot „während der Beförderung von Fahrgästen zu rauchen"[527]. § 1 Absatz 1 Nr. 2 BNichtrSchG verbietet weitergehend, „in Verkehrsmitteln des öffentlichen Personenverkehrs" zu rauchen. Damit ist klargestellt, dass der Busfahrer auch bei Leerfahrten oder während der Wendezeit nicht im Fahrzeug rauchen darf.[528] Denn auch Restmengen an Tabakrauch stellen Gesundheitsgefahren dar[529] und sind darüber hinaus belästigend. Daher hat der Fahrgast gegenüber dem Unternehmen den Anspruch auf ein rauchfreies Fahrzeug und der Unternehmer die Pflicht, das Fahrpersonal zu gesetzeskonformem Handeln anzuhalten.

Die nach Einführung des BNichtrSchG erfolgten Streichungen der Vorschriften in der BOStrab und der BOKraft waren konsequent, da diese Vorschriften überflüssig wurden. Gleichwohl stellt sich die Frage, ob ein Verbleib der Nichtraucherschutzregelungen in den verkehrsbezogenen Fachvorschriften nicht sinnvoller gewesen wäre als eine Überführung in ein nur wenige Teilbereiche des öffentlichen Lebens regelndes BNichtrSchG.

---

[524] BGBl. I, Nr. 57 vom 15. November 2007, Seite 2569 ff.

[525] BGBl. I, Nr. 35 vom 27. Juli 2007, Seite 1595 ff.

[526] Gestrichen durch die „Fünfte Verordnung zur Änderung personenbeförderungsrechtlicher Vorschriften" vom 8. November 2007, BGBl. I, Nr. 57 vom 15. November 2007, Seite 2569, Artikel 2, Nr. 1 a).

[527] So § 8 Absatz 3 Nr. 3 BOKraft a. F. (bis zur Änderung in BGBl. I, Nr. 57 vom 15. November 2007, Seite 2569).

[528] Krämer, Horst, BOKraft § 14, Anm. 6; Grätz, Thomas, in: Fielitz/Grätz, A 7 § 8 BOKraft, Rn. 11.

[529] Grätz, Thomas, in: Fielitz/Grätz, A 7 § 8 BOKraft, Rn. 11.

Unabhängig von dieser gesetzessystematischen bzw. von der die politische Opportunität und mediale Aufmerksamkeit betreffenden Frage war die Abschaffung des in Fahrzeugen geltenden Rauchverbots in § 4 Absatz 2 Nr. 7 VO-ABB ein gesetzgeberischer Missgriff. Denn diese Regelung wurde durch das BNichtrSchG keinesfalls überflüssig, da das BNichtrSchG mit den in § 5 BNichtrSchG vorgesehenen Bußgeldvorschriften nur die früheren Ordnungswidrigkeiten in § 63 Absatz 2 Nr. 2 BOStrab und § 45 Absatz 2 Nr. 7 BOKraft ersetzte. Diese Bußgeldvorschriften waren öffentlich-rechtlicher Natur und gaben den Ordnungsbehörden die Möglichkeit, eine Strafe zu verhängen. § 4 Absatz 2 Nr. 7 VO-ABB ermöglichte hingegen in Verbindung mit § 4 Absatz 8 Satz 2 VO-ABB den Unternehmen, bei Verstößen gegen das Rauchverbot in den Fahrzeugen ein Strafgeld von 15,-- Euro zu erheben.

In der Praxis hat sich damit durch das BNichtrSchG der Nichtraucherschutz erheblich verschlechtert. Denn die Ordnungsbehörden führen in der Regel keine Kontrollen in den Fahrzeugen des ÖPNV durch. Sie lassen die Verkehrsunternehmen mit den Kontrollen zur Einhaltung der Sicherheit allein. Diese haben aber keine Handhabe mehr, von den Tätern bei entdeckten Verstößen die Personalien zu verlangen oder sie festzuhalten. Denn zum einen haben die Unternehmen durch die neue Gesetzeslage nicht mehr ein Festhalterecht nach § 229 BGB, da der zivilrechtliche Anspruch fortgefallen ist. Zum anderen fehlt es für ein Festnahmerecht nach § 127 StPO am Vorliegen einer Straftat, da es sich bei dem Rauchverbot nach dem BNichtrSchG nur um eine Ordnungswidrigkeit handelt. Die Täter können daher ohne Sanktionen und ohne, dass dies mit rechtsstaatlichen Mitteln verhindert werden kann, entkommen.

5.2.8.3 Rauchen in der U-Bahn-Verteilerebene

Die Frage des Rauchverbots stellt sich auch in Bezug auf die sonstigen für die Fahrgäste zugänglichen Bereiche, insbesondere den U-Bahn-Verteilerebenen. Dies ist allerdings kein Regelungsgegenstand des BNichtrSchG, von BOStrab und BOKraft oder der VO-ABB. Gegebenenfalls greifen hier aber je nach Ausgestaltung die Landesnichtraucherschutzgesetze. Dies gilt insbesondere dann, wenn in der Verteilerebene auch Gastronomie betrieben wird. So führte das OVG NRW zum NiSchG NRW[530] aus, es komme für das Eingreifen des Nichtraucherschutzes allein darauf an, dass die Gaststätte in einem allseits von Wänden und Decken umschlossenen Raum liege. Dies sei auch bei Gaststätten im Laufbereich von Einkaufszentren der Fall. „Eigene" Decken und

---

[530] NiSchG NRW vom 20. Dezember 2007, GV. NRW, Seite 742.

Wände seien nicht erforderlich.[531] Für die Verteilerebenen von U-Bahn-stationen werden bei entsprechendem Landesrecht diese Gesichtspunkte ebenfalls regelmäßig zu beachten sein.

5.2.9 Audiomedien

Nach § 4 Absatz 2 Nr. 8 VO-ABB ist den Fahrgästen untersagt, Tonwie-dergabegeräte oder Tonrundfunkempfänger zu benutzen. § 14 Absatz 2 Nr. 9 BOKraft verbietet, Tonrundfunk- oder Fernsehrundfunkempfänger sowie Tonwiedergabegeräte zu gebrauchen.

Darüber hinaus untersagt § 8 Absatz 3 Nr. 4 BOKraft im Obusverkehr sowie im Linienverkehr mit Kraftfahrzeugen dem im Fahrdienst einge-setzten Betriebspersonal, während der Beförderung von Fahrgästen Übertragungsanlagen, Tonrundfunkempfänger oder Tonwiedergabege-räte zu anderen als betrieblichen oder Verkehrsfunk-Hinweisen zu be-nutzen.

5.2.9.1 Benutzung durch die Fahrgäste

Gründe der Regelungen in § 4 Absatz 2 Nr. 8 VO-ABB und § 14 Absatz 2 Nr. 9 BOKraft sind zum einen, den Fahrer nicht in seiner Konzentration auf das Fahrgeschehen zu beeinträchtigen, insbesondere aber, die ande-ren Fahrgäste nicht zu belästigen. Die Regelungen sind damit ein Beitrag zur Verkehrssicherheit und eine Konkretisierung des Rücksichtnahme-gebots von § 4 Absatz 1 Satz 1 Halbsatz 2 VO-ABB sowie in § 14 Absatz 1 Satz 1 Halbsatz 2 BOKraft.

5.2.9.1.1 Begriffsdefinitionen

Der Begriff der Tonrundfunkempfänger ist gesetzlich nicht definiert. Allerdings wird man unter ihm alle Rundfunkempfangsgeräte verstehen können, die Töne empfangen und wiedergeben. Unter Rundfunkemp-fangsgeräten sind nach § 1 Absatz 1 Satz 1 RGebStV technische Einrich-tungen zu verstehen, die zur drahtlosen oder drahtgebundenen, nicht zeitversetzten Hör- oder Sichtbarmachung oder Aufzeichnung von Rundfunk (Hörfunk und Fernsehen) geeignet sind. Damit fallen unter den Begriff der Tonrundfunkempfänger alle Geräte, mit denen Radio oder Fernsehen empfangen wird.

Das in § 14 Absatz 2 Nr. 9 BOKraft gegenüber der VO-ABB zusätzlich aufgeführte Verbot der Fernsehrundfunkempfänger ist daher in dem

---

[531] OVG NRW, Urteil vom 11. November 2009 – Az. 4 B 512/09 und 4 B 657/09 = GewArch 2010, 122.

Begriff der (Ton-)rundfunkempfänger[532] eingeschlossen und somit überflüssig.

Der Begriff der Tonwiedergabegeräte umfasst jedenfalls die Geräte, die konservierte Töne z. B. von CD, DVD, Kassette oder Chip reproduzieren. Denkbar wäre aber auch, die Interpretation auszudehnen und hierunter ebenfalls alle Geräte fallen zu lassen, die nicht nur konservierte, sondern auch empfangene Töne wiedergeben. Dann würden auch alle Formen von Mobilfunkgeräten (Handys) erfasst. Ferner wäre der Begriff der Tonrundfunkempfänger überflüssig, weil diese Geräte in dem Begriff der Tonwiedergabegeräte enthalten wären.

Eine so weitgehende Interpretation ist jedoch abzulehnen.[533] Zwar mag es gelegentlich störend sein, wenn in Fahrzeugen des ÖPNV telefoniert wird, andererseits gilt zu bedenken, dass das Unterfallen unter die Bestimmungen auch bedeuten würde, dass Mobiltelefone bis zum Betreten des Fahrzeugs ausgeschaltet werden müssten, da schon das Vorhalten eines eingeschalteten Mobiltelefons wegen des möglichen Empfanges eines Gesprächs oder einer Nachricht eine Benutzung darstellte. Damit wäre die Vorschrift fernab der Lebensrealität.

Entscheidende Gründe gegen eine weite Definition sind aber zum einen, dass der Ausschluss von Mobiltelefonen vom historischen Gesetzgeber schon deshalb nicht beabsichtigt war, da es diese in handgroßer und tragbarer Form zum Zeitpunkt des Erlasses der Vorschriften in der VO-ABB im Jahr 1970 und in der BOKraft-Norm im Jahr 1975 noch nicht gab. Zum anderen spricht das Nebeneinander der Begriffe Tonrundfunkempfänger und Tonwiedergabegeräte für die einschränkende Auslegung des Begriffs der Tonwiedergabegeräte.

Entsprechend haben die Verkehrsunternehmen nach teilweise anfänglicher Skepsis[534] mittlerweile nicht nur Handys erlaubt, sondern ermöglichen und fördern sogar deren Gebrauch durch Antennen und Verstärker in den U-Bahn-Anlagen.[535] Alles andere würden die Fahrgäste als Einschränkung ihrer Mobilität und ihrer Sicherheit empfinden.

---

[532] Vgl. z. B. § 1 Absatz 1 Satz 1 RGebStV der Bundesländer.

[533] Ebenso: Hole, Gerhard, § 14, Anm. 10; kritisch: Krämer, Horst, BOKraft § 14, Anm. 3; für stumm geschaltete Geräte: Bidinger, D § 14 BOKraft, Rn. 50.

[534] Süddeutsche Zeitung „Zuerst hasste der Fahrgast das Handy, nun liebt er es" vom 17. Februar 2000; Süddeutsche Zeitung „Telefonieren in der U-Bahn – verboten!" vom 18. Januar 2001; Süddeutsche Zeitung „Telefonieren in Tram und Stadtbussen erlaubt" vom 28. August 2003.

[535] Kölner Stadtanzeiger „Telefonieren jetzt auch im U-Bahntunnel" vom 11. Januar 1999; Kölner Stadtanzeiger „U-Bahnen sind jetzt handytauglich" vom 19. Mai 1999.

Bei Multifunktionsgeräten, die zum Beispiel sowohl eine Telefon- als auch eine Rundfunk- oder Tonwiedergabefunktion besitzen, ist jeweils auf die konkrete Benutzung abzustellen.

5.2.9.1.2 Tragbare Abspielgeräte

Ein in der Praxis immer wieder streitiger Punkt ist die Benutzung von tragbaren Abspielgeräten für Musik mit Kopfhörern, oft kurz MP3-Player oder Walkman[536] genannt. Diesbezügliche Konflikte begannen mit dem Aufkommen der tragbaren Abspielgeräte von Musikkassetten in den 1980er Jahren.[537] Nach dem Wortlaut des § 4 Absatz 2 Nr. 8 VO-ABB und des § 14 Absatz 2 Nr. 9 BOKraft fallen die Geräte unter das Verbot. Allerdings existierten zum Zeitpunkt der Einführung der Vorschrift in der VO-ABB und der BOKraft solche Geräte ebenfalls noch nicht, so dass sich der Wille des historischen Gesetzgebers hierauf nicht beziehen konnte. Tatsächlich ist die Geräuschemission, die von diesen Geräten ausgeht, unvergleichlich geringer als von anderen Tonwiedergabegeräten. Andererseits kann auch ein geringer Geräuschpegel insbesondere dann störend sein, wenn bei Benutzung dieser Geräte nur ein Teil der Musikdarstellung, z. B. nur die Rhythmusinstrumente, nach außen dringen. Die Ansichten über die Zulassung oder Zulässigkeit in den Fahrzeugen sind daher sehr unterschiedlich. Eine verständige Auslegung, die die vorgenannten Argumente abwägt und würdigt, wird daher die Norm im Sinne des Zwecks so auslegen, dass dann keine Bedenken gegen die Benutzung der Geräte bestehen, wenn hierdurch die Verkehrssicherheit nicht beeinträchtigt wird und unter dem Gesichtspunkt der Rücksichtnahme keine übermäßige Belästigung der anderen Fahrgäste besteht.[538] Im Einzelfall wird man dem Betriebspersonal bei der Entscheidung einen Ermessensspielraum überlassen müssen.

5.2.9.2 Beschallung durch das Unternehmen

Eine ganz andere Frage als die Benutzung von Audiomedien durch Fahrgäste ist, ob das Unternehmen zentral über die Lautsprecher des

---

[536] Eigentlich ist die inzwischen als Gattungsname verwendete Bezeichnung „Walkman" nur der Markenname für die Geräte der Firma Sony.

[537] Vgl. beispielhaft: Express „KVB: Jetzt darf man mit Walkman fahren" vom 11. Juli 1986; Kölnische Rundschau „Wenn dem Fahrgast das Trommelfell juckt" vom 6. Februar 1988; Kölnische Rundschau „KVB-Gäste durch Musik gestört: Appell an die Einsicht" vom 11. Juli 1986.

[538] Im Ergebnis ähnlich differenziert wie hier: Grätz, Thomas, in: Fielitz/Grätz, A 3 § 4 VO-ABB, Rn. 2; kritisch hinsichtlich eines Verbots: Bidinger, C § 4 VO-ABB, Anm. 12; derselbe, D § 14 BOKraft, Anm. 50; für eine Tolerierung: Fromm/Fey/Sellmann/Zuck, § 14 BOKraft, Rn. 12; deutlich kritisch hinsichtlich einer Erlaubnis: Krämer, Horst, BOKraft § 14, Anm. 3.

Fahrzeugs Musik oder Radioprogramme abspielen darf. Durch § 4 Absatz 2 Nr. 8 VO-ABB und § 14 Absatz 2 Nr. 9 BOKraft ist dies nicht untersagt, da sich diese Vorschriften nur an die Fahrgäste richten.

Allerdings untersagt § 8 Absatz 3 Nr. 4 BOKraft im Obusverkehr sowie im Linienverkehr mit Kraftfahrzeugen dem im Fahrdienst eingesetzten Betriebspersonal, während der Beförderung von Fahrgästen Übertragungsanlagen, Tonrundfunkempfänger oder Tonwiedergabegeräte zu anderen als betrieblichen oder Verkehrsfunk-Hinweisen zu benutzen. Es wäre denkbar, dass diese Vorschrift auch den Fahrgästen den Anspruch zuerkennen soll, von Beschallung verschont zu bleiben. Bereits bei dem unter der Überschrift „Verhalten im Fahrdienst" früher in § 14 Absatz 2 Nr. 8 BOKraft bestehenden Rauchverbot war streitig, inwieweit die Regelung einen die Sicherheit oder den Fahrgast schützenden Charakter hatte.[539] Auch bei dieser Bestimmung gibt es gute Gründe für beide Sichtweisen. So kann der Umstand, dass § 8 Absatz 4 BOKraft keine Anwendung auf die Gelegenheitsverkehre findet, als Argument dafür herangezogen werden, die Regelung sei aus Sicherheitsgründen erlassen worden, da im Gelegenheitsverkehr die Bedienung der Geräte zumeist durch Begleit- oder Hilfspersonen und nicht durch den Fahrer erfolge.[540] Allerdings ließe sich auch gegenteilig argumentieren: Denn erstens ist die Erlaubnis nicht an die Mitfahrt von Begleit- oder Hilfspersonen gebunden, so dass auch im Gelegenheitsverkehr eine Bedienung durch den Fahrer erfolgt. Zweitens ist ein Argument für das Verbot im Linienverkehr die im Gegensatz zum Gelegenheitsverkehr weniger homogene Fahrgaststruktur, die eher zu einem Konflikt hinsichtlich der Musikfarbe führen kann. Außerdem kann drittens im Gelegenheitsverkehr der Kunde in Gestalt des Auftraggebers stärkeren Einfluss auf die Musikauswahl nehmen als dies der einzelne Fahrgast des Linienverkehrs vermag.

Regelmäßig ist die Frage jedoch müßig, da die Regelung des § 8 BOKraft bei den Busverkehren unabhängig vom Bestehen eines subjektiven Rechts der Fahrgäste bereits gewerberechtlich einzuhalten ist. Gleichwohl kann die nach Landesrecht zuständige Behörde gemäß § 43 BOKraft von dieser Vorschrift eine Ausnahmegenehmigung erteilen, wenn gewichtige Gründe dafür sprechen. Gründe für einen Dispens können z. B. sein, dass

---

[539] Vgl. einerseits: OLG Hamm, Beschluss vom 13. Juli 1966 – Az. 4 Ws (B) 140/66 = VRS Bd. 31, Nr. 175, Seite 393 f. = NJW 1966, 2422 f.; andererseits: Müller, Fritz (21. Auflage) § 20 BOKraft.

[540] VG Arnsberg, Urteil vom 30. März 2000 – Az. 7 K 753/99 = NJW 2001, 1664 f; Fromm/Fey/Sellmann/Zuck, § 8 BOKraft, Rn. 7.

- ein leises Hintergrundprogramm die Aufmerksamkeit der Fahrgäste auf sich zieht und so in der Summe sogar geeignet ist, den Geräuschpegel im Fahrzeug zu senken,
- ein solches Programm die Attraktivität des Busverkehrs zu steigern vermag oder
- die Beschallung zu einem Abbau der Spannungen unter den Fahrgästen, insbesondere im Schülerverkehr, führt.[541]

Ein solcher Dispens würde sich wiederum auf ein möglicherweise gegebenes subjektives Recht des Fahrgastes auswirken.

5.2.10 Ort des Fahrgastwechsels

5.2.10.1 Grundsatz des Fahrgastwechsels an Haltestellen

Haltestellen haben im Linienverkehr wichtige Funktionen; diese sind insbesondere

- die Bündelung der Fahrgastströme, so dass seltener gehalten werden muss; dieser Gesichtspunkt wurde bereits im 19. Jahrhundert bei der Pferdebahn geltend gemacht,[542]
- eine höhere Sicherheit, indem sie den Fahrgästen einen meist baulich (z. B. Wetterschutz oder niveaugleiche Ein- und Ausstiegsmöglichkeit), jedenfalls aber rechtlich geschützten Raum (insbesondere § 20 StVO) zum Ein- und Aussteigen bieten,[543]
- die Planbarkeit, da nach § 40 PBefG nur dort eine fahrplanmäßige Ankunfts- bzw. Abfahrtszeit besteht.

Entsprechend definiert der Gesetzgeber in § 42 Satz 1 PBefG den Linienverkehr als „Verkehrsverbindung, auf der Fahrgäste an bestimmten Haltestellen ein- und aussteigen können".

Konsequenterweise schreibt der Gesetzgeber in § 4 Absatz 3 Satz 1 Halbsatz 1 VO-ABB den Grundsatz fest, dass die Fahrgäste die Fahrzeuge nur an den Haltestellen betreten und verlassen dürfen.

---

[541] VG Arnsberg, Urteil vom 30. März 2000 – Az. 7 K 753/99 = NJW 2001, 1664 f.

[542] Vgl. Kölner Stadt-Anzeiger vom 12. Oktober 1881: „Ein Grund, daß die Pferdebahnen oft Verspätungen erleiden, ist darin zu suchen, daß sich das Publicum so schlecht mit der Einrichtung der Haltestellen befreunden kann. Es ist ja recht bequem, wenn der Fahrgast sich vor seiner Hausthür absetzen lassen kann, allein dadurch geht viel Zeit verloren, abgesehen davon, daß die Tiere durch das immerwährende Anziehen viel zu leiden haben. Möge jeder, der die Schritte zur Haltestelle macht, bedenken, daß er es im Interesse der Ordnung und Pünktlichkeit thut, dann wird es ihm nicht sauer fallen. Einer für Viele." zitiert nach Kölner Stadt-Anzeiger vom 14. November 2001.

[543] Fromm/Fey/Sellmann/Zuck, § 14 BOKraft, Rn. 13; Hilpert, Thomas, Der Nahverkehr 2002, Heft 3, Seite 44.

Aus diesen Normen folgt, dass die Fahrgäste einerseits kein Recht haben, außerhalb von Haltestellen ein- oder auszusteigen, aber andererseits im Rahmen der Beförderungspflicht ein Recht besitzen, an den Haltestellen das Fahrzeug zu betreten oder zu verlassen.

5.2.10.2 Fahrgastwechsel außerhalb der Haltestellen

Der zuvor herausgearbeitete Grundsatz bedeutet jedoch nicht, dass der Fahrgastwechsel außerhalb der Haltestellen unzulässig ist. Allerdings ist er an bestimmte Voraussetzungen gebunden. So gibt § 4 Absatz 3 Satz 1 Halbsatz 2 VO-ABB die Vorgabe, dass Ausnahmen von dem Grundsatz des Halbsatzes 1 der Zustimmung des Betriebspersonals bedürfen. Wann diese Ausnahmen möglich sind, gibt die VO-ABB jedoch nicht vor. Grund hierfür ist, dass dies sinnvollerweise nicht einheitlich zu beantworten ist, sondern von dem benutzten Verkehrsmittel abhängt.

5.2.10.2.1 Bahn

Für die Bahnen nach dem PBefG formuliert § 54 Absatz 2 BOStrab die Regelung, dass „Türen […] im Regelbetrieb nur in Haltestellen […] freigegeben sein" dürfen. Wenn aber die Türen nur in diesen Fällen freigegeben werden dürfen, kann auch nur in diesen Fällen der Fahrgastwechsel stattfinden. Dies bedeutet daher, dass beim Bahnbetrieb die Ausnahme des Fahrgastwechsels außerhalb von Haltestellen auf Störungen beschränkt ist. Diese Regelung gilt vor dem Hintergrund, dass Hochflurbahnen Einstiege von in der Regel etwa einem Meter Höhe haben, die außerhalb von Haltestellen – soweit keine Trittstufenvorrichtungen vorhanden sind – schwerlich überwunden werden können. Ferner verkehren die Bahnen teilweise im Tunnel oder auf Hochbahnstrecken, so dass ein Verlassen des Fahrwegs gefahrlos nur an den Haltestellen bzw. bei langen Streckenabschnitten an einem Notausstieg möglich ist. Des Weiteren können im Fahrbereich der Trasse zusätzliche Gefahren, wie z. B. Stromschienen liegen. Soweit die Bahnen im Straßenprofil fahren, können sie nicht, wie ein Kfz, rechts an den Bürgersteig heranfahren, so dass dort ein Aussteigen auf freier Strecke mit dem unvermittelten Betreten der Fahrbahn und damit ebenfalls regelmäßig mit erheblichen Gefahren verbunden ist.

5.2.10.2.2 Bus

Für die Busverkehre gelten diese strikten Einschränkungen nicht, da hier die technischen Voraussetzungen anders sind. Entsprechend schränkt § 14 Absatz 3 Nr. 1 BOKraft die Vorgabe des § 4 Absatz 3 Satz 1 VO-ABB für Busse nicht weiter ein, sondern wiederholt sie nur. Damit gelten für den Busverkehr keine weiteren Restriktionen.[544] Lediglich die allgemeinen Einschränkungen, wie z. B. die Beschränkungen aus der StVO, insbesondere § 12 StVO, oder ein Bedienungsverbot nach § 17 Absatz 1 Nr. 4 PBefG sind daher zu beachten.[545]

5.2.10.2.2.1 Halten auf Wunsch

Ein häufiger Fall, in dem zwischen den Haltestellen zum Zwecke des Fahrgastwechsels gehalten wird, sind die Angebote des „Haltens auf Wunsch".[546] Das Halten auf Wunsch ist ein Angebot, bei dem die Fahrgäste unter bestimmten Voraussetzungen auch zwischen den Haltestellen aus- teilweise sogar auch einsteigen können. Das Angebot ist meist beschränkt auf Schwachverkehrszeiten ab 20.00 Uhr, bestimmte Linien oder die Verkehre außerhalb der Innenstadt, setzt einen bestimmten Haltestellenabstand voraus und gilt nur, soweit keine Verspätung vorliegt.[547] Soweit hierzu in den BBB keine weiteren Regelungen getroffen werden, ergibt sich für den Fahrgast aber kein Anspruch, da es nur ein Zusatzangebot ist.[548]

5.2.10.2.2.2 AST und andere flexible Bedingungsweisen

Ein weiterer Fall des Fahrgastwechsels zwischen den Haltestellen stellen die AST-Verkehre[549] dar. Der AST-Verkehr ist ein Angebot, das sowohl Elemente eines Linien- als auch eines Taxi-Verkehrs enthält. Die Fahrgastbedienung erfolgt beim AST sowie bei ähnlichen Formen von flexiblen Bedienungsweisen[550] vielfach ohne Beschränkung auf bestimmte

---

[544] Hilpert, Thomas, Der Nahverkehr 2002, Heft 3, Seite 44 ff.; zurückhaltender: Bidinger, D § 14 BOKraft, Rn. 63; Fromm/Fey/Sellmann/Zuck, § 14 BOKraft, Rn. 13; Grätz, Thomas, in: Fielitz/Grätz, A 3, § 4 VO-ABB, Rn. 3; Krämer, Horst, BOKraft § 14, Anm. 3 und § 32, Anm. 21.

[545] Hilpert, Thomas, Der Nahverkehr 2002, Heft 3, Seite 44, 45.

[546] Hierzu ausführlich: Hilpert, Thomas, Der Nahverkehr 2000, Heft 11, Seite 43 ff.; derselbe, Der Nahverkehr 2002, Heft 3, Seite 44 ff.; Schultze, Heino / Brunsing, Jürgen, 1996, Heft 3, Seite 124 ff.; Pressemeldungen z. B.: Ohnewald, Michael, in: Stuttgarter Zeitung „Auf Wunsch hält der Busfahrer vor der Haustüre" vom 27. Juni 2001; WAZ „Boom beim Bus-Stopp zwischendurch" vom 18. März 1995.

[547] Hilpert, Thomas, Der Nahverkehr 2000, Heft 11, Seite 43, 44.

[548] Hilpert, Thomas, Der Nahverkehr 2002, Heft 3, Seite 44 ff.

[549] Zu AST-Verkehren z. B.: VGH Baden-Württemberg, Urteil vom 28. März 2008 – Az. 9 S 2312/06 = DÖV 2008, 879 f.; LG Koblenz, Urteil vom 23. Juli 1983 – Az. 3 S 441/86; VG Köln, Urteil vom 19. April 1989 – Az. 21 K 2969/87 = VRS Bd. 77, Nr. 186, Seite 474 ff. = TranspR 1989, Seite 445 ff.; OVG Niedersachsen, Urteil vom 19. September 2007 – Az. 7 LC 208/04; VG Oldenburg, Urteil vom 16. Juni 2004 – Az. 7 A 508/03 (Vorinstanz).

[550] Z. B. Rufbus, Bürgerbus, Servicebus, Taxibus etc.; ausführlich: Nickel, Bernhard, Der Nahverkehr 2010, Heft 4, Seite 56 ff.; Füßer, Klaus, DVBl. 2011, 20 ff.

Haltestellen und vorgegebene Fahrwege. Zwar muss der Fahrgast bei diesen Angeboten seinen Beförderungswunsch dem Unternehmen anmelden; gleichwohl erfolgt i. d. R. keine Abholung an einem beliebigen Ort, sondern an vorher definierten Haltestellen.[551] Allerdings ist der Ausstieg oft nicht an Haltestellen gebunden.[552] Einen Anspruch auf einen Ausstieg ohne Bindung an eine Haltestelle hat der Fahrgast, soweit dies vertraglich zulässig vereinbart ist, d. h. die Liniengenehmigung und die Beförderungsbedingungen dies vorsehen. Allerdings ist dieses Recht insoweit beschränkt, als der Halt und der Ausstieg an der jeweiligen Stelle auch rechtlich und tatsächlich, d. h. insbesondere gefahrlos, möglich ist.

5.2.11 Art und Weise des Fahrgastwechsels

Vorschriften zur Art und Weise des Fahrgastwechsels finden sich in erster Linie in § 4 Absatz 3 Sätze 2 und 3 VO-ABB und § 14 Absatz 3 Nr. 2 BOKraft.

5.2.11.1 Besonders gekennzeichnete Ein- oder Ausgänge

Im Zusammenhang mit dem Fahrgastwechsel besteht zunächst nach § 4 Absatz 3 Satz 2 VO-ABB für Bus- und Bahnverkehre die Verpflichtung, soweit besonders gekennzeichnete Ein- oder Ausgänge vorhanden sind, nur diese beim Betreten oder Verlassen der Fahrzeuge zu benutzen. Für den Busverkehr ist diese Pflicht auch in § 14 Absatz 3 Nr. 2 Halbsatz 2 BOKraft festgeschrieben. Dort ist entsprechend § 20 Absatz 1 Nr. 2 BO-Kraft der Unternehmer sogar verpflichtet, eine Kennzeichnung an den Außenseiten anzubringen. Diese Beschriftungen oder Sinnbilder müssen nach § 20 Absatz 2 BOKraft eindeutig, gut sichtbar und deutlich lesbar sein. Ihre Wirkung darf durch andere Aufschriften oder Bildzeichen nicht beeinträchtigt werden.

Die Benutzung nur bestimmter Ein- oder Ausgänge erfolgt entweder, um den Fahrgastwechsel zu entzerren und damit zu beschleunigen oder zur besseren Kontrolle der Fahrgäste und von Gefahrensituationen, mithin in den Fällen des Haltens auf Wunsch[553], bei Regionalbuslinien[554] oder in den Abendstunden. In letzterem Fall dient dies vor allem dazu,

---

[551] Nickel, Bernhard, Der Nahverkehr 2010, Heft 4, Seite 56, 59.

[552] VDV, Differenzierte Bedienungsweisen, Seite 32; Nickel, Bernhard, Der Nahverkehr 2010, Heft 4, Seite 56 ff.

[553] Vgl. z. B. § 4 Absatz 9 Nr. 3 Beförderungsbedingungen des HVV vom 13. Juni 2010.

[554] Vgl. z. B. § 5 Absatz 3 Gemeinsame Beförderungsbedingungen des VVW vom 1. April 2010.

dem Fahrer eine Schlüssigkeitsprüfung des Fahrausweises durch Sicht-kontrolle zu ermöglichen.

5.2.11.2 Zügiges Ein- und Aussteigen

§ 14 Absatz 3 Nr. 2 BOKraft verpflichtet die Busfahrgäste und § 4 Absatz 3 Satz 3 VO-ABB auch die Fahrgäste der Straßenbahn zum zügigen Ein- und Aussteigen. Zügig bedeutet „in einem Zuge", „schnell" und „stetig",[555] also ohne überflüssige Verzögerung,[556] wie z. B. bei einem Stehenbleiben[557] oder einem Richtungswechsel, ohne, dass hierfür adäquate Gründe vorliegen. Eine besondere Schnelligkeit ist nicht notwendig;[558] denn zum einen sind hinsichtlich der Geschwindigkeit bei dem Fahrgast gegebenenfalls individuelle Gesichtspunkte zu berücksichtigen und zum anderen ist die Kontinuität und Flüssigkeit der Handlung für den Durchfluss entscheidender als die Geschwindigkeit. Daher bedeutet zügiges Ein- und Aussteigen die Anwendung der Eile, die dem Fahrgast nach seinen Fähigkeiten möglich und zuzumuten ist.[559]

Zum zügigen Aussteigen ist es im Linienverkehr üblich, aber nicht in jedem Fall zwingend,[560] bereits bei Annäherung an eine Haltestelle aufzustehen, um der Verpflichtung nachzukommen.[561] Soweit der Fahrgast entsprechend handelt und sich ausreichend festhält, kann ihm dieses Verhalten bei einem Sturz daher nicht vorgeworfen werden.[562]

5.2.11.3 Aufrücken in das Wageninnere

Das Gebot des § 4 Absatz 3 Satz 3 Halbsatz 2 VO-ABB, in das Wageninnere aufzurücken, könnte auf den ersten Blick so gedeutet werden, dass die Verpflichtung auch erfüllt wäre, wenn man unmittelbar hinter der Tür stehen bliebe. Denn auch der Bereich unmittelbar hinter der Tür ist Teil des Inneren des Fahrzeugs. Diese Interpretation geht jedoch fehl. Denn eine solche Auslegung berücksichtigt nicht den Kontext. Die Verpflichtung steht unmittelbar nach dem Gebot zügig einzusteigen. Ist jemand jedoch eingestiegen, kann der Hinweis in das Wageninnere auf-

---

[555] Duden, Bd. 7, Herkunftswörterbuch.

[556] Schulte, Rainer, GRUR 1993, 300.

[557] Bidinger, D § 14 BOKraft, Rn. 65.

[558] Bidinger, D § 14 BOKraft, Rn. 65.

[559] Lampe, Joachim, in: Erbs/Kohlhaas, P 56b, § 14, Rn. 14; Fromm/Fey/Sellmann/Zuck, § 14 BOKraft, Rn. 14.

[560] OLG Köln, Urteil vom 19. März 1999 – Az. 19 U 156/98 = VRS Bd. 97, Nr. 32, Seite 81 ff. = VersR 2000, 1120 f. = GRUR 1999, 1023 f.

[561] OLG Hamm, Urteil vom 27. Mai 1998 – Az. 13 U 29/98.

[562] OLG Hamm, Urteil vom 27. Mai 1998 – Az. 13 U 29/98.

zurücken nicht mehr bedeuten, in den Wagen hinein zu gelangen, sondern nur innerhalb des Wagens weiter in das Innere, d. h. sich weg von den Türen zu begeben.

Während viele der vorgenannten Verhaltenspflichten sowohl in der VO-ABB, als auch in der BOKraft normiert sind, findet sich die Verpflichtung, in das Wageninnere aufzurücken, nur in § 4 Absatz 3 Satz 3 Halbsatz 2 VO-ABB. An der Verbindlichkeit dieser Pflicht für die PBefG-Linienverkehre des ÖPNV ändert das nichts. Allerdings führen Verletzungen der Gebote der VO-ABB wegen ihres zivilrechtlichen Charakters anders als bei der BOKraft[563] nicht zu Ordnungswidrigkeiten. Da nur für einige Verhaltensweisen in der VO-ABB finanzielle Sanktionen vorgesehen sind, hierfür jedoch nicht, ist ein Verstoß gegen diese Pflicht nur mit dem Ausschluss von der Beförderung nach § 3 Absatz 1 Satz 1 oder § 4 Absatz 5 VO-ABB sanktionierbar.

5.2.12 Ende des Fahrgastwechsels

§ 4 Absatz 3 Satz 4 VO-ABB trifft eine Regelung zum Ende des Fahrgastwechsels. Die Regelung entspricht der Bestimmung des § 14 Absatz 2 Nr. 7 BOKraft. Nach beiden Vorschriften ist das Betreten oder Verlassen des Fahrzeugs zum einen verboten, wenn die bevorstehende Abfahrt angekündigt wird, zum anderen, wenn sich eine Tür des Fahrzeugs schließt. Diese Regelung dient sowohl der Sicherheit der Fahrgäste als auch der Verhinderung von Verzögerungen und damit der Einhaltung des Fahrplans.

5.2.12.1 Ankündigung der Abfahrt

Die Abfahrt kann auf unterschiedliche Weise angekündigt werden.[564] Sie kann sowohl mündlich durch das Betriebspersonal, über Lautsprecher, durch eine Bandansage oder live als auch durch optische oder akustische Zeichen sowie durch andere Sinneskundgebungen erfolgen. Soweit die Zeichen nicht selbsterklärend oder üblich sind, kann sich der Unternehmer nur darauf berufen, wenn diese in den BBB auch verankert und erklärt werden.[565]

5.2.12.2 Schließen der Tür

Die Türen im öffentlichen Nahverkehr werden heutzutage durchgängig automatisch geöffnet und geschlossen. Nach nahezu allgemeiner Auffas-

---

[563] Siehe § 45 BOKraft.

[564] Lampe, Joachim, in: Erbs/Kohlhaas, P 56b, § 14, Rn. 10; Fromm/Fey/Sellmann/Zuck, § 14 BOKraft, Rn. 10; Bidinger, D § 14 BOKraft, Rn. 45.

[565] Fromm/Fey/Sellmann/Zuck, § 14 BOKraft, Rn. 10.

sung besteht hinsichtlich des Schließmechanismus der Tür dennoch keine Haftung gegenüber dem Fahrgast, wenn er den gesetzlichen Anforderungen entspricht.[566]

Der Versuch, das Fahrzeug zu betreten oder zu verlassen, wenn sich die Tür schließt, ist zum einen besonders gefährlich und ein grob fahrlässiges Verhalten, zum anderen auch eine Störung des Betriebs. Zur Abwehr der von diesem Verhalten ausgehenden Gefahren für die Benutzer haben zwar mittlerweile die im Linienbetrieb eingesetzten Fahrzeuge Sensoren, die Hindernisse bemerken und den Türschließmechanismus reversibel halten, gleichwohl sind die Gefahren hierdurch nur minimiert und nicht aufgehoben. Denn zum einen kann die schließende Tür einen Stoß versetzen, so dass der Fahrgast verletzt wird,[567] zum anderen schützen die Sensoren nicht vor dem Einklemmen besonders dünner Teile, wie z. B. Gürtelschnalle, Rucksackschlaufe oder Schirm. In Extremfällen kann dieses Verhalten daher – wenn der Fahrer es z. B. wegen einer ohne Videoüberwachung ausgestatteten und in einer Kurvenlage befindlichen Haltestelle nicht bemerkt – zum Anfahren und schließlich zum Mitschleifen des Fahrgastes führen.[568] Der Sicherheitsaspekt wird insbesondere bei den Fällen deutlich, bei denen es wegen des Verstoßes gegen diese Norm – oder vergleichbarer Vorsichtsgebote im Eisenbahnverkehr – immer wieder zu Unfällen kommt.[569] Entsprechend liegt bei diesen Fällen mindestens ein Mitverschulden im Sinne von § 254 BGB, oft sogar unter Zurücktreten der Gefährdungshaftung ein Alleinverschulden des sich Fehlverhaltenden vor.[570]

Mit dem Verbot, das Fahrzeug während des Schließens der Türen zu betreten oder zu verlassen, ist implizit das Verbot verbunden, den Türschließmechanismus außer Kraft zu setzen. Dies geschieht oft durch Blockade der Lichtschranke und aus falscher Rücksichtnahme auf Spät-

---

[566] OLG Düsseldorf, Urteil vom 6. September 2006 – Az. I-19 U 10/06; KG Berlin, Urteil vom 15. Januar 2004 – Az. 22 U 66/03 = MDR 2004, 937; OLG München, Urteil vom 7. April 2000 – Az. 10 U 4990/99 = VersR 2002, 332; OLG Nürnberg, Urteil vom 14. Februar 1994 – Az. 5 U 3326/93 = NZV 1995, 72 = VRS Bd. 88, Nr. 180, Seite 413, 414; ebenso: Bidinger, D § 14 BOKraft, Rn. 45; a. A. LG Wiesbaden, Urteil vom 9. November 2006 – Az. 2 S 26/06.

[567] Vgl. z. B. AG Paderborn, Urteil vom 8. Oktober 2002 – Az. 57 C 327/00.

[568] Vgl. z. B. Kölnische Rundschau „Mehrere Meter mitgeschleift" vom 26. Juli 2010; Wiener Zeitung „Bub wurde von U-Bahn mitgeschleift" vom 7. Mai 2010.

[569] BGH, Urteil vom 21. Dezember 1955 – Az. VI ZR 63/55 = Verkehrsblatt 1956, Nr. 11, Seite 330 f.; LG Frankfurt am Main, Urteil vom 27. September 2000 – Az. 2/4 O 317/99 = NZV 2001, 308 = RRa 2003, 191.

[570] Hole, Gerhard, § 14, Anm. 6.

ankömmlinge. Die Auswirkung ist eine Verzögerung, die das Fahrzeug oft aus seiner Signalschaltung wirft und damit den Fahrplantakt stört.

5.2.13 Fester Halt

Nach § 4 Absatz 3 Satz 5 VO-ABB ist jeder Fahrgast verpflichtet, sich im Fahrzeug stets einen festen Halt zu verschaffen. Wortgleich lautet die Verpflichtung in § 14 Absatz 3 Nr. 3 BOKraft für die Fahrgäste der Busverkehre. Der Unterschied zwischen beiden Bestimmungen ist auch hier, dass der Verstoß gegen die Verpflichtung für die Busfahrgäste nach § 45 Absatz 2 Nr. 7 BOKraft eine Ordnungswidrigkeit darstellt, während sie nach der VO-ABB finanziell nicht unmittelbar sanktioniert werden kann. Fahrgäste der Straßenbahn können lediglich nach § 4 Absatz 5 VO-ABB von der Fahrt ausgeschlossen werden.

Voraussetzung für die Einhaltung der Verpflichtung ist zunächst, dass im Fahrzeug auch eine Möglichkeit zum festen Halt besteht. Zur Schaffung dieser Gelegenheit ist der Busunternehmer nach § 30d Absatz 3 StVZO i. V. m. dem Anhang zur StVZO und dem dort zu § 30d StVZO erfolgten Verweis auf die Richtlinie EG/2001/85 Anhang I Nr. 7.11 „Handläufe und Haltegriffe" verpflichtet. Die BOStrab schreibt in § 33 Absatz 11 vor, dass in Fahrgasträumen, insbesondere in Türbereichen, Festhalteeinrichtungen in ausreichender Anzahl vorhanden sein müssen.

Primärer Sinn der Vorschrift ist der Selbstschutz der Fahrgäste.[571]

Allerdings hat die Norm ebenfalls eine Funktion für den Unternehmer. Denn der Unternehmer darf erwarten, dass die Fahrgäste einem Sturz vorbeugen, indem sie entweder sitzen oder sich festhalten.[572] Daher obliegt es dem Fahrgast, stets für hinreichende Eigensicherung zu sorgen,[573] weil er sowohl beim Omnibus[574] als auch bei der Straßenbahn[575]

---

[571] Lampe, Joachim, in: Erbs/Kohlhaas, P 56b, § 14, Rn. 16.

[572] OLG Bremen, Urteil vom 9. Mai 2011 – Az. 3 U 19/10 = NZV 2011, 540 f. = NJW-RR 2011, 1245 f.; OLG Düsseldorf, Beschluss vom 16. November 1984 – Az. 1 W 42/84 = VersR 1986, 64; LG Osnabrück, Urteil vom 11. August 2006 – Az. 5 O 1439/06; OLG Hamm, Urteil vom 7. Mai 1984 – Az. 3 U 303/83 = VRS Bd. 69, Nr. 106, Seite 265 f.; LG Duisburg, Urteil vom 9. August 1985 – Az. 1 O 167/85 = VRS Bd. 69, Nr. 174, Seite 420 ff.; AG Remscheid, Urteil vom 24. April 2001 – Az. 28 C 373/00 = VRS Bd. 102, Nr. 8, Seite 22 ff.; Hole, Gerhard, § 14, Anm. 14.

[573] KG Berlin, Beschluss vom 29. Juni 2010 – Az. 12 U 30/10; KG Berlin, Beschluss vom 1. März 2010 – Az. 12 U 95/09 = VRS Bd. 119, Nr. 41, Seite 142, 144 = NZV 2010, 570 ff.; OLG Frankfurt, Urteil vom 15. April 2002 – 1 U 75/01 = NZV 2002, 367 = VRS Bd. 103, Nr. 4, Seite 6, 9 f.; OLG Koblenz, Urteil vom 14. August 2000 – Az. 12 U 895/99 = VRS Bd. 99, Nr. 91, Seite 247, 248; OLG Hamm, Urteil vom 27. Mai 1998 – Az. 13 U 29/98 = NZV 1998, 463 f.; LG Offenburg, Urteil vom

mit ruckartigen Bewegungen des Verkehrsmittels rechnen muss, die seine Standsicherheit beeinträchtigen können.[576] Ferner ist der Fahrgast selbst dafür verantwortlich, sich einen Halt gegen unvorhersehbare Bewegungen zu verschaffen.[577] Desweiteren muss der Fahrgast jederzeit mit einem scharfen Bremsen des Verkehrsmittels[578] und bei feuchter Wetterlage stets mit einem feuchten Boden des Fahrzeugs[579] rechnen. Insgesamt sind an die Eigensicherung grundsätzlich hohe Anforderungen zu stellen.[580] Hierbei kann der Fahrgast unter Umständen verpflichtet sein, sich mit beiden Händen festzuhalten,[581] obgleich an sich das

---

11. April 2008 – Az. 3 O 332/07; AG Saarbrücken, Urteil vom 14. Dezember 2005 – Az. 36 C 190/04 = VRS Bd. 110, Nr. 62, Seite 167, 168 = NZV 2006, 479.

[574] KG Berlin, Beschluss vom 29. Juni 2010 – Az. 12 U 30/10; OLG Frankfurt, Urteil vom 15. April 2002 – 1 U 75/01 = NZV 2002, 367 = VRS Bd. 103, Nr. 4, Seite 6, 9 f.; LG Gießen, Urteil vom 8. März 2001 – Az. 4 O 467/00 = VRS Bd. 103, Nr. 4, Seite 6, 8; LG Duisburg, Urteil vom 9. August 1985 – Az. 1 O 167/85 = VRS Bd. 69, Nr. 174, Seite 420 ff.

[575] KG Berlin, Beschluss vom 1. März 2010 – Az. 12 U 95/09 = VRS Bd. 119, Nr. 41, Seite 142, 144 = NZV 2010, 570 ff.

[576] KG Berlin, Beschluss vom 29. Juni 2010 – Az. 12 U 30/10; KG Berlin, Beschluss vom 1. März 2010 – Az. 12 U 95/09 = VRS Bd. 119, Nr. 41, Seite 142, 144 = NZV 2010, 570 ff.; OLG Frankfurt, Urteil vom 15. April 2002 – 1 U 75/01 = NZV 2002, 367 = VRS Bd. 103, Nr. 4, Seite 6, 9 f.; LG Gießen, Urteil vom 8. März 2001 – Az. 4 O 467/00 = VRS Bd. 103, Nr. 4, Seite 6, 8.

[577] BGH, Urteil vom 16. November 1971 – Az. VI ZR 69/70 = MDR 1972, 226 = VersR 1972, 152; KG Berlin, Beschluss vom 1. März 2010 – Az. 12 U 95/09 = VRS Bd. 119, Nr. 41, Seite 142, 144 = NZV 2010, 570 ff.; OLG Düsseldorf, Urteil vom 26. Juni 1972 – Az. 1 U 251/71 = VersR 1972, 1171 f.; OLG Koblenz, Urteil vom 14. August 2000 – Az. 12 U 895/99 = VRS Bd. 99, Nr. 91, Seite 247, 248; LG Offenburg, Urteil vom 11. April 2008 – Az. 3 O 332/07; AG Remscheid, Urteil vom 24. April 2001 – Az. 28 C 373/00 = VRS Bd. 102, Nr. 8, Seite 22 ff.; Hole, Gerhard, § 14, Anm. 14; Bidinger, D § 14 BOKraft, Rn. 71.

[578] KG Berlin, Beschluss vom 1. März 2010 – Az. 12 U 95/09 = VRS Bd. 119, Nr. 41, Seite 142, 144 = NZV 2010, 570 ff.; AG Frankfurt, Urteil vom 20. März 2007 – Az. 30 C 3480/06 - 25, 30 C 3480/06 = NZV 2008, 36; AG München, Urteil vom 14. Oktober 2004 – Az. 342 C 5148/04 = VRS Bd. 108, Nr. 4, Seite 21, 22 = NZV 2005, 523, 524; König, Peter, in: Hentschel/König/Dauer, StVG, § 16, Rn. 5.

[579] LG Berlin, Urteil vom 27. September 1989 – Az. 24 O 58/89 = VRS Bd. 78, Nr. 96, Seite 258 f.; LG Saarbrücken, Urteil vom 11. Juni 1986 – Az. 12 O 15/86 = VRS Bd. 71, Nr. 166, Seite 411 f.; AG Leipzig, Urteil vom 7. März 2003 – Az. 45 C 2816/02.

[580] OLG München, Beschluss vom 3. Juni 2008 – Az. 10 U 2966/08.

[581] KG Berlin, Beschluss vom 1. März 2010 – Az. 12 U 95/09 = VRS Bd. 119, Nr. 41, Seite 142, 145 = NZV 2010, 570 ff.; LG Köln, Urteil vom 2. April 2009 – Az. 29 O 134/08; AG München, Urteil vom 14. Oktober 2004 – Az. 342 C 5148/04 = VRS Bd. 108, Nr. 4, Seite 21, 22 = NZV 2005, 523, 524; AG Essen, Urteil vom 8. Oktober

Festhalten mit einer Hand genügt.[582] Keinerlei Anforderungen erfüllt der Fahrgast, wenn er sich lediglich an seinem eigenen E-Scooter festhält.[583]

Insbesondere während der Phase des Anfahrens eines Busses muss der Fahrgast sogar erforderlichenfalls in der Höhe der Einstiegsstelle bei festem Halt an den hierfür erforderlichen Haltestangen warten, bis nach Abschluss des Anfahrvorgangs und der hierdurch bedingten Beeinträchtigung der Standsicherheit ein gefahrloses Erreichen eines Sitzplatzes in der Mitte des Omnibusses möglich ist.[584] Denn Ab- und Anfahrten von und zu Haltestellen des Omnibusses sind im Vergleich zu denen der Bahn oft deutlich gefährlicher. Dies liegt insbesondere an den im Zuge des autogerechten Straßenbaus häufig gebauten Busbuchten, die neben den durch das Bremsen oder Beschleunigen erzeugten Fliehkräften auch noch seitliche Fliehkräfte bewirken. Diese Problematik stellt sich bei den von fortschrittlichen Straßenbaulastträgern gebauten Kap-Haltestellen weniger, da dort der Bus nicht nach rechts von der Fahrspur wegfahren muss.

Stürzt ein Fahrgast im Fahrzeug durch die Fahrbewegung, spricht der Beweis des ersten Anscheins für ein nicht genügendes Festhalten.[585] Dennoch bedeutet nicht jeder Sturz eines Fahrgastes im Fahrzeug, dass er sich nicht genügend festgehalten hat. Und selbst wenn der Fahrgast seine Verpflichtung zum festen Halt nicht vollständig erfüllt, muss dies nicht bedeuten, dass er mit allen Ansprüchen ausgeschlossen ist. Denn das Verkehrsunternehmen hat seinerseits Verpflichtungen, deren Vernachlässigung haftungsauslösend sein können. Dies betrifft z. B. die Geschwindigkeit bei Kurvenfahrten oder das Verbot, ohne triftigen Anlass stark zu bremsen.[586] Ferner können auch Aufmerksamkeitspflichten z. B. hinsichtlich schwerbehinderter Menschen vorliegen. Allerdings gilt

---

2003 – Az. 10 C 178/03 = HDN-Informationen 2004, Heft 12, Seite 92; Filthaut, Werner, Haftpflichtgesetz, § 4, Rn. 31 f. mit weiteren Nachweisen.

[582] OLG München, Beschluss vom 3. Juni 2008 – Az. 10 U 2966/08.

[583] OLG Hamburg, Urteil vom 14. Mai 2009 – Az. 15 U 13/08.

[584] Filthaut, Werner, NZV 1995, 304, 307 mit weiteren Nachweisen aus der Rechtsprechung.

[585] OLG Bremen, Urteil vom 9. Mai 2011 – Az. 3 U 19/10 = NZV 2011, 540 f. = NJW-RR 2011, 1245 f.; LG Lübeck, Urteil vom 14. Februar 2007 – Az. 4 O 157/06 = NJW 2007, 2564 f. = NZV 2007, 523 f.; AG München, Urteil vom 14. Oktober 2004 – Az. 342 C 5148/04 = VRS Bd. 108, Nr. 4, Seite 21, 22 = NZV 2005, 523, 524; OLG Koblenz, Urteil vom 14. August 2000 – Az. 12 U 895/99 = VRS Bd. 99, Nr. 91, Seite 247, 248; AG Fürstenfeldbruck, Urteil vom 27. Januar 2003 – Az. 1 C 1621/02 = HDN-Informationen 2004, Heft 2, Seite 11 ff.; AG Paderborn, Urteil vom 6. Juli 2005 – Az. 54 C 853/04 = HDN-Informationen 2006, Heft 11, Seite 95.

[586] LG Köln, Urteil vom 2. April 2009 – Az. 29 O 134/08, Rn. 20.

letzteres nur, wenn der Fahrer auch bemerkt hat oder leicht erkennbare Anhaltspunkte bestehen, dass ein schwerbehinderter Fahrgast den Wagen bestiegen hat.[587] Das bloße Vorzeigen des Behindertenausweises beim Einsteigen genügt hierfür nicht.[588] Dies gilt auch, wenn es sich um einen Behindertenausweis mit dem Eintrag der Gehbehinderung handelt (Merkmal „G").[589] Jedoch indiziert ein Rollator eine solche Pflicht, da ein Mitführen des Rollators bedingt, dass sich der Fahrgast nicht gleichzeitig an den Haltevorrichtungen des Fahrzeugs sachgemäß festhalten kann.[590] In anderen Fällen kann der Fahrgast in der Regel nicht damit rechnen, dass der Fahrer sich um ihn kümmert.[591] Denn der Fahrer hat im Sinne der Pünktlichkeit der Beförderung und der Stabilität des Betriebs seinen Fahrplan einzuhalten.[592]

Zu berücksichtigen gilt auf Seiten des Verkehrsunternehmens immer auch die Betriebsgefahr des Busses nach § 7 Absatz 1 StVG bzw. bei der Straßenbahn nach § 1 Absatz 1 HaftpflG, die seit dem zweiten Schadens-

---

[587] BGH, Urteil vom 1. Dezember 1992 – Az. VI ZR 27/92 = NJW 1993, 654 f. = MDR 1993, 215 f. = NZV 1993, 108 = VersR 1993, 240 f. = VRS Bd. 84, Nr. 147, Seite 408 ff.; OLG Bremen, Urteil vom 9. Mai 2011 – Az. 3 U 19/10 = NZV 2011, 540 f. = NJW-RR 2011, 1245 f.; OLG Koblenz, Urteil vom 14. August 2000 – Az. 12 U 895/99 = VRS Bd. 99, Nr. 91, Seite 247, 248; OLG Hamm, Urteil vom 27. Mai 1998 – Az. 13 U 29/98 = NZV 1998, 463 f.; OLG Köln, Urteil vom 19. März 1999 – Az. 19 U 156/98 = VRS Bd. 97, Nr. 32, Seite 81 f.; OLG Hamm, Urteil vom 7. Mai 1984 – Az. 3 U 303/83 = VRS Bd. 69, Nr. 106, Seite 265 f.; KG Berlin, Urteil vom 22. Mai 1995 – Az. 12 U 7441/94 = VRS Bd. 90, Nr. 36, Seite 92; LG Offenburg, Urteil vom 11. April 2008 – Az. 3 O 332/07; LG Lübeck, Urteil vom 14. Februar 2007 – Az. 4 O 157/06 = NJW 2007, 2564 f. = NZV 2007, 523 f.; LG Osnabrück, Urteil vom 11. August 2006 – Az. 5 O 1439/06; AG Remscheid, Urteil vom 24. April 2001 – Az. 28 C 373/00 = VRS Bd. 102, Nr. 8, Seite 22 ff.; LG Gießen, Urteil vom 8. März 2001 – Az. 4 O 467/00 = VRS Bd. 103, Nr. 4, Seite 6, 8; Grätz, Thomas, in: Fielitz/Grätz, A 3, § 4 VO-ABB, Rn. 4.

[588] LG Bonn, Urteil vom 7. März 2005 – Az. 4 O 130/04; LG Lübeck, Urteil vom 14. Februar 2007 – Az. 4 O 157/06 = NJW 2007, 2564 f. = NZV 2007, 523 f.

[589] LG Lübeck, Urteil vom 14. Februar 2007 – Az. 4 O 157/06 = NJW 2007, 2564 f. = NZV 2007, 523 f.; Hole, Gerhard, § 14, Anm. 14.

[590] LG Duisburg, Urteil vom 23. April 2009 – Az. 5 S 140/08.

[591] OLG Köln, Urteil vom 19. März 1999 – Az. 19 U 156/98 = VRS Bd. 97, Nr. 32, Seite 81 f.; LG Lübeck, Urteil vom 14. Februar 2007 – Az. 4 O 157/06 = NJW 2007, 2564 f. = NZV 2007, 523 f.; LG Gießen, Urteil vom 8. März 2001 – Az. 4 O 467/00 = VRS Bd. 103, Nr. 4, Seite 6, 8.

[592] OLG Koblenz, Urteil vom 14. August 2000 – Az. 12 U 895/99 = VRS Bd. 99, Nr. 91, Seite 247, 248; LG Gießen, Urteil vom 8. März 2001 – Az. 4 O 467/00 = VRS Bd. 103, Nr. 4, Seite 6, 8; Grätz, Thomas, in: Fielitz/Grätz, A 3, § 4 VO-ABB, Rn. 4 mit weiteren Nachweisen.

änderungsgesetz[593] gemäß § 7 Absatz 2 StVG beim Bus bzw. nach § 1 Absatz 2 HaftpflG bei der Straßenbahn nur noch in Fällen der höheren Gewalt eine Haftung ausschließt.

Im Ergebnis ist daher die Fahrgastpflicht zum festen Halt im Rahmen der Aspekte von Gefährdungs- und Verschuldens- sowie Vertragshaftung abzuwägen.[594] Besteht auf Seiten des Unternehmers aber nur die Gefährdungshaftung und hält sich der Fahrgast nicht fest, tritt regelmäßig die Gefährdungshaftung hinter dem Eigenverschulden des Fahrgastes vollständig,[595] oder z. B. bei plötzlicher und starker Bremsung anteilig,[596] zurück.[597]

5.2.14 Beaufsichtigung von Kindern

Nach § 4 Absatz 4 VO-ABB ist eine weitere Verhaltenspflicht die Beaufsichtigung von Kindern. Verpflichtete sind die Begleiter der Kinder. Sie haben insbesondere dafür zu sorgen, dass die zu beaufsichtigenden Kinder

- nicht auf den Sitzplätzen knien oder stehen und
- nach Maßgabe der straßenverkehrsrechtlichen Vorschriften Sicherheitsgurte angelegt haben oder
- in einer Rückhalteeinrichtung für Kinder gesichert sind.

---

[593] Zweites Gesetz zur Änderung schadensersatzrechtlicher Vorschriften vom 19. Juli 2002, BGBl. I, Nr. 50 vom 25. Juli 2002, Seite 2674, 2675 (Artikel 4, Änderung des Straßenverkehrsgesetzes) und 2677 (Artikel 5, Änderung des Haftpflichtgesetzes).

[594] Vgl. KG Berlin, Beschluss vom 29. Juni 2010 – Az. 12 U 30/10.

[595] OLG Frankfurt, Urteil vom 15. April 2002 – 1 U 75/01 = NZV 2002, 367 = VRS Bd. 103, Nr. 4, Seite 6, 9 f.; OLG Koblenz, Urteil vom 14. August 2000 – Az. 12 U 895/99 = VRS Bd. 99, Nr. 91, Seite 247, 249; OLG Köln, Urteil vom 19. März 1999 – Az. 19 U 156/98, Rn. 6 = VRS Bd. 97, Nr. 32, Seite 81, 83; KG Berlin, Urteil vom 22. Mai 1995 – Az. 12 U 7441/94 = VRS Bd. 90, Nr. 36, Seite 92 ff.; LG Köln, Urteil vom 2. April 2009 – Az. 29 O 134/08, Rn. 20; LG Lübeck, Urteil vom 14. Februar 2007 – Az. 4 O 157/06 = NJW 2007, 2564 f. = NZV 2007, 523 f.; AG Frankfurt a. M., Urteil vom 20. März 2007 – Az. 30 C 3480/06 = NZV 2008, 36; AG Wiesbaden, Urteil vom 8. Februar 2006 – Az. 93 C 5316/05; AG Saarbrücken, Urteil vom 14. Dezember 2005 – Az. 36 C 190/04 = VRS Bd. 110, Nr. 62, Seite 167 ff. = NZV 2006, 479 f.; AG Kiel, Urteil vom 3. Februar 2004 – Az. 107 C 486/03; AG Remscheid, Urteil vom 15. Mai 2001 – Az. 28 C 373/00 = NZV 2002, 185; Fromm/Fey/Sellmann/Zuck, § 14 BOKraft, Rn. 16; Grätz, Thomas, in: Fielitz/Grätz, A 3, § 4 VO-ABB, Rn. 4.

[596] OLG Hamm, Urteil vom 27. Mai 1998 – Az. 13 U 29/98 = NZV 1998, 463 f.

[597] Ausführlich hierzu: Filthaut, Werner, Haftpflichtgesetz, § 4, Rn. 35.

Auch nach § 14 Absatz 3 Nr. 5 BOKraft haben die Fahrgäste die Pflicht, sie begleitende Kinder sorgfältig zu beaufsichtigen und dafür zu sorgen, dass Kinder nicht auf den Sitzplätzen knien oder stehen.

In der BOStrab ist eine solche Pflicht nicht formuliert.

Der zuvor beschriebene Pflichtenkreis unterscheidet sich zwischen VO-ABB und BOKraft darin, dass die VO-ABB zusätzlich die Sorge für die Sicherheitsgurte und die Rückhalteeinrichtungen aufführt, während die BOKraft eine Verpflichtung zur „sorgfältigen" Beaufsichtigung enthält.

Der Begriff des Kindes ist bei den Vorschriften jedenfalls einschränkend im Sinne von nicht voll geschäftsfähigen Kindern zu interpretieren.[598] Ob ein Sorgerecht im Sinne des § 1626 BGB besteht ist unerheblich.[599]

Für die Begleitperson gilt die Verpflichtung unabhängig davon, ob sie volljährig ist.[600] Als Altersgrenze gilt vielmehr die Vollendung des siebten Lebensjahres. Dies ergibt sich sowohl aus einem Umkehrschluss des § 3 Absatz 2 VO-ABB[601] als auch daraus, dass es sich bei der Verpflichtung nicht um eine vertragliche, sondern eine gesetzliche Pflicht handelt. Allerdings ist § 276 Absatz 1 i. V. m. § 828 BGB anzuwenden, so dass auf die zur Erkenntnis der Verantwortlichkeit erforderliche Einsicht abzustellen ist.

Die Pflicht zur Beaufsichtigung dient sowohl dem Schutz des beaufsichtigten Kindes als auch Dritten,[602] den Betriebseinrichtungen sowie dem ungehinderten Betriebsablauf. Schutzbedürftige Dritte im vorgenannten Sinne sind zum einen die anderen Fahrgäste, zum anderen aber auch das Fahrpersonal.

Für die Definition des Begriffs der Beaufsichtigung in § 4 Absatz 4 VO-ABB kann auf § 832 BGB Bezug genommen werden. Danach hat der Aufsichtspflichtige zur Verhinderung der Schädigung Dritter alles zu tun, was von einem verständigen Aufsichtspflichtigen in seiner Lage, d. h. unter Beachtung von Eigenart, Alter und Charakter sowie der Zumutbarkeit nach den Umständen des Einzelfalls vernünftiger- und bil-

---

[598] Ähnlich: Bidinger, D § 14 BOKraft, Rn. 74; Fromm/Fey/Sellmann/Zuck, § 14 BOKraft, Rn. 17.

[599] Ebenso: Fromm/Fey/Sellmann/Zuck, § 14 BOKraft, Rn. 17; Bidinger, D § 14 BOKraft, Rn. 74.

[600] Bidinger, D § 14 BOKraft, Rn. 74; Fromm/Fey/Sellmann/Zuck, § 14 BOKraft, Rn. 17.

[601] Fromm/Fey/Sellmann/Zuck, § 14 BOKraft, Rn. 17.

[602] Diederichsen, Uwe, in: Palandt, § 1631, Rn. 3.

ligerweise verlangt werden kann.[603] Beispiele für eine notwendige Beaufsichtigung sind, dass das Kind, insbesondere wegen der Bewegung des Fahrzeugs, nicht fällt oder mit dem Körper gegen einen harten Gegenstand (z. B. Entwerter, Haltestange, Fahrausweisautomaten) stößt. Auch das Verhindern von allgemein störendem oder gefährlichem Unsinn gehört hierzu. Kein Gegenstand der Beaufsichtigungspflicht ist die Unterdrückung sozialadäquaten, kindgemäßen Verhaltens, wie z. B. Babyschreien oder lautere Unterhaltung zwischen Schülern nach dem Unterricht. Als Aufsichtsmaßnahmen kommen insbesondere in Betracht: Belehrung, Verbot, Übung, Kontrolle, Beobachtung und gegebenenfalls das Verwehren schädigender Handlungen.[604]

Soweit die Beaufsichtigung aus tatsächlichen Möglichkeiten (z. B. körperliche Fähigkeit) oder rechtlichen Gründen scheitert, ist der Fahrgast verpflichtet, als letztes Mittel dem Betriebspersonal das Scheitern mitzuteilen, damit dieses gegebenenfalls Ersatzmaßnahmen einleiten kann (Fahrzeug anhalten, Polizei holen etc.).

Der in der BOKraft aufgeführten Verpflichtung zur „sorgfältigen" Beaufsichtigung kommt allerdings keine inhaltliche Bedeutung zu. Denn jede Beaufsichtigung hat „sorgfältig" zu erfolgen, da eine „nicht sorgfältige" Beaufsichtigung stets mangelhaft ist und damit eine Verletzung der Beaufsichtigung darstellt.

5.2.14.1 Knien oder Stehen auf dem Sitz

Das erste in § 4 Absatz 4 Satz 2 VO-ABB genannte Regelbeispiel für eine Beaufsichtigung, dafür zu sorgen, dass die Kinder nicht auf den Sitzplätzen knien oder stehen, hat seinen Grund darin, dass bei diesem Verhalten insbesondere in Kurvenfahrten oder bei starken Bremsbewegungen eine deutlich erhöhte Unfallgefahr besteht.[605] Ferner führt dies zur Verschmutzung der Sitze durch die Schuhe.[606]

Allerdings neigen insbesondere kleine Kinder unter anderem deshalb zu diesem Verhalten, weil die Sitze in den Fahrzeugen ergonomisch nicht auf diese ausgelegt sind. Damit das Verbot keine Schikane darstellt, muss es deshalb einschränkend dahingehend interpretiert werden, dass

---

[603] BGH, Urteil vom 27. Februar 1996 – Az. VI ZR 86/95 = NJW 1996, 1404 f. = MDR 1996, 693 f. OLG Stuttgart, Urteil vom 12. März 2003 – Az. 4 U 58/07 = NZV 2009, 191 ff.; Sprau, Hartwig, in: Palandt, § 832, Rn. 8.

[604] Vgl. Schaub, Renate, in: Prütting/Wegen/Weinreich, § 832, Rn. 10.

[605] Bidinger, D § 14 BOKraft, Rn. 74; Fromm/Fey/Sellmann/Zuck, § 14 BOKraft, Rn. 17.

[606] Fromm/Fey/Sellmann/Zuck, § 14 BOKraft, Rn. 17; Bidinger, D § 14 BOKraft, Rn. 74.

es keine Geltung haben kann, wenn die vorgenannten Gefahren nahezu ausgeschlossen sind, d. h. insbesondere das Kind die Schuhe auszieht und anderweitig vor Verunfallung geschützt wird, z. B. der Begleiter es ausreichend festhält.

5.2.14.2 Sicherheitsgurte und Rückhalteeinrichtungen

Eine weitere ausdrücklich in § 4 Absatz 4 Satz 2 VO-ABB genannte Verpflichtung ist die Sorgetragung, dass die Kinder nach Maßgabe der straßenverkehrsrechtlichen Vorschriften Sicherheitsgurte angelegt haben oder in einer Rückhalteeinrichtung gesichert sind. Obgleich diese Verpflichtung als eine der wenigen Beispiele für die Sorgetragung in der Verordnung genannt ist, hat sie im Nahverkehr nur untergeordnete Bedeutung. Denn für Bahnen gibt es keine Vorschrift, die den Einbau, geschweige denn das Anlegen von Sicherheitsgurten oder eine Sicherung durch Rückhalteeinrichtungen vorschreibt. Für Busse gilt die Regelung des § 21a Absatz 1 Satz 2 Nr. 4 StVO. Danach gilt die Verpflichtung zum Anlegen von Sicherheitsgurten nicht bei „Fahrten in Kraftomnibussen, bei denen die Beförderung stehender Fahrgäste zugelassen ist". Darüber hinaus besteht das Gebot nach § 21a Absatz 1 Satz 1 StVO nur für vorgeschriebene Sicherheitsgute. Nach § 35a Absatz 6 StVZO sind bei Kraftomnibussen, die sowohl für den Einsatz im Nahverkehr als auch für stehende Fahrgäste gebaut sind, Gurte nicht vorgeschrieben. Die Pflicht zur Benutzung von Rückhalteeinrichtungen besteht nach § 21 Absatz 1a Satz 1 StVO wiederum nur, wenn Sicherheitsgurte vorgeschrieben sind. Ferner ist diese Bestimmung nach § 21 Absatz 1a Satz 2 Nr. 1 StVO nicht in Kraftomnibussen mit einer zulässigen Gesamtmasse von mehr als 3,5 t anzuwenden.

Gleichwohl ist der Auffassung in der Literatur[607] nicht zuzustimmen, als Anwendungsbereich für diese Vorschrift verbleibe nur der nationale und internationale Fernbuslinienverkehr mit Kfz. Denn auch im Nahverkehr hat die Vorschrift eine praktische Bedeutung bei AST und ähnlichen Verkehren, obgleich auch hier weitere Besonderheiten nach § 21 Absatz 1a Satz 2 Nr. 3 lit. b) StVO zu beachten sind.

Bei einem Verstoß gegen die Beaufsichtigung haftet der verpflichtete Fahrgast nach § 832 Absatz 1 und nicht nach Absatz 2 BGB, da die VO-ABB eine gesetzliche und keine vertragliche Verpflichtung begründet.[608]

---

[607] Grätz, Thomas, in: Fielitz/Grätz, A 3 § 4 VO-ABB, Rn. 5.

[608] Vgl. oben unter 4.1 VO-ABB.

5.2.15 Missbrauch von Sicherungseinrichtungen

Der Missbrauch von Sicherungseinrichtungen wird in § 4 Absatz 8 Satz 1 VO-ABB sowie in § 14 Absatz 2 Nr. 3 BOKraft und § 59 Absatz 2 BOStrab verboten. Die Normen haben einen unterschiedlichen Wortlaut. Während es die BOKraft bei dem allgemeinen Verbot „Sicherungseinrichtungen missbräuchlich zu betätigen" belässt, verbietet § 4 Absatz 8 Satz 1 VO-ABB konkret die missbräuchliche Betätigung der Notbremse und anderer Sicherungseinrichtungen. § 59 Absatz 2 BOStrab wiederum untersagt den Fahrgästen, „insbesondere Außentüren oder Einrichtungen zur Notbremsung von Fahrzeugen missbräuchlich zu betätigen".

Unter „Missbrauch" ist ein nicht bestimmungsgemäßer Gebrauch zu verstehen.[609] Bestimmungsgemäß ist der Gebrauch einer Sicherungseinrichtung dann, wenn sie zu dem Zweck benutzt wird, für den die Sicherungseinrichtung geschaffen wurde. Liegt daher objektiv oder in der Vorstellung des Anwenders eine Gefahr vor, ist der Gebrauch bestimmungsgemäß und damit kein Missbrauch. Im Gegensatz dazu ist die Benutzung einer Notbremse missbräuchlich, wenn sie beispielsweise als Festhaltemöglichkeit benutzt wird.[610]

Neben der Notbremse gehören zu den Sicherungseinrichtungen z. B.
- die Notausstiege[611] nach Nr. 5 der Anlage X StVZO[612] sowie § 30 Absätze 5 ff. BOStrab und § 33 Absatz 6 BOStrab,
- die besonderen Einrichtungen zum Öffnen der Notausstiege[613] und der Betriebstüren in Notfällen (Notbetätigungseinrichtungen) nach § 35f Satz 2 StVZO,
- Nothämmer nach Nr. 5.5.1.2 und 5.5.2.2 der Anlage X StVZO,
- Notrufe[614] nach § 31 Absatz 4 Nr. 3 BOStrab,
- Erste-Hilfe-Material[615] nach § 35h StVZO sowie
- die Feuerlöscher[616] nach § 35g StVZO.[617]

---

[609] Ähnlich: Bidinger, D § 14 BOKraft, Rn. 38; derselbe, C § 4 VO-ABB, Anm. 18.

[610] Vgl. AG Essen, Urteil vom 31. August 1972 – Az. 10 C 449/72.

[611] Haselau, Klaus, § 14, Anm. 7.

[612] Anlage zu den §§ 35e Absatz 4, 35f und 35i StVZO.

[613] Haselau, Klaus, § 14, Anm. 7.

[614] Grätz, Thomas, in: Fielitz/Grätz, A 3 § 4 VO-ABB, Rn. 9.

[615] Fromm/Fey/Sellmann/Zuck, § 14 BOKraft, Rn. 6.

[616] Haselau, Klaus, § 14, Anm. 7; Fromm/Fey/Sellmann/Zuck, § 14 BOKraft, Rn. 6.

[617] Vgl. zu den Sicherheitseinrichtungen im Sinne der BOKraft auch Hole, Gerhard, § 14, Anm. 9.

Die Regelungen ergänzen zivilrechtlich die Strafbestimmung des § 145 StGB und die Ordnungswidrigkeiten nach § 63 Absatz 2 Nr. 2 BOStrab sowie § 45 Absatz 2 Nr. 7 BOKraft.

Unbeschadet der Verfolgung in einem Straf- oder Bußgeldverfahren und weitergehender zivilrechtlicher Ansprüche haben die Täter gemäß § 4 Absatz 8 Satz 1 VO-ABB einen Betrag von 15,-- Euro an das Verkehrsunternehmen zu zahlen. Der Rechtscharakter ist hier wie beim Verstoß gegen das Rauchverbot auf unterirdischen Bahnsteiganlagen nach § 4 Absatz 8 Satz 2 VO-ABB oder dem EBE nach § 9 Absatz 2 VO-ABB ein gesetzliches Schuldverhältnis und nicht etwa, wie fälschlich oft angenommen wird, eine Vertragsstrafe.[618]

5.2.16   Weitere Verhaltenspflichten

Neben den vorgenannten in der VO-ABB konkret aufgeführten Verhaltenspflichten bestehen weitere Verhaltensregeln, die vom Gesetzgeber nicht ausdrücklich niedergeschrieben sind. Ihre Rechtsgrundlage finden sie dann entweder in einer Generalklausel, wie z. B. in § 4 Absatz 1 VO-ABB oder § 14 Absatz 1 BOKraft, oder in den BBB[619] des Verkehrsunternehmens.

5.2.16.1 Konsum von Alkohol, Eis oder warmen Speisen

Ein in den letzten Jahren viel diskutiertes Thema ist ein Konsumverbot von Alkohol, Eis oder warmen Speisen in den Fahrzeugen.[620] Ein ausdrückliches gesetzliches Verbot des Verzehrs von Speisen, des Genusses von Alkohol oder sonstigen Getränken besteht, genauso wie bei der

---

[618]   Siehe hierzu unter 4.1.4 Ergebnis Ansprüche aus der VO-ABB.

[619]   Siehe hierzu unter 2.3 Besondere Beförderungsbedingungen.

[620]   Vgl. z. B. Bild (Mainz/Wiesbaden) „Alkoholverbot im öffentlichen Nahverkehr" vom 11. Februar 2011; Rhein-Main-Zeitung „Rhein fordert Alkoholverbot im Nahverkehr" vom 10. Februar 2011; Modrow, Bastian, in: Lübecker Nachrichten „Alkoholverbot im Zug: Kiel bremst Hamburg aus" vom 22. Januar 2011; Gassdorf, Ulrich, in: Hamburger Abendblatt „Kiel verwässert das Alkoholverbot" vom 21. Januar 2011, Seite 11; Jacobs, Stefan, in: Der Tagesspiegel „Nicht nur die Züge sind voll" vom 18. November 2010, Seite 14; zur gleichen Diskussion bei der Eisenbahn: Schaffer, Thomas, in: Regio aktuell, Dezember 2009, Seite 2; Gemeinsame Presseerklärung des Niedersächsischen Ministeriums für Familie, Frauen, Soziales und Gesundheit, der LNVG und der metronom Eisenbahngesellschaft „Erfreulicher Start des Alkoholverbotes in metronom Regionalzügen / erstes Wochenende mit konsequentem Durchgriff steht bevor" vom 3. Dezember 2009; Hamburger Morgenpost „Saufen im Zug – jetzt wird's teuer" vom 7. Januar 2010.

Eisenbahn, auch nicht bei den Verkehren, für die die VO-ABB gilt. Dort finden sich zu diesem Thema nur die folgenden Bestimmungen:

- Nach § 3 Absatz 1 Satz 1 und 2 Nr. 1 VO-ABB sind „Personen, die eine Gefahr für die Sicherheit oder Ordnung des Betriebs oder für die Fahrgäste darstellen, […] von der Beförderung ausgeschlossen". In Satz 2 werden schließlich ausdrücklich Personen aufgeführt, „die unter dem Einfluss geistiger Getränke oder anderer berauschender Mittel stehen".
- § 4 Absatz 1 Satz 1 VO-ABB verpflichtet die Fahrgäste „sich bei Benutzung der Betriebsanlagen und Fahrzeuge so zu verhalten, wie es die Sicherheit und Ordnung des Betriebs, ihre eigene Sicherheit und die Rücksicht auf andere Personen gebieten".
- Gemäß § 4 Absatz 6 VO-ABB werden „bei Verunreinigung von Fahrzeugen oder Betriebsanlagen […] vom Unternehmer festgesetzte Reinigungskosten erhoben; weitergehende Ansprüche bleiben unberührt".

Die VO-ABB regelt damit lediglich die Fälle, in denen auf Grund des übermäßigen oder missbräuchlichen Genusses eine Gefahr oder ein Schaden eingetreten ist. Teilweise wird vertreten, dass gleichwohl schon auf Grund der Generalklauseln ein Konsumverbot im Fahrzeug bezüglich Eis und Pommes Frites bestehe.[621] Jedenfalls kann ein Konsumverbot von Alkohol, Eis oder warmen Speisen durch eine Regelung in den BBB eingeführt werden.[622]

Um in den BBB ein Verbot festschreiben zu können, ist neben der Zustimmung der Genehmigungsbehörde und der ortsüblichen Bekanntmachung auch ein Grund für die Notwendigkeit des Verbots erforderlich. An das Begründungserfordernis sind jedoch keine übertriebenen Anforderungen zu stellen. Notwendig ist gleichwohl, dass die Gründe sachlich motiviert und nachvollziehbar sind. Im Falle eines Verbots des Konsums von Alkohol, Eis oder warmen Speisen wären mögliche Gründe der erhöhte Reinigungsaufwand sowie die subjektive und objektive Sicherheit der anderen Fahrgäste.[623]

---

[621] Bidinger, C § 4 VO-ABB, Anm. 6.

[622] Siehe hierzu unter 2.3 Besondere Beförderungsbedingungen.

[623] Vgl. hinsichtlich der Ergebnisse bei der metronom Eisenbahngesellschaft: Jacobs, Stefan, Der Tagesspiegel „Nicht nur die Züge sind voll" vom 18. November 2010, Seite 14.

Einige Unternehmen haben dies mittlerweile für ihre Beförderungsmittel festgeschrieben.[624] Andere Unternehmen zeigen sich zunächst skeptisch.[625]

Eine Regelung über das Hausrecht mit der Sanktion des Beförderungsausschlusses im Falle der Zuwiderhandlung ist nicht möglich.[626] Eine solche Sanktion würde gegen die Beförderungspflicht des Verkehrsunternehmens nach § 22 PBefG und § 13 BOKraft sowie gegen den Beförderungsanspruch der Fahrgäste nach § 2 Satz 1 VO-ABB verstoßen. Denn die Beförderungspflicht entfällt nur in den im Gesetz enumerativ aufgeführten Fällen – insbesondere der Nichteinhaltung der Beförderungsbedingungen (§ 22 Nr. 1 PBefG). Soweit die gesetzlichen Vorschriften aber keine Regelungen vorsehen und das Unternehmen in den BBB keine ergänzenden Regelungen getroffen hat, hält sich der Fahrgast an die Beförderungsbedingungen. Der Unternehmer ist in diesen Fällen zur Beförderung verpflichtet. Rechtlich unzutreffend ist daher der Hinweis der Verkehrsministerkonferenz[627] zum Thema Alkoholverbot, nach dem die Verkehrsunternehmen für ihren gezielten Bedarf entsprechende Regelungen über ihr Hausrecht verankern könnten.

5.2.16.2 Skateboards, Rollschuhe und Inlineskates

Im Gegensatz zum Konsum von Alkohol, Eis und warmen Speisen wird bei Rollbrettern, Skateboards, Rollschuhen und Inlineskates allgemein davon ausgegangen, dass die Benutzung dieser Fortbewegungsmittel sowohl auf Bahnsteigen als auch in den Fahrzeugen wegen der mit dem fehlenden festen Halt verbundenen Gefahren[628] schon auf Grund der Generalklauseln in § 3 Absatz 1 Satz 1 und § 4 Absatz 1 VO-ABB sowie § 14 Absatz 1 BOKraft verboten ist. Entsprechend sind die Benutzer

---

[624] Vgl. z. B. <u>Stuttgart</u>: VVS-aktuell „Kein Alkohol in Bus und Bahn" März 2008, Seite 8; <u>Köln</u>: Presseerklärung der KVB „Verzehrverbot in Bus und Bahn mit neuer Zielsetzung" vom 7. Mai 2009; <u>Düsseldorf</u>: Schnettler, Jan, in: Rheinische Post „Raus aus der Rein-Bahn" vom 2. Juni 2009; <u>München</u>: Jacobs, Stefan, in: Der Tagesspiegel „Nicht nur die Züge sind voll" vom 18. November 2010, Seite 14.

[625] <u>Hamburg</u>: Elste, Günter, Vorstandsvorsitzender der Hamburger Hochbahn, in: „Die Welt" vom 5. März 2010, Seite 30; mittlerweile wurde allerdings auch im HVV zum 1. September 2011 ein Alkoholverbot eingeführt, vgl. Pressemitteilung des HVV „Alkoholtrinken im HVV ab September verboten" vom 16. August 2011, zur rechtlichen Umsetzung im HVV vgl. § 4 Absatz 2 Nr. 14 HVV-Beförderungsbedingungen.

[626] Vgl. hierzu oben unter 2.5 Das Hausrecht.

[627] Vgl. Beschluss-Sammlung TOP 6.2 b), Nr. 3, Satz 2 der Verkehrsministerkonferenz am 6./7. Oktober 2010 auf Schloss Ettersburg.

[628] Vgl. Kölner Stadtanzeiger „Rollschuhunfall in Straßenbahn" vom 19. November 1979.

daher wegen des Verstoßes gegen die Sicherheit und Ordnung von der Beförderung ausgeschlossen.[629] Ebenfalls vertretbar ist, das Verbot auf die Bestimmung des § 4 Absatz 3 Satz 5 VO-ABB zu stützen, nach der jeder Fahrgast verpflichtet ist, sich im Fahrzeug stets einen festen Halt zu verschaffen. Gleichwohl empfiehlt es sich auch hier – schon allein wegen der Klarstellung und des Appellcharakters – das Verbot ausdrücklich in die BBB aufzunehmen sowie über Medien mitzuteilen.[630]

5.3 Beförderungsausschluss von Fahrgästen

5.3.1 Ausschlussbestimmungen im Gesetz

Ein Beförderungsausschluss von Fahrgästen wird in der VO-ABB in folgenden Normen erwähnt:

- § 3 Absatz 1 VO-ABB bei einer Gefahr für die Sicherheit oder Ordnung des Betriebs oder für die Fahrgäste,
- § 3 Absatz 2 VO-ABB für nicht schulpflichtige Kinder vor Vollendung des sechsten Lebensjahrs, sofern sie nicht auf der ganzen Fahrstrecke begleitet werden,
- § 4 Absatz 5 VO-ABB, sofern ein Fahrgast trotz Ermahnung die ihm obliegenden Verhaltenspflichten nach § 4 Absätze 1 bis 4 VO-ABB verletzt und
- § 6 Absatz 5 Halbsatz 1 VO-ABB, wenn der Fahrgast einer Pflicht nach den Absätzen 2 bis 4 trotz Aufforderung nicht nachkommt.

Bei § 3 Absatz 1 VO-ABB werden ergänzend Einzelfälle aufgelistet, in denen die Sicherheit und Ordnung konkret betroffen ist.

Außerhalb der VO-ABB besteht eine Vorschrift zum Beförderungsausschluss in § 13 Satz 2 BOKraft, die ähnlich wie die Vorschrift des § 3 Absatz 1 VO-ABB bei einer Gefahr für die Sicherheit und Ordnung des Betriebs oder für die Fahrgäste gilt. Ferner besteht mit § 14 Absatz 4 BOKraft eine im Wesentlichen zu § 4 Absatz 5 VO-ABB gleichlautende Vorschrift.[631]

Die BOStrab hat keine eigenen Vorschriften zum Beförderungsausschluss.

---

[629] Für Bahnen: Filthaut, Werner, Haftpflichtgesetz, § 4, Rn. 34; für Busse: Hole, Gerhard, § 14, Anm. 1.

[630] So geschehen im Kölner Stadtanzeiger „KVB und KBE gesperrt für Rollschuhläufer" vom 24./25. November 1979.

[631] Hierzu: VG Lüneburg, Urteil vom 9. April 2002 – Az. 4 A 242/01.

§ 4 Absatz 1 Satz 2 VO-ABB bzw. der wortgleiche § 14 Absatz 1 Satz 2 BOKraft, die bestimmen, dass den Anweisungen des Betriebspersonals zu folgen ist, stellen keine Anspruchsgrundlage zum Beförderungsausschluss dar, da sich diese Vorschriften auf Anweisungen beziehen, die der Sicherheit und Ordnung des Betriebes sowie der Rücksicht auf andere Personen dienen.[632]

Jedenfalls benötigt der Unternehmer sachliche Gründe, um jemanden von der Beförderung auszuschließen.

5.3.2 Generalklauseln

5.3.2.1 Überblick

Die Ausschlussvorschrift des § 3 Absatz 1 Satz 1 VO-ABB, für „Personen, die eine Gefahr für die Sicherheit oder Ordnung des Betriebs oder für die Fahrgäste darstellen", ist eine Generalklausel, die den Beförderungsanspruch des Fahrgastes aufhebt bzw. einen Beförderungsanspruch eines potentiellen Fahrgastes gar nicht erst entstehen lässt. Sie verpflichtet das Unternehmen weder zur Ausübung eines Ermessens noch zum Ausspruch des Ausschlusses als Voraussetzung des Beförderungsausschlusses, da der Beförderungsausschluss bereits kraft der Bestimmung in § 3 Absatz 1 Satz 1 VO-ABB („sind ausgeschlossen") gilt. Allerdings wird der ausdrückliche Ausspruch des Ausschlusses im Interesse der Klarheit nützlich sein. Eine allgemeine Verpflichtung, den Ausschluss durchzusetzen, besteht allerdings nicht, da dies keine öffentlich-rechtliche Verpflichtung des Verkehrsunternehmens begründet. Soweit von der nach § 3 Absatz 1 Satz 1 VO-ABB ausgeschlossenen Person jedoch Gefahren für die anderen Fahrgäste ausgehen und nicht versucht wird, den Ausschluss – gegebenenfalls unter Zuhilfenahme der Polizei – durchzusetzen, kann dies eine Verletzung der Verkehrssicherungspflicht und der Fürsorgepflicht für andere Fahrgäste seitens des Verkehrsunternehmens darstellen.

Schutzgut eines Ausschlusses wegen einer Gefahr für die Sicherheit oder Ordnung sind der Betrieb, die Mitarbeiter und insbesondere die Fahrgäste. Die Vorschrift ist damit ein Schutzgesetz im Sinne des § 823 Absatz 2 BGB.[633]

---

[632] KG Berlin, Beschluss vom 25. Juli 1983 – Az. 3 Ws [B] 180/83 = VRS Bd. 65, Nr. 140, Seite 312, 313.

[633] Bidinger, C § 3 VO-ABB, Anm. 1.

5.3.2.2 Gefahr

Unter einer Gefahr wird allgemein eine Sachlage oder ein Verhalten verstanden, das bei ungehindertem Ablauf des objektiv zu erwartenden Geschehens mit Wahrscheinlichkeit ein geschütztes Rechtsgut schädigen wird.[634] So definiert z. B. das Gesetz über die öffentliche Sicherheit und Ordnung in Mecklenburg-Vorpommern „eine im einzelnen Falle bevorstehende Gefahr" als: „eine Sachlage, bei der bei ungehindertem Ablauf des objektiv zu erwartenden Geschehens ein die öffentliche Sicherheit oder Ordnung schädigendes Ereignis im konkreten Einzelfall in absehbarer Zeit mit hinreichender Wahrscheinlichkeit eintreten wird".[635] Für das Vorliegen einer Gefahr ist es nicht erforderlich, dass die Sicherheit oder Ordnung gegenwärtig beeinträchtigt sein muss; es reicht ein gewisses Maß an Wahrscheinlichkeit.

Hinsichtlich der Anforderungen an das Vorliegen der Gefahr verlangt die BOKraft in § 13 Satz 2 keinen Nachweis, sondern nur, dass „Tatsachen vorliegen" müssen, die die „Annahme rechtfertigen". Damit reichen Indizien, die die Gefahr glaubhaft machen. Höhere Anforderungen wären auch übertrieben, da das Betriebspersonal zum einen allein, zum anderen unmittelbar in der konkreten Situation entscheiden muss und keine Vertagung oder Beweisaufnahme vornehmen kann. Allerdings bedeutet dies nicht, dass Spekulationen oder Vorurteile ausreichen. Vielmehr müssen die Tatsachen eine Annahme rechtfertigen, die sich auf eine konkrete Gefahr bezieht. Dies ergibt sich aus dem Ausnahmecharakter der Vorschrift.[636]

5.3.2.3 Sicherheit und Ordnung, Betrieb und Fahrgast

Mit der Generalklausel des § 3 Absatz 1 Satz 1 VO-ABB soll für den Betrieb und die Fahrgäste die Sicherheit bzw. Ordnung geschützt werden. Hinsichtlich dessen, was unter den Begriffen Sicherheit, Ordnung und Betrieb zu verstehen ist, kann auf die obige Darstellung[637] verwiesen werden. Der Begriff des Fahrgastes wurde ebenfalls in vorhergehenden Ausführungen[638] eingehend erläutert.

5.3.2.4 Beförderung

Der Begriff der Beförderung ist weit auszulegen. Verfehlt wäre es, ihn auf den reinen Bewegungsvorgang zu beschränken. Auch die Aufenthal-

---

[634] BVerwG, Urteil vom 26. Februar 1974 – Az. I C 31.72 = BVerwGE 45, 51, 57.

[635] § 3 Absatz 3 Nr. 1 Sicherheits- und Ordnungsgesetz – SOG M-V.

[636] Grätz, Thomas, in: Fielitz/Grätz, § 22 PBefG, Rn. 3.

[637] Siehe unter 5.2.1.5 Sicherheit und Ordnung des Betriebs.

[638] Siehe unter 1.4 Fahrgäste.

te auf Grund von verkehrlichen Situationen (Lichtsignalanlagen, Stau etc.) sowie beim Fahrgastwechsel zählen zum Begriff der Beförderung. Eine vergleichende Betrachtung beim Güterkraftverkehr stützt diese Auslegung. Dort hat der Gesetzgeber den Begriff der Beförderung in § 2 Absatz 2 Satz 1 GGBefG legal definiert. Danach umfasst die Beförderung im Sinne dieses Gesetzes „nicht nur den Vorgang der Ortsveränderung, sondern auch die Übernahme und die Ablieferung des Gutes sowie zeitweilige Aufenthalte im Verlauf der Beförderung, Vorbereitungs- und Abschlusshandlungen (Verpacken und Auspacken der Güter, Be- und Entladen), auch wenn diese Handlungen nicht vom Beförderer ausgeführt werden".

5.3.2.5 Formulierungsunterschied der VO-ABB zur BOKraft

5.3.2.5.1 „und" versus „oder"

Mit der Formulierung der Gefahr für die Sicherheit „oder" Ordnung stellt die VO-ABB klar, dass alternativ entweder eine Gefahr für die Sicherheit oder eine Gefahr für die Ordnung vorliegen muss. In der Parallelvorschrift des § 13 Satz 2 BOKraft ist hingegen von einer Gefahr für die Sicherheit „und" Ordnung die Rede. Damit scheint die BOKraft auf den ersten Blick strengere Voraussetzungen als die VO-ABB aufzustellen, denn hiermit könnte das kumulative Vorliegen der Voraussetzungen gemeint sein. Allerdings geht eine solche Interpretation zu weit. Denn die Formulierung „und" drückt nur das Verständnis aus, Sicherheit und Ordnung als Einheit zu sehen, die nicht gefährdet werden soll.

5.3.2.5.2 ausgeschlossen – abgelehnt

Ein weiterer Formulierungsunterschied zwischen BOKraft und VO-ABB ist, dass nach der BOKraft die Personen, die diese Gefahr darstellen, „abgelehnt" werden können, während nach der VO-ABB diese Personen „ausgeschlossen" sind. Der Unterschied ist unter dem Gesichtspunkt zu sehen, dass sich die BOKraft in erster Linie an den Unternehmer und das Fahrpersonal richtet, während die VO-ABB vor allem den Fahrgast im Blick hat. Mit der Formulierung in der VO-ABB „ist ausgeschlossen" wird dem Fahrgast unmissverständlich klar gemacht, dass er keinen Beförderungsanspruch hat, wenn von ihm eine Gefahr ausgeht. Die BOKraft schafft mit ihrer Kann-Bestimmung[639] hingegen für das Fahrpersonal ein sinnvolles Ermessen.[640] Denn das Fahrpersonal ist auf Grund der tatsächlichen Verhältnisse vor Ort nicht immer in der Lage zu erkennen, ob eine Gefahr vorliegt. Im Einzelfall kann es im Sinne einer

---

[639] Bidinger, D § 13 BOKraft, Rn. 19.

[640] Bidinger, D § 13 BOKraft, Rn. 14.

Deeskalation oder Güterabwägung angebracht sein, selbst bei Vorliegen einer Gefahr, den Beförderungsausschluss nicht durchzusetzen. Über die Formulierung in der BOKraft wird damit ein Spielraum geschaffen, den das Betriebspersonal unter den Gesichtspunkten der vor Ort nur sehr eingeschränkt möglichen Sachverhaltsaufklärung, der schnellen Entscheidungsnotwendigkeit sowie des regelmäßig notwendigen Alleinhandelns benötigt und der einer Eskalation vorbeugen kann.

5.3.2.6 Ausschlussgründe nach der Generalklausel

Der Anwendungsbereich für Verstöße gegen die Sicherheit und Ordnung nach der Generalklausel umfasst insbesondere die Verhaltensweisen und Fälle, die in anderen Gesetzen missbilligt werden oder die der Gesetzgeber (noch) nicht ausdrücklich geregelt, bei denen er aber Wertungen in anderen Regelungen getroffen hat.[641] Beispiele hierfür sind das Rauchen im Fahrzeug,[642] das nach § 1 Absatz 1 Nr. 2 BNichtrSchG verboten ist[643] sowie der Gebrauch von Skateboards oder Inlineskates[644] und der extrem riechende Fahrgast.

5.3.3 Ausdrücklich benannte Ausschlussgründe

Ausdrücklich benannte Ausschlussgründe finden sich in den §§ 3, 4 Absatz 5 und 6 Absatz 5 VO-ABB. Darüber hinaus werden Ausschlussgründe in § 14 BOKraft aufgeführt.

5.3.3.1 Personen unter Drogeneinfluss

Nach § 3 Absatz 1 Satz 2 Nr. 1 VO-ABB sind Personen ausgeschlossen, „die unter dem Einfluss geistiger Getränke oder anderer berauschender Mittel stehen". Die Begriffe der „geistigen Getränke oder anderer berauschender Mittel" in § 3 Absatz 1, Satz 1 Nr. 1 VO-ABB können in ähnlicher Weise ausgelegt werden wie der Begriff der „geistigen Getränke oder ähnlichen Mittel" in § 827 Satz 2 BGB. Mit der etwas altertümlichen Bezeichnung „geistige Getränke" sind in erster Linie Alkoholika gemeint.[645] Unter „andere berauschende Mittel" sind Drogen zu verstehen, die eine Bewusstseinsveränderung im Sinne eines Rauschzustandes herbeiführen. Die Materialien zum BGB nennen zu § 827 Satz 2 BGB

---

641 Vgl. hierzu oben unter 5.2.1.5 Sicherheit und Ordnung des Betriebs.

642 Bidinger, D Anhang § 14 BOKraft, Rn. 102.

643 Siehe hierzu oben unter 5.2.8 Rauchverbot.

644 Hierzu oben unter 5.2.16.2 Skateboards, Rollschuhe und Inlineskates.

645 Sprau, Hartwig, in: Palandt, § 827, Rn. 2a.

Morphium, Kokain und Haschisch.[646] Eine heutige Definition der „anderen berauschenden Mittel" wird sich insbesondere an der Liste der Betäubungsmittel gemäß den Anlagen zum BtMG[647] orientieren. Ferner sind zu den berauschenden Mitteln bestimmte Medikamente zu zählen.[648] Einen wichtigen Anhaltspunkt liefert auch die Liste in der Anlage zu § 24a StVG. Danach zählen zu den berauschenden Mitteln: Cannabis, Heroin, Morphin, Cocain, Amfetamin, Designer-Amfetamin und Metamfetamin.

Der bloße Alkoholgenuss des Fahrgastes vor der Fahrt rechtfertigt den Ausschluss allerdings noch nicht.[649] Denn der Beförderungsausschlussgrund des § 3 Absatz 1 Satz 2 Nr. 1 VO-ABB bedeutet nicht, dass alle Personen unter Drogeneinfluss auszuschließen sind. Das wäre das Gegenteil der gesetzgeberischen Intention und des gesellschaftlichen Konsenses, Personen unter Drogeneinfluss – in erster Linie Alkohol – als Fahrzeugführer im Straßenverkehr zu verhindern und zum Umstieg auf öffentliche Verkehrsmittel zu bewegen.[650] Der Ausschluss von Personen unter Drogeneinfluss ist daher nur dann gerechtfertigt, wenn der Drogeneinfluss eine Wirkung hat, die eine konkrete Gefahr darstellt,[651] z. B. dass bestehende Aggressionen durch den Alkohol offengelegt werden oder das Fahrzeug verschmutzt wird.

Der Beförderungsausschluss ist sowohl vor als auch nach Antritt der Fahrt möglich. Unerheblich ist ebenfalls, ob die Personen sich bewusst oder fahrlässig unter den Einfluss der geistigen Getränke oder der anderen berauschenden Mittel gesetzt haben. Selbst wenn jemand zur Einnahme gezwungen worden wäre, hinderte dies nicht den Ausschluss von der Beförderung, da die Vorschriften kein Verschulden voraussetzen

---

[646] Protokoll II 590, zitiert nach: Oechsler, Jürgen, in: Staudinger, BGB, Buch 2, § 827, Rn. 39.

[647] Anlage 1 – 3 des BtMG in BGBl. I, Nr. 28 vom 25. Juni 2001, Seite 1180 ff.

[648] Bidinger, C § 3 VO-ABB, Anm. 3; ebenso für die „ähnlichen Mittel" in § 827 Satz 2 BGB: Sprau, Hartwig, in: Palandt, § 827, Rn. 2a.

[649] OVG Münster, Urteil vom 20. Februar 1958 – Az. VIII A 1129/57 = VÖV-Nachrichten Nr. 9, Ausgabe B vom 1. Mai 1958; Müller, Fritz (22. Auflage), § 12 BOKraft, Rn. 2; Grätz, Thomas, in: Fielitz/Grätz, § 22 PBefG, Rn. 3.

[650] Z. B. Kaufner, Helmke, GAL-Abgeordnete in Hamburg, in: Welt-online vom 13. Oktober 2009; Seitzinger, Elisabeth, Sprecherin der VAG-Nürnberg, in: Abendzeitung Nürnberg „Bald Alkoholverbot in Bussen und Bahnen" vom 21. Oktober 2009, Seite 5; Deutsche Bahn, in: tagesschau.de „Debatte über Alkoholverbot in Bahnhöfen und Zügen" vom 19. Oktober 2009; Deutsche Bahn, in: Frankfurter Allgemeine Sonntagszeitung vom 18. Oktober 2009, Seite 1.

[651] Grätz, Thomas, in: Fielitz/Grätz, A 3 § 3 VO-ABB, Rn. 1.

und auch keine Bestrafung intendieren, sondern allein den Schutz der Fahrgäste und des Betriebs bezwecken.

5.3.3.2 Personen mit ansteckenden Krankheiten

Der Ausschlussgrund der ansteckenden Krankheit in § 3 Absatz 1 Satz 2 Nr. 2 VO-ABB hat den Hintergrund, dass in öffentlichen Verkehrsmitteln die Menschen in größerer Anzahl und auf engem Raum beieinander sind. Hier erfolgt allein durch eine sogenannte Tröpfcheninfektion schneller eine Ansteckung als in anderen Bereichen. Allerdings führt nicht jeder Schnupfen oder Husten zu einem Beförderungsausschluss.[652] Als Maßstab für den Ausschluss von der Beförderung wegen ansteckender Krankheiten ist, wie auch bei § 9 Absatz 1 BOKraft und § 14 Absatz 2 BOStrab, auf § 34 IfSG und nicht auf § 6 IfSG abzustellen. Daher sind auch AIDS-Kranke nicht von der Beförderung ausgeschlossen.[653] Denn ein Ausschlussgrund liegt nur vor, wenn eine konkrete Gefahr mit der Beförderung verbunden ist. Eine Weiterverbreitung von AIDS erfolgt aber nicht auf Grund einer Mitfahrt im ÖPNV.

5.3.3.3 Personen mit geladenen Schusswaffen

Nach § 3 Absatz 1 Satz 2 Nr. 3 VO-ABB ist ein weiterer Ausschlussgrund von der Beförderung, wenn ein Fahrgast mit einer geladenen Schusswaffe mitfahren will, es sei denn, er ist zum Führen einer Schusswaffe berechtigt.

Schusswaffen sind gemäß Anlage 1 zu § 1 Absatz 4 WaffenG „Gegenstände, die zum Angriff oder zur Verteidigung, zur Signalgebung, zur Jagd, zur Distanzinjektion, zur Markierung, zum Sport oder zum Spiel bestimmt sind und bei denen Geschosse durch einen Lauf getrieben werden". Auch die Berechtigung zum Führen von Schusswaffen ergibt sich aus dem WaffG. Nach § 10 Absatz 4 WaffG wird die Erlaubnis zum Führen einer Waffe durch einen Waffenschein erteilt. Nach § 38 Nr. 1 WaffG muss, wer eine Waffe führt, seinen Personalausweis oder Pass und, wenn es einer Erlaubnis zum Erwerb bedarf, die Waffenbesitzkarte oder, wenn es einer Erlaubnis zum Führen bedarf, den Waffenschein mit sich führen und Polizeibeamten oder sonst zur Personenkontrolle Befugten auf Verlangen zur Prüfung aushändigen.

Soweit Schusswaffen nicht geladen sind, ist Nr. 3 nicht anwendbar, da der Wortlaut des § 3 Absatz 1 Satz 2 Nr. 3 VO-ABB eindeutig ist. Allerdings ist dem Betriebspersonal kaum möglich, jedenfalls aber nicht zu-

---

[652] Ähnlich: Grätz, Thomas, in: Fielitz/Grätz, A 3 § 3 VO-ABB, Rn. 3 b).

[653] A. A. ohne Begründung und ohne Bezugnahme auf das IfSG oder das frühere Bundes-Seuchengesetz: Bidinger, C § 3 VO-ABB, Anm. 3.

mutbar, zu überprüfen, ob die Waffe geladen ist oder nicht. Auch für die anderen Fahrgäste stellt sich die Gefährdungslage bei Unkenntnis analog dar. Daher liegt bei ungeladenen Schusswaffen, aber auch bei täuschend echt aussehenden Spielzeugwaffen[654] sowie bei anderen Waffen, die keine Schusswaffen sind, regelmäßig ein Fall der Generalklausel des § 3 Absatz 1 Satz 1 VO-ABB vor, der zum Ausschluss berechtigt.

5.3.3.4 Nicht schulpflichtige Kinder

Nach § 3 Absatz 2 VO-ABB besteht ein weiterer Ausschlussgrund für nicht schulpflichtige Kinder, die noch nicht das sechste Lebensjahr vollendet haben, sofern sie nicht auf der ganzen Fahrstrecke von Personen begleitet werden, die mindestens das sechste Lebensjahr vollendet haben. Bei dieser Bestimmung geht es zum einen um das kindliche Verhalten,[655] wodurch eine Gefahr für Kind, Fahrer und Fahrgäste bestehen kann. Zum anderen geht es um eventuelle Bedürfnisse, fehlende Orientierungen und auftretende Ängste der Kinder selbst, die keinen Ansprechpartner haben. Der Fahrer scheidet jedenfalls für eine Beaufsichtigung aus.[656] Er hat sich auf den Verkehr zu konzentrieren. Dies ergibt sich z. B. aus § 1 StVO. Von mitreisenden Fahrgästen, sofern vorhanden, kann es auch nicht verlangt werden.

Bei der Altersgrenze ist mit Vollendung des sechsten Lebensjahres der Zeitraum vor dem 6. Geburtstag gemeint. Eine Ausnahme besteht, wenn es sich bei dem Kind um ein Schulkind handelt. Hintergrund dieser Ausnahme ist ein doppelter: Zum einen ist es für Schulkinder notwendig, in die Schule zu gelangen. Eine ständige Begleitung wäre hier ein sehr hoher Aufwand. Zum anderen ist die Einschulung auch an bestimmte Bedingungen gebunden, die gerade ein gewisses Maß an Selbständigkeit beinhalten. Genau dies ist auch für die Beförderung im ÖPNV notwendig. Soweit daher die Schulreife gegeben ist, kann hieraus auch auf eine „ÖPNV-Reife" geschlossen werden.

Schutzrichtung dieser Vorschrift ist eine Doppelte: Zum einen die Kinder, die ohne Begleitung im Fahrzeug wären, zum anderen die Verkehrsunternehmen, die zur Betreuung von Kindergartenkindern nicht in der Lage sind.

Sinn der Norm ist allerdings nicht, Kleinkinder bei alleiniger Mitfahrt auf offener Stecke des Fahrzeugs zu verweisen, sondern eine Handhabe

---

[654] Bidinger, D § 13 BOKraft, Rn. 22.

[655] Grätz, Thomas, in: Fielitz/Grätz, A 3 § 3 VO-ABB, Rn. 4.

[656] Im Ergebnis ebenso: OVG Rheinland-Pfalz, Urteil vom 27. November 2001 – Az. 7 A 10051/01.

gegen Erziehungsberechtigte zu haben, die ihr Kleinkind an der Haltestelle bei dem Fahrer „abgeben" wollen.

5.3.3.5 Verstoß gegen Verhaltensregeln

Ein weiterer Ausschlussgrund findet sich in § 4 Absatz 5 VO-ABB. Danach kann ein Fahrgast von der Beförderung ausgeschlossen werden, wenn er trotz Ermahnung die ihm obliegenden Pflichten der vorhergehenden Absätze verletzt. Diese Vorschrift entspricht wörtlich der Regelung des § 14 Absatz 4 BOKraft.

Der Unterschied vom Ausschluss gemäß § 4 Absatz 5 VO-ABB gegenüber § 3 Absatz 1 VO-ABB sowie von § 14 Absatz 4 BOKraft gegenüber § 13 Satz 2 BOKraft ist, dass bei § 3 Absatz 1 VO-ABB und § 13 Satz 2 BOKraft eine Änderung auf Seiten des Fahrgastes nicht sofort möglich ist und entsprechend keine vorherige Ermahnung erfolgen muss, während bei § 4 Absatz 5 VO-ABB und § 14 Absatz 4 BOKraft eine sofortige Verhaltensänderung erfolgen kann. Die bei letzteren obligatorisch vorgesehene Ermahnung soll genau dies bewirken. Allerdings kann auf die Ermahnung in extremen Fällen auch verzichtet werden. Teilweise wird sogar nur von einer Soll-Vorschrift ausgegangen.[657]

5.3.3.6 Verstoß gegen Fahrausweisbeschaffungspflicht

Der Ausschluss von der Fahrt nach § 6 Absatz 5 VO-ABB wegen des Verstoßes gegen die Fahrausweisbeschaffungspflicht erfolgt nicht von Gesetzes wegen. In diesen Fällen besteht die Ausschlussmöglichkeit vielmehr erst, wenn der Fahrgast vom Betriebspersonal – unabhängig von seiner an sich bestehenden Verpflichtung – zum Lösen, Aushändigen, Entwerten oder Vorzeigen des Fahrausweises aufgefordert wurde, doch gleichwohl dieser Verpflichtung nicht nachkommt.[658]

Auf die Aufforderung durch das Betriebspersonal kann dann verzichtet werden, wenn entweder der Fahrgast bereits von sich aus zu verstehen gegeben hat, dass er auch einer Aufforderung nicht nachkommen wird oder wenn offensichtlich ist, dass er dem nicht nachkommen kann – z. B. weil er kein Geld dabei hat[659] oder es sich um ein Fahrzeug im schaffnerlosen Betrieb handelt (§ 6 Absatz 6 VO-ABB) und sich im Fahrzeug kein Fahrausweisautomat befindet.

Die Vorschrift enthält mit ihren Ausschlussgründen alle vier Tatbestände des § 9 Absatz 1 Satz 1 VO-ABB. Ferner entspricht sie inhaltlich der Regelung des § 9 Absatz 4 Satz 1 EVO im Eisenbahnrecht.

---

[657] Bidinger, C § 4 VO-ABB, Anm. 16.

[658] Grätz, Thomas, in: Fielitz/Grätz, A 3 § 6 VO-ABB, Rn. 6.

[659] Grätz, Thomas, in: Fielitz/Grätz, A 3 § 6 VO-ABB, Rn. 6.

5.3.3.7 Schwerbehinderte ohne Begleitung?

Teilweise wird geltend gemacht, auch schwerbehinderte Menschen, die in ihrem Schwerbehindertenausweis die Berechtigung zur Mitnahme einer Begleitperson eingetragen haben, müssten dann nicht befördert werden, wenn sie allein reisen. Denn der Eintrag der Begleitung sei schließlich der Beleg dafür, dass die schwerbehinderten Menschen auf Grund ihrer Behinderung nicht gefahrlos allein reisen könnten. So entstünden Gefahren für sie selbst und für andere Fahrgäste, weil sie sich z. B. nicht richtig festhalten könnten oder aus anderen Gründen den komplexen Anforderungen der Fahrt nicht gewachsen seien. Aus diesen Gefahren für die schwerbehinderten Menschen selbst und die anderen Fahrgäste resultiere wiederum für den Unternehmer die Gefahr, schadenersatzpflichtig zu werden. Daher sei ohne Begleitung von einer Gefahr für die Sicherheit und Ordnung auszugehen, die nach § 3 Absatz 1 Satz 1 VO-ABB und § 13 Satz 2 BOKraft zur Aufhebung von der Beförderungspflicht führe.[660]

Hiergegen wird eingewandt, dass die Voraussetzung für die Eintragung der ständigen Begleitung schon dann erfüllt sei, wenn der schwerbehinderte Mensch „regelmäßig"[661] auf fremde Hilfe bei der Benutzung von öffentlichen Verkehrsmitteln angewiesen sei. Damit sei keine jederzeitige Begleitung, sondern nur der Regelfall beschrieben, der im Einzelfall abweichen könne. Denn in Folge täglicher Übung oder Routine auf bestimmten Strecken könne im Einzelfall die Fähigkeit bestehen, auch ohne Begleitung zu fahren, selbst wenn die Eintragsvoraussetzungen weiter bestünden.[662]

Der Streit um die Beförderungspflicht bei schwerbehinderten Menschen mit Begleiter-Eintrag entzündete sich an der Formulierung im SchwbG bzw. dem Wortlaut der das SchwbG ablösenden §§ 145 ff. SGB IX sowie der SchwbAwV. Mittlerweile wurde der in § 3 Absatz 2 Satz 1 Nr. 1 SchwbAwV ursprünglich vorgeschriebene Wortlaut des Eintrags im Ausweis für schwerbehinderte Menschen „die Notwendigkeit ständiger Begleitung ist nachgewiesen" in „die Berechtigung zur Mitnahme einer Begleitperson ist nachgewiesen" geändert.[663] Ferner wurde durch das

---

[660] VG Stade, Urteil vom 10. Juni 1982 – Az. 1 VG A 185/81 = VRS Bd. 64, Nr. 39, Seite 77 ff.

[661] Bis zum Inkrafttreten des SGB IX: § 57 Absatz 2 Nr. 1 SchwbG; danach § 146 Absatz 2 SGB IX.

[662] OVG Lüneburg, Urteil vom 11. September 1984 – Az. 9 A 220/82 = VRS Bd. 68, Nr. 29, Seite 73 ff. = TranspR 1985, 221 ff.;

[663] Artikel 7 Nr. 1 a) des Gesetzes zur Änderung des Betriebsrentengesetzes und anderer Gesetze, BGBl. I, Nr. 56 vom 11. Dezember 2006, Seite 2742, 2745.

gleiche Gesetz[664] die Formulierung in § 146 Absatz 2 SGB IX geändert. Die ursprüngliche Formulierung lautete: „Ständige Begleitung ist bei schwerbehinderten Menschen notwendig, die bei Benutzung von öffentlichen Verkehrsmitteln infolge ihrer Behinderung zur Vermeidung von Gefahren für sich oder andere regelmäßig auf fremde Hilfe angewiesen sind." Nunmehr heißt es: „Zur Mitnahme einer Begleitperson sind schwerbehinderte Menschen berechtigt, die bei der Benutzung von öffentlichen Verkehrsmitteln infolge ihrer Behinderung regelmäßig auf Hilfe angewiesen sind. Die Feststellung bedeutet nicht, dass die schwerbehinderte Person, wenn sie nicht in Begleitung ist, eine Gefahr für sich oder für andere darstellt."

Des Weiteren wurden auch in § 145 Absatz 2 Nr. 1, § 148 Absatz 4 Satz 2 Nr. 1, § 149 Absatz 2 Nr. 1 und § 151 Absatz 2 Satz 1 SGB IX die Formulierungen ausgetauscht – und zwar von der „Notwendigkeit einer ständigen Begleitung" in die „Berechtigung zur Mitnahme einer Begleitperson".[665]

Hinsichtlich des zuvor wiedergegebenen Streits sind daher insbesondere zwei Änderungen entscheidend: Erstens wurde das Wort „Notwendigkeit" der Begleitung in „Berechtigung" der Begleitung ausgetauscht, und zweitens wurde die Begründung des Schutzes vor „Gefahren für sich oder andere" nicht nur gestrichen, sondern es wurde sogar klargestellt, dass von „Gefahren für sich oder andere" nicht auf Grund des Eintrags einer Begleitung ausgegangen werden kann. Damit hat der Gesetzgeber deutlich gemacht, dass auch bei schwerbehinderten Menschen, die eine Begleitung in ihrem Ausweis eingetragen haben, sich jedoch ohne Begleitung befördern lassen wollen, die Beförderung nicht mit dem Hinweis auf die fehlende Begleitung abgelehnt werden kann.

Gleichwohl können schwerbehinderte Menschen im Einzelfall ohne Begleitung eine Gefahr für die Sicherheit und Ordnung darstellen.[666] Dies kann jedoch nicht mehr mit dem Eintrag der Begleitung im Schwerbehindertenausweis begründet werden. Es bedarf vielmehr konkreter Indizien im Einzelfall.[667] Ein Verstoß gegen das AGG würde sich aus einem solchen Ausschluss von der Beförderung nicht ergeben, da dies über § 20 Absatz 1 Satz 2 Nr. 1 AGG gerechtfertigt wäre.

---

[664] Artikel 6 Nr. 3 des Gesetzes zur Änderung des Betriebsrentengesetzes und anderer Gesetze, BGBl. I, Nr. 56 vom 11. Dezember 2006, Seite 2742, 2745.

[665] Artikel 6 Nr. 2, 4, 5, und 6 des Gesetzes zur Änderung des Betriebsrentengesetzes und anderer Gesetze, BGBl. I, Nr. 56 vom 11. Dezember 2006, Seite 2742, 2745.

[666] OVG Lüneburg, Urteil vom 11. September 1984 – Az. 9 A 220/82 = VRS Bd. 68, Nr. 29, Seite 73, 77 = TranspR 1985, 221 ff.; Lampe, Joachim, in: Erbs/Kohlhaas, P 56, § 22, Rn. 13.

[667] Lampe, Joachim, in: Erbs/Kohlhaas, P 56, § 22, Rn. 13.

Das gleiche Ergebnis findet sich für den Busbereich auch nach der Verordnung (EU) Nr. 181/2011. Danach dürfen sich gemäß Artikel 9 Absatz 1 Beförderer nicht allein aufgrund der Behinderung oder der eingeschränkten Mobilität einer Person weigern, die Person an Bord des Fahrzeugs zu nehmen. Jedoch dürfen sie sich nach Artikel 10 Absatz 1 Verordnung (EU) Nr. 181/2011 weigern, eine Person an Bord des Fahrzeugs zu nehmen, um geltenden Sicherheitsanforderungen nachzukommen, die durch Vorschriften des internationalen Rechts, des Unionsrechts oder des nationalen Rechts festgelegt sind, oder um Gesundheits- und Sicherheitsanforderungen nachzukommen, die von den zuständigen Behörden erlassen wurden oder, wenn es wegen der Bauart des Fahrzeugs oder der Infrastruktur, einschließlich der Busbahnhöfe und Bushaltestellen, physisch nicht möglich ist, den Einstieg, den Ausstieg oder die Beförderung des behinderten Menschen oder der Person mit eingeschränkter Mobilität auf sichere und operationell durchführbare Weise vorzunehmen.

5.3.4 Ausschluss für mehrere Fahrten

In § 3 Absatz 1 Satz 1 VO-ABB, § 4 Absatz 5 VO-ABB, § 6 Absatz 5 VO-ABB, § 13 Satz 2 BOKraft und § 14 Absatz 4 BOKraft finden sich jeweils Formulierungen zum Ausschluss von „der Beförderung", also im Singular. Entsprechend sind die Fälle näher zu betrachten, in denen der Fahrgast nicht nur von der jeweiligen, konkreten Fahrt ausgeschlossen werden soll, sondern der Ausschluss für mehrere Fahrten oder sogar für einen längeren Zeitraum erfolgen soll.

Zunächst könnte man argumentieren, die Beförderungsverweigerung für mehrere oder eine unbestimmte Vielzahl von Fahrten sei wegen der Singular-Formulierung unzulässig.[668]

Richtig ist, dass der Beförderungsausschluss im Lichte der Beförderungspflicht des § 22 PBefG und des § 13 Satz 1 BOKraft sowie des Beförderungsanspruchs aus § 2 Satz 1 VO-ABB restriktiv auszulegen ist.[669] Auch rechtfertigt eine Berufung auf das Hausrecht an dieser Stelle den Unternehmer nicht, da es um eine öffentlich-rechtliche Pflicht geht.[670] Dies führt aber nicht zu einem generellen Verbot des Ausschlusses für einen Zeitraum, sondern nur zu verschärften Kriterien.[671] Denn die Sin-

---

[668] AG Norden, Urteil vom 18. November 1988 – Az. 5 C 910/88.

[669] Vgl. AG Norden, Urteil vom 18. November 1988 – Az. 5 C 910/88.

[670] Fromm/Fey/Sellmann/Zuck, § 13 BOKraft, Rn. 6; AG Norden, Urteil vom 18. November 1988 – Az. 5 C 910/88; siehe auch oben unter 2.5 Das Hausrecht.

[671] VG Braunschweig, Beschluss vom 8. Februar 1994 – Az. 6 B 61040/94 = NJW 1994, 1549.

gular-Formulierung bezieht sich nicht auf die konkrete Fahrt, sondern auf die Beförderung, die auch in einem Zeitraum stattfinden kann. Daher muss der Ausschluss von „der" Beförderung nicht notwendigerweise nur „eine" Fahrt sein.

Allerdings ist in den Fällen des Ausschlusses für einen Zeitraum wegen der Beförderungspflicht die Messlatte für den Beförderungsausschluss höher. So muss insbesondere die Verhältnismäßigkeit geprüft werden;[672] hierfür bieten folgende Gesichtspunkte und Kriterien einen Anhaltspunkt:

- Ist der Ausschluss für einen Zeitraum überhaupt sinnvoll?
- Ist es wiederholt zu Störungen durch den Fahrgast gekommen oder handelt es sich um einen erstmaligen Vorfall?[673]
- Ist bei weniger schwerwiegenden Verfehlungen der Betreffende schon einmal wegen dieses Verhaltens abgemahnt worden?[674]
- Zeichnet sich eine konkrete Wiederholungsgefahr ab oder gibt es Anzeichen für eine Einmaligkeit der Tat?
- Hat eine Abwägung im Hinblick auf die persönlichen Verhältnisse stattgefunden? Falls der Ausschluss von der Fahrt eine große persönliche Härte darstellt, muss auch der den Ausschluss rechtfertigende Grund eine besondere Schwere aufweisen.
- Wie stellt sich die Gefahrensituation für die anderen Fahrgäste, das Betriebspersonal und die übrigen Verkehrsteilnehmer dar?
- Welche alternativen Fortbewegungsmöglichkeiten hat die betreffende Person?[675]
- Ist der Fahrgast noch minderjährig? Wurde in diesen Fällen das Gespräch mit den Eltern gesucht?
- Welchen Fahrweg muss der Fahrgast regelmäßig zurücklegen (Länge, Waldgebiet, Dunkelheit, unsicheres Viertel etc.)?
- Liegt eine Behinderung bei der Person vor, auf Grund derer der Ausschluss eine besondere Härte darstellen würde?
- Ist die Verfehlung mehr als nur unerheblich und damit der Ausschluss überhaupt angemessen?
- Bestehen Anhaltspunkte, die für oder gegen eine Wiederholung des gegen die Sicherheit und Ordnung verstoßenden Verhaltens sprechen?

---

[672] VG Braunschweig, Beschluss vom 8. Februar 1994 – Az. 6 B 61040/94 = NJW 1994, 1549; Fromm/Fey/Sellmann/Zuck, § 13 BOKraft, Rn. 6.

[673] VG Braunschweig, Beschluss vom 8. Februar 1994 – Az. 6 B 61040/94 = NJW 1994, 1549.

[674] AG Norden, Urteil vom 14. Juli 1989 – Az. 5 C 982/88.

[675] Vgl. VG Braunschweig, Beschluss vom 8. Februar 1994 – Az. 6 B 61040/94 = NJW 1994, 1549.

- Gibt es sonstige, in diesem Fall zu berücksichtigende Kriterien, die einen Beförderungsausschluss noch dringender machen oder ein besonderes Argument für die Beförderungspflicht des Verkehrsunternehmens darstellen?

Letztlich macht es z. B. einen Unterschied, ob es sich um ein 12-jähriges Mädchen handelt, das im Winter durch einen einsamen Wald zur Schule muss oder um einen 23-jährigen Mann, der regelmäßig in das Fußballstadion will.

Darüber hinaus sind bei den Abwägungen die Gesichtspunkte und Wertungen des § 4 Absatz 5 und des § 6 Absatz 5 VO-ABB heranzuziehen. Einen Anhaltspunkt bieten auch die von den Gerichten angelegten Kriterien bei Ausschlüssen von der Schule.[676]

Da es sich bei der vorgenannten Abwägung nicht um ein verwaltungsrechtliches Verfahren, sondern um den Anspruch auf Abschluss eines zivilrechtlichen Beförderungsvertrages auf Grund eines Kontrahierungszwangs handelt, unterliegt das Verkehrsunternehmen nicht dem verwaltungsrechtlichen Untersuchungsgrundsatz. Daher müssen die den Ausschlussgrund wieder beseitigenden oder relativierenden Gesichtspunkte vom Fahrgast selbst beigebracht werden.

5.3.5 Beförderungsausschluss in besonderen Fällen

Nachdem zuvor eine Vielzahl von Ausschlussgründen aufgezählt wurde, stellt sich die Frage, ob trotz Bestehens eines Ausschlussgrundes im Einzelfall gleichwohl ein Fahrgast weiter mitgenommen werden muss. Besonderen medialen Wiederhall finden hier die Fälle des Ausschlusses Minderjähriger während der Fahrt.[677] Hintergrund dieser Fälle ist meist, dass die Minderjährigen keinen gültigen Fahrausweis vorweisen können. In der Praxis erheblich problematischer ist der Ausschluss alkoholisierter Personen.[678]

Rein nach personenbeförderungsrechtlichen Vorschriften bestehen gegen den Ausschluss grundsätzlich keine Bedenken.

---

[676] Vgl. z. B. VGH Baden-Württemberg, Beschluss vom 22. Oktober 2003 – Az. 9 S 2277/03 = NJW 2004, 89 f. = DÖV 2004, 349 f.; VG Mainz, Beschluss vom 6. April 1998 – Az. 7 L 613/98.MZ = NVwZ 1998, 876 f.

[677] Vgl. nur beispielhaft: Nürnberger Nachrichten „Zugbegleiterin setzt 13-jährigen Jungen am Bahnsteig aus" vom 28. Oktober 2009; Hessisch-Niedersächsische Allgemeine „Fahrer warf vier Mädchen raus" vom 13. März 2009; Südkurier „Keine Fahrkarte: Kind muss Bus verlassen" vom 8. April 2009.

[678] Vgl. OLG Celle, Urteil vom 29.11.2001 – Az. 11 U 71/71 = NZV 2002, 124 ff.; LG München II, Urteil vom 18. April 2008 – Az. 1 Ks 51 Js 14741/07 (hier allerdings Taxifahrt); Bauer, Michael, § 22, Rn. 16 f.

Das Gleiche gilt vertragsrechtlich hinsichtlich der Fahrgäste ohne Fahrausweis, da diesen gegenüber keine vertragliche Verpflichtung besteht. Denn nach richtiger Auffassung führt das schlichte Betreten eines Fahrzeugs nicht zu einem Vertragsschluss.[679]

Auch Rechtsprechung[680] und Literatur[681] halten den Ausschluss Minderjähriger von der Beförderung grundsätzlich für zulässig. Bei alkoholisierten Personen wird geurteilt, dass der Ausschluss eines Alkoholisierten von der Beförderung diesen nicht grundsätzlich in eine hilflose Lage versetzt, so dass der Ausschluss zulässig sein kann.[682] Denn das Fahrpersonal sei erst dann gehalten, sich um die Sicherheit eines einzelnen Fahrgastes zu kümmern, wenn für die Hilfsbedürftigkeit des Fahrgastes deutlich erkennbare Anhaltspunkte bestehen.[683]

Daher wird der Ausschluss erst unzulässig, wenn sich für den Fahrgast, der des Fahrzeugs verwiesen werden soll, eine Gefahrensituation ergeben würde. Dies liegt bei Minderjähren und bei alkoholisierten Personen im Falle der Aussetzung nach § 221 StGB[684] und bei einer unterlassenen Hilfeleistung nach § 323c StGB vor. Nicht in Betracht kommt jedoch der Tatbestand der Misshandlung von Schutzbefohlenen nach § 225 StGB, da es bei den PBefG-Linienverkehren des ÖPNV regelmäßig an einer Schutzbefohlenheit zwischen Fahrgast und Betriebspersonal fehlt.

5.3.6 Konsequenzen bei unberechtigtem Ausschluss

Verstöße gegen die Beförderungspflicht können sowohl öffentlich-rechtliche als auch zivilrechtliche Konsequenzen haben:

Aus der Sicht des Fahrgasts ist die wichtigste Frage diejenige nach den eigenen Ansprüchen auf Grund des Rechtsverstoßes. Hierbei ist zunächst zu unterscheiden, ob bereits ein Beförderungsvertrag besteht oder nicht. Besteht nur noch kein Beförderungsvertrag, weil der Fahrgast noch keine Möglichkeit hatte, einen Fahrausweis zu erwerben, ist § 311 Absatz 2 BGB zumindest analog gegeben, so dass eine vorvertragliche Haftung begründet wird.[685]

---

[679] Einzelheiten siehe unter 3.1.1.3 Fahrtantritt ohne Fahrausweiserwerb.

[680] AG Jena, Urteil vom 5. Juli 2001 – Az. 22 C 21/01 = NJW-RR 2001, 1469.

[681] Hole, Gerhard, Vor § 13, Anm. 2.

[682] OLG Celle, Urteil vom 29. November 2001 – Az. 11 U 71/01 = NZV 2002, 124 f.

[683] BGH, Urteil vom 24. November 1998 – Az. VI ZR 217/97 = NZV 1999, 123 f. = NJW 1999, 573 f. = MDR 1999, 221 f.

[684] Vgl. LG München II, Urteil vom 18. April 2008 – Az. 1 Ks 51 Js 14741/07 (allerdings Taxifahrt).

[685] Lattka, Cornelia, Kapitel 4 B II 4 b), Seite 64.

Da ein Verstoß gegen die Beförderungspflicht keine Rechtfertigung kennt – der Gesetzgeber hat die Rechtfertigungsgründe nämlich bereits in den Tatbestand aufgenommen – haftet der Unternehmer dem Fahrgast nach den allgemeinen vertragsrechtlichen Vorschriften.[686]

Darüber hinaus besteht eine Haftung nach § 823 Absatz 2 BGB, da die Ausgestaltung der Beförderungspflicht in PBefG und BOKraft als Schutzgesetz anzusehen ist.[687] Hieraus folgt neben den im individuellen Fall zu leistenden Schadenersatzansprüchen jedenfalls auch ein Anspruch auf Rückerstattung des Fahrpreises.

Des Weiteren stellt ein Verstoß gegen die Beförderungspflicht eine Ordnungswidrigkeit gemäß § 61 Absatz 1 Nr. 3 lit. c, 1. Alt. PBefG dar.

Ferner kommt ein Widerruf der Genehmigung durch die Behörde gemäß § 25 PBefG in Betracht.[688]

5.3.7 Konsequenzen bei berechtigtem Ausschluss

War der Fahrgastausschluss berechtigt, kann der Fahrgast vom Ausnahmefall des § 3 Absatz 1 Satz 2 Nr. 2 VO-ABB abgesehen keinen Anspruch auf Erstattung des entrichteten Entgelts geltend machen. Dies ergibt sich aus § 10 Absatz 6 VO-ABB.

Weigert sich der Fahrgast, dem Beförderungsausschluss nachzukommen und das Fahrzeug zu verlassen, erfüllt dies den Straftatbestand des Hausfriedensbruchs in § 123 StGB. Allerdings besteht die Pflicht zum Verlassen des Fahrzeugs nicht sofort, sondern nur unverzüglich, was im Sinne des § 121 Absatz 1 Satz 1 BGB „ohne schuldhaftes Zögern", d. h. spätestens bei der nächsten Haltestelle bedeutet.

5.4 Beförderung von Sachen

Zur Beförderung von Sachen finden sich Regelungen in § 2 Satz 2, § 4 Absatz 2 Nr. 3 und § 11 VO-ABB sowie in § 15 BOKraft. Sachen sind im Personenbeförderungsrecht nicht eigenständig definiert. Es kann auf die Sachdefinition des § 90 BGB zurückgegriffen werden. Entsprechend sind auch hier unter Sachen körperliche Gegenstände zu verstehen. Keine Sachen sind danach Tiere. Während im BGB die Unterscheidung zwi-

---

[686] Zwar ohne Begründung, aber im Ergebnis ebenso: Bidinger, B § 22 PBefG, Anm. 5; für den analogen Fall bei der Eisenbahnbeförderung auch Finger/Eiermann, § 8, Anm. 1c).

[687] Bejahend hinsichtlich des PBefG ebenfalls: Bidinger, B § 22 PBefG, Anm. 5; für den analogen Fall bei der Eisenbahnbeförderung auch Finger/Eiermann, § 8, Anm. 1d).

[688] Bidinger, B § 22 PBefG, Anm. 5.

schen Sachen und Tieren in § 90 und § 90a BGB mehr formaler Natur ist, da für sie im Wesentlichen die gleichen Rechtsfolgen gelten, bestehen für die Mitnahme von Sachen und Tieren in der VO-ABB nicht nur unterschiedliche Paragrafen, sondern auch andere Regeln.[689]

5.4.1 Anspruch auf Beförderung von Sachen

Nach § 11 Absatz 1 Satz 1 VO-ABB besteht „kein Anspruch auf Beförderung von Sachen". Diese apodiktische Aussage könnte so gelesen werden, dass das Betriebspersonal ohne weiteres jedem Fahrgast untersagen könnte, sein Gepäck mit in das Fahrzeug zu nehmen. Dies ist jedoch so nicht richtig. Denn grundsätzlich ist es dem Fahrgast sehr wohl erlaubt, Sachen auch im ÖPNV mitzunehmen.[690]

Nicht gefolgt werden kann allerdings der Argumentation, dies ergebe sich bereits aus der Verpflichtung des § 15 Absatz 1 Satz 1 BOKraft, wonach der Fahrgast Sachen so unterzubringen und zu beaufsichtigen hat, dass die Sicherheit und Ordnung des Betriebes nicht durch sie gefährdet und andere Fahrgäste nicht belästigt werden können.[691] Diese Argumentation stützt sich auf eine Entscheidung des BayObLG[692]. Sie erging jedoch zum Taxiverkehr, für den § 11 VO-ABB nicht gilt. Außerdem hängt die Verpflichtung zur sicheren Unterbringung mitgeführter Sachen nicht mit einem Anspruch des Fahrgastes auf Mitnahme ebendieser zusammen. Aus ihr kann man höchstens schließen, dass die Mitnahme von Sachen nicht per se verboten ist. Die Regelung betrifft das „wie" und nicht das „ob". Sie ist so zu lesen, dass sie jedenfalls gilt, wenn Sachen mitgeführt werden.

Der Anspruch des Fahrgastes, grundsätzlich auch Sachen mitzunehmen, ergibt sich vielmehr zum einen aus dem Beförderungsvertrag als Nebenpflicht des Unternehmers, zum anderen aus § 11 Absatz 1 Satz 2 VO-ABB, der lautet: „[…] Sachen werden […] dann befördert, wenn […]". Daher darf die Beförderung von Sachen nicht grundlos oder willkürlich verweigert werden. Dies gilt insbesondere für die Mitnahme von Hand- und Reisegepäck.

Die oben zitierte Vorschrift, dass „kein Anspruch auf Beförderung von Sachen" bestehe ist daher so zu interpretieren, dass kein Anspruch be-

---

[689] Siehe hierzu unter 5.5 Beförderung von Tieren.

[690] Grätz, Thomas, in: Fielitz/Grätz, A 7 § 13 BOKraft; derselbe, A 3 § 11 VO-ABB, Rn. 1; Bidinger, D § 15 BOKraft, Rn. 21.

[691] So jedoch: Grätz, Thomas, in: Fielitz/Grätz, A 7 § 13 BOKraft; derselbe, A 3 § 11 VO-ABB, Rn. 1.

[692] BayObLG, Beschluss vom 26. Juni 1985 – Az. 3 Ob Owi 58/85 = VRS Bd. 70, Nr. 38, Seite 66 f. = DÖV 1987, 155 = MDR 1986, 77 f.

steht, „nur" Sachen, d. h. ohne die Person zu transportieren. Grund für die Verpflichtung der gleichzeitigen Mitfahrt des Fahrgasts ist, dass es sich um das Recht der Personenbeförderung und nicht um Güterbeförderung handelt. Die Mitnahme von Sachen stellt sich damit als Annex zur Personenbeförderung dar. Entsprechend ist sie nicht verpflichtend, wenn der Transport der Sache im Vordergrund steht. Gleichwohl ist auch in diesen Fällen dem Unternehmer der Transport nach dem Personenbeförderungsrecht nicht verboten,[693] es besteht eben nur kein Anspruch.

Entsprechend stellt § 11 Absatz 1 Satz 2 VO-ABB drei Bedingungen auf, die für einen Anspruch auf Mitnahme von Sachen eingehalten werden müssen; dies sind:

- die gleichzeitige Mitfahrt des Fahrgasts,
- die Nichtgefährdung von Sicherheit und Ordnung des Betriebs und
- die Nichtbelästigung anderer Fahrgäste.

Die Nichtgefährdung von Sicherheit und Ordnung des Betriebs in § 11 Absatz 1 Satz 2 VO-ABB ist das Pendant zur Regelung für Personen in § 3 Absatz 1 Satz 1 VO-ABB, nach der „Personen, die eine Gefahr für die Sicherheit oder Ordnung des Betriebs oder für die Fahrgäste darstellen" ebenfalls von der Beförderung ausgeschlossen sind. Gründe für die Ablehnung können daher, neben den in § 11 Absatz 2 VO-ABB genannten, insbesondere die Größe und Sperrigkeit der Sache sein.[694] So müssen Umzugsgut, Waschmaschinen, Kühlschränke und Sofas per se nicht mitgenommen werden.

Der Transport von Sachen hat auch zurückzustehen, wenn hierdurch andere Fahrgäste belästigt, gefährdet oder nicht mitgenommen werden können. Diese Pflicht ist ebenfalls Ausfluss des Grundsatzes, dass es sich hier um Personenbeförderung handelt und somit die Beförderung von Sachen unter dem Vorbehalt des Primats der Personenbeförderung steht.

Das Betriebspersonal darf für die Entscheidung, ob es die Mitnahme von Sachen im Hinblick auf die Einhaltung der vorgenannten drei Kriterien gestattet, nicht nur auf die aktuelle Zustiegssituation, sondern auf die gesamte Fahrt abstellen. So ist auch der Ausschluss möglich, wenn zu befürchten ist, dass zwar nicht an der Zustiegshaltestelle eine Belästigung oder Sicherheitsgefährdung wegen Überfüllung gegeben ist, nach den Erfahrungen aber im weiteren Verlauf des Linienwegs die Kapazitätsauslastung so steigt, dass die Einhaltung der vorgenannten drei Kriterien nicht mehr erwartet werden kann.

---

[693] Bidinger, D § 15 BOKraft, Rn. 22.

[694] Fromm/Fey/Sellmann/Zuck, § 15 BOKraft, Rn. 1.

Der Anspruch auf Beförderung von Sachen besteht ebenfalls dann nicht, wenn hierdurch der Haltestellenaufenthalt über das übliche Maß verlängert wird. Denn dies stellt eine Gefährdung der Sicherheit dar, da dann der gemäß § 40 Absatz 2 PBefG genehmigte und verpflichtende Fahrplan nicht eingehalten werden kann.

Die Gefährdung der Sicherheit in den Fällen, in denen auf Grund der Mitnahme der Sache andere Fahrgäste keinen Platz im Fahrzeug finden, ergibt sich aus der Beförderungspflicht des § 22 PBefG und des § 13 Satz 1 BOKraft sowie des Beförderungsanspruchs aus § 2 Satz 1 VO-ABB.

Im Gegensatz zu den anderen ausdrücklich genannten Ausschlussgründen bei der Beförderung von Sachen ist der Ausschluss auf Grund einer Belästigung dispositiv.[695] Denn die Wahrnehmung einer Sache als Belästigung ist sehr vom Subjektiven geprägt. Die Dispositionsbefugnis hat allerdings nur die Person, die belästigt wird oder werden kann. Wenn sich kein Fahrgast beschwert, kann dies ein Indiz dafür sein, dass die Sache keine Belästigung darstellt oder die Belästigung akzeptiert wird. Voraussetzung für die Disposition ist jedoch immer die Freiwilligkeit. Hieran fehlt es beispielsweise, wenn sich jemand nur aus Angst nicht meldet.

Der Anspruch auf Beförderung entfällt auch, wenn zwar anfänglich ein Anspruch auf Mitnahme vorlag, sich die Situation aber während der Fahrt ändert und hierdurch eine Gefahr für die Sicherheit und Ordnung des Betriebs entsteht. In diesen Fällen muss der Fahrgast mit seiner gefährdenden Sache die Fahrt abbrechen.[696]

5.4.2 Einzelfälle

5.4.2.1 Handgepäck

Eine Definition dessen, was unter Handgepäck verstanden werden kann, liefert die VO-ABB nicht. Hierfür kann jedoch die Definition aus § 16 Absatz 1 Satz 1 EVO sowie gleichlautend in Artikel 12, Absatz 1, Satz 1 des Anhangs I CIV, Anhang A COTIF der Verordnung (EG) Nr. 1371/2007 übernommen werden, wonach unter Handgepäck „leicht tragbare Gegenstände" zu verstehen sind. Sachen, die nicht mehr allein getragen werden können, sind jedenfalls kein Handgepäck.[697]

---

[695] Bidinger, D § 15 BOKraft, Rn. 23 und 27.

[696] Fromm/Fey/Sellmann/Zuck, § 15 BOKraft, Rn. 3.

[697] Pahlen, Ronald, in: Neumann/Pahlen/Majerski-Pahlen, § 145, Rn. 14.

5.4.2.2 Kinderwagen

Die Beförderung von Kinderwagen richtet sich, da diese Sachen sind, zunächst wegen § 2 Satz 2 VO-ABB nach § 11 VO-ABB. § 11 Absatz 3 Satz 1 VO-ABB verweist allerdings für die Pflicht zur Beförderung von Kleinkindern in Kinderwagen wieder auf § 2 Satz 1 VO-ABB und damit auf die Beförderungspflicht für Personen zurück. Darüber hinaus besagen die Regelungen des § 11 Absatz 3 Sätze 2 und 3 VO-ABB, dass nach Möglichkeit das Betriebspersonal dafür sorgen soll, Fahrgäste mit Kind im Kinderwagen nicht zurückzuweisen; gleichzeitig wird aber die Entscheidung über die Mitnahme beim Betriebspersonal belassen.

Mit diesen Regelungen drückt der Gesetzgeber mindestens die Gleichwertigkeit der Mitnahmepflicht von Kind mit Kinderwagen gegenüber den anderen Fahrgästen aus. Es ist sogar vertretbar, in der Regelung des § 11 Absatz 3 Satz 2 VO-ABB eine Bevorzugungspflicht der Fahrgäste mit Kind im Kinderwagen gegenüber anderen Fahrgästen zu sehen, da der Verordnungsgeber sonst bei keiner anderen Personengruppe dem Betriebspersonal aufgetragen hat, dafür Sorge zu tragen, diese nach Möglichkeit nicht zurückzuweisen. Jedenfalls gilt dieses Bevorzugungsgebot wegen § 11 Absatz 3 i. V. m. § 11 Absatz 1 VO-ABB bei einem Zusammentreffen von Fahrgästen mit Kind und Kinderwagen und Fahrgästen mit sonstigen Sachen. Allerdings bedeutet dies nicht, dass bei Platzmangel andere, schon mitfahrende Fahrgäste wegen der Mitnahme von Kind mit Kinderwagen von der Beförderung ausgeschlossen werden dürfen.[698]

Diese Grundsätze gelten jedoch nicht für die Beförderung von Kinderwagen ohne Kleinkind. Dessen Mitnahme richtet sich nach den allgemeinen Regelungen der Mitnahme von Sachen gemäß § 11 Absatz 1 VO-ABB.

Teilweise wird vertreten, für Kinderwagen dürfe ein zusätzliches Entgelt erhoben werden, wenn dies der Tarif vorsehe.[699] Dem kann allerdings in dieser Allgemeinheit nicht gefolgt werden. Keinen Bedenken unterliegt es, wenn für einen Kinderwagen, der ohne Kind mitgeführt wird, nach dem Tarif ein zusätzliches Entgelt verlangt wird. Anders stellt sich die Situation dar, wenn ein Kinderwagen mit Kind befördert wird. Dann richtet sich, wie eingangs beschrieben, die Mitnahme über § 11 Absatz 1 Satz 1 VO-ABB nach den Vorschriften des § 2 Satz 1 VO-ABB. Hieraus kann abgeleitet werden, dass auch tarifmäßig der Kinderwagen Teil der Beförderung des Kindes ist und nicht eigenständig tarifiert werden darf. Hinzu kommt, dass der Kinderwagen für das Kind ebenso eine Mobili-

---

[698] Grätz, Thomas, in: Fielitz/Grätz, A 3 § 11 VO-ABB, Rn. 4.
[699] Bidinger, C § 11 VO-ABB, Anm. 3.

tätshilfe darstellt, wie die Rollstühle und orthopädischen Hilfsmittel für die schwerbehinderten Menschen, so dass auch in analoger Betrachtung zu § 145 Absatz 2 Nr. 2 SGB IX ein Tarifierungsverbot für die Kinderwagen besteht, in denen Kinder befördert werden.

5.4.2.3 Hilfsmittel für behinderte Menschen

Der in § 145 Absatz 2 Nr. 2 SGB IX für behinderte Menschen festgeschriebene Anspruch auf die Unentgeltlichkeit der Mitnahme von bestimmten Hilfsmitteln betrifft Krankenfahrstühle sowie sonstige orthopädische Hilfsmittel. Anspruchsberechtigt sind diejenigen behinderten Menschen, die einen entsprechenden Schwerbehindertenausweis vorzeigen können. Fraglich ist, ob die Vorschrift damit auch einen Rechtsanspruch auf die Beförderung selbst gibt. In der Literatur wird dies abgelehnt, da § 145 SGB IX keinen eigenen Beförderungsanspruch gewähre, sondern nur einen nach allgemeinen Grundätzen gegebenen Beförderungsanspruch unentgeltlich vorsehe; somit liege nur eine Klarstellung vor.[700]

Die Frage hat jedoch keine praktische Bedeutung. Zwar sehen weder VO-ABB, BOKraft noch BOStrab einen ausdrücklichen Anspruch auf die Mitnahme von Hilfsmitteln für schwerbehinderte Menschen vor. Aber für schwerbehinderte Menschen besteht die gleiche Interessenlage wie bei der Beförderung von Kleinkindern in Kinderwagen. Diese richtet sich gemäß § 11 Absatz 3 VO-ABB nach den Vorschriften des § 2 Satz 1 VO-ABB und folgt damit den Mitnahmevorschriften der Personen. Daher wird zumindest diese Vorschrift analog anzuwenden sein.

Gleichwohl ist die grundsätzliche Mitnahmepflicht für Hilfsmittel von schwerbehinderten Menschen nicht unbeschränkt. Ein tatsächliches Problem ergibt sich in Fällen des Mitnahmewunsches bei schweren oder großen Krankenfahrstühlen. Hier bleibt die Grenze jeder Mitnahmeverpflichtung die allgemeine, sich durch die VO-ABB ziehende Regelung, dass Sicherheit und Ordnung des Betriebs nicht gefährdet werden dürfen.[701] Dagegen spricht auch nicht § 145 Absatz 2 Nr. 2 SGB IX, da auch dort die Mitnahmeregelung unter der Einschränkung steht, „soweit die Beschaffenheit des Verkehrsmittels dies zulässt". Diese Regelung läuft parallel zur Regelung in § 11 Absatz 1 Satz 2 VO-ABB und § 22 PBefG, die die allgemeine Beförderungspflicht unter den Vorbehalt der regelmäßig eingesetzten Beförderungsmittel stellt.

Wann somit eine Beförderung wegen der Sicherheit und Ordnung oder der Beschaffenheit des Verkehrsmittels nicht erfolgen kann, ist nicht

---

[700] Pahlen, Ronald, in: Neumann/Pahlen/Majerski-Pahlen, § 145, Rn. 13.

[701] §§ 3 Absatz 1, 4 Absatz 1, 11 Absätze 1 und 4 VO-ABB.

einheitlich zu beantworten. Es sind insbesondere die Möglichkeiten der Verkehrsmittel zu berücksichtigen. So ist die Mitnahme von Krankenfahrstühlen z. B. bei Kleinbussen, die in der Schwachverkehrszeit oder auf Linien mit geringem Verkehr eingesetzt werden, oft nicht möglich. Auch sind Krankenfahrstühle nur dann mitzunehmen, wenn hierdurch weder eine Gefahr für andere Menschen noch ein Schaden für das Fahrzeug oder seine Einrichtungen (z. B. die Rampe oder den Hublift) zu erwarten ist. Orientierungspunkte sind hierbei zum einen die Verpflichtung des Fahrers aus § 23 Absatz 1 Satz 2 i. V. m. § 22 Absatz 1 StVO hinsichtlich der Ladungssicherung, zum anderen kann auf die Zulassungsvorschriften des Fahrzeugs zurückgegriffen werden.

Für Standardlinienomnibusse findet sich eine Regelung über das mögliche Gewicht, mit der eine Rampe oder ein Hublift belastet werden kann, in § 30d Absatz 4 StVZO; dort heißt es: „Kraftomnibusse mit Stehplätzen, die die Beförderung von Fahrgästen auf Strecken mit zahlreichen Haltestellen ermöglichen und mehr als 22 Fahrgastplätze haben, müssen zusätzlich den Vorschriften über technische Einrichtungen für die Beförderung von Personen mit eingeschränkter Mobilität nach den im Anhang zu dieser Vorschrift genannten Bestimmungen entsprechen. Dies gilt für andere Kraftomnibusse, die mit technischen Einrichtungen für die Beförderung von Personen mit eingeschränkter Mobilität ausgestattet sind, entsprechend." Der Anhang der StVZO verweist wiederum auf den Anhang VII der Richtlinie 2001/85/EG[702]. Dort steht in Artikel 3 Absatz 1: „Fahrzeuge der Klasse I müssen für Personen mit eingeschränkter Mobilität, einschließlich Rollstuhlfahrer, gemäß den technischen Vorschriften des Anhangs VII[703] zugänglich sein." An dieser Stelle findet sich folgende Regelungen: „Die Plattform der Hubvorrichtung muss mindestens 800 mm breit und mindestens 1 200 mm lang sein und für eine Betriebslast von mindestens 300 kg ausgelegt sein."[704] sowie „Die Rampen sind für einen sicheren Betrieb mit einer Last von 300 kg auszulegen."[705] Soweit die Fahrzeughersteller daher nicht überobligatorisch, sondern ent-

---

[702] Richtlinie 2001/85/EG des Europäischen Parlaments und des Rates vom 20. November 2001 über besondere Vorschriften für Fahrzeuge zur Personenbeförderung mit mehr als acht Sitzplätzen außer dem Fahrersitz und zur Änderung der Richtlinien 70/156/EWG und 97/27/EG, Amtsblatt Nr. L 42 vom 13.02.2002, Seite 1 ff.

[703] Anhang VII mit der Überschrift: „Vorschriften für technische Einrichtungen für Fahrgäste mit eingeschränkter Mobilität".

[704] Unter: 3. Vorschriften, 3.11. Vorschriften für Einstiegshilfen, 3.11.3. Hubvorrichtung, 3.11.3.1.2.

[705] Unter: 3. Vorschriften, 3.11. Vorschriften für Einstiegshilfen, 3.11.3. Hubvorrichtung, 3.11.4.1.5.

sprechend den Zulassungsvorschriften bauen, wird die Grenze für die Mitnahme von Krankenfahrstühlen – zumindest bei Bussen – in der Regel bei 300 kg, inklusive des Gewichts des schwerbehinderten Menschen, liegen.

Auch aus Artikel 10 Verordnung (EU) Nr. 181/2011 ergibt sich keine andere Beurteilung. Denn danach können sich Beförderer aufgrund der Behinderung oder eingeschränkten Mobilität einer Person weigern, die Person an Bord des Fahrzeugs zu nehmen,

a) um geltenden Sicherheitsanforderungen nachzukommen, die durch Vorschriften des internationalen Rechts, des Unionsrechts oder des nationalen Rechts festgelegt sind, oder um Gesundheits- und Sicherheitsanforderungen nachzukommen, die von den zuständigen Behörden erlassen wurden;

b) wenn es wegen der Bauart des Fahrzeugs oder der Infrastruktur, einschließlich der Busbahnhöfe und Bushaltestellen, physisch nicht möglich ist, den Einstieg, den Ausstieg oder die Beförderung des behinderten Menschen oder der Person mit eingeschränkter Mobilität auf sichere und operationell durchführbare Weise vorzunehmen.

Auch aus dem AGG folgt kein anderes Ergebnis. Denn aus § 2 Absatz 1 Nr. 8 AGG ergibt sich zwar grundsätzlich auch die Anwendung des AGG auf den ÖPNV; und in § 19 Absatz 1 Nr. 1 AGG wird an sich eine Diskriminierung verboten; allerdings liefert § 20 Absatz 1 AGG eine Rechtfertigung für eine zulässige unterschiedliche Behandlung, wenn für diese ein sachlicher Grund vorliegt.

Eine pragmatische Lösung, die sowohl den behinderten Fahrgästen als auch dem Verkehrsunternehmen nutzt, ist das sogenannte Paderborner Modell. Dort können die behinderten Fahrgäste ihre Gefährte vom Verkehrsunternehmen wiegen lassen und erhalten dann einen Aufkleber auf das Gefährt, der die grundsätzliche Eignung für die Rampe und die eingesetzten Fahrzeuge dokumentiert.[706]

5.4.2.4 Fahrräder und ähnliche Beförderungsmittel

Für die Mitnahme von Fahrrädern gelten nach den bestehenden Vorschriften keine Besonderheiten im Vergleich zu anderen mitgenommenen Sachen.

Damit unterscheiden sich die PBefG-Verkehre von den Eisenbahnverkehren, bei denen die Unternehmen gehalten sind, den Fahrgästen die Mitnahme von Fahrrädern im Zug, gegebenenfalls gegen Entgelt, zu ermöglichen, wenn sie leicht zu handhaben sind, dies den betreffenden

---

[706] Vgl. „Tipps für Rollstuhlfahrer – PaderSprinter" (www.padersprinter.de/index. php?navID=140), Stand: 21. November 2010.

Schienenverkehrsdienst nicht beeinträchtigt und in den Fahrzeugen möglich ist.[707] Ferner besteht bei der Eisenbahn im Gegensatz zu den PBefG-Verkehren eine Regelung, dass vor Fahrtantritt über die Zugänglichkeit und Zugangsbedingungen für Fahrgäste, die Fahrräder mitführen, zu informieren ist.[708]

Da Fahrräder kein Handgepäck sind, sondern zu der Kategorie der sperrigen Gegenstände gehören, können sie grundsätzlich auch von der Beförderung ausgeschlossen werden. Allerdings hat sich die Unternehmenspolitik gegenüber der Fahrradmitnahme in den letzten Jahren geändert. Während noch im Jahr 1979 der damalige VÖV den Standpunkt vertrat, es sei nicht möglich, Fahrräder in öffentlichen Verkehrsmitteln zu transportieren,[709] gehen in den letzten Jahren die meisten Verkehrsunternehmen dazu über, die Fahrradmitnahme in ihren Fahrzeugen ausdrücklich – gegebenenfalls unter Ausschluss in bestimmten Stoßzeiten – zu erlauben. Grund für die Änderung bei den Verkehrsunternehmen ist dabei kein rechtlicher; denn die Bestimmung in der VO-ABB zur Mitnahme von Sachen hat sich seitdem nicht geändert. Entscheidend ist vielmehr die technische Entwicklung. Während früher Hochflur-Busse und -Bahnen eingesetzt wurden, hat der technische Fortschritt und die Modernisierung der Haltestellen es ermöglicht, die Einstiegshöhen in Bussen und Bahnen denen der Bahnsteige anzupassen, so dass der niveaugleiche Einstieg mittlerweile fast die Regel ist. Ferner haben die ÖPNV-Fahrzeuge heutzutage in größerem Umfang nicht-bestuhlte Mehrzweckflächen, auf denen Kinderwagen, Rollstühle und Fahrräder untergebracht werden können.

Für andere Fortbewegungsmittel, wie Dreirad, Segway etc., gelten keine rechtlich hiervon abweichenden Regeln. Gleichwohl kann die Unternehmenspolitik diesbezüglich anders aussehen und entsprechend in den BBB andere Regelungen vorgeben.

5.4.2.5 Musikinstrumente

Für Musikinstrumente gelten ebenfalls die zuvor beschrieben Kriterien. Hinsichtlich der Kategorien Handgepäck, sonstiges Gepäck oder an sich nicht beförderungspflichtige sperrige Sachen kann keine allgemeine Zuordnung erfolgen. So wird die Querflöte zum Handgepäck, das Cello zum sonstigen Gepäck und das Klavier zu den nicht beförderungspflichtigen sperrigen Sachen zählen.

---

[707] Artikel 5 Verordnung (EG) Nr. 1371/2007.

[708] Anhang II, Teil I Verordnung (EG) Nr. 1371/2007.

[709] VÖV-Rundschreiben Nr. 49 (Allgemein) – „Mitnahme von Fahrrädern in Fahrzeugen des ÖPNV", Köln, den 5. Juli 1979.

5.4.2.6 Gefährliche Gegenstände

Die §§ 11 Absatz 2 VO-ABB und 15 Absatz 2 BOKraft enthalten gleichlautende Vorschriften über das Transportverbot gefährlicher Stoffe und Gegenstände. Danach sind generell gefährliche Stoffe und gefährliche Gegenstände von der Beförderung ausgeschlossen. Ausdrücklich erwähnt werden

1. explosionsfähige, leicht entzündliche, radioaktive, übelriechende oder ätzende Stoffe,
2. unverpackte oder ungeschützte Sachen, durch die Fahrgäste verletzt werden können und
3. Gegenstände, die über die Wagenumgrenzung hinausragen.

Die Aufzählung der drei Fälle ist nicht abschließend, sondern beispielhaft; dies ergibt sich aus der Formulierung „insbesondere".[710]

Eine Definition der Begriffe „gefährliche Stoffe und gefährliche Gegenstände" gibt es in der VO-ABB nicht. Allerdings findet sich in § 2 Absatz 1 GGBefG eine Definition der gefährlichen Güter. Danach sind dies „Stoffe und Gegenstände, von denen auf Grund ihrer Natur, ihrer Eigenschaften oder ihres Zustandes im Zusammenhang mit der Beförderung Gefahren für die öffentliche Sicherheit oder Ordnung, insbesondere für die Allgemeinheit, für wichtige Gemeingüter, für Leben und Gesundheit von Menschen sowie für Tiere und Sachen ausgehen können." Jedoch muss einschränkend gesagt werden, dass in § 11 Absatz 2 VO-ABB und § 15 Absatz 2 BOKraft nicht die Rede von „gefährlichen Gütern", sondern von „gefährlichen Stoffen und gefährlichen Gegenständen" ist. Ferner ist die Begriffsdefinition in dem GGBefG auch ausdrücklich nur auf dieses Gesetz bezogen. So sind nach dem GGBefG Gegenstände, die über die Wagenumgrenzung hinausragen, grundsätzlich nicht zu den gefährlichen Gütern zu zählen. Das Hinausragen von Gegenständen über die Wagenumgrenzung hinaus ist nach § 22 StVO sogar in bestimmten Grenzen und bei Einhaltung bestimmter Maßnahmen ausdrücklich erlaubt. Der Gefahrbegriff des § 11 Absatz 2 VO-ABB und des § 15 Absatz 2 BOKraft umfasst jedoch in seiner Nr. 3 ausdrücklich auch diese Sachen, womit diese Bestimmung § 4 Absatz 2 Nr. 3 VO-ABB und § 14 Absatz 2 Nr. 4 BOKraft ergänzt. Daher sind die Begriffe in der VO-ABB und BOKraft weiter als die der gefährlichen Güter im Gefahrgutrecht.[711] Auf das Gefahrgutrecht kann daher nur insoweit Bezug genommen werden, als es um die Gefährlichkeit des Stoffs oder Gegenstandes selbst geht.

---

[710] Bidinger, D § 15 BOKraft, Rn. 37.
[711] Im Ergebnis ebenso: Bidinger, D § 15 BOKraft, Rn. 36.

Bei der VO-ABB und BOKraft ist für die Einstufung als gefährlicher Stoff oder Gegenstand neben der sich aus dem Stoff oder dem Gegenstand selbst ergebenden Gefahr auch entscheidend, ob der Stoff oder der Gegenstand eine spezifische Gefährlichkeit beim Transport im ÖPNV aufweist.

Soweit aus nachvollziehbaren und objektiven Gründen über die Gefährlichkeit einer Sache keine Klarheit besteht, darf das Betriebspersonal von einer Gefährdung für die Sicherheit und Ordnung des Betriebs ausgehen. Zur Beilegung der Unklarheit muss in diesen Fällen der Fahrgast gegebenenfalls eine Prüfbescheinigung von einem anerkannten Sachverständigen vorlegen.

5.4.3 Ordnungsgemäße Unterbringung

Hinsichtlich der Art und Weise der Beförderung von Sachen regeln § 11 Absatz 4 VO-ABB und § 15 Absatz 1 Satz 1 BOKraft nahezu wortgleich, dass Sachen so unterzubringen und zu beaufsichtigen sind, dass „die Sicherheit und Ordnung des Betriebs nicht gefährdet und andere Fahrgäste nicht belästigt werden können". Desweiteren ist in § 15 Absatz 1 Satz 3 BOKraft, § 14 Absatz 3 Nr. 3 BOKraft und in § 4 Absatz 2 Nr. 6 VO-ABB sowie § 11 Absatz 4 VO-ABB vorgeschrieben, dass die Durchgänge sowie Ein- und Ausstiege freizuhalten sind.

Die Gründe für die Doppelregelung in der VO-ABB und der BOKraft sind hier die gleichen wie bei den Verhaltenspflichten der Personen,[712] nämlich zum einen die unterschiedliche Rechtsfolge bei Verstößen (zivilrechtliche Folge bei der VO-ABB und Ordnungswidrigkeit bei der BOKraft), zum anderen der unterschiedliche Anwendungsbereich (die VO-ABB gilt auch für BOStrab-Verkehre, die BOKraft gilt auch für Gelegenheitsverkehre).

Dem Fahrgast ist mit diesen Normen eine Pflicht zur aktiven Verhinderung von Unfällen und Störungen zugewiesen. Diese Verpflichtung ist keine Einmalpflicht, die mit der Gepäckverstauung beendet ist, sondern sie enthält die Notwendigkeit zur Kontrolle während der gesamten Fahrt. Dies ist bei einer Aktentasche sicherlich weniger problematisch; bei einem mitgeführten Fahrrad enthält die Pflicht aber gegebenenfalls die Notwendigkeit, dieses während der ganzen Fahrt festzuhalten.

Soweit zwischen dem Betriebspersonal und dem Fahrgast unterschiedliche Auffassungen bestehen, wie die in diesem Sinne beste Unterbringung zu erfolgen hat, ergibt sich schon aus dem allgemeinen Grundsatz des § 14 Absatz 1 Satz 2 BOKraft und des § 4 Absatz 1 Satz 2 VO-ABB, dass „Anweisungen des Betriebspersonals zu folgen" ist. Dieser allge-

---

[712] Siehe oben unter 5.2 Verhaltenspflichten.

meine Grundsatz ist, speziell auf die Fälle der Unterbringung von Sachen bezogen, nochmals in § 11 Absatz 5 VO-ABB konkretisiert, in dem geregelt ist, dass das Betriebspersonal im Einzelfall entscheidet, „an welcher Stelle [Sachen] unterzubringen sind".

Wenn eine Abwägung zwischen der Sicherheit des Gepäcks und der Sicherheit des Betriebs vorgenommen werden muss, ist die Sicherheit des Betriebs entscheidend; dies ergibt sich aus dem Wortlaut von § 11 Absatz 4 VO-ABB und § 15 Absatz 1 Satz 1 BOKraft.

Soweit der Fahrgast vom Betriebspersonal keine Weisungen zur Unterbringung erhält, ist er für die sichere Unterbringung selbst verantwortlich.[713] Wird beim Transport etwas an seinen Sachen beschädigt, gelten die allgemeinen zivilrechtlichen Regelungen. Gegebenenfalls ist aber die Haftungshöchstgrenze des Unternehmens gemäß § 14 VO-ABB zu beachten. Beschädigen die Sachen des Fahrgasts Dinge des Unternehmens oder anderer Fahrgäste, bleibt die Verantwortlichkeit beim Fahrgast.

Will der Fahrgast die Anweisung des Betriebspersonals oder den Vorrang der Sicherheit des Betriebs vor der Sicherheit der Sache nicht akzeptieren, muss er die Fahrt abbrechen; ansonsten kann er auch von der Beförderung ausgeschlossen werden.[714] Dies folgt aus § 15 Absatz 3 i. V. m. § 14 Absatz 4 BOKraft und § 4 Absatz 5 VO-ABB.

5.4.4 Beförderungsentgelt

Soweit der Fahrgast grundsätzlich einen Anspruch auf die Beförderung seiner mitgeführten Sachen hat, besteht gleichwohl noch nicht zwangsläufig ein Anspruch auf eine kostenlose Beförderung.[715] Voraussetzung für den Anspruch des Unternehmers auf ein Beförderungsentgelt ist immer, dass ein entsprechender Tarif besteht. Insoweit gelten auch hier die Grundsätze des § 39 PBefG, gegebenenfalls i. V. m. § 41 Absatz 3 oder i. V. m. § 45 Absatz 2 PBefG, hinsichtlich der Genehmigung und Einhaltung der Beförderungsentgelte. Eine Ausnahme von der Möglichkeit, Beförderungsentgelte für Sachen zu verlangen, besteht – wie zuvor ausgeführt – bei Kinderwagen mit Kind und nach § 145 Absatz 2 Nr. 2 SGB IX bei Handgepäck von schwerbehinderten Menschen sowie deren Hilfsmitteln – aber auch nur, wenn der behinderte Mensch mitfährt.

---

[713] Bidinger, C § 11 VO-ABB, Anm. 4 und D § 15 BOKraft, Rn. 26; Fromm/Fey/Sellmann/Zuck, § 15 BOKraft, Rn. 2.

[714] Bidinger, C § 11 VO-ABB, Anm. 7 und D § 15 BOKraft, Rn. 42; Grätz, Thomas, in: Fielitz/Grätz, A 3 § 11 VO-ABB, Rn. 5.

[715] Bidinger, D § 15 BOKraft, Rn. 21.

5.5 Beförderung von Tieren

Regelungen zur Beförderung von Tieren finden sich in § 12 VO-ABB und § 15 Absatz 1 Satz 2 BOKraft. Das Personenbeförderungsrecht unterscheidet sich damit vom Eisenbahnverkehr, bei dem die Regelungen, unter welchen Bedingungen Tiere in Personenwagen mitgenommen werden dürfen, gemäß § 16 Absatz 2 lit. c) EVO dem Tarif überlassen werden.

Während im BGB die Tiere erst seit dem Jahr 1990 nicht mehr unter den Begriff der Sachen fallen und hierfür mit § 90a BGB ein neuer Paragraf eingefügt wurde,[716] unterscheidet die VO-ABB schon seit ihrem Erlass zwischen Sachen in § 11 VO-ABB und Tieren in § 12 VO-ABB. Gleichwohl verweist auch die VO-ABB in § 12 Absatz 1 auf § 11 Absatz 1, 4 und 5 VO-ABB und damit auf die Vorschriften über den Transport von Sachen.

In der BOKraft befinden sich die Regelungen über die Mitnahme von Tieren hingegen in § 15 BOKraft, der die Mitnahme von Sachen regelt. Dort wird in § 15 Absatz 1 Satz 2 BOKraft bestimmt, dass die Regeln für Sachen in § 15 Absatz 1 Satz 1 BOKraft auch für Tiere gelten. Inhaltliche Unterschiede bestehen hierdurch nicht.

Unter Tieren sind in § 12 VO-ABB und § 15 Absatz 1 Satz 2 BOKraft, ebenso wie in § 16 Absatz 2 lit. c) EVO, ausschließlich lebende Tiere zu verstehen. Im Gegensatz zur EVO, die dies ausdrücklich formuliert, ergibt sich dies beim Personenbeförderungsrecht erst aus den anderen Rechtsvorschriften. Denn der Gesetzgeber nennt tote Tiere nicht mehr Tiere, sondern in Übernahme des europäischen Rechts[717] „tierische Nebenprodukte". Dies folgt aus dem TierNebG[718], das das alte Tierkörperbeseitigungsgesetz abgelöst[719] hat.

---

[716] „Gesetz zur Verbesserung der Rechtsstellung des Tieres im bürgerlichen Recht" vom 20. August 1990, BGBl. I, Nr. 43 vom 25. August 1990, Seite 1762.

[717] Artikel 2 Absatz 1 lit. a Verordnung (EG) Nr. 1774/2002 des europäischen Parlaments und des Rates vom 3. Oktober 2002 mit Hygienevorschriften für nicht für den menschlichen Verzehr bestimmte tierische Nebenprodukte.

[718] Eingeführt durch Artikel 1 „Tierische Nebenprodukte-Beseitigungsgesetz (TierNebG)" in dem „Gesetz zur Durchführung gemeinschaftsrechtlicher Vorschriften über die Verarbeitung und Beseitigung von nicht für den menschlichen Verzehr bestimmten tierischen Nebenprodukten" vom 25. Januar 2004, BGBl. I, Nr. 4 vom 28. Januar 2004, Seite 82.

[719] Außer Kraft getreten durch Artikel 6 Absatz 2 Nr. 1 „Inkrafttreten, Außerkrafttreten" in dem „Gesetz zur Durchführung gemeinschaftsrechtlicher Vorschriften über die Verarbeitung und Beseitigung von nicht für den menschlichen Verzehr bestimmten tierischen Nebenprodukten" vom 25. Januar 2004, BGBl. I, Nr. 4 vom 28. Januar 2004, Seite 82, 88.

Die Vorschriften in der VO-ABB und BOKraft sind auf die Beförderung von Haustieren ausgerichtet. Soll ein Nutztier befördert werden, sind diese Vorschriften zwar auch einschlägig, allerdings wird hier meist ein Beförderungsausschluss über § 12 Absatz 1 i. V. m. § 11 VO-ABB in Frage kommen. Ihr Transport hat regelmäßig nicht im Rahmen der Personenbeförderung, sondern des Gütertransports zu erfolgen.[720]

5.5.1 Anspruch auf Beförderung von Tieren

Aus dem Verweis auf die Mitnahmeregeln zu Sachen ergibt sich nach § 12 Absatz 1 i. V. m. § 11 Absatz 1 VO-ABB ebenfalls grundsätzlich ein Anspruch auf Beförderung von Tieren.[721] Es kann insoweit auf die obigen Ausführungen verwiesen werden.[722] Damit gelten über § 12 Absatz 1 VO-ABB aber auch die Einschränkungen des § 11 Absatz 1 Satz 2 VO-ABB mit seinen drei Bedingungen, die für einen Anspruch auf Mitnahme eingehalten werden müssen:

- die gleichzeitige Mitfahrt des Fahrgasts,
- die Nichtgefährdung von Sicherheit und Ordnung des Betriebs und
- die Nichtbelästigung anderer Fahrgäste.

Diese drei Voraussetzungen sind bei der Mitnahme von Tieren besonders zu beachten. Denn bei Tieren besteht im Vergleich zum Transport von Sachen wegen ihrer Lebendigkeit eine zusätzliche Gefahrenquelle. Des Weiteren muss bedacht werden, dass das Betriebspersonal oder andere Fahrgäste Angst vor dem Tier haben können. Tiere, die Angst auslösen können und die nicht in einer Weise transportiert werden, dass die Angst verhindert wird, wie z. B. in einem Behältnis, dürfen nicht mitgenommen werden. Angst beeinträchtigt die körperliche Unversehrtheit und damit die Sicherheit. Außerdem stellt sie eine Belästigung der anderen Fahrgäste dar. Maßstab ist dabei nicht die Wertung des Tierhalters, sondern der Dritten.

Nicht mitgeführt werden dürfen übel riechende Tiere. Hier ist, ebenso wie bei extrem riechenden Fahrgästen[723], ein Verstoß gegen die Ordnung des Betriebs gegeben.

Ebenfalls nicht mitgenommen werden dürfen verschmutzte Tiere, soweit diese nicht im Behältnis transportiert werden. Denn es besteht hierdurch die Gefahr einer Verschmutzung des Fahrzeugs oder der anderen Fahrgäste.

---

[720] Bidinger, D § 15 BOKraft, Rn. 17.

[721] Grätz, Thomas, in: Fielitz/Grätz, A 3 § 12 VO-ABB, Rn. 1.

[722] Vgl. oben unter 5.5 Beförderung von Tieren.

[723] Vgl. oben unter 5.2.1.5.2 Ordnung des Betriebs.

5.5.1.1 Kampfhunde bzw. gefährliche Hunde

Der Begriff „Kampfhund" ist kein rechtlicher. Die Hundegesetze der Bundesländer sprechen überwiegend von gefährlichen Hunden.[724] Grundsätzlich gefährliche Hunde sind z. B. nach § 3 Absatz 2 Landeshundegesetz NRW Hunde der Rassen Pittbull Terrier, American Staffordshire Terrier, Staffordshire Bullterrier und Bullterrier und deren Kreuzungen untereinander sowie deren Kreuzungen mit anderen Hunden. Daneben beschreibt das Landeshundegesetz NRW in § 3 Absatz 3 aber auch weitere Fälle, in denen ein Hund als gefährlich gilt.

Nach § 12 Absatz 2 Satz 1 VO-ABB müssen Hunde, die Mitreisende gefährden können, einen Maulkorb tragen. Gefährliche Hunde gehören stets dazu. Ferner ist bei diesen auch § 12 Absatz 2 Satz 2 VO-ABB zu beachten, nach dem Hunde nur unter Aufsicht einer hierzu geeigneten Person befördert werden. Soweit der Hund als gefährlich einzustufen ist, sind an die Aufsicht führende Person besondere Anforderungen in körperlicher, psychischer und charakterlicher Hinsicht zu stellen.

Wird nur eine dieser Voraussetzungen nicht erfüllt, besteht nicht nur kein Beförderungsanspruch, sondern es hat einen Beförderungsausschluss zur Folge, da die Vorschriften nicht dem Betriebspersonal nur die Möglichkeit des Ausschlusses geben, sondern den Ausschluss von der Beförderung vorschreiben („werden nur […] befördert" und „müssen einen Maulkorb tragen").

5.5.1.2 Blindenführhunde

Nach § 12 Absatz 3 VO-ABB sind Blindenführhunde, die einen Blinden begleiten, zur Beförderung stets zugelassen. Für diese allgemeine Erlaubnis zur Mitnahme von Blindenführhunden bestehen zwei Gründe: zum einen sind Blinde auf diese Hunde besonders angewiesen, zum anderen geht der Gesetzgeber davon aus, dass bei ihnen aufgrund einer speziellen Dressur unterstellt werden kann, dass sie keine Gefahr für die anderen Fahrgäste darstellen und das Fahrzeug sowie die Betriebsanlagen nicht beschädigen.[725] Diese allgemeine Zulassung schmälert jedoch nicht die Pflicht, auch den Anweisungen des Betriebspersonals nach § 4 Absatz 1 Satz 2, § 5, § 11 Absatz 5 und § 12 Absatz 1 VO-ABB hinsichtlich des Blindenführhundes zu folgen. Dies betrifft z. B. den Fall, dass sich

---

[724] Z. B. Brandenburg: § 25a Gesetz über Aufbau und Befugnisse der Ordnungsbehörden - Ordnungsbehördengesetz (OBG); NRW: § 3 Landeshundegesetz; Sachsen: Siebente Verordnung des Sächsischen Staatsministeriums der Finanzen über die Festsetzung der Verwaltungsgebühren und Auslagen (7. SächsKVZ).

[725] Bidinger, C § 12 VO-ABB, Anm. 5.

ein Blindenführhund an einer Stelle niederlegt, die für das Abstellen eines Kinderwagens benötigt wird.[726]

5.5.2 Art und Weise der Beförderung

Weitere Voraussetzung ist nach § 12 Absatz 1 i. V. m. § 11 Absatz 4 VO-ABB, dass der Fahrgast die mitgeführten Tiere so unterzubringen und zu beaufsichtigen hat, dass die Sicherheit und Ordnung des Betriebs nicht gefährdet und andere Fahrgäste nicht belästigt werden können. Auf die Ausführungen zur Unterbringung von Sachen kann verwiesen werden.[727] Verletzt der Fahrgast diese Anforderungen und treten Schäden ein, gelten die allgemeinen Vorschriften der §§ 833 Satz 1 und 834 Satz 1 BGB.[728]

Daneben besteht die Verpflichtung des Fahrgastes zur Einhaltung der Bestimmungen im Tierschutzgesetz. Diese Notwendigkeit ergibt sich allerdings nicht bereits aus dem Verbot der Gefährdung der Sicherheit und Ordnung nach § 12 Absatz 1 i. V. m. § 11 Absatz 1 Satz 2 VO-ABB und § 15 Absatz 1 Satz 1 BOKraft. Zwar stellt das Tierschutzgesetz als formelles und materielles Bundesgesetz auch einen Teil der öffentlichen Sicherheit dar, allerdings zielt die Verpflichtung in VO-ABB und BO-Kraft nicht auf die allgemeine Sicherheit und Ordnung, sondern auf die Sicherheit und Ordnung des Betriebes.

Indirekt kann der Einhaltung des Tierschutzrechtes gleichwohl auch im Verhältnis zwischen Fahrgast und Unternehmen Bedeutung zukommen. Denn soweit zwischen beiden Streit über die Unterbringung besteht, ist zwar die Letztentscheidung des Betriebspersonals nach § 12 Absatz 1 i. V. m. § 11 Absatz 5 VO-ABB und § 15 Absatz 3 i. V. m. § 14 Absatz 1 Satz 2 BOKraft zu beachten; diese ist jedoch nur rechtmäßig, wenn sie ihrerseits nicht gegen das Tierschutzrecht verstößt.

5.5.2.1 Aufsicht

Nach § 12 Absatz 2 Satz 1 VO-ABB werden Hunde nur unter Aufsicht einer hierzu geeigneten Person befördert. Ungeeignet ist eine Person insbesondere, wenn sie nicht in der Lage ist, das Verhalten des Tieres zu kontrollieren. Hierbei spielt es keine Rolle, ob diese Unfähigkeit körperliche oder psychische Ursachen hat.[729] Die Person muss ferner charakter-

---

[726] LG Oldenburg, Urteil vom 10. Januar 1995 – Az. 1 S 1035/94 = NZV 1995, 324 = VersR 1996, 346 f.; AG Wilhelmshaven, Urteil vom 19. Juli 1994 – Az. 6 C 191/94 (Vorinstanz).

[727] Siehe hierzu unter 5.4 Beförderung von Sachen.

[728] Bidinger, C § 12 VO-ABB, Anm. 4.

[729] Grätz, Thomas, in: Fielitz/Grätz, A 3 § 12 VO-ABB, Rn. 2.

lich in der Lage sein, verantwortungsbewusst mit dem Tier umzugehen. Die Aufsichtsperson muss deshalb insbesondere dem Tier entsprechende Befehle geben können und kräftemäßig die Befähigung haben, das Tier zu beherrschen, insbesondere gegebenenfalls zurückzuhalten.[730] Daher sind sowohl kleine Kinder als auch gebrechliche Senioren regelmäßig als Begleitung für große Hunde ungeeignet.

Die Eignung ist eine zwingende Voraussetzung. Ihr kann auch nicht mit dem Einwand der Gleichstellung oder dem Diskriminierungsverbot begegnet werden. Denn sie ist ein gesetzgeberisch geregelter Unterfall der Sicherheit und Ordnung, der nach § 20 Absatz 1 Nr. 1 und 2 AGG nicht dem Diskriminierungsverbot unterfällt.

5.5.2.2 Anleinpflicht

Weder die VO-ABB noch die BOKraft oder die BOStrab enthalten eine ausdrückliche Verpflichtung, Hunde zur Vermeidung von Gefahren an einer geeigneten Leine zu führen. Allerdings besteht diese Verpflichtung mittelbar auf Grund des § 12 Absatz 1 i. V. m. § 11 Absatz 1 und 4 VO-ABB, wonach „die Sicherheit und Ordnung des Betriebs nicht gefährdet und andere Fahrgäste nicht belästigt werden" dürfen; dies ist regelmäßig nur bei angeleinten Hunden der Fall.

Darüber hinaus besteht die Anleinpflicht oft bereits auf Grund von örtlichen Rechtsvorschriften[731] oder Landesgesetzen[732].

5.5.2.3 Maulkorbpflicht

Nach § 12 Absatz 2 Satz 2 VO-ABB müssen Hunde, die Mitreisende gefährden können, einen Maulkorb tragen. Darüber hinaus besteht meist auch auf Grund von Landesrecht[733] bei gefährlichen Hunden eine Maulkorbpflicht.[734]

5.5.2.4 Geeignete Behälter

Nach § 12 Absatz 4 VO-ABB dürfen sonstige Tiere nur in geeigneten Behältern mitgenommen werden. Ein Behältnis ist dann als geeignet anzusehen, wenn es bei Einhaltung der Tierschutzbestimmungen hinreichende Gewähr dafür bietet, die Sicherheit und Ordnung des Betriebs

---

[730] Grätz, Thomas, in: Fielitz/Grätz, A 3 § 12 VO-ABB, Rn. 2.

[731] In Bayern z. B. Ermächtigungsgrundlage in § 18 des Gesetzes über das Landesstrafrecht und das Verordnungsrecht auf dem Gebiet der öffentlichen Sicherheit und Ordnung (Landesstraf- und Verordnungsgesetz – LStVG).

[732] Z. B. § 2 Absatz 2 Landeshundegesetz NRW.

[733] Vgl. z. B. § 5 Absatz 2 Satz 3 Landeshundegesetz NRW.

[734] Vgl. hierzu auch oben unter 5.5.1.1 Kampfhunde bzw. gefährliche Hunde.

nicht zu beeinträchtigen. Hierzu ist z. B. erforderlich, dass das Behältnis für die Beförderung im Fahrzeug nicht zu groß ist oder dem Tier keine Möglichkeit gibt, wegen eines zu großen Abstands der Gitterstäbe, zu beißen oder zu entkommen.

5.5.2.5 Tiere und Sitzplätze

Hinsichtlich der Art und Weise des Transports schreiben § 11 Absatz 5 VO-ABB und § 15 Absatz 1 Satz 2 Halbsatz 2 BOKraft vor, dass Tiere nicht auf Sitzplätzen untergebracht werden dürfen. Dieses Verbot gilt sowohl für die vollständige Unterbringung von Tieren auf dem Sitzplatz, als auch dann, wenn nur ein Teil des Tieres auf dem Sitzplatz unterge-bracht wird.[735] Dieses Verbot gilt nicht nur für Hunde, sondern für alle Tiere; auch für Blindenführhunde gilt insoweit keine Ausnahme.

Grund für das Verbot ist die Sauberkeit.[736] Bei Tieren besteht die Gefahr, dass Ausscheidungen oder Haare den Sitz verschmutzen können. Dies wiederum kann zu gesundheitlichen Beeinträchtigungen bei nachfol-genden Nutzern des Sitzplatzes führen. Vor allem kann die Kleidung von Fahrgästen, die sich später auf den Platz setzen, verschmutzen.

5.5.3 Beförderungsentgelt

5.5.3.1 Grundsatz

Für Tiere kann grundsätzlich ein eigenes Beförderungsentgelt verlangt werden.[737] Es gelten hierfür die allgemeinen Grundsätze gemäß § 39 PBefG. Es ist sowohl möglich, generell für Tiere ein Beförderungsentgelt zu verlangen, als auch die Tarifpflicht an Kriterien wie Tierart oder Tier-größe zu koppeln.

5.5.3.2 Schwerbehinderte Menschen mit Hunden

Eine Ausnahme von der Tariferhebungsmöglichkeit besteht für Hunde von schwerbehinderten Menschen. Denn durch § 145 Absatz 2 Nr. 2 Halbsatz 1 SGB IX wird dem schwerbehinderten Menschen die Mitnah-me eines Führhundes unentgeltlich ermöglicht. Auch § 145 Absatz 2 Nr. 2 Halbsatz 2 SGB IX regelt die Mitnahmemöglichkeit von Hunden durch schwerbehinderte Menschen. Allerdings muss nach dieser Vor-schrift der begleitende Hund kein Blindenführhund sein. Es reicht, wenn

---

[735] OLG Düsseldorf, Beschluss vom 28. Januar 2004 – Az. IV – 5 Ss (OWi)/03 – (OWi) 6/04 I = NZV 2004, 597 = VRS Bd. 107, Nr. 53, Seite 136 ff.

[736] Grätz, Thomas, in: Fielitz/Grätz, A 3 § 12 VO-ABB, Rn. 6.

[737] Bidinger, C § 12 VO-ABB, Anm. 2; derselbe, D § 15 BOKraft, Rn. 21; Grätz, Thomas, in: Fielitz/Grätz, A 3 § 12 VO-ABB, Rn. 1.

im Schwerbehindertenausweis die Notwendigkeit einer ständigen Begleitung eingetragen ist und er ohne Begleitperson fährt.

Der Unterschied zwischen den beiden Halbsätzen des § 145 Absatz 2 Nr. 2 SGB IX ist wie folgt zu verstehen: Die erste Alternative beschreibt das, was in der VO-ABB als Blindenführhund bezeichnet ist, also einen Hund, der eine Behinderung beim Augenlicht kompensieren soll.[738] Der zweite Fall ist der des Behindertenbegleithundes, der dem schwerbehinderten Menschen (insbesondere Rollstuhlfahrern), bei Alltagsaktivitäten helfen soll.[739]

Bei der unentgeltlichen Mitnahmemöglichkeit von Hunden durch schwerbehinderte Menschen nach § 145 Absatz 2 Nr. 2 SGB IX stellt sich die Frage, ob diese auch besteht, wenn der schwerbehinderte Mensch auf Grund der Eintragung im Schwerbehindertenausweis gemäß § 3 Absatz 2 Satz 1 Nr. 1 SchwbAwV „die Berechtigung zur Mitnahme einer Begleitperson ist nachgewiesen" von einem Menschen begleitet wird. In diesem Fall könnte man argumentieren, bestehe mit der Begleitung durch Hund und Mensch eine Redundanz, die die Zielsetzung des Gesetzgebers übererfüllt. Die Antwort auf diese Frage macht eine Differenzierung notwendig: Nach dem Wortlaut der Regelung in § 145 Absatz 2 Nr. 2 Halbsatz 2 SGB IX besteht dieses Recht bei der Mitnahme nur eines Behindertenbegleithundes nicht, da dort ausdrücklich formuliert ist, dass dies nur gilt, wenn der schwerbehinderte Mensch „ohne Begleitperson fährt". Anders stellt sich die Rechtslage jedoch bei der unentgeltlichen Mitnahmemöglichkeit eines Blindenführhundes dar. Für diese Fälle gilt die Regelung des § 145 Absatz 2 Nr. 2 Halbsatz 1 SGB IX, in dem die Einschränkung des Halbsatzes 2 „ohne Begleitperson fährt" nicht aufgeführt ist. Daher darf ein blinder Mensch auch dann einen Blindenführhund kostenlos mitnehmen, wenn er von einem Menschen begleitet wird. Diese Regelung mit ihrer Differenzierung ist auch sinnvoll, da der blinde Mensch gegebenenfalls sowohl die Begleitung durch einen Menschen als auch durch einen Hund benötigt – z. B. weil der Hund bei der Wegfindung hilft, während die Begleitperson wegen einer weiteren Behinderung das Gepäck trägt.

---

[738] Deutscher Bundesrat, Stellungnahme zu Änderungen, in: Deutscher Bundestag, Drucksache 15/4228 vom 17. November 2004, Seite 46, Nr. 20, Begründung zu § 145 Absatz 2 Nr. 2 SGB IX.

[739] Deutscher Bundesrat, Stellungnahme zu Änderungen, in: Deutscher Bundestag, Drucksache 15/4228 vom 17. November 2004, Seite 46, Nr. 20, Begründung zu § 145 Absatz 2 Nr. 2 SGB IX.

5.6 Der Fahrausweis

Während die Hauptpflicht des Verkehrsunternehmens der Transport des Fahrgastes ist, ist die Hauptverpflichtung des Fahrgastes, für diesen Transport zu zahlen. Diese Zahlungspflicht ergibt sich bereits aus der Grundnorm des Werkvertragsrechts, dem § 631 Absatz 1 BGB. Bei den Beförderungsverträgen der PBefG-Linienverkehre des ÖPNV wird diese Gegenleistungspflicht durch die Spezialvorschrift des § 6 Absatz 1 VO-ABB ergänzt, nach der der Fahrgast „die festgesetzten Beförderungsentgelte zu entrichten" hat. Das Verkehrsunternehmen muss vor deren Festsetzung die Zustimmung bei der Genehmigungsbehörde gemäß § 39 Absatz 1, gegebenenfalls i. V. m. § 41 Absatz 3 bzw. § 45 Absatz 2 PBefG, beantragen. Erst danach sind die Beförderungsentgelte oder deren Änderungen allgemein verbindlich.

Die Zahlung des Fahrpreises erfolgt im ÖPNV üblicherweise durch den Erwerb eines Fahrausweises. Dieser Begriff „Fahrausweis" wird im deutschen Recht überwiegend benutzt.[740] Gleichwohl findet sich auch vereinzelt der Begriff des Fahrscheins[741] oder der Fahrkarte.[742] Bei der Eisenbahn wird im Tarif seit 1992 ebenfalls der Begriff des Fahrscheins benutzt.[743] In den Übersetzungen des europäischen Rechts findet sich sowohl der Begriff des Fahrscheins[744] als auch der der Fahrkarte.[745] Die unterschiedlichen Bezeichnungen sind jedoch nicht rechtlich motiviert, sondern zufällig.

Der Begriff des Fahrausweises ist sprachlich umfassender und zeigt auf, dass auch Berechtigungsnachweise bestehen, die nicht als „Schein" oder „Karte" vorliegen – wie insbesondere elektronische Fahrausweise. Alle Begriffe haben gemein, dass man unter ihnen den Nachweis für die Berechtigung zur Benutzung versteht.[746] Die Verordnung (EU) Nr. 181/2011 definiert den „Fahrschein" in Artikel 3 lit. d) als „ein gültiges Dokument

---

[740] So durchgängig im AEG, der VO-ABB, der EVO, PBefAusglV, AEAusglV, SchwbAwV, AsylVfG, AufenthG und UStDV sowie überwiegend im PBefG

[741] Vgl. § 48 Absatz 1 Satz 4 PBefG und Anlage 2 (zu § 19 Absatz 2) Markenverordnung.

[742] Geschäftsordnung Bundesrat, PBefAusglV, AEAusglV.

[743] Finger/Eiermann, § 9, Anm. 1a).

[744] Artikel 20 Absatz 2 Verordnung (EG) Nr. 1371/2007; Erwägungsgrund 23 und die Artikel 3 lit. d), e) g) und m), 4, 5 Absatz 1, 9, 10, 14, 23 Verordnung (EU) Nr. 181/2011.

[745] Vgl. z. B. Erwägungsgründe 7, 8, 10, 25, Artikel 1 lit. a), 2 Absatz 5, Artikel 3 Nr. 7, 8 und 10, 13 und 14 Verordnung (EG) Nr. 1371/2007; Artikel 19 Absatz 5 Satz 3 und Artikel 23 Absatz 1 Verordnung (EU) Nr. 181/2011.

[746] Vgl. das Lexikon „Fachwort im Verkehr" von VDV und alba-Verlag (Hrsg.).

oder einen anderen Nachweis für einen Beförderungsvertrag". Danach ist folglich das Bestehen eines Vertragsverhältnisses erforderlich.

Fahrausweise werden üblicherweise in die Kategorien von sogenannten kleinen Inhaberpapieren nach § 807 BGB[747] und sogenannten Namenspapieren mit Inhaberklausel nach § 808 BGB[748] eingeteilt. Beim kleinen Inhaberpapier nach § 807 BGB ist der Inhaber auch der Vertragspartner auf Kundenseite. Beim Namenspapier mit Inhaberklausel nach § 808 BGB ist hingegen der im Papier Benannte der Vertragspartner. Die Differenzierung, wann ein Fahrausweis dem § 807 BGB oder dem § 808 BGB unterfällt, soll nach einer Auffassung an dem Kriterium Einzelfahrausweis, dann § 807 BGB,[749] oder Zeitfahrausweise (z. B. Monatskarten), dann § 808 BGB,[750] festgemacht werden.

Diese Unterscheidung ist zu pauschal. Richtig ist zwar, dass der klassische Einzelfahrausweis ohne Namensnennung neben seiner Quittungsfunktion auch den Nachweis über den Vertragsabschluss erbringt.[751] Hier ist der Vertragspartner auf Kundenseite meist der Inhaber des entsprechenden Fahrausweises. Richtig ist auch, dass neben den klassischen Einzelfahrausweisen auch Zeitfahrausweise (z. B. Monatskarten) vertrieben werden, die personalisiert sind. Damit sind sie kein Inhaberpapier gemäß § 807 BGB. Die Fahrausweise erhalten in diesen Fällen über ihre Personalisierung die Gestalt eines Namenspapiers mit Inhaberklausel und unterfallen so eher dem § 808 BGB.[752] In diesen Fällen ist auf Kundenseite derjenige Vertragspartner, der in dem Fahrausweis als Berechtigter benannt ist. Neben dieser klassischen Einteilung in unpersonalisierte Einzelfahrausweise und personalisierte Zeitfahrausweisen gibt es jedoch weitere Formen. So finden sich auch gelegentlich personalisierte Einzelfahrausweise und sehr oft unpersonalisierte Zeitfahrausweise. Beispielsweise haben die meisten Unternehmen Kurzzeitfahrausweise wie z. B. Tages-, 24-Stunden- oder 3-Tages-Tickets im Sortiment, die in aller Regel über Automaten vertrieben und völlig anonym ausgegeben

---

[747] Kocher, Eva, in: Tonner/Willingmann/Tamm, § 807, Rn. 1; Buck-Heeb, Petra, in: Prütting/Wegen/Weinreich, § 807, Rn. 4; für den Eisenbahnfahrausweis: Finger/Eiermann, § 9, Anm. 1a); Sprau, Hartwig, in: Palandt, § 807, Rn. 3; Rott, Peter, RRa 2003, 242, 243.

[748] AG Frankfurt am Main, Urteil vom 8. Juli 2004 – Az. 30 C 3362/03 = NJW-RR 2004, 1699 f.; Buck-Heeb, Petra, in: Prütting/Wegen/Weinreich, § 808, Rn. 2; Sprau, Hartwig, in: Palandt, § 808, Rn. 3.

[749] Sprau, Hartwig, in: Palandt, § 807, Rn. 3; Rott, Peter, RRa 2003, 242, 243.

[750] Sprau, Hartwig, in: Palandt, § 808, Rn. 3.

[751] Pohar, Mihael Aleksander, Seite 49; Hallermann, Ulrich, Seite 31.

[752] AG Frankfurt am Main, Urteil vom 8. Juli 2004 – Az. 30 C 3362/03 = NJW-RR 2004, 1699 f. (hier: Flugticket); Sprau, Hartwig, in: Palandt, § 808, Rn. 3.

werden. Bei letzteren ist dem Verkehrsunternehmen die Person zunächst gleichgültig. Für die Geltendmachung soll allein die Inhaberschaft genügen. Dies ist aber ein entscheidendes Abgrenzungskriterium für die Einordnung.[753] Selbst wenn bei diesen Fahrausweisen vor Fahrtantritt eine Individualisierung notwendig ist, soll dieser Umstand allerdings nicht gegen die Annahme einer Inhaberkarte nach § 807 BGB sprechen.[754] Denn auch dann bleibt dem Verkehrsunternehmen die Person dem Grunde nach gleichgültig. Entscheidend soll nur sein, dass die Person nicht wechselt. Ferner gibt es auch Wochen- und Monatskarten, die beliebig übertragbar sind. Auch diese sind eher nach § 807 BGB zu beurteilen.

Letztlich wird aber der Umfang der Berechtigung, die Zulässigkeit der Übertragung, die Haftung des Ausstellers, die Möglichkeit von Einwendungen, der Anspruch auf Ersatzfahrausweise, ein Ungültigwerden etc. nicht über eine Zuordnung zu einer der Kategorien der Schuldverschreibungen auf den Inhaber bestimmt, sondern ausschließlich über die Tarif- und Beförderungsbedingungen. Aus dem hiernach festgestellten Berechtigungsumfang kann dann gegebenenfalls eine Zuordnung zu den Kategorien der §§ 793 ff. BGB erfolgen, deren Notwendigkeit und Erheblichkeit aber noch belegt werden müsste.

5.6.1 Fahrausweispflicht

5.6.1.1 Grundsatz

Im ÖPNV besteht grundsätzlich für den Fahrgast die Verpflichtung, einen Fahrausweis zu haben. Dies ergibt sich allerdings nicht unmittelbar aus dem PBefG oder der VO-ABB; gleichwohl ist dieser Grundsatz indirekt ableitbar. So bestimmt § 6 Absatz 2 VO-ABB, dass der Fahrgast unverzüglich und unaufgefordert den erforderlichen Fahrausweis zu lösen hat, wenn er beim Betreten des Fahrzeugs nicht mit einem für diese Fahrt gültigen Fahrausweis versehen ist. Auch aus § 6 Absatz 6 VO-ABB, nach dem Wagen oder Wagenteile im schaffnerlosen Betrieb nur von Fahrgästen mit hierfür gültigen Fahrausweisen benutzt werden dürfen, kann dieser Grundsatz abgeleitet werden. Gleichfalls ergibt sich diese Verpflichtung aus § 9 Absatz 1 Nr. 1 VO-ABB. Danach ist ein Fahrgast zur Zahlung eines erhöhten Beförderungsentgelts verpflichtet, wenn er sich keinen gültigen Fahrausweis beschafft hat.

---

[753] Kocher, Eva, in: Tonner/Willingmann/Tamm, § 807, Rn. 1.

[754] So selbst Sprau, Hartwig, in: Palandt, § 807, Rn. 3; Habersack, Mathias, in: MünchKommBGB Bd. 5, § 807, Rn. 11.

Die Fahrausweispflicht wird wegen der Definition des Fahrausweises als „Nachweis für die Berechtigung zur Benutzung"[755] auch dann erfüllt, wenn die Fahrtberechtigung mittels eines Ausweises nachgewiesen wird, dessen Hauptfunktion eine andere ist. So können nach § 145 Absatz 1 SGB IX schwerbehinderte Menschen gegen Vorzeigen eines entsprechend gekennzeichneten Ausweises nach § 69 Absatz 5 SGB IX im Nahverkehr im Sinne des § 147 Absatz 1 SGB IX unentgeltlich befördert werden, wenn ihr Schwerbehindertenausweis mit einer gültigen Wertmarke versehen ist. Auch sogenannte Kombitickets,[756] dies sind in der Regel Eintrittskarten oder Ausweise, die gleichzeitig mit einer Fahrtberechtigung für den ÖPNV ausgestattet sind, sind ein Fahrausweis im Sinne dieser Definition.

5.6.1.2 Ausnahmen

Eine indirekte Ausnahme von der Fahrausweispflicht findet sich in § 9 Absatz 1 Satz 3 VO-ABB. Dort ist festgelegt, dass keine Sanktionierung erfolgt, „wenn das Beschaffen oder die Entwertung des Fahrausweises aus Gründen unterblieben ist, die der Fahrgast nicht zu vertreten hat". Hierzu zählen die Fälle, in denen es dem Fahrgast weder im Fahrzeug noch an der Haltestelle möglich ist, einen Fahrausweis zu lösen.

Unzumutbar und damit nicht vertretbar ist, den Fahrgast zu verpflichten zur nächsten Haltestelle zu gehen. Hingegen ist es zumutbar, die Bahnsteigseite zu wechseln, um bei einem Defekt des Automaten auf der einen Bahnsteigseite auf der anderen Bahnsteigseite einen Fahrausweis zu erwerben.[757] Eine Ausnahme wird man aber auch hier machen müssen, wenn dabei viele Treppenstufen zu überwinden sind und der Fahrgast hierzu aus gesundheitlichen Gründen nicht in der Lage ist.

Ferner gehören in diese Kategorie die Fälle, in denen das Verkehrsunternehmen einen Fahrausweis mit einem nicht genehmigten Tarif anbietet. Dies ist auch der Fall, soweit ein Verkehrsunternehmen eine Tariferhöhung an seinen Automaten bereits unzulässigerweise vorzeitig vornimmt.[758] Die Ansicht, der Fahrgast müsse in diesen Fällen gleichwohl einen Fahrausweis lösen, könne dann jedoch, soweit vorhanden, an den

---

[755] Siehe oben unter 5.6 Der Fahrausweis.

[756] Vgl. hierzu u. a. VGH Baden-Württemberg, Urteil vom 11. März 2008 – Az. 9 S 1369/06; VG Stuttgart, Urteil vom 11. April 2006 – Az. 12 K 2631/04.

[757] AG Frankfurt am Main, Urteil vom 14. Juni 1991 – Az. 31 C 495/91-16.

[758] Reckermann, Lars, in: Westfälische Rundschau „Bahn kassiert zu hohen Preis" vom 16. Dezember 2010, Seite 3.

Servicestellen des Unternehmens den Differenzbetrag zurückerhalten,[759] ist jedenfalls allein wegen des klaren Wortlauts des § 9 Absatz 1 Satz 3 VO-ABB für die PBefG-Linienverkehre des ÖPNV rechtlich nicht vertretbar.

Allerdings wird man auch in den Fällen, in denen der Fahrgast die Nichtbeschaffung des Fahrausweises nicht zu vertreten hat, von diesem analog § 9 Absatz 3 d) EVO verlangen müssen, bei der Prüfung der Fahrausweise unaufgefordert dem Kontrollpersonal zu melden, dass vor Antritt der Fahrt ein gültiger Fahrausweis nicht gelöst werden konnte, weil eine Fahrausweisverkaufsstelle oder ein Fahrausweisautomat nicht vorhanden, nicht geöffnet oder nicht betriebsbereit war oder keine Fahrausweise mit gültigem Tarif angeboten wurden.

Eine weitere Ausnahme von der Fahrausweispflicht sieht regelmäßig der Tarif der Verkehrsunternehmen vor. Dort besteht üblicherweise keine Fahrausweispflicht bei Personen bis zur Vollendung des siebten Lebensjahres.[760]

5.6.1.3 Pflicht des Verkehrsunternehmens

Der Fahrausweispflicht beim Fahrgast nach der VO-ABB steht jedoch nicht immer ein Recht auf Erhalt eines Fahrausweises gegenüber. Dies ergibt sich aus dem Wortlaut und der Ausgestaltung des § 6 VO-ABB sowie dem Gedanken, dass der Fahrausweis dem Unternehmer nur als standardisierter Beleg dafür dienen soll, dass der Fahrgast den tarifmäßigen Fahrpreis entrichtet hat. Ein Beispiel für ein System, in dem der Fahrgast keinen Fahrausweis erhält, ist die Ausgabe von Chips, die an Zugangsbarrieren einzuwerfen sind und dort verbleiben. Soweit kein Fahrausweis ausgestellt wird, ist es allerdings notwendig, dies in den BBB festzulegen.

Gleichwohl kann der Fahrgast ein rechtlich schützenswertes Interesse an einem Beleg über das entrichtete Entgelt haben. Dies betrifft insbesondere seine Nachweismöglichkeit über die Entrichtung des Fahrpreises oder bei einem Erstattungsanspruch gegenüber Dritten, etwa gegenüber einem Arbeitgeber, Kunden, Mandanten oder dem Finanzamt. Entsprechend hat der Unternehmer dem Fahrgast einen Beleg für das Entgelt auszuhändigen, wenn der Fahrgast dies wünscht. Das ergibt sich aus dem allgemeinen Quittungsanspruch des § 368 BGB.

---

[759] So ein Unternehmenssprecher für einen Eisenbahnverkehr, in: Reckermann, Lars, in: Westfälische Rundschau „Bahn kassiert zu hohen Preis" vom 16. Dezember 2010, Seite 3.

[760] Vgl. z. B. Verbundtarif des VVW vom 1. Februar 2009 und Verbundtarif des VRS vom 1. Januar 2009.

5.6.2 Zeitraum der Fahrausweispflicht

Ein häufiger Streitpunkt ist die Frage, wann die Pflicht beginnt, mit einem gültigen Fahrausweis versehen zu sein, und wann diese Pflicht wieder endet.

5.6.2.1 Beginn der Fahrausweispflicht

5.6.2.1.1 Die werkvertragliche Regelung

Zunächst könnte man, der werkvertraglichen Typisierung folgend,[761] davon ausgehen, dass die Vergütung, das ist beim Beförderungsvertrag der Fahrpreis und damit die Fahrausweispflicht, entsprechend § 641 Absatz 1 BGB erst mit „Abnahme des Werks" fällig ist. Die Abhängigkeit der Vergütung von der Fälligkeit bewirkt, dass grundsätzlich der Unternehmer vorleistungspflichtig ist.[762] Soweit eine Abnahme nach der Beschaffenheit des Werkes ausgeschlossen ist, ist nach § 646 BGB der Zeitpunkt der Vollendung maßgeblich; dies wäre beim Beförderungsvertrag die Erreichung der Zielhaltestelle.

5.6.2.1.2 Die abweichende Regelung in der VO-ABB

Allerdings ist diese Regelung für die Vertragsparteien dispositiv.[763] Bei den PBefG-Linienverkehren hat sich auch der Gesetzgeber mit § 6 Absatz 2 VO-ABB für eine andere Regelung als im Werkvertragsrecht entschieden. Diese Norm verpflichtet den Fahrgast, beim Betreten des Fahrzeugs unverzüglich und unaufgefordert den erforderlichen Fahrausweis zu lösen, wenn er nicht bereits mit einem für diese Fahrt gültigen Fahrausweis versehen ist. Die VO-ABB geht mit dieser Verpflichtung über die im Werkvertragsrecht des BGB formulierte Verpflichtung der Entrichtung der vereinbarten Vergütung nach § 631 Absatz 1 BGB hinaus. Der Fahrgast wird so nicht nur angehalten,
- selbst aktiv und ohne Aufforderung
- vor Erhalt der Gegenleistung
- die Zahlung zu erbringen, sondern auch noch verpflichtet,
- sich selbst um einen Nachweis für die Zahlung der vereinbarten Vergütung in Form eines Fahrausweises zu kümmern.

Die Regelung in der VO-ABB ist damit gleichwohl großzügiger als die des § 9 Absatz 1 EVO, nach der, wenn der Tarif nichts anderes bestimmt, der Reisende bei Antritt der Reise mit einem Fahrausweis versehen sein muss.

---

[761] Vgl. oben unter 2.2.3.3 Werkvertrag.

[762] Huber, Peter, Besonderes Schuldrecht/1, § 16 II, Rn. 325.

[763] Ebert, Ina, in: Schulze/Dörner/Ebert u. a., § 641, Rn. 1.

Allerdings gilt die Verpflichtung, sich unverzüglich und unaufgefordert nach Fahrtantritt mit einem gültigen Fahrausweis zu versehen, an sich auch nur bei Fahrzeugen mit Schaffner. Denn soweit Wagen oder Wagenteile im schaffnerlosen Betrieb fahren, dürfen diese nach § 6 Absatz 6 VO-ABB nur von Fahrgästen mit hierfür gültigen Fahrausweisen benutzt werden.

5.6.2.1.3 Fahrausweiserwerb im Fahrzeug durch Automaten

Gleichwohl muss dann eine Ausnahme gelten, wenn das ÖPNV-Unternehmen in den Fahrzeugen des schaffnerlosen Betriebes selbst die Möglichkeit bietet, am Automaten im Fahrzeug einen Fahrausweis zu erwerben. Dieser Fahrausweisvertrieb im Fahrzeug durch Automaten ist zwar überobligatorisch, dennoch verzichtet das Unternehmen damit zwangsläufig auf die Möglichkeit, das Betreten ohne Fahrausweis zu verbieten. Denn würde man in diesen Fällen keine Ausnahme machen, läge ein widersprüchliches Verhalten insbesondere vor, soweit der Fahrausweis am Automaten bereits beim Erwerb entwertet wird und daher nur für diese Fahrt benutzt werden kann. Daher gilt hier die Regelung des § 6 Absatz 2 VO-ABB analog, wonach der Fahrgast beim Betreten des Fahrzeugs unverzüglich und unaufgefordert den erforderlichen Fahrausweis zu lösen hat, wenn er nicht mit einem für diese Fahrt gültigen Fahrausweis versehen ist.

Ist dieser Automat defekt, wird man von einem Fall des nicht Vertretenmüssens seitens des Fahrgasts im Sinne des § 276 Absatz 1 Satz 1 BGB und des § 9 Absatz 1 Satz 3 VO-ABB auszugehen haben. Das Verkehrsunternehmen ist dann mit dem Einwand des § 6 Absatz 6 VO-ABB und dem Hinweis, der Fahrgast hätte das Fahrzeug gar nicht erst betreten dürfen, präkludiert.

5.6.2.1.4 Der Begriff „unverzüglich"

Der in § 6 Absatz 2 VO-ABB für die Handlungsverpflichtung benutzte Begriff „unverzüglich" ist in der VO-ABB selbst nicht definiert. Gleichwohl benutzt die VO-ABB den Begriff „unverzüglich" mehrfach, nicht nur in § 6 Absatz 2 bei der Pflicht, den erforderlichen Fahrausweis zu lösen, sondern auch zweimal in § 6 Absatz 3 im Zusammenhang mit der Beschaffung eines gültigen Fahrausweises.

Nach der Definition des § 121 Absatz 1 Satz 1 BGB, die im gesamten Privatrecht, aber auch darüber hinaus gilt,[764] ist unter „unverzüglich" „ohne schuldhaftes Zögern" zu verstehen. Dies bedeutet, es muss nicht

---

[764] Ellenberger, Jürgen, in: Palandt, § 121, Rn. 3.

„sofort" geschehen, aber innerhalb einer nach den Umständen des Einzelfalls zu bemessenden Frist.[765]

Entsprechend ist der Fahrgast bei einer noch vorzunehmenden Entwertung gehalten, den Fahrausweis beim Betreten des Fahrzeuges griffbereit zu halten.[766] Keine unverzügliche Entwertung liegt vor, wenn der Fahrgast nach dem Zusteigen in das Fahrzeug länger als eine Haltestelle wartet um seinen Fahrschein zu entwerten.[767] Auch wenn der Fahrgast zuerst seinen Sitzplatz einnimmt, kann nicht mehr von einer unverzüglichen Entwertung gesprochen werden.[768] Ferner stellt es keinen Fall der Unverzüglichkeit dar, wenn der Fahrgast erst bei Erscheinen eines Fahrausweisprüfers diesem den noch nicht entwerteten Fahrausweis aushändigt.[769]

Letztlich kann keine Zeitangabe vorgenommen werden. Es kommt z. B. darauf an, bis wohin der Fahrgast im Fahrzeug gehen muss, wie stark das Fahrzeug mit anderen Fahrgästen besetzt ist, ob bereits andere vor ihm einen Fahrausweis oder dessen Entwertung begehren und ob der Fahrgast bepackt oder behindert ist.

5.6.2.2 Ende der Fahrausweispflicht

Der Fahrgast hat den Fahrausweis nach § 6 Absatz 4 Halbsatz 1 VO-ABB bis zur Beendigung der Fahrt aufzubewahren. Denn nur so kann er seiner Pflicht nach § 6 Absatz 4 Halbsatz 2 VO-ABB entsprechen, diesen dem Betriebspersonal auf Verlangen zur Prüfung vorzuzeigen oder auszuhändigen. Mit der Formulierung „bis zur Beendigung der Fahrt" besteht unproblematisch eine Verpflichtung, bis zum Aussteigen aus dem Fahrzeug den Fahrausweis vorzuhalten.

Darüber hinaus stellt sich die Frage, ob auch nach dem Aussteigen noch eine Aufbewahrungspflicht bestehen kann. Diese Frage ist deshalb relevant, weil verschiedene Verkehrsunternehmen sogenannte Abgangskontrollen vornehmen, bei denen, oft mit Unterstützung der Polizei, der Bahnsteig abgeriegelt wird und nur die Personen ohne Personenfeststel-

---

[765] BGH, Beschluss vom 15. März 2005 – Az. VI ZB 74/04, Seite 4 II 1 a) = NJW 2005, 1869 = MDR 2005, 1007 f.; Ellenberger, Jürgen, in: Palandt, § 121, Rn. 3.

[766] AG Chemnitz, Urteil vom 2. Mai 2001 – Az. 16 C 5185/00; AG Karlsruhe, Urteil vom 13. Dezember 1996 – Az. 1 C 400/96.

[767] AG Chemnitz, Urteil vom 7. Februar 2002 – Az. 14 C 2972/01; AG Köln, Urteil vom 30. Juni 1994 – Az. 117 C 551/93; AG Wiesbaden, Urteil vom 5. Juni 1991 – Az. 96 C 1205/90.

[768] AG Karlsruhe, Urteil vom 13. Dezember 1996 – Az. 1 C 400/96; AG Köln, Urteil vom 30. November 1989 – Az. 122 C 610/89; AG Köln, Urteil vom 30. November 1989 – Az. 122 C 528/89; AG Köln, Urteil vom 7. Oktober 1982 – Az. 121 C 356/82.

[769] Grätz, Thomas, in: Fielitz/Grätz, A 3 § 6 VO-ABB, Rn. 4.

lung und EBE-Forderung durchgelassen werden, die noch einen Fahrschein für die Fahrt vorweisen können.

Prüft man diese Frage nur anhand des Personenbeförderugsrechts einschließlich der VO-ABB, findet sich keine Definition des Begriffs der Beendigung der Fahrt. Daher ist bei enger Auslegung mangels eines weiteren Anhaltspunktes von dem Aussteigen aus dem Fahrzeug auszugehen. In diesem Fall wären Kontrollen außerhalb des Fahrzeugs, die auf eine Verpflichtung zum Vorweisen des Fahrausweises abzielen, unzulässig.

Eine andere Situation könnte sich jedoch ergeben, wenn das Verkehrsunternehmen zur Ergänzung und Auslegung des Begriffs der „Beendigung der Fahrt" in seinen BBB eine nähere Bestimmung vorgenommen hat.[770] So sehen die Musterbeförderungsbedingungen des VDV folgenden Passus vor: „Die Fahrt gilt als beendet, wenn der Fahrgast an seiner Zielhaltestelle angekommen ist und das Fahrzeug sowie die Bahnsteiganlage verlassen hat."[771] Da eine solche Regelung jedoch in den Besonderen und nicht in den Allgemeinen Beförderungsbedingungen steht, muss sie sich, anders als die VO-ABB,[772] der Prüfung nach dem AGB-Recht stellen. Hierbei könnte die Überlegung aufkommen, diese Konkretisierung sei ungewöhnlich oder überraschend im Sinne des § 305c Absatz 1 BGB; ferner könnte auch eine unangemessene Benachteiligung im Sinne des § 307 BGB vorliegen. Vergleicht man diese Regelung allerdings mit der Rechtslage im Eisenbahnrecht, ergibt sich, dass die gesetzliche Vorschrift des § 9 Absatz 3b EVO sogar weiter geht. Nach dieser ist der Reisende verpflichtet, den Fahrausweis bis zum Verlassen des Bahnsteigs einschließlich der Zu- und Abgänge aufzubewahren. Geht aber eine gesetzliche Regelung in einem vergleichbaren Rechtsgebiet wie dem Eisenbahnrecht sogar noch weiter als die zu prüfende Klausel, stellt diese keine unangemessene Benachteiligung dar und kann auch nicht ungewöhnlich oder überraschend im Sinne des § 305c Absatz 1 BGB sein.

Bedenken hinsichtlich einer Vereinbarkeit mit § 1 VO-ABB, nach der die Zulassung von BBB durch die Genehmigungsbehörde nur in Berücksich-

---

[770] Ebenso: Bidinger, C § 6 VO-ABB, Anm. 12; Grätz, Thomas, in: Fielitz/Grätz, A 3 § 6 VO-ABB, Rn. 5.

[771] § 6 Absatz 4 Satz 2 VDV-Musterbeförderungsbedingungen, in VDV-Mitteilung Nr. 9038.

[772] Grünberg, Christian, in: Palandt, § 305, Rn. 2; Christensen, Guido, in: Ulmer/Brandner/Hensen, AGB-Recht, § 309 Nr. 7, Rn. 18; Bidinger, B § 39 PBefG, Rn. 82; Dammann, Jens, in: Wolf/Lindacher/Pfeiffer, 5. Teil, Rn. B 253; Basedow, Jürgen, in: MünchKommBGB, Bd. 2, § 305a, Rn. 8; Roloff, Stefanie, in: Erman, § 305, Rn. 7 und § 305a, Rn. 3; Stoffels, Markus, AGB-Recht, Rn. 298; Hilpert, Thomas, NZV 2007, 288 f.

tigung besonderer Verhältnisse möglich ist, bestehen nicht. Denn zum einen stellt diese Regelung keine Abweichung, sondern eine Konkretisierung der gesetzlichen Regelung des § 6 Absatz 4 VO-ABB dar; zum anderen war Leitbild der VO-ABB im Zeitpunkt des Erlasses 1970 der damalige PBefG-Verkehr. Zu diesem Zeitpunkt gab es mit wenigen Ausnahmen keine Schnellverkehre, keine eigenen Bahnsteiganlagen und Haltestellenbauwerke. Der Ausstieg aus dem Bus oder der Straßenbahn erfolgte regelmäßig in den öffentlichen Straßenverkehr. Aus dem Schweigen der VO-ABB können daher keine Rückschlüsse gezogen werden.

Im Ergebnis besteht somit eine Aufbewahrungspflicht des Fahrausweises auch über das Aussteigen aus dem Fahrzeug hinaus, wenn in den BBB des Unternehmens ein Passus enthalten ist, der wörtlich oder sinngemäß bestimmt, dass die Fahrt erst als beendet gilt, wenn der Fahrgast an seiner Zielhaltestelle angekommen ist und das Fahrzeug sowie die Bahnsteiganlage verlassen hat.

5.6.3 Zahlungsmittel für den Fahrausweis

Nach § 14 Absatz 1 Satz 2 BBankG, Artikel 10 Satz 2 Verordnung (EG) Nr. 974/98 des Rates vom 3. Mai 1998 über die Einführung des Euro und Artikel 3 Absatz 1 MünzG ist Euro-Bargeld das einzige unbeschränkte gesetzliche Zahlungsmittel. In der Praxis werden oft auch Geldkarten, Debitkarten (Maestro, früher ec-Karte) und Kreditkarten von den Unternehmen akzeptiert. Soweit aber eine über das Bargeld hinausgehende zusätzliche Zahlungsoption nicht angeboten wird, muss der Unternehmer auch nicht auf den entsprechenden Wunsch des Fahrgastes eingehen.[773]

Beim Bargeld selbst besteht darüber hinaus keine Verpflichtung, ausländische Währungen zu akzeptieren.[774] Allerdings haben die Fahrgastwünsche, gegebenenfalls auch mit ausländischen Währungen zu zahlen, in der Praxis abgenommen. Denn zum einen besitzen Fahrgäste aus dem Ausland auf Grund der internationalen Verbreitung auch meist in Deutschland gängige Debit- und Kreditkarten, zum anderen hat das Thema seit der Euro-Einführung an Bedeutung verloren, da die meisten ausländischen Besucher aus dem Euro-Raum kommen.

Zu den Zahlungsmitteln findet sich in der VO-ABB die Regelung des § 7 VO-ABB.

---

[773] OLG Frankfurt am Main, Beschluss vom 22. September 1986 – Az. 2 Ws (B) 151/86 OWiG = NJW 1987, 81 f. = MDR 1987, 167 = JZ 1986, 1072.

[774] OLG Frankfurt am Main, Beschluss vom 22. September 1986 – Az. 2 Ws (B) 151/86 OWiG = NJW 1987, 81 f. = MDR 1987, 167 = JZ 1986, 1072.

5.6.3.1 Der Erwerb im Fahrzeug

Der Gesetzgeber hat mit § 7 VO-ABB lediglich den Zahlungsverkehr zwischen dem Fahrpersonal und dem Fahrgast, d. h. also nur den Vertrieb im Fahrzeug geregelt.[775] Hierbei geht er als Normalfall von der Zahlung mit Münzen aus. Dies hängt mit dem Preis der Fahrausweise zusammen. Denn auch heute noch liegen die Preise bei den im Fahrzeug vertriebenen Einzelfahrausweisen meist unterhalb des geringsten Geldscheinwertes von 5,-- Euro.

Will der Fahrgast mit einem Geldschein über 5,-- Euro zahlen, ist das Fahrpersonal nach § 7 Absatz 1 Satz 2 VO-ABB nicht verpflichtet, diesen Betrag zu wechseln. Hintergrund der Regelung ist, dass das Fahrpersonal keine großen Geldvorräte bei sich führen soll, da dies für den Fahrer ein Sicherheitsrisiko darstellt und einen erhöhten Aufwand bedeutet, der wiederum den Betriebsablauf verzögert.

Den Beschleunigungsgedanken verfolgen auch
- § 7 Absatz 1 Satz 1 VO-ABB, der zwar nicht als zwingende Vorschrift, dennoch als Norm mit Appellcharakter dazu auffordert, das Fahrgeld abgezählt bereitzuhalten und
- § 7 Absatz 1 Satz 2 Halbsatz 2 VO-ABB, der das Fahrpersonal nicht verpflichtet, Eincentstücke im Betrag von mehr als 10 Cent anzunehmen.

Soweit Fahrgäste mit höheren Geldbeträgen als 5,-- Euro bezahlen wollen und das Fahrpersonal nicht wechseln kann, besteht für den Fahrgast die Möglichkeit, nach § 7 Absatz 2 Satz 1 VO-ABB entsprechend der Differenz von Fahrpreis und Geldschein eine Quittung zu erhalten. Mit dieser Bestimmung gibt die VO-ABB dem Fahrgast einen Anspruch auf Mitfahrt, obgleich er nicht passend zahlen kann.

Fraglich ist, ob das Fahrpersonal immer dann Geldbeträge über 5,-- Euro wechseln muss, wenn es hierzu tatsächlich in der Lage ist. Denn der Verordnungsgeber spricht einerseits in § 7 Absatz 1 Satz 2 VO-ABB davon, dass das Fahrpersonal hierzu nicht verpflichtet sei; in § 7 Absatz 2 Satz 1 VO-ABB wählt er jedoch die Formulierung, dass ein Verweigerungsrecht bestehe, wenn es diese Geldbeträge nicht „wechseln kann". Die Antwort ergibt sich bei verständiger Auslegung des Begriffs „können". Dies bezeichnet in § 7 Absatz 2 Satz 1 VO-ABB nicht den Fall der gegenwärtigen faktischen Fähigkeit, sondern den Fall der Fähigkeit bei Planung der Geldauszahlung über eine gewisse Dauer. Daher liegt auch kein „können" im Sinne dieser Vorschrift vor, wenn das Fahrpersonal sein letztes Kleingeld herausgeben müsste und dadurch später einsteigenden Fahrgästen das Geld nicht mehr gewechselt werden könnte, das

---

[775] Bidinger, C § 7 VO-ABB, Anm. 1.

unterhalb des 5,-- Euro-Betrags liegt. Deshalb wäre in diesen Fällen eine Verweigerung nicht nur zulässig, sondern sogar geboten. Unzulässig wäre es hingegen, wenn das Fahrpersonal aus reiner Willkür das Wechseln des Geldes verweigerte.

Macht der Fahrgast von dem Angebot Gebrauch, den Fahrausweis mit dem aktuell nicht wechselbaren Geldschein zu erwerben und für die Differenz eine Quittung zu erhalten, sieht der Gesetzgeber in § 7 Absatz 2 Satz 2 VO-ABB hinsichtlich des Wechselgeldes für den Fahrgast eine Holschuld bei der Verwaltung des Unternehmers unter Vorlage der Quittung vor.

Soweit der Fahrgast mit dem Erhalt einer Quittung und der Wechselgeldabholung bei der Verwaltung des Unternehmers nicht einverstanden ist, sieht § 7 Absatz 2 Satz 3 VO-ABB vor, dass er die Fahrt abzubrechen hat. Diese Regelung antizipiert den Konflikt. Denn die meisten Fahrgäste werden wenig Interesse verspüren, eine weitere Fahrt zur Verwaltung des Unternehmens, die in aller Regel wiederum mit Fahrtkosten verbunden ist, in Kauf zu nehmen. Da somit sowohl die Perspektive des Unternehmens als auch des Fahrgastes verständlich ist, gibt es keine Lösung des Problems außer der Lösung vom Vertrag. Für den Unternehmer hat dies in aller Regel die Konsequenz, dass er seinen Zahlungsanspruch verliert, selbst wenn schon ein Teil der Beförderungsleistung erbracht wurde.[776] Das Vorstehende gilt allerdings dann nicht, wenn der Fahrgast genau hierauf spekuliert, d. h. den Beförderungsabbruch hinauszögert.

Die Pflicht des Fahrgastes zum Beförderungsabbruch lässt den Beförderungsanspruch des Fahrgastes nach § 2 Satz 1 VO-ABB entfallen und ist für den Unternehmer eine Befreiung von der Beförderungspflicht[777] des § 22 PBefG. Letztlich erweitert sie aber nicht die Ausschlussgründe, da die Nichtentrichtung des Entgelts gleichzeitig auch eine Nichteinhaltung der Beförderungsbedingungen darstellt, die ihrerseits eine Befreiung von der Beförderungspflicht auslöst.

§ 7 Absatz 1 Satz 2 letzter Halbsatz VO-ABB sieht außerdem vor, dass erheblich beschädigte Geldscheine und Münzen nicht angenommen werden müssen. Dies hat mehrere Gründe. Erstens ist die Prüfung vor Ort schwierig, ob überhaupt noch eine Gültigkeit der Scheine und Münzen besteht. Zweitens sollen die entgegengenommenen Gelder auch wieder als Wechselgelder dienen können, was bei deren erheblicher Beschädigung zumindest auf geringe Akzeptanz stößt. Drittens lassen

---

[776] Grätz, Thomas, in: Fielitz/Grätz, A 3 § 7 VO-ABB, Rn. 3.
[777] Bidinger, C § 7 VO-ABB, Anm. 3.

sich die beschädigten Münzen oft nicht in die Münzwechsler einsortieren oder blockieren deren Funktionsfähigkeit.

In § 7 Absatz 3 VO-ABB findet sich schließlich eine Vorschrift, wonach Beanstandungen bezüglich des Wechselgelds oder der vom Fahrpersonal ausgestellten Quittung „sofort" vorgebracht werden müssen. Diese Vorschrift entspricht dem § 6 Absatz 7 VO-ABB sowohl hinsichtlich der sofortigen Rügepflicht, als auch hinsichtlich des Abweichens von § 4 Absatz 7 VO-ABB bezüglich der Grundregel des Adressaten der Rügepflicht. Sinn der Bestimmung ist, dass eine spätere Rüge gegenüber einer anderen Person nicht mehr nachvollzogen werden kann.

Auf Grund der Regelung in § 7 Absatz 1 VO-ABB, bestimmtes Bargeld nicht annehmen zu müssen, stellt sich die Frage, ob hieraus im Umkehrschluss ein Anspruch des Fahrgasts folgt, einen Fahrausweis im Fahrzeug lösen zu können, wenn er die Positiv-Kriterien des § 7 Absatz 1 VO-ABB erfüllt, also z. B. sogar abgezählt den Fahrpreis zahlen kann. Dies ist insbesondere dann von Bedeutung, wenn im Fahrzeug überhaupt keine Fahrausweise vertrieben werden oder lediglich ein Fahrausweisautomat vorhanden ist, dieser aber keine Geldscheine, also auch keine 5,-- Euro-Scheine, annimmt. Die Frage klärt sich durch § 6 Absatz 6 VO-ABB, wonach Wagen oder Wagenteile im schaffnerlosen Betrieb nur von Fahrgästen mit hierfür gültigen Fahrausweisen benutzt werden dürfen, der Automatenvertrieb mittels Münzgeld, Geldkarte o. ä. in den Fahrzeugen somit eine überobligatorische Leistung darstellt und § 7 VO-ABB entsprechend keine Anwendung findet. Denn ein Vertrauensschutz besteht nur, soweit Vertrauen gesät wurde, d. h.:

Bietet das Unternehmen Fahrausweise am Automaten im Fahrzeug an, darf der Fahrgast auch auf die Funktionsfähigkeit des Automaten vertrauen. Dies gilt auch hinsichtlich einzelner Bezahloptionen des Automaten. Fällt daher eine Bezahlfunktion aus und der Fahrgast kann nicht die zweite Bezahlfunktion bedienen, weil er z. B. nur Bargeld oder nur die Geldkarte dabei hat, darf ihm dies nicht zum Nachteil gereichen. Hat er jedoch die Möglichkeit die zweite Bezahlfunktion zu bedienen, darf er sich nicht auf den Defekt der ersten Bezahlfunktion berufen.

Bietet das Unternehmen von vornherein aber ein bestimmtes technisches Feature nicht an, kann niemand auf dessen Vorhandensein vertrauen. Beschränkt sich folglich das Angebot von vornherein bei einem Automatenvertrieb nur auf bestimmte Funktionen, wie Münzen, Geldkarten, Kreditkarten, Debitkarten oder Geldscheine, darf der Fahrgast auch nur auf die jeweils angebotene Art vertrauen.

5.6.3.2 Der Erwerb außerhalb des Fahrzeugs

Der Erwerb von Fahrausweisen außerhalb des Fahrzeugs, sei es durch
- mit Personal besetzte Vertriebsstellen,
- Fahrausweisautomaten,
- das Internet oder
- E-Ticketingsysteme[778] mit z. B. Check-In / Check-Out

ist durch die VO-ABB bislang nicht geregelt. Daher ist dieser Bereich ein Beispiel für mögliche Ergänzungen der Allgemeinen Beförderungsbedingungen durch BBB nach § 1 Absatz 1 Satz 2 VO-ABB.

5.6.3.3 Fahrausweiserwerb rund um die Uhr

Streitig ist in der Vergangenheit gewesen, inwieweit ein Unternehmen verpflichtet sein soll, Fahrausweiserwerbsmöglichkeiten rund um die Uhr auch mit Bargeld anzubieten.[779] Entsprechende Prozesse endeten klageabweisend ohne inhaltliche Klärung, da es sich um Popularklagen handelte. Primäres Begehren des Klägers war nämlich nicht der Erhalt eines Fahrscheins, sondern eine grundsätzliche Klärung der Rechtsfrage. Inhaltlich steht hierbei auf Seite des potentiellen Fahrgasts der Anspruch im ÖPNV befördert zu werden, auch in den Fällen, in denen er spontan fahren und mit Bargeld zahlen will. Auf Seite des Unternehmers stehen die Kosten, für diese wenigen Fälle ein bargeldfähiges System unterhalten zu müssen.

Rechtlich ist die Frage nicht einheitlich zu beantworten, sondern eine Abwägungsfrage im Einzelfall. Denn letztlich handelt es sich bei diesem Problem um einen Unterfall der Beförderungsbedingungen nach § 39 Absätze 6 und 7 PBefG sowie der Betriebspflicht nach § 21 PBefG. In beiden Fällen ist die Zustimmung der Genehmigungsbehörde Voraussetzung. Soll ein solches System mit Aufnahme des Betriebes und bei Verlängerung der Genehmigung installiert werden, so muss dies Teil der Genehmigung sein. Falls dies gegeben ist, bestehen keine Bedenken, den Verkehr so aufzunehmen, wie er beantragt und genehmigt wurde. Soll aber ein bisher bestehendes System entsprechend abgewandelt werden, handelt es sich sowohl um eine Änderung der BBB nach § 39 Absatz 6 und 7 PBefG als auch um eine Einschränkung der Betriebspflicht nach § 21 Absatz 4 PBefG. Nach letztgenannter Vorschrift kann die Genehmigungsbehörde den Unternehmer auf seinen Antrag von der Verpflichtung nach § 21 Absatz 1 PBefG für den gesamten oder einen Teil des von

---

[778] Vgl. www.vdv-ka.org.

[779] Vgl. AG Hannover, Urteil vom 8. Januar 1998 – Az. 538 C 9005/98; OLG Celle, Urteil vom 2. Dezember 1997 – Az. 18 O 384/97; LG Hannover, Urteil vom 5. Februar 1998 – Az. 11 U 269/97.

ihm betriebenen Verkehrs vorübergehend oder dauernd entbinden, wenn ihm dies unter Berücksichtigung seiner wirtschaftlichen Lage, einer ausreichenden Verzinsung und Tilgung des Anlagekapitals und der notwendigen technischen Entwicklung nicht mehr zugemutet werden kann. Der Unternehmer müsste also vortragen, dass die Einnahmen im Bargeschäft in einer unverhältnismäßigen Relation zu den Kosten (Bargeldautomaten kaufen, aufstellen, warten, täglich leeren, Beseitigung der Schäden durch Vandalismus, Aufbrüche und Diebstähle etc.) stehen.

5.6.4 Anspruch auf bestimmte Fahrausweise

Zunächst mutet es seltsam an, dass es überhaupt ein Problem darstellen soll, einen Anspruch auf einen bestimmten Fahrausweis zu haben. Denn der Gesetzgeber hat hierzu in § 39 Absatz 3 PBefG eigentlich eine klare Entscheidung getroffen: „Die nach Absatz 1 festgestellten Beförderungsentgelte dürfen nicht über- oder unterschritten werden; sie sind gleichmäßig anzuwenden. Ermäßigungen, die nicht unter gleichen Bedingungen jedermann zugutekommen, sind verboten und nichtig."

Aus dem Kontrahierungszwang des § 22 PBefG und des § 2 Satz 1 VO-ABB folgt schließlich, dass dieser Tarif nicht nur theoretisch gleich festgestellt, sondern dem Fahrgast auch als Fahrausweis angeboten werden muss.

Auch die Verordnung (EU) Nr. 181/2011 bestimmt in Artikel 9 Absatz 2, dass Fahrscheine für behinderte Menschen und Personen mit eingeschränkter Mobilität gleichfalls ohne Aufpreis anzubieten sind.

Aus der Pflicht zur gleichmäßigen Anwendung ergibt sich darüber hinaus sogar ein Anspruch auf einen abweichenden – in der Regel preiswerteren – Fahrausweis, sofern die im Tarif beschriebenen Voraussetzungen erfüllt werden.

Gleichwohl ist dieses Problem nicht nur theoretischer Art. Zum einen stellt sich die Frage, ob eine Person zu einem bestimmten Personenkreis gehört, für den das „festgestellte Beförderungsentgelt" gilt. Zum anderen mag zwar jemand tariflich gesehen in den Anwendungsbereich des festgestellten Beförderungsentgelts fallen, gleichwohl kann es fraglich sein, ob dieser Fahrausweis ihm angeboten werden muss.

5.6.4.1 Zeitfahrausweis im Ausbildungsverkehr

5.6.4.1.1 Anspruch ohne Tarif

Im Ausbildungsverkehr ist zunächst die Argumentation denkbar, es bestünde bei Zeitfahrausweisen selbst dann ein Anspruch auf eine Ermäßigung, wenn der Tarif eine Ermäßigung nicht vorsieht. Als Grund hierfür könnten die Ausgleichsansprüche angeführt werden, die die

Verkehrsunternehmen für die Fahrgäste des Ausbildungsverkehrs nach § 45a PBefG in Verbindung mit der PBefAusglV oder auf Grund des neuen Länderrechts[780] erhalten, soweit nach § 64a PBefG dieses § 45a PBefG abgelöst hat.

Allerdings gewähren diese Regelungen den Fahrgästen keinen subjektiven Anspruch. Sie sollen nur die Nachteile ausgleichen, die die Verkehrsunternehmen auf Grund der Beförderung der Auszubildenden und der ihnen gewährten Vergünstigungen erleiden.[781] Da es für die Verkehrsunternehmen jedoch keine Rechtspflicht gibt, überhaupt ermäßigte Fahrausweise bei Zeitkarten im Ausbildungsverkehr anzubieten, sind auch die Ausgleichsansprüche nicht zwingend. Entsprechend können die Fahrgäste des Ausbildungsverkehrs nur dann eine ermäßigte Zeitkarte verlangen, wenn das Verkehrsunternehmen eine solche Fahrausweisart anbietet, d. h. also der Tarif dies vorsieht.

5.6.4.1.2 Anspruch auf Tarif

Eine andere – in der Praxis sehr relevante – Frage ist, ob bei einem bestehenden Ausbildungstarif eine bestimmte Person einen Anspruch auf diesen Ausbildungstarif hat.

Die Antwort scheint vordergründig insofern einfach, als dass hierüber der Tarif selbst Auskunft gibt. Damit ist das Problem jedoch nicht gelöst, sondern nur verlagert. Denn die Tarife wiederholen für den Anspruch auf einen Ausbildungs-Zeitfahrausweis regelmäßig nur die Vorgaben, die der Gesetzgeber für die Ausgleichsleistungen in § 1 Absatz 1 PBefAusglV vorsieht.[782] Damit besteht dann ein Anspruch auf den ermäßigten Tarif, wenn der Anspruchsteller unter den Begriff des Auszubildenden in § 1 Absatz 1 PBefAusglV fällt.

Das zwischen Unternehmen und Fahrgästen häufigste hierbei auftretende Problem ist die Frage, ob Referendare unter diesen Begriff der Auszubildenden in § 1 Absatz 1 PBefAusglV fallen. Allerdings ist diese Frage erstaunlicherweise offenbar bislang weder in der einschlägigen Kommentar-Literatur[783] erörtert noch gerichtlich entschieden worden.

Voraussetzung für ein Unterfallen unter § 1 PBefAusglV ist, dass diese Gruppe unter eine der dortigen Kategorien subsumiert werden kann.

---

[780] Vgl. z. B. § 9 Gesetz über den öffentlichen Personennahverkehr im Land Sachsen-Anhalt (ÖPNVG LSA); §§ 10 Absatz 3, 11 Absatz 1 und 11a des Gesetzes über den öffentlichen Personennahverkehr in Nordrhein-Westfalen (ÖPNVG NRW).

[781] Bidinger, B § 45a PBefG, Anm. 1.

[782] Vgl. z. B. Gemeinschaftstarif des HVV für die Verbundverkehrsunternehmen vom 13. Juni 2010, Seite 18, Nr. 3.3.1 Berechtigtenkreis.

[783] Vgl. insbesondere: Bidinger, G § 45a PBefAusglV.

Die einzige sich hierfür anbietende Kategorie ist § 1 Absatz 1 Nr. 1 e) PBefAusglV, die auch Personen, die einen staatlich anerkannten Berufsvorbereitungslehrgang besuchen, als Auszubildende im Sinne der Norm sieht. Allerdings ist das Referendariat kein Vorbereitungslehrgang, sondern ein Vorbereitungsdienst.[784] Der Unterschied zwischen einem Lehrgang und einem Dienst ist regelmäßig die Bezahlung. Während ein Lehrgang in der Regel kostenpflichtig ist, zumindest jedoch die Teilnahme an einem Lehrgang nicht mit einer Geldzahlung für den Belehrten einhergeht, bekommt der Referendar für den Vorbereitungsdienst Geld. Hierbei spielt keine Rolle, wie hoch die Vergütung ist. Entsprechend unterfällt der Vorbereitungsdienst nicht dem Merkmal des Vorbereitungslehrgangs im Sinne des § 1 Absatz 1 Nr. 1 e) PBefAusglV.

Auch eine Gesamtschau der Fälle des § 1 PBefAusglV rechtfertigt keine andere Sichtweise. Zwar schreibt der Gesetzgeber Beamtenanwärter ebenfalls der Gruppe der Auszubildenden nach § 1 PBefAusglV zu; allerdings nur diejenigen des einfachen und mittleren Dienstes. Referendare würden jedoch – so sie nach dem Referendariat in den Beamtendienst eintreten – in der Laufbahngruppe des höheren oder zumindest des gehobenen Dienstes eingruppiert. Auch unter diesem Gesichtspunkt kann von einem bewussten Ausschluss der Referendare aus dem Geltungsbereich des § 1 PBefAusglV ausgegangen werden. Im Übrigen ist die Liste des § 1 PBefAusglV eine enumerativ abschließende Aufzählung. Die Nichterwähnung der Referendare stellt daher ein beredtes Schweigen des Gesetzgebers dar.

5.6.4.2 Abonnement und Zahlungsverzug

Während das Begehren hinsichtlich eines ermäßigten Fahrausweises für Auszubildende die Frage betrifft, ob der Fahrgast zu dem Kreis der vom Gesetzgeber beabsichtigten Begünstigten gehört, stellt sich in der Praxis die Frage bei dem Abonnement-Antrag anders dar. Hier besteht häufig das Problem von Zahlungsrückständen. Daraus ergibt sich die Frage, ob der Fahrgast gleichwohl einen Anspruch auf einen Abonnement-Vertrag hat – oder umgekehrt, ob das Verkehrsunternehmen in bestimmten Fällen für Neuverträge ein Abschluss-Verweigerungsrecht und für einen bestehenden Vertrag ein Kündigungsrecht hat.

Gegen eine Kündigungsmöglichkeit des Verkehrsunternehmens könnte vorgebracht werden, dass geschlossene Verträge einzuhalten seien (pacta sunt servanda). Dieser Einwand wäre jedoch widersprüchlich, da als Kündigungsgrund gerade die Nichteinhaltung des Vertrages von Seiten der anderen Vertragspartei geltend gemacht wird und es We-

---

[784] Vgl. z. B. für Rechtsreferendare § 6 JAG Rheinland-Pfalz.

sensmerkmal eines synallagmatischen Vertrages ist, dass Leistung und Gegenleistung erbracht werden (do ut des).

Gegen eine Kündigung oder eine Verweigerung den Vertrag abzuschließen könnte aber die Kontrahierungspflicht sprechen, wenn diese so stark wäre, dass das Unternehmen sogar Zahlungsrückstände oder Zahlungsgefährdungen in Kauf nehmen müsste. Allerdings gilt auch die Kontrahierungsverpflichtung nach § 22 Nr. 1 PBefG[785] und § 2 Satz 1 VO-ABB nur soweit, wie die Beförderungsbedingungen eingehalten werden. Hierzu gehört nach § 6 VO-ABB auch die Fahrpreiszahlungspflicht.

Darüber hinaus liegt auch kein Fall des Verstoßes gegen die Beförderungspflicht vor, wenn eine Kondition eines bestimmtes Fahrpreissortiments (hier die Vergünstigung wegen des Abonnementvertrags) nicht gewährt wird, da die Beförderung mit einem anderen Fahrausweis, z. B. einer im Voraus bezahlten Zeitkarte, möglich bleibt.

In Betracht kommt somit nur ein möglicher Verstoß gegen den tariflichen Gleichheitsgrundsatz des § 39 Absatz 3 PBefG. Allerdings wäre die Inkaufnahme einer Fahrpreisminderzahlung seitens des Kunden ihrerseits ein Verstoß gegen den Gedanken der Tarifgleichheit des § 39 Absatz 3 PBefG, da dieser hierdurch faktisch zu einem niedrigeren Fahrpreis als die anderen, rechtstreuen Kunden fährt. Ferner ist der Rechtsgedanke des § 314 BGB zu berücksichtigen, der selbst bei Dauerschuldverhältnissen den Vertragsparteien bei einem wichtigen Grund ein Kündigungsrecht – und das sogar ohne Einhaltung einer Frist – gibt. Hierbei liegt ein wichtiger Grund im Sinne des § 314 BGB immer dann vor, wenn Tatsachen gegeben sind, die unter Berücksichtigung aller Umstände und unter Abwägung der beiderseitigen Interessen die Fortsetzung des Vertrages für den Kündigenden unzumutbar machen.[786] Da sogar schon die Verschlechterung der Vermögenslage hierzu ausreicht,[787] obgleich noch kein Zahlungsverzug eingetreten ist, liegt dies bei Zahlungsverzug jedenfalls vor. Allerdings ist nach dem Gedanken des § 314 Absatz 2 BGB bei einem laufenden Vertrag die Kündigung erst nach erfolglosem Ablauf einer zur Abhilfe bestimmten Frist oder nach erfolgloser Abmahnung zulässig, sofern kein Fall des § 323 Absatz 2 BGB gegeben ist. Entscheidend ist letztlich bei § 39 Absatz 3 PBefG, dass auch dort die Anwendung des gleichen Tarifs die Einhaltung der Tarifbestimmungen auf Seiten des Fahrgasts verlangt.[788] § 39 Absatz 3 PBefG setzt somit ebenfalls

---

[785] Esser/Schmidt, § 10 II, 4 a); Ellenberger, Jürgen, in: Palandt, Einf v § 145, Rn. 8.

[786] Grüneberg, Christian, in: Palandt, § 314, Rn. 7.

[787] Grüneberg, Christian, in: Palandt, § 314, Rn. 5.

[788] OLG Celle, Urteil vom 17. März 1988 – Az. 13 U 207/87 = VRS Bd. 76, Nr. 99, Seite 277, 279 f.

ein Austauschverhältnis voraus. Hält der Fahrgast dies nicht ein oder besteht auf Grund der Vergangenheit die Gefahr, dass die Tarifbestimmungen nicht eingehalten werden, bestehen aus rechtlicher Sicht dann keine Bedenken, den Fahrgast von diesem Tarif auszuschließen.

Folglich dürfen auch in die Tarifbestimmungen Regelungen aufgenommen werden, die es den Verkehrsunternehmen ermöglichen, den Abonnement-Antrag eines Kunden nicht anzunehmen, bei dem es in der Vergangenheit ein Problem mit dessen Zahlungsmoral gab und bei dem gute Gründe dafür sprechen, dass sich diese Probleme wiederholen können. Letzteres ist insbesondere immer dann der Fall, wenn noch Zahlungsrückstände bestehen.

5.6.5 Gültiger Fahrausweis

Die Fahrausweispflicht nach § 6 Absatz 2 VO-ABB ist nur erfüllt, wenn der Fahrausweis auch gültig ist.

5.6.5.1 Entrichtung des festgesetzten Beförderungsentgelts

Die erste Voraussetzung für einen gültigen Fahrausweis ist die Entrichtung des festgesetzten Beförderungsentgelts. Dies folgt aus § 6 Absatz 1 VO-ABB, nachdem „für die Beförderung [. . .] die festgesetzten Beförderungsentgelte zu entrichten" sind. Unter Beförderungsentgelten versteht man die finanziellen Leistungen, die der Benutzer für die Beförderung zu erbringen hat.[789]

Zahlt der Fahrgast daher weniger, d. h. besorgt er sich einen Fahrausweis für einen geringeren Preis (z. B. einen Kinderfahrausweis), ist das Kriterium nicht erfüllt und der Fahrausweis für diese Fahrt ungültig. Erwirbt der Fahrgast einen Fahrausweis zu einem zu hohen Tarif, so ist dies für die Gültigkeit des Fahrausweises dann unschädlich, wenn der Fahrausweis mit dem richtigen Tarif eine Teilmenge des Fahrausweises abbildet, den der Fahrgast erworben hat. Dies ist nicht erfüllt, soweit die Tarif- und Beförderungsbedingungen keine Verwendung dieses Fahrausweises auf dieser Strecke oder bei diesem Unternehmen vorsehen.

Nicht notwendig ist allerdings, dass der Fahrgast den Fahrausweis mit eigenen Mitteln beschafft. Notwendig ist lediglich, dass der Fahrausweis für den Fahrgast gilt, d. h. nicht von einem Dritten beschafft wurde, der ihn bereits benutzte, soweit die Weitergabe des Fahrausweises nach Benutzung auf Grund der Tarif- und Beförderungsbedingungen unzulässig ist.

---

[789] Lampe, Joachim, in: Erbs/Kohlhaas, P 56, § 39, Rn. 1.

Die festgesetzten Beförderungsentgelte sind die Tarife, denen die Genehmigungsbehörde gemäß § 39 Absatz 1 PBefG zugestimmt hat. Die Festsetzung erfolgt auf einen Tarifantrag des Unternehmens, wobei die Genehmigungsbehörde den Antrag anhand der Kriterien des § 39 Absatz 2 PBefG zu prüfen hat. Das Unternehmen ist anschließend nach § 39 Absatz 7 PBefG verpflichtet, die Beförderungsentgelte ortsüblich bekanntzumachen und in den zum Aufenthalt der Fahrgäste bestimmten Räumen auszuhängen. Die ortsübliche Bekanntmachung geschieht in der Regel durch Veröffentlichung sowohl in der Tagespresse[790] als auch dem Internet und mittels Broschüren. Der Fahrgast hat damit bereits frühzeitig die Möglichkeit, den Preis für eine Fahrt zu erfahren.

Soweit unterschiedliche Informationen über das tarifmäßige Entgelt verbreitet werden, verstößt dies gegen die gleiche Tarifanwendungspflicht des § 39 Absatz 3 PBefG. Soweit damit auch von dem genehmigten Tarif abgewichen wird, liegt gleichfalls ein Verstoß gegen die Tarifgenehmigung vor. Desweiteren können widersprüchliche Informationen nicht gegen den Fahrgast verwandt werden, sondern gehen zu Lasten des Unternehmens. Dies ergibt sich auch aus dem Rechtsgedanken des § 305c Absatz 2 BGB.

5.6.5.2 Die Entwertung des Fahrausweises

Mit dem Erwerb eines Fahrausweises hat der Fahrgast seine Pflicht nach der VO-ABB allerdings noch nicht unbedingt erfüllt. Denn teilweise sind die Fahrausweise nach deren Erwerb noch zu entwerten. Ob nach dem Erwerb eine Entwertungspflicht besteht oder nicht, ist in den gemäß § 39 PBefG aufgestellten Tarifbestimmungen der einzelnen Unternehmen zu regeln.[791] Hier bestehen nicht nur Unterschiede zwischen den Unternehmen, auch innerhalb des Fahrausweissortiments eines Unternehmens kann dies variieren. Sogar hinsichtlich des gleichen Tarifs kann ein Unterschied bestehen. Beispielsweise werden die Einzelfahrausweise aus den Automaten überwiegend bereits beim Erwerb entwertet. Erwirbt der Fahrgast den Fahrausweis der gleichen Tarifgruppe jedoch am Schalter, muss er ihn oft noch entwerten. Hintergrund dieser unterschiedlichen Behandlung ist der Gedanke, dass die Fahrausweise am Automaten regelmäßig vor Fahrtantritt und nicht auf Vorrat erworben werden. Hier soll dem Fahrgast die Handhabung durch sofortige Entwertung erleichtert werden. Beim Schaltergeschäft bzw. im Kundenzentrum ist jedoch oft ein Erwerb auf Vorrat beabsichtigt. Hier würde die Entwertung beim Erwerb möglicherweise dazu führen, dass der Fahrausweis beim tatsäch-

---

[790] Lampe, Joachim, in: Erbs/Kohlhaas, P 56, § 39, Rn. 3.

[791] Vgl. z. B § 6 Absatz 3 Satz 1 der Beförderungsbedingungen der RSAG, Rostock, Teil I Gemeinsame Beförderungsbedingungen vom 1. Februar 2007.

lichen Einsatz bereits wegen Überschreitung der zulässigen Fahrtdauer ungültig ist.

Rechtlich zwingend sind diese Unterschiede nicht. Die unterschiedliche Handhabung kann leicht zu einer Unsicherheit beim Fahrgast führen. Sollte der Fahrgast diesbezüglich unsicher sein, ist ihm daher zu raten, den Fahrausweis in jedem Fall abzustempeln. Denn selbst wenn hierfür keine Notwendigkeit besteht, ist dies für die Gültigkeit des Fahrausweises unschädlich.

5.6.5.2.1 Aushändigung zur Entwertung

Die erste Entwertungsmöglichkeit, die die VO-ABB in § 6 Absatz 3 Halbsatz 1 vorsieht, ist, dem Betriebspersonal unverzüglich und unaufgefordert den Fahrausweis zur Entwertung auszuhändigen. Auch wenn diese Möglichkeit in § 6 Absatz 3 VO-ABB an erster Stelle genannt wird, ist dies der seltenste Fall, da Schaffner heutzutage kaum noch eingesetzt werden.[792]

5.6.5.2.2 Selbstentwertung des Fahrausweises

In Fahrzeugen, die statt eines Schaffners einen Entwerterautomaten haben, hat der Fahrgast den Fahrausweis gemäß § 6 Absatz 3 Halbsatz 2 VO-ABB unverzüglich selbst zu entwerten. Diese in § 6 Absatz 3 Halbsatz 2 VO-ABB konstituierte Pflicht wird in § 9 Absatz 1 Nr. 3 VO-ABB nochmals wiederholt.

5.6.5.2.3 Unverzüglichkeit der Entwertung

Die Entwertung des Fahrscheins muss nach § 6 Absatz 3 VO-ABB ebenso wie das Besorgen des Fahrausweises im Falle des § 6 Absatz 2 VO-ABB unverzüglich erfolgen. Hierbei ist es unerheblich, ob die Entwertung durch einen Schaffner erfolgen soll, so der Halbsatz 1, oder durch einen Entwerterautomaten, so der Halbsatz 2 des § 6 Absatz 3 VO-ABB.

Hinsichtlich dessen, was in der VO-ABB unter „unverzüglich" zu verstehen ist, kann auf die obigen Ausführungen verwiesen werden.[793]

---

[792] Teilweise wird aber deren Wiedereinführung geprüft, vgl. Koalitionsvereinbarung von SPD und Grünen im Rat der Stadt Köln vom 22. Dezember 2009, Rn. 1168; ferner zur Diskussion: Riebsamen, Hans, in: Rhein-Main-Zeitung „Sehnsucht nach dem Schaffner" vom 4. März 2010, Seite 43; Klein, Mathias, in: Hannoversche Allgemeine Zeitung „Schaffner in Stadtbahnen einsetzen – CDU will mehr Sicherheit" vom 8. Juli 2010, Seite 16.

[793] Vgl. oben unter 5.6.2.1.4 Der Begriff „unverzüglich".

5.6.5.2.4 Entwertung entsprechend der Beförderungsstrecke

Die in § 6 Absatz 3 Halbsatz 2 VO-ABB vorgesehene Pflicht zur Entwertung entsprechend der Beförderungsstrecke bedeutet, dass der Fahrgast einen der Fahrtstrecke entsprechenden Fahrausweis zu entwerten hat. Dies meint zum einen die Wahl des richtigen Fahrausweises, zum anderen verpflichtet es zur Entwertung an der richtigen Stelle des Fahrausweises. Hinsichtlich der richtigen Stelle ist gegebenenfalls zu beachten, dass es sich um ein Entwerterfeld handelt, das nicht bereits für eine andere Fahrt entwertet wurde, unterschiedlich viele Felder abgestempelt werden müssen oder – z. B. bei sogenannten Streifenkarten – der Stempel je nach Beförderungsstrecke in ein anderes Feld gesetzt werden muss.

5.6.5.2.5 Prüfung der Entwertung des Fahrausweises

Nach § 6 Absatz 3 letzter Halbsatz VO-ABB hat sich der Fahrgast auch hinsichtlich der richtigen Entwertung selbst zu überzeugen.[794] Das bloße Verlassen auf das akustische Zeichen des Entwerters ist nicht ausreichend.[795] So verstößt er z. B. auch gegen seine Pflicht aus § 6 Absatz 3 letzter Halbsatz VO-ABB, wenn er versehentlich doppelt entwertet.[796]

Allerdings wäre es eine Überspannung der Vorschrift, würde man vom Fahrgast auch verlangen, den Aufdruck inhaltlich zu überprüfen. Denn der Stempelaufdruck ist in den meisten Fällen schon nicht ohne weitere Erklärung verständlich.

Fraglich ist, wie lange sich der Fahrgast für die Prüfung der Entwertung Zeit lassen kann. Der Wortlaut des § 6 Absatz 3 Halbsatz 2 VO-ABB lässt hierbei auf den ersten Blick Interpretationsspielraum. Denn dort ist von „unverzüglich" die Rede, wobei allerdings das Wort „unverzüglich" vor der Pflicht zur Entwertung steht und nicht noch einmal vor der Verpflichtung, sich auch von der Entwertung zu überzeugen, wiederholt wird. Nach der grammatischen Auslegung könnte sich die Formulierung „unverzüglich" daher sowohl nur auf die Entwertungspflicht als auch auf beide Pflichten beziehen. Bei einer Auslegung nach Sinn und Zweck kann jedoch nicht herausgelesen werden, der Verordnungsgeber wolle für die Prüfungspflicht einen abweichenden Zeitraum gegenüber der Entwertungspflicht bestimmen. Denn gegen eine längere Zeitdauer als „unverzüglich" spricht die Intention des Verordnungsgebers zur schnellen Herstellung eines Zustandes, in dem der Fahrgast einen gültigen

---

[794] Bidinger, C § 6 VO-ABB, Anm. 10.

[795] AG Nettetal, Urteil vom 26. Juli 1985 – Az. 4 C 349/85; Bidinger, C § 6 VO-ABB, Anm. 10.

[796] AG Regensburg, Urteil vom 7. April 1989 – Az. 4 C 650/89.

Fahrausweis besitzt, damit Streit über eine Schwarzfahrt ausgeschlossen wird. Diese Intention kommt allein schon dadurch zum Ausdruck, dass in § 6 VO-ABB dreimal das Wort „unverzüglich" und einmal das Wort „sofort" im Zusammenhang mit der Beschaffung eines gültigen Fahrausweises benutzt wird. Ferner ergibt es sich aus dem Vergleich zum Eisenbahnverkehr, in dem der Verordnungsgeber vorgegeben hat, dass diese Pflicht nach § 9 Absatz 3 a) EVO „sofort" zu erfüllen ist („der Reisende ist verpflichtet […] sich sofort von der Entwertung zu überzeugen").

Sowohl die zuvor beschriebene Rechtslage im Eisenbahnverkehr als auch die Formulierung in § 6 Absatz 7 VO-ABB könnten sogar für eine noch kürzere Dauer als „unverzüglich" sprechen, da in beiden Fällen eine sofortige Beanstandung verlangt wird. Hiergegen spricht jedoch, dass dann die Beanstandungspflicht hinsichtlich der Entwertung kürzer wäre als die Pflicht zur Entwertung selbst.

5.6.5.3 Benutzung nach BBB und Tarif

Auch wenn für einen Fahrausweis das tarifmäßige Entgelt gezahlt wurde und eine gegebenenfalls notwendige Entwertung vorgenommen wurde, kann dennoch der Fahrausweis ungültig sein. Denn weitere Voraussetzung für einen gültigen Fahrausweis ist nach § 8 Absatz 1 Satz 1 Halbsatz 1 VO-ABB, dass der Fahrausweis nicht entgegen den Vorschriften der Beförderungsbedingungen oder des Beförderungstarifs benutzt wird. Diese Vorschrift ist eine Generalnorm, die sowohl die Fälle des Verstoßes gegen die VO-ABB also auch des Verstoßes gegen die BBB und Tarifbestimmungen erfasst. Welche Voraussetzungen hierfür erfüllt sein müssen, lässt sich nur für die Regelungen der VO-ABB verallgemeinern. Die weiteren Voraussetzungen der BBB und des Beförderungstarifs werden von der Genehmigungsbehörde festgelegt und können von Region zu Region unterschiedlich sein.

5.6.5.4 Einzelfälle ungültiger Fahrausweise

In § 8 Absatz 1 Satz 1 Halbsatz 2 VO-ABB werden insgesamt acht Fälle und in § 8 Absatz 2 VO-ABB ein weiterer Fall von ungültigen Fahrausweisen aufgeführt. Rechtsfolge der Benutzung eines ungültigen Fahrausweises kann der Einzug des Fahrausweises ohne Erstattung eines möglicherweise gezahlten Fahrgelds (§ 8 Absatz 1 Satz 2 VO-ABB) sein. Die weitere zivilrechtliche Konsequenz, die Verpflichtung zur Zahlung eines EBE, ist für den Fahrgast die gleiche, wie wenn er von Anfang an keinen Fahrausweis gelöst hätte.[797]

---

[797] Bidinger, C § 8 VO-ABB, Anm. 2; Grätz, Thomas, in: Fielitz/Grätz, A 3 § 8 VO-ABB, Rn. 1.

5.6.5.4.1 Mangel bei Ausfüllung

Der erste in § 8 Absatz 1 Satz 1 Halbsatz 2 VO-ABB aufgeführte Fall ist der, dass der Fahrausweis nicht vorschriftsmäßig ausgefüllt ist und trotz Aufforderung nicht sofort ausgefüllt wird. Diese Vorschrift stellt damit zwei Voraussetzungen auf, von denen die erste, das nicht vorschriftsgemäße Ausfüllen, auch einem an sich gutwilligen Fahrgast passieren kann. Die strenge Rechtsfolge des Einzugs des Fahrausweises, Nichterstattung des Fahrgeldes und Behandlung als Schwarzfahrer ist damit aber noch nicht verbunden. Diese Rechtsfolge tritt vielmehr erst ein, wenn der auf diesen Mangel hingewiesene Fahrgast den Fahrausweis trotz Aufforderung nicht sofort ausfüllt.

5.6.5.4.2 Nicht aufgeklebte Wertmarke

Der zweite Fall des § 8 Absatz 1 Satz 1 Halbsatz 2 VO-ABB ist, dass der Fahrausweis nicht mit aufgeklebter Wertmarke versehen ist. Denn so fehlt dem Fahrausweis das Merkmal, das ihn gültig macht.

Einen Fall des § 8 Absatz 1 Nr. 2 VO-ABB stellt regelmäßig auch dar, wenn ein Fahrgast statt der Wertmarke den ebenfalls vom Unternehmen mit zugesandten Beleg für das Finanzamt in den Fahrausweis klebt.[798] Dies gilt jedenfalls dann, wenn die Wertmarke nicht individualisiert ist und daher auch anderweitig genutzt werden kann.

5.6.5.4.3 Unprüfbare Fahrausweise

Im dritten Fall des § 8 Absatz 1 Satz 1 Halbsatz 2 VO-ABB, bei dem der Fahrausweis zerrissen, zerschnitten oder sonst stark beschädigt, stark beschmutzt oder unleserlich ist, so dass er nicht mehr geprüft werden kann, fehlt dem Fahrausweis die ihm zukommende Funktion, belegen zu können, dass eine Berechtigung für die Inanspruchnahme der Verkehrsleistung besteht.

Von einem unüberprüfbaren Fahrausweis ist auszugehen, wenn zwei Voraussetzungen kumulativ und kausal verknüpft vorliegen: zum einen muss die vorbeschriebene, wie auch immer geartete, Beschädigung gegeben sein, zum anderen muss genau diese Beschädigung der Grund sein („so dass"), dass eine funktionsgemäße Prüfung nicht mehr möglich ist. Fehlt die letztere Voraussetzung, ist also der Fahrausweis zwar zerrissen, lässt sich an den Rissstellen aber erkennen, dass die beiden Teile offensichtlich zusammengehören, liegt kein Fall des § 8 Absatz 1 Satz 1 VO-ABB vor.

Erfüllt ist der Tatbestand hingegen, wenn ein Fahrgast bei der Fahrausweisprüfung nur eine Hälfte eines Fahrausweises vorlegt. Dies gilt selbst

---

[798] AG Köln, Urteil vom 13. November 1984 – Az. 117 C 373/84.

dann, wenn im vorgelegten Teil des Fahrausweises ein korrekter Stempelabdruck vorhanden ist.[799] Denn erstens können auf der anderen Hälfte auch wichtige Informationen über die Fahrtberechtigung liegen und zweitens würde bei der Anerkennung auch halber Fahrscheine dem Betreffenden die Möglichkeit eröffnet, mit der anderen Hälfte nochmals eine Fahrt durchzuführen.

5.6.5.4.4 Eigenmächtig geänderte Fahrausweise

Die vierte Alternative des § 8 Absatz 1 Satz 1 Halbsatz 2 VO-ABB beschreibt den Fall der eigenmächtig geänderten Fahrausweise.[800] In der Praxis beziehen sich die am häufigsten vorgenommenen Änderungen auf den persönlichen, den zeitlichen oder den räumlichen Umfang der Fahrtberechtigung.

§ 8 Absatz 1 Satz 1 Halbsatz 2, Nr. 4 VO-ABB hat zwei Voraussetzungen: Erstens die Änderung und zweitens die Eigenmächtigkeit.

5.6.5.4.4.1 Das Tatbestandsmerkmal „ändern"

Eine Änderung liegt vor, wenn der Fahrausweis im Zeitpunkt der Prüfung hinsichtlich der Fahrausweisfunktion nicht mehr dem bei der Ausgabe durch das Verkehrsunternehmen entspricht.

Die gedankliche Erklärung muss nicht zwingend geändert worden sein. Dies unterscheidet das Tatbestandsmerkmal der „Änderung" in § 8 Absatz 1 Satz 1 Halbsatz 2, Nr. 4 VO-ABB vom Tatbestandsmerkmal der „Verfälschung" in § 267 StGB. Denn unter Verfälschung versteht man nur die Veränderung der gedanklichen Erklärung.[801] Folglich kommt es für das Tatbestandsmerkmal des § 8 Absatz 1 Satz 1 VO-ABB – anders als bei § 267 StGB – auch nicht auf den Wechsel der Beweisrichtung, sondern nur auf die faktische, physische Manipulation an, die gegebenenfalls eine Vorbereitungshandlung für einen künftigen Wechsel der Beweisrichtung darstellen kann.

- Entsprechend soll zwar keine Verfälschung im Sinne des § 267 StGB vorliegen, wenn eine fremde Unterschrift ausradiert und stattdessen die eigene Unterschrift eingesetzt wird.[802]

---

[799] AG Köln, Urteil vom 8. April 1988 – Az. 133 C 644/87.

[800] Hierzu: AG Hagen, Urteil vom 9. Januar 1984 – Az. 43 C 572/83 = VÖV-Nachrichten 2/1984.

[801] Fischer, Thomas, § 267, Rn. 33; Cramer, Peter / Heine, Günter, in: Schönke-Schröder, § 267, Rn. 64.

[802] BGH, Urteil vom 13. Mai 1954 – Az. 3 StR 70/54 = NJW 1954, 1375 = MDR 1954, 626; Fischer, Thomas, § 267, Rn. 33.

- Gleichfalls soll wegen des Fehlens einer Verfälschung ebenfalls keine Urkundenfälschung sondern Betrug gegeben sein, wenn bei einem Fahrausweis so viel abgeschnitten ist, dass man das Ausgabedatum nicht mehr erkennen kann, um den Fahrausweis neu zu benutzen.[803]
- Ferner soll beim Überkleben des Entwerterfeldes eines Fahrausweises mit Klebestreifen zum Zwecke der Täuschung über die fehlende Fahrtberechtigung wegen der fehlenden Veränderung der gedanklichen Erklärung der Urkunde nur ein (versuchter) Betrug und keine Urkundenfälschung gegeben sein.[804]

Jedoch enthalten alle drei vorgenannten Beispiele „Änderungen" im Sinne des § 8 Absatz 1 Satz 1 Halbsatz 2, Nr. 4 VO-ABB.

Wird hingegen auf dem Fahrschein ohne Beeinträchtigung der prüfungsrelevanten Elemente z. B. eine Telefonnummer notiert oder ein kleines Blümchen gemalt, greift die Alternative des § 8 Absatz 1 Nr. 4 VO-ABB nicht, denn diese Handlung betrifft die Fahrausweisfunktion weder gegenwärtig noch künftig in irgendeiner Art und Weise. Sie ist zwar regelmäßig nicht im Sinne, aber auch nicht gegen den tatsächlichen oder mutmaßlichen vernünftigen Willen des Ausstellers. Damit ist sie keine Änderung im Sinne des § 8 Absatz 1 Satz 1 Halbsatz 2, Nr. 4 VO-ABB.

5.6.5.4.4.2 Das Tatbestandsmerkmal „eigenmächtig"

Die vorgenommene Änderung muss „eigenmächtig" erfolgt sein. Auch hier liefert die VO-ABB keine eigene Definition. Allerdings hat der Gesetzgeber das Merkmal der „Eigenmächtigkeit" in § 15 WStG ebenfalls benutzt. Dort wird unter „Eigenmächtigkeit" das Handeln aufgrund eines eigenen Entschlusses ohne die erforderliche Einwilligung eines Zuständigen[805] verstanden. Nimmt man diese Definition auch für die Bestimmung des Begriffs „eigenmächtig" in § 8 Absatz 1 Satz 1 Halbsatz 2, Nr. 4 VO-ABB, ist für eine eigenmächtige Änderung des Fahrausweises folglich erstens notwendig, dass sie vom Fahrgast und nicht vom Unternehmen durchgeführt wird, und zweitens – und insofern unterscheidet sich die „eigenmächtige Änderung" von der „selbst" vorgenommenen und der eigen-„ständig" vorgenommenen Änderung –, dass sie unter fehlender Beachtung des tatsächlichen oder mutmaßlichen Willens des Unternehmens erfolgt. Besteht daher z. B. nach der Ausgabe

---

[803] OLG Köln, Beschluss vom 18. März 1980 – Az. 1 Ss 78/80 = VRS Bd. 59, Nr. 163, Seite 342 f.

[804] OLG Düsseldorf, Urteil vom 14. März 1983 – Az. 5 Ss 543/82 – 8/83 I = NJW 1983, 2341 f. = JZ 1983, 465 f. = JR 1983, 428 f. mit zustimmender Anm. Puppe, Ingeborg (Seite 429 f.).

[805] Lingens, Eric, in: Schölz/Lingens, § 15, Rn. 18.

des Fahrausweises noch die Notwendigkeit, diesen zu unterschreiben, so fehlt es beim Ausfüllen an der Eigen-„mächtigkeit“, da dies in den Tarif- und Beförderungsbedingungen vorgesehen ist und somit dem Willen des Unternehmens entspricht.

5.6.5.4.5 Vom Nichtberechtigten genutzte Fahrausweise

In § 8 Absatz 1 Satz 1 Halbsatz 2, Nr. 5 VO-ABB ist als weiteres Beispiel für einen ungültigen Fahrausweis der vom Nichtberechtigten benutzte Fahrausweis aufgeführt. Dies sind solche Fahrausweise, bei denen ein anderer den Fahrausweis nutzt als derjenige, für den der Fahrausweis ausgegeben wurde.

Das markanteste Beispiel ist der auf eine bestimmte Person ausgestellte, nicht übertragbare Fahrausweis, der von einem Anderen verwendet wird.[806]

Gleichfalls in diese Kategorie gehören die mittlerweile häufig vorkommenden Fälle, bei denen eine Eintrittskarte für eine Veranstaltung, die gleichzeitig Fahrausweis für die An- und Abfahrt zu der Veranstaltung ist, nicht von dem Veranstaltungsbesucher, sondern entgegen den Tarifbestimmungen von einem Dritten benutzt wird.[807] In diesen Fällen werden Veranstaltungsbesucher nach Veranstaltungsende gefragt, ob sie die Karte abgeben können – z. B. weil sie einen anderweitigen Zeitfahrausweis haben oder weil sie zu Fuß, mit dem Fahrrad oder dem Auto abreisen. Die Bittsteller benutzen anschließend die Karten teilweise für sich selbst oder, so die meisten Fälle, verkaufen sie weiter.

Für den unberechtigten Benutzer kann dies wegen der Täuschungshandlung neben der Konsequenz des § 8 Absatz 1 Satz 1 Nr. 5 VO-ABB auch eine Strafverfolgung wegen (versuchten) Betrugs nach § 263 StGB zur Folge haben. Bei dem Weiterverkäufer liegt eine Betrugshandlung vor, wenn er die Gültigkeit des verkauften Fahrausweises vorspiegelt.[808]

Die Rechtsprechung des BGH zum Weiterverkauf von Fußballbundesliga-Eintrittskarten,[809] in der dieser die verfehlte, nach rechtsstaatlichen Grundsätzen nicht akzeptable Auffassung vertritt, dass das systematische Ausnutzen fremden Vertragsbruchs kein besonderer Grund für die Unlauterkeit eines Verhaltens sei, da systematisches und planmäßiges

---

[806] Bidinger, C § 8 VO-ABB, Anm. 1.

[807] Vgl. z. B. Jan Wördenweber und Daniel Taab, in: Kölnische Rundschau „´Ticket-Mafia` auf dem Vormarsch“ vom 15. April 2010.

[808] AG Stuttgart, Urteil vom 8. Mai 2007 – Az. 14 Cs 103 Js 6616/07.

[809] BGH, Urteil vom 11. September 2008 – Az. I ZR 74/06 = BGHZ 178, 63 ff. = MDR 2009, 456 ff. = NJW 2009, 1504 ff.

Vorgehen vielmehr im Wesen des Wettbewerbs liege,[810] spielt bei der Auslegung dieser Bestimmung zur Nutzung von Fahrausweisen durch Nichtberechtigte keine Rolle. Denn in der vorgenannten Entscheidung ging es um den wettbewerbsrechtlichen Streit zwischen dem Anbieter und dem Weiterverkäufer, ob dieser berechtigt sei, in Medien die Inhaber von Eintrittskarten aufzufordern, diese an den Weiterverkäufer zu veräußern. Des Weiteren ist ein wichtiger Unterschied zu den Bundesliga-Fällen, dass nach Auffassung des BGH dort die AGB oft nicht Vertragsbestandteil geworden sind, während dies bei den PBefG-Linienverkehren des ÖPNV auf Grund der Sonderbestimmungen des § 305a Nr. 1 BGB[811] außer Frage steht.

Hinsichtlich des Verbots der Übertragung von Fahrausweisen auf Dritte bestehen auch aus AGB-rechtlichen Gesichtspunkten keine Bedenken. Zum einen liegt, wie die Rechtsprechung dies auch bezüglich des in AGB geregelten Verbots der Weitergabe von Fußballbundesliga-Eintrittskarten festgestellt hat, bei einer Klausel mit Übertragungsverbot keine unangemessene Benachteiligung des Kunden vor.[812] Zum anderen unterscheidet der Verordnungsgeber selbst, z. B. in § 9 Absatz 3 VO-ABB, zwischen persönlichen und übertragbaren Fahrausweisen.

5.6.5.4.6 Für andere Fahrten gebrauchte Fahrausweise

In die Rubrik des § 8 Absatz 1 Satz 1 Halbsatz 2, Nr. 6 VO-ABB, nach der Fahrausweise ungültig sind und eingezogen werden, wenn sie zu anderen als den zulässigen Fahrten benutzt werden, gehören zum einen die Fälle des Überschreitens des Gültigkeitsbereichs in räumlicher Hinsicht. Diese Überschreitung liegt vor, wenn der Fahrausweis nur für eine bestimmte Anzahl von Stationen benutzt werden darf, diese Anzahl jedoch überschritten wird, oder der Fahrausweis auf Zonen oder Waben beschränkt ist und deren Grenzen überfahren werden. Zum anderen betrifft dies die Fälle der Überschreitung des Gültigkeitsbereichs in zeitlicher Hinsicht. Hier sind besonders die Fälle zu nennen, in denen der Fahrausweis auf Normal- und / oder Schwachverkehrszeiten beschränkt ist, er jedoch auch in der Hauptverkehrszeit genutzt wird.[813]

Diese Bestimmung soll Verstöße gegen die Gültigkeitsregelungen der Tarifbestimmungen verhindern und sanktionieren. Nicht hierzu zählen

---

[810] BGH, Urteil vom 11. September 2008 – Az. I ZR 74/06, Rn. 38 = BGHZ 178, 63, 74 = NJW 2009, 1504, 1507.

[811] Hierzu ausführlich: Hilpert, Thomas, NZV 2007, 288 ff.

[812] LG Mainz, Urteil vom 20. Juni 2007 – Az. 3 S 220/06 = SpuRt 2008, 33 f.; keine Bedenken auch in: BGH, Urteil vom 11. September 2008 – Az. I ZR 74/06 = BGHZ 178, 63 ff. = MDR 2009, 456 ff. = NJW 2009, 1504 ff.

[813] Bidinger, C § 8 VO-ABB, Anm. 1.

Verstöße gegen die Beförderungsbedingungen, soweit sie nicht im Zusammenhang mit dem vorgelegten Fahrausweis stehen. Soweit z. B. die Mitnahme der Schusswaffe durch einen Fahrgast unzulässig ist, liegt gleichwohl noch kein Fall des § 8 Absatz 1 Satz 1 Halbsatz 2, Nr. 6 VO-ABB vor, da die Mitnahme der Schusswaffe nicht nur mit diesem Fahrausweis, sondern generell durch diesen Fahrgast unzulässig ist. Dies ergibt sich aus der Formulierung „zu anderen als den zulässigen Fahrten". Denn diese Formulierung muss vom Schutzzweck der Norm im Sinne von „zu anderen als mit diesem Fahrausweis zulässigen Fahrten" verstanden werden. Entsprechend setzt die Bestimmung des § 8 Absatz 1 Satz 1 Halbsatz 2, Nr. 6 VO-ABB voraus, dass Fahrausweise bestehen, mit denen die durchgeführte Fahrt möglich ist. Dies ist jedoch bei dem Schusswaffenbeispiel gerade nicht der Fall. In diesem Fall ist die Konsequenz daher nicht auf der Fahrausweisebene zu ziehen, sondern von der Ausschlussmöglichkeit des § 3 Absatz 1 Satz 1 VO-ABB Gebrauch zu machen.

5.6.5.4.7 Verfallene Fahrausweise

Nach § 8 Absatz 1 Satz 1 Halbsatz 2, Nr. 7 VO-ABB sind auch Fahrausweise ungültig und werden eingezogen, die wegen Zeitablaufs oder aus anderen Gründen verfallen sind.

Durch Zeitablauf verfallen ist ein Fahrausweis, dessen Gültigkeit abgelaufen ist. Dieser Ablauf kann durch eine Tarifänderung[814] oder eine Entwertung und anschließendem Zeitablauf der möglichen Nutzungsdauer[815] eingetreten sein. Die mögliche Nutzungsdauer ist Teil der Bestimmungen über die Beförderungsentgelte, die üblicherweise Tarifbestimmungen genannt werden und nach § 39 Absatz 1 PBefG der Zustimmung der Genehmigungsbehörde bedürfen.

Soweit man nicht bereits einen Verfall wegen Zeitablaufs annimmt, liegt ein Verfall aus anderen Gründen vor, wenn ein Fahrausweis so abgestempelt ist, dass er ungültig wurde. Dies ist z. B. gegeben, wenn so genannte Streifenkarten „falsch herum", d. h. beginnend mit dem hinteren Entwerterfeld, abgestempelt werden. In diesen Fällen lässt sich nicht feststellen, ob ein fahrlässiges Versehen seitens des Fahrgastes oder ein „Abfahren" über mehrere Tarifzonen erfolgt ist.[816]

---

[814] AG Hannover, Urteil vom 7. Februar 1991 – Az. 531 C 14709/90 = NJW-RR 1991, 883; AG Hannover, Urteil vom 30. Mai 1989 – Az. 509 C 6055/89.

[815] AG Essen, Urteil vom 22. August 1984 – Az. 29 C 326/84.

[816] AG Köln, Urteil vom 28. Oktober 1994 – Az. 114 C 389/94; AG Köln, Urteil vom 5. Mai 1993 – Az. 115 C 412/92; AG Köln, Urteil vom 23. August 1993 – Az. 121 C 831/92.

5.6.5.4.8 Fahrausweise ohne erforderliches Lichtbild

Der achte Fall des § 8 Absatz 1, Satz 1 Halbsatz 2 VO-ABB erklärt auch Fahrausweise für ungültig, die ohne das erforderliche Lichtbild benutzt werden. Die Erwähnung des Adjektivs „erforderlich" führt einerseits zur Senkung, andererseits zur Erhöhung der Anforderungen.

Niedrigere Anforderungen ergeben sich dadurch, dass hierdurch klar gestellt wird, dass nicht immer ein Lichtbild notwendig ist. Dies ist damit nur der Fall, wenn in den Tarif- und Beförderungsbedingungen für diese Fahrausweisart überhaupt ein Lichtbild vorgeschrieben ist.

Erhöhte Anforderungen ergeben sich, weil nicht irgendein Lichtbild ausreicht, sondern „das erforderliche Lichtbild" nötig ist. Damit können bestimmte Anforderungen verknüpft sein, die in den Tarif- und Beförderungsbedingungen formuliert sein müssen, wie z. B. das Aufnahmealter des Fotos, die Bildgröße, ein Seiten- oder Front-Profil. Andere Anforderungen ergeben sich aus der Natur der Sache, wie z. B. die Erkennbarkeit der Person und damit z. B. ein Burka-Verbot auf dem Foto.

5.6.5.4.9 Fahrausweis ohne Antrag oder Ausweis

In § 8 Absatz 2 VO-ABB wird ein weiterer Fall beschrieben, in dem ein Fahrausweis als ungültig gilt und eingezogen werden kann. Dieser liegt vor, wenn der Fahrausweis nur in Verbindung mit einem Antrag oder einem im Beförderungstarif vorgesehenen Personenausweis zur Beförderung berechtigt und der Antrag oder der Personenausweis auf Verlangen nicht vorgezeigt wird.

§ 8 Absatz 2 VO-ABB formuliert hierbei nicht nur die Pflicht, diesen Ausweis oder Antrag mitzuführen, sondern ihn auch im Falle der Überprüfung vorzuzeigen. Sinn der Regelung ist, die personelle Identität zwischen dem Inhaber des Fahrausweises und dem Berechtigten durch das Betriebspersonal des Unternehmers feststellen zu können.

5.6.6 Beanstandungen des Fahrausweises

Soweit der durch das Betriebspersonal oder den Automaten ausgegebene Fahrausweis nicht dem entspricht, was man begehrt hat, besteht nach § 6 Absatz 7 VO-ABB die Pflicht, Beanstandungen des Fahrausweises sofort vorzubringen. Spätere Beanstandungen werden danach nicht berücksichtigt. Diese Pflicht soll späteren Streit über die Frage, ob man einen EBE-pflichtigen Tatbestand erfüllt hat oder ob der Fahrausweis vom Unternehmen falsch ausgestellt wurde, verhindern. Die Regelung ist mit der Formulierung „sofort" auch strenger als die Formulierungen in den §§ 6 Absatz 2 und 3, 9 Absatz 1 Nr. 3, 10 Absatz 4 und 13 Satz 1 VO-ABB, in denen nur die unverzügliche Verpflichtung festgelegt ist. Damit stellt die Verpflichtung in § 6 Absatz 7 VO-ABB klar, dass kein weiterer Zwischenschritt erlaubt sein soll, bevor eine Beanstandung vorgebracht wird.

Sinn der Regelung ist ein doppelter: Zum einen ist bei einem Fahrausweisvertrieb durch das Betriebspersonal bei einer sofortigen Beanstandung allen Beteiligten noch am besten der vom Fahrgast geäußerte Wunsch bekannt. Zum anderen besteht bei einer späteren Beanstandung die Gefahr, dass sich der nicht aufgedeckte Dissens zu einem Streit über eine EBE-Pflicht entwickeln kann.

Die Regelung bereitet jedoch Probleme, wenn der Vertrieb durch einen Fahrausweisautomat erfolgt, ohne dass sich Betriebspersonal in der Nähe befindet. In diesen Fällen kann sich das Verkehrsunternehmen nicht darauf berufen, der Fahrgast habe seine sofortige Beanstandung versäumt. Der Fahrgast ist vielmehr solange mit seiner Beanstandung zu hören, bis er eine Chance hat, diese vorzubringen. Vom Fahrgast kann andererseits verlangt werden, dass er seinerseits alles unternimmt, die Beanstandung nachvollziehbar zu gestalten, d. h. insbesondere das Notieren der Örtlichkeit, der Zeit und gegebenenfalls der Automatennummer und des Fahrzeugs.

5.7 Verstoß gegen die Fahrausweispflicht

Der Verstoß gegen die Fahrausweispflicht kann verschiedene Folgen nach sich ziehen. In Betracht kommt hierbei insbesondere
- die Erhebung eines EBE nach § 9 VO-ABB,
- der Fahrausweiseinzug nach § 8 Absatz 1 Satz 1 VO-ABB,
- ein Beförderungsausschluss nach § 6 Absatz 5 VO-ABB sowie
- eine strafrechtliche Verfolgung insbesondere nach § 265a StGB.

Diese möglichen Konsequenzen eines Verstoßes gegen die Fahrausweispflicht können gegebenenfalls kumulativ erfolgen.[817] Die Kumulation von EBE und Strafverfolgung ist in § 9 Absatz 1 Satz 2 VO-ABB ausdrücklich erwähnt. Die Kumulation von EBE und Beförderungsausschluss ergibt sich aus § 6 Absatz 5 VO-ABB.

5.7.1 Das Erhöhte Beförderungsentgelt (EBE)

5.7.1.1 Grundtatbestand des EBE

Ziele des § 9 Absatz 1 VO-ABB sind, den Fahrgast zum Erwerb eines Fahrausweises anzuhalten, dem Verkehrsunternehmer eine vereinfachte

---

[817] BGH, Urteil vom 23.11.2006 – Az. X ZR 16/05, Rn. 30 = TranspR 2007, 167 ff. = NJW-RR 2007, 1124 ff.

Strafregelung zu eröffnen[818] und einen Ausgleich für die Einnahmeverluste des Verkehrsunternehmens durch die Schwarzfahrer zu bewirken. Die Pflicht zur Zahlung eines EBE entsteht in vier Fällen, die in § 9 Absatz 1 Satz 1 VO-ABB aufgezählt werden.

5.7.1.1.1 Beschaffungspflicht

Der erste Fall einer EBE-Pflicht ist in § 9 Absatz 1 Satz 1 Nr. 1 VO-ABB geregelt und betrifft die Situation, dass sich der Fahrgast keinen gültigen Fahrausweis beschafft hat. Der Verstoß gegen die Pflicht zur Beschaffung eines gültigen Fahrausweises liegt dabei sowohl bei einem fehlenden als auch bei einem ungültigen Fahrausweis vor. Die Frage, wann ein Fahrausweis ungültig ist, ergibt sich aus § 8 VO-ABB; insoweit kann auf die diesbezüglichen Ausführungen[819] verwiesen werden.

5.7.1.1.1.1 Der mitgenommene Fahrgast

Hinsichtlich der Beschaffungspflicht entsteht bei Fahrausweisprüfungen häufig Streit, wenn ein Fahrgast zunächst keinen Fahrausweis vorzeigen kann, sich dann aber ein anderer Fahrgast meldet und mitteilt, er könne auf seinem Fahrausweis mitfahren, da dieser Fahrausweis auch für eine weitere Person gelte.

Rechtlich besteht bei einer üblichen Mitnahmeklausel im Tarif keine Notwendigkeit, dass sich „Mitnehmer" und „Mitgenommener" bereits vorher kennen. Allerdings besteht nach § 8 Absätze 2 und 3 VO-ABB die Beschaffungspflicht des Fahrausweises unverzüglich und unaufgefordert nach dem Betreten des Fahrzeugs. Soweit ein Mitreisender erklärt, dass der Fahrgast auf seinem Fahrausweis mitfahren könne, bedeutet dies, dass jedenfalls bis zu diesem Moment der Fahrgast keinen Fahrausweis hatte. Damit ist der geprüfte Fahrgast nicht nur dann EBE-pflichtig, wenn der mitnahmebereite Fahrgast später als der geprüfte Fahrgast eingestiegen ist, sondern auch dann, wenn der geprüfte Fahrgast vor der Prüfung nichts von der Mitnahme wusste. Denn auch dann hatte er sich keinen gültigen Fahrausweis beschafft (§ 9 Absatz 1 Satz 1 Nr. 1 VO-ABB). Ein EBE ist somit zu zahlen.

5.7.1.1.1.2 EBE für tarifpflichtige Sachen

Ferner stellt sich die Frage, ob § 9 Absatz 1 Satz 1 Nr. 1 VO-ABB auch dazu ermächtigt, von einem Fahrgast, der weder für sich noch für eine tarifpflichtige Sache (z. B. ein Fahrrad) oder ein tarifpflichtiges Tier einen Fahrausweis beschafft hat, zwei EBE verlangen zu können.

---

[818] Grätz, Thomas, in: Fielitz/Grätz, A 3 § 9 VO-ABB, Rn. 1.
[819] Siehe hierzu oben unter 5.6.5.4 Einzelfälle ungültiger Fahrausweise.

Für die Verpflichtung zur Zahlung eines doppelten EBE spricht, dass auch zwei Fahrausweise für die Fahrt benötigt werden. Allerdings ist gegen diese Argumentation bereits der Wortlaut des § 9 Absatz 1 Satz 1 Nr. 1 VO-ABB einzuwenden. Danach besteht eine Verpflichtung zur Zahlung eines EBE, soweit man für „sich" keinen gültigen Fahrausweis beschafft hat. Diese Singular-Formulierung schließt schon ein zweites EBE aus.

Dies führt jedoch nicht dazu, dass man das tarifliche Entgelt für mitgeführte Sachen oder Tiere schuldig bleiben kann. Denn der weitere Fahrausweis für die Sache oder das Tier ist bei näherer Betrachtung nicht wirklich ein „zweiter" Fahrausweis, sondern nur ein Zuschlag oder Aufschlag zu dem Fahrausweis der beförderten Person. Dies ergibt sich aus dem Annex-Charakter der Beförderung von Tieren und Sachen, da es sich vorliegend um das Gebiet der Personenbeförderung handelt. Für die Sachen und Tiere besteht kein eigener beförderungsrechtlicher Anspruch[820] und keinen „eigener" Fahrausweis. Der Mangel der Tarifierung eines Tieres oder einer Sache wirkt damit als mangelhafte Tarifierung des Fahrausweises des Fahrgasts. Daher muss auch derjenige ein EBE zahlen, der zwar für sich selbst, nicht aber für die mitgeführte Sache oder das Tier einen erforderlichen Fahrausweis hat.

5.7.1.1.2 Aufbewahrungspflicht

Der zweite Fall einer EBE-Pflicht besteht nach § 9 Absatz 1 Satz 1 Nr. 2 VO-ABB, soweit der Fahrgast sich zwar einen gültigen Fahrausweis beschafft hat, diesen jedoch bei einer Überprüfung nicht vorzeigen kann. Die Regelung ist die Fortführung der Verpflichtung des § 6 Absatz 4 Halbsatz 1 VO-ABB, nach der der Fahrgast den Fahrausweis bis zur Beendigung der Fahrt aufzubewahren hat.

Der Wortlaut der Vorschrift geht davon aus, dass der Fahrgast sich einen gültigen Fahrausweis beschafft hat. Diese Voraussetzung ist jedoch nicht zu prüfen, sondern dient nur der Abgrenzung zur ersten Alternative. Letztlich ist es auch, von der selten angewendeten Alternative des § 9 Absatz 2 Satz 2 VO-ABB abgesehen, unerheblich, ob sich der Fahrgast zuvor einen gültigen Fahrausweis beschafft hat, da sich die gleiche Rechtsfolge wie bei der ersten Alternative ergibt. Außerdem bedeutet die vorherige Beschaffung noch nicht, dass

- der Fahrausweis, der im Zeitpunkt der Beschaffung gültig gewesen sein mag, im Zeitpunkt der Prüfung weiterhin gültig ist (oder z. B. die Tarifzonen-/Waben-/Zeitgrenze mittlerweile überschritten ist) oder

---

[820] Vgl. oben jeweils unter 5.4.1 Anspruch auf Beförderung von Sachen und 5.5.1 Anspruch auf Beförderung von Tieren.

- der Fahrgast den Fahrausweis zwischenzeitlich nicht weitergegeben hat.

Wichtigster Grund für die zweite Alternative ist, Auseinandersetzungen und Beweisfragen bei der Fahrausweisprüfung zu vermeiden, ob die erste Alternative, d. h. die Fahrausweisbeschaffung, anfänglich erfolgte.

Hinsichtlich der Frage, bis wann diese Aufbewahrungspflicht besteht, wurde bereits oben[821] dargestellt, dass diese mindestens bis zum Aussteigen aus dem Fahrzeug besteht. Durch die BBB kann diese Verpflichtung insbesondere im U- und Stadtbahnbereich auch auf die Bahnsteiganlagen und Teile des Haltestellenbauwerks erweitert werden.[822]

Allerdings könnte bei der Prüfung des Verstoßes gegen die Fahrausweispflicht eingewandt werden, dass die Erweiterung der Aufbewahrungspflicht auf Grund der BBB und damit des Beförderungsvertrages erfolge. Ein Rückgriff auf die BBB sei aber nur möglich, soweit auch ein Beförderungsvertrag zustande gekommen ist.[823] Bestehe jedoch kein Beförderungsvertrag, so wie dies diesseitig hinsichtlich der Schwarzfahrer angenommen wird,[824] greife damit die Erweiterung der Aufbewahrungspflicht nicht. Entsprechend könne mangels Rechtsgrundlage keine Fahrausweisprüfung außerhalb des Fahrzeugs erfolgen.

Diese Argumentation übersieht den Gesichtspunkt der Wahlfeststellung: Denn entweder hat der Fahrgast einen Fahrausweis, dann besteht der Beförderungsvertrag und damit in diesen Fällen die Verpflichtung zum Vorzeigen des Fahrausweises auch noch nach dem Aussteigen aus dem Fahrzeug. Oder der Fahrgast ist Schwarzfahrer, dann mag eine Verpflichtung zum Vorzeigen aus den BBB keine Anwendung finden; jedoch führt die Berufung auf die vertragslose Schwarzfahrereigenschaft dazu, dass der Fahrausweisprüfer sowohl ein Festhalterecht über § 229 BGB in Verbindung mit § 9 VO-ABB als auch aus § 127 StPO in Verbindung mit § 265a StGB geltend machen kann.

5.7.1.1.3 Entwertungspflicht

Der dritte Fall der EBE-Pflicht ist nach § 9 Absatz 1 Satz 1 Nr. 3 VO-ABB der, dass der Fahrgast „den Fahrausweis nicht oder nicht unverzüglich im Sinne des § 6 Absatz 3 VO-ABB entwertet hat oder entwerten ließ". Diese Norm sanktioniert die Nichterfüllung der in § 6 Absatz 3 VO-ABB

---

[821] Vgl. oben unter 5.6.2.2 Ende der Fahrausweispflicht.

[822] Vgl. oben unter 5.6.2.2 Ende der Fahrausweispflicht.

[823] Lattka, Cornelia, Kapitel 3 B III, Seite 25.

[824] Vgl. oben unter 3.1.1.3 Fahrtantritt ohne Fahrausweiserwerb.

vorgeschriebenen Verpflichtung. Daher kann bezüglich der Einzelheiten der Verpflichtung auf die obigen Ausführungen[825] verwiesen werden.

5.7.1.1.4 Vorzeige- oder Aushändigungspflicht

Der vierte Sachverhalt, der ein EBE nach § 9 Absatz 1 Satz 1 VO-ABB auslöst, liegt vor, wenn der „Fahrausweis auf Verlangen nicht zur Prüfung vorgezeigt oder ausgehändigt" wird. Dieser Fall korrespondiert wiederum mit der Verpflichtung aus § 6 Absatz 4 Halbsatz 2 VO-ABB. Hintergrund dieser Norm ist der Gedanke, dass es nicht ausreicht, wenn der Fahrgast einen Fahrausweis hat oder vorgibt zu haben, diesen aber nicht zur Prüfung vorzeigt.

Fraglich ist, wer im konkreten Fall entscheidet, ob nur eine Pflicht zum „Vorzeigen" (1. Alt.) oder auch zum „Aushändigen" (2. Alt.) besteht. Bei isolierter Betrachtung der Formulierung „den Fahrausweis auf Verlangen nicht […] vorzeigt oder aushändigt" in § 9 Absatz 1 Satz 1 Nr. 4 VO-ABB und der entsprechenden Formulierung in § 6 Absatz 4 Halbsatz 2 VO-ABB kann eine Interpretation in beide Richtungen erfolgen. Allerdings geben sowohl § 9 Absatz 1 Satz 1 Nr. 4 VO-ABB als auch § 6 Absatz 4 Halbsatz 2 VO-ABB zwischen den Worten „auf Verlangen" und „vorzeigen oder aushändigen" den Grund für den Anspruch an: die Prüfung. Welches Verhalten daher verlangt werden kann, ergibt sich somit aus der Frage, was für die Prüfung des Fahrausweises notwendig ist. Soweit etwa eine Kontrolle hinsichtlich einer Manipulation oder der Herstellung eines unechten Fahrausweises erfolgen soll, ist regelmäßig von einer Verpflichtung auszugehen, den Fahrausweis dem Kontrollpersonal auszuhändigen.

5.7.1.2 Vertretenmüssen

Weitere Voraussetzung für ein EBE ist nach § 9 Absatz 1 Satz 3 VO-ABB, dass der Fahrgast den Verstoß gemäß § 9 Absatz 1 Satz 1 VO-ABB auch zu vertreten hat. Grundsätzlich hat ein Schuldner nach § 276 Absatz 1 Satz 1 BGB Vorsatz und Fahrlässigkeit zu vertreten, wenn eine strengere oder mildere Haftung weder bestimmt noch aus dem sonstigen Inhalt des Schuldverhältnisses, insbesondere aus der Übernahme einer Garantie oder eines Beschaffungsrisikos, zu entnehmen ist. Die Grundsätze des § 276 BGB gelten auch bei gesetzlichen Schuldverhältnissen[826] und sind deshalb auch auf die in der VO-ABB geregelten Schuldverhältnisse anzuwenden.

---

[825] Vgl. oben unter 5.6.5.2 Die Entwertung des Fahrausweises.

[826] Grüneberg, Christian, in: Palandt, Vorbemerkung von § 275, Rn. 4.

5.7.1.2.1 Kein Vorsatz notwendig

Sowohl aus dem „Vertretenmüssen" als auch aus § 9 Absatz 3 VO-ABB folgt, dass ein Vorsatz nicht notwendig ist. Entsprechend führt auch das Vergessen der Entwertung des Fahrausweises zur EBE-Zahlungspflicht.[827] Hiermit unterscheidet sich die EBE-Pflicht von der Beförderungserschleichung nach § 265a StGB. Denn während das Strafrecht ein Fehlverhalten sanktionieren will, den „Schlunz" jedoch nicht, unterscheidet die VO-ABB diesbezüglich nicht. Es kommt somit nicht darauf an, ob ein Fahrgast schwarzfahren will oder ob es aus einem Versehen dazu kommt.[828]

5.7.1.2.2 Fehler Dritter

Eine weitere Frage betrifft das Problem, ob der Fahrgast ebenfalls Fehler Dritter zu vertreten hat.

Grundsätzlich gilt bei Erfüllungsgehilfen die Regelung des § 278 Satz 1 BGB, nach der der Schuldner ein Verschulden seines gesetzlichen Vertreters und der Personen, deren er sich zur Erfüllung seiner Verbindlichkeit bedient, in gleichem Umfang zu vertreten hat wie eigenes Verschulden. Bittet der Fahrgast daher einen Freund, einen Fahrausweis zu besorgen, und dieser besorgt einen falschen Fahrausweis, besteht ebenfalls eine Pflicht des Fahrgastes zu Zahlung eines EBE.

Fraglich ist, ob auch ein Vertretenmüssen seitens des Fahrgastes vorliegt, wenn nicht sein Erfüllungsgehilfe, sondern der Fahrausweisverkäufer, d. h. der Erfüllungsgehilfe des Verkehrsunternehmens einen falschen Fahrausweis ausgestellt hat. Für dieses auf den ersten Blick paradoxe Ergebnis spricht die Ausschlussregelung des § 6 Absatz 7 VO-ABB, nach der Beanstandungen des Fahrausweises sofort vorzubringen sind und spätere Beanstandungen nicht berücksichtigt werden. Hintergrund der Regelung ist, dass spätere Beanstandungen meist nicht mehr bewiesen werden können und die Schnelligkeits- und Einfachheits-Erfordernisse des Massengeschäfts bei preiswerten Gütern eine unmittelbare Klärung verlangen. Daher kann man argumentieren, es liege auch in diesen Fällen ein Vertretenmüssen vor, zwar nicht in der Wahl des falschen Fahrausweises, aber in der fehlenden Beanstandung. Das Ergebnis ist allerdings dann unbillig, wenn ein Fehler des Unternehmens offenbar ist. In

---

[827] AG Essen, Urteil vom 12. Dezember 1983 – Az. 13 C 568/83; AG Köln, Urteil vom 13. November 1984 – Az. 117 C 373/84.

[828] Z. B. AG Bonn, Urteil vom 8. August 1997 – Az. 3 C 230/97; AG Köln, Urteil vom 4. Oktober 1984 – Az. 117 C 323/84, Seite 5; AG Köln, Urteil vom 13. November 1984 – Az. 117 C 373/84; Bidinger, C § 9, Anm. 16.

diesen Fällen wäre es treuwidrig, sich auf die Vorschrift des § 6 Absatz 7 VO-ABB zu berufen.

Kein Fall des Vertretenmüssens liegt jedenfalls dann vor, soweit der Dritte nicht Erfüllungsgehilfe des Fahrgastes ist. Dies liegt nach einer Entscheidung des AG München[829] vor, soweit ein Fahrgast mit einem Schwerbehindertenausweis fährt, der auf Grund eines Fehlers der ausstellenden Behörde nicht alle erforderlichen Merkmale für den Nachweis der unentgeltlichen Beförderung aufweist, obgleich er hierauf Anspruch gehabt hätte. Gleiches soll nach der Rechtsprechung des AG Offenbach gelten, wenn die Behörde mit der Ausstellung des notwendigen Schwerbehindertenausweises nicht nachkommt, der Fahrgast daher mit einem nicht die Form erfüllenden Zwischenbescheid der Behörde fährt und diese ihm außerdem noch mitgeteilt hat, dass er die unentgeltliche Beförderung auch ohne den endgültigen Ausweis nutzen könne.[830]

5.7.1.2.3 Geringfügige Fehler

Ferner stellt sich die Frage, ob die EBE-Pflicht auch bei einem geringfügigen Fehlverhalten besteht. Das AG Hannover[831] vertrat in einem Urteil die Auffassung, bei geringfügigen Mängeln in Verbindung mit geringfügigem Verschulden entfalle die EBE-Pflicht wegen Unverhältnismäßigkeit. Anlass für diese Entscheidung war ein Fall, in dem ein Fahrgast einen Fahrausweis benutzte, dessen Gültigkeit wegen einer Tariferhöhung ungültig geworden war. Diese Tariferhöhung lag noch keine drei Monate zurück. Das Verkehrsunternehmen hatte jedoch nur eine Übergangszeit von zwei Monaten vorgesehen, in der die neuen und alten Fahrausweise nebeneinander gültig sein sollten. Der Differenzbetrag lag bei lediglich 8,3 Pfennigen.

Die ergangene Entscheidung ist jedoch unzutreffend. Zwar ist die Preisdifferenz sehr gering und das Verkehrsunternehmen mag einen zinslosen Kredit erhalten, wenn Kunden vor einer Tariferhöhung noch Fahrausweise zum alten Preis erwerben. Aber dies sind keine rechtlichen Argumente. Denn auf das Bestehen und erst recht auf die Höhe eines konkreten Schadens kommt es nach der Bestimmung des § 9 Absatz 1 VO-ABB nicht an.

Gleichfalls ist die Argumentation des Gerichts verfehlt, der Fahrgast habe nur ein geringfügiges Informationsverschulden, da das Verkehrsunternehmen nicht an den Entwertern auf die Tarifänderung hingewie-

---

[829] AG München, Urteil vom 10. Februar 1983 – Az. 4 C 17533/82.

[830] AG Offenbach am Main, Urteil vom 10. Mai 1978 – Az. 38 C 468/78.

[831] AG Hannover, Urteil vom 7. Februar 1991 – Az. 531 C 14709/90 = NJW-RR 1991, 883 f.; a. A. AG Hannover, Urteil vom 30. Mai 1989 – Az. 509 C 6055/89.

sen habe. Hiergegen spricht erstens, dass eine solche Hinweispflicht an Entwertern nicht existiert. Zweitens ist gegen diese Auffassung § 39 Absatz 7 PBefG anzuführen, der vom Gericht in der Entscheidung noch nicht einmal berücksichtigt wurde. Danach hat der Unternehmer die Verpflichtung, die Beförderungsentgelte vor ihrer Einführung ortsüblich bekanntzumachen. Die ortsübliche Bekanntmachung wird bereits mit der Veröffentlichung in den Mitteilungsblättern der Kommunen und den örtlichen Tageszeitungen erfüllt.[832] Der dritte Fehler des Gerichts ist, auf eine Geringfügigkeit des Verschuldens abzustellen. Denn § 9 Absatz 1 Satz 3 VO-ABB ist eine reine „ja oder nein" Entscheidung.

Gegen die vermeintliche Ungleichbehandlung innerhalb der Gruppe der EBE-Pflichtigen (geringfügiges Verschulden bis hin zum Vorsatz) kann auch kein Verstoß gegen Artikel 3 GG eingewandt werden. Denn eine Verletzung des Gleichheitssatzes liegt nicht allein deshalb vor, weil nicht alle tatsächlichen Verschiedenheiten der Lebensverhältnisse im Einzelnen berücksichtigt werden.[833] Entscheidend ist vielmehr, ob für eine am Gerechtigkeitsgedanken orientierte Betrachtungsweise die tatsächlichen Ungleichheiten in dem jeweils in Betracht kommenden Zusammenhang so bedeutsam sind, dass sie beachtet werden müssen.[834] Dies gilt auch für das EBE, wobei hier sogar zu bedenken ist, dass das Fehlen eines gültigen Fahrausweises einen gleichen Sachverhalt darstellt.[835]

Der zuvor geschilderte Sachverhalt beschreibt sicherlich einen Extremfall. Eine differenzierte Lösung ist bei Extremfällen zuweilen angebracht; erinnert sei nur an die berühmt gewordene Entscheidung im Fall „Emmely"[836], in dem erst das BAG die Entlassung einer Kassiererin wegen eines unterschlagenen Leergutbons aufhob. Gleichwohl besteht im zuvor geschilderten Fall kein Anlass für eine differenzierte Lösung, da es die Ebene der Tatbestandsvoraussetzungen betrifft, bei der kein Spielraum für eine Abstufung nach dem Grad des Verschuldens besteht.

---

[832] Bidinger, B § 39 PBefG, Rn. 161; Fromm/Fey/Sellmann/Zuck, § 39 PBefG, Rn. 12; Grätz, Thomas, in: Fielitz/Grätz, § 39 PBefG, Rn. 23; Lampe, Joachim, in: Erbs/Kohlhaas, P 56, § 39, Rn. 3.

[833] BVerfG, Urteile vom 30. Mai 1952 – Az. 1 BvR 14/52, 1 BvR 25/52, 1 BvR 167/52 = BVerfGE 1, 264, 275 f.

[834] BVerfG, Urteile vom 30. Mai 1952 – Az. 1 BvR 14/52, 1 BvR 25/52, 1 BvR 167/52 = BVerfGE 1, 264, 275 f.

[835] LG München, Urteil vom 18. Mai 1983 – Az. 9 O 3266/83 Vi = VRS Bd. 66, Nr. 6, Seite 12, 13 f.

[836] BAG, Urteil vom 10. Juni 2010 – Az. 2 AZR 541/09; LArbG Berlin-Brandenburg, Urteil vom 24. Februar 2009 – Az. 7 Sa 2017/08 (Vorinstanz); ArbG Berlin, Urteil vom 21. August 2008 – Az. 2 Ca 3632/08 (Erstinstanz).

Darüber hinaus besteht auch auf der Rechtsfolgenseite ein entscheidender Unterschied: Während bei existentiellen Rechtsfolgen schon aus dem Gesichtspunkt des Übermaßverbotes Abstufungen zwingend sind, darf der Gesetzgeber, je geringer sich eine Rechtsfolge darstellt, umso eher pauschalieren und auch die gleiche Rechtsfolge an ein geringfügiges Verschulden knüpfen, wie sie für die sonstigen Fälle vorgesehen ist. Das EBE mag daher im Falle von kleinen Fehlern ärgerlich sein, bewegt sich jedoch in einer Höhe, die keine existentielle Bedeutung hat. Zwar sollte bei solchen Sachverhalten grundsätzlich auch eine Kulanzlösung seitens des Unternehmens geprüft werden; für den Richter besteht auf der Rechtsgrund-Seite jedoch kein Gestaltungsspielraum.

5.7.1.2.4 Der eingeschlafene Fahrgast

Nach einer Entscheidung des AG Düsseldorf[837] soll ebenfalls kein Fall des Vertretenmüssens vorliegen, wenn ein Fahrgast eingeschlafen ist und er deshalb die zulässige Fahrtberechtigung überschreitet. Das Gericht begründet hier das fehlende Vertretenmüssen damit, dass kein Anhaltspunkt dafür vorliege, der Fahrgast wolle schwarzfahren.

Auch diese Entscheidung ist nicht unproblematisch. Denn bei der Frage des Vertretenmüssens spielt der Vorsatz („keinerlei Anhaltspunkte zu der Annahme, er wolle schwarzfahren") keine Rolle. Soweit der Fahrgast daher wirklich eingeschlafen ist, hätte das Gericht prüfen müssen, ob nicht eine Fahrlässigkeit vorliegt, die darin bestehen könnte, dass er keine Vorkehrungen getroffen hat rechtzeitig aufzuwachen (z. B. Wecker im Handy oder der Armbanduhr einstellen).

5.7.1.2.5 Unklarheiten bei der Wahl des Fahrausweises

Fraglich ist, ob es der Fahrgast zu vertreten hat, wenn er auf Grund eines Missverständnisses oder Irrtums einen falschen Fahrausweis gewählt hat. Diese Frage ist nicht allgemein zu beantworten. Es kommt vielmehr darauf an, worauf die falsche Fahrausweiswahl zurückzuführen ist. Grundsätzlich ist nach § 39 PBefG der Maßstab für die Fahrausweiswahl der genehmigte Tarif. Eine Ausnahme ist jedoch dann gegeben, wenn sich das Verkehrsunternehmen nicht auf eine Bestimmung dieses Tarifs berufen kann. Dies ist der Fall, wenn der Tarif, der Teil der BBB ist und sich deshalb auch an den §§ 305 ff. BGB messen lassen muss,[838] diesem Maß nicht gerecht wird. Ein Beispiel hierfür wäre eine Bestimmung im Tarif, die vorsähe, dass ein Kinderfahrausweis nur bis zur Vollendung des elften Lebensjahres zulässig sei und dies beim Vertrieb, z. B. durch

---

[837] AG Düsseldorf, Urteil vom 11. April 1988 – Az. 40 C 608/87 = NJW 1988, 1988 = NJW-RR 1988, 1399.

[838] Vgl. oben unter 2.3.2 Verhältnis zu den §§ 305 ff. BGB.

einen gut sichtbaren Hinweis auf dem Automaten, nicht ausdrücklich erklärt wird. In diesem Fall würde die Tarifbestimmung nicht nur der allgemeinen Auffassung widersprechen, was unter einem Kind zu verstehen ist, sondern auch dem § 1 Absatz 1 Nr. 1 JuSchG, der Kinder als Personen definiert, die noch nicht 14 Jahre alt sind. Entsprechend wäre von einer überraschenden Klausel im Sinne des § 305c Absatz 1 BGB auszugehen.

5.7.1.2.6 Zeitmangel

Gelegentlich wird geltend gemacht, es fehle an einem Vertretenmüssen, wenn man als Fahrgast zwar an sich gutwillig sei, jedoch die Zeit gefehlt habe, einen gültigen Fahrausweis zu beschaffen. In diesen Fällen müsse man manchmal, z. B. um noch seinen Fernzug oder Flieger zu erreichen, auch ohne Fahrausweis das Fahrzeug betreten.

Diese Situationen stellen allerdings sehr wohl Fälle des Vertretenmüssens dar. Denn soweit der Fahrgast spät dran ist, hat er seine eigene Unorganisiertheit zu vertreten und kann diese nicht Dritten aufbürden.[839]

5.7.1.2.7 Einwilligung

Fraglich ist, ob ein Vertretenmüssen ausgeschlossen ist und ein EBE erhoben werden kann, wenn der Fahrgast vom Verkehrsunternehmen eine Einwilligung zu einer Fahrt ohne gültigen Fahrausweis erhält.

Zunächst gilt, dass auf Grund der Tarifanwendungspflicht das Unternehmen nach § 39 Absatz 3 PBefG öffentlich-rechtlich verpflichtet ist, den festgelegten Tarif zu erheben. Wenn schon die Anwendung eines nicht genehmigten Tarifs unzulässig ist, so ist erst recht die Anwendung keines Tarifs unzulässig.

Allerdings betrifft diese Verpflichtung das öffentlich-rechtliche Verhältnis zwischen der Genehmigungsbehörde und dem Verkehrsunternehmen und nicht das Verhältnis von Fahrgast und Verkehrsunternehmen. Außerdem kann das Verkehrsunternehmen nicht den eigenen Verstoß gegen öffentlich-rechtliche Normen dem Fahrgast anlasten. Daher ist, soweit eine Zurechnung zum Unternehmen erfolgen kann und der Fahrgast weder Kenntnis noch grob fahrlässig Unkenntnis von der Rechtswidrigkeit des Handelns hat, schon wegen des Grundsatzes venire contra factum proprium regelmäßig eine EBE-Erhebung ausgeschlossen, wenn zuvor auf die Geltendmachung des Fahrpreises verzichtet wurde.

---

[839] AG Wuppertal, Urteil vom 28. November 1984 – Az. 37 C 134/84; a. A. ohne Begründung zum Eisenbahnrecht: AG Nürnberg, Urteil vom 12. September 1989 – Az. 19 C 4529/89 = NJW 1990, 127.

Keine Einwilligung, mit dem vorgelegten Dokument fahren zu dürfen, ist allerdings darin zu sehen, wenn der Fahrer beim Vorweisen eines vermeintlich gültigen Fahrausweises im Falle des Vordereinstiegs diesen nicht rügt.[840] Denn die Vordereinstiegskontrolle soll lediglich eine Schlüssigkeitsprüfung und damit eine Abschreckung hinsichtlich offensichtlicher Schwarzfahrer bewirken. Sie stellt regelmäßig keine Bestätigung der Gültigkeit des vorgelegten vermeintlich gültigen Fahrausweises dar.

5.7.1.3 Rechtsfolge

Rechtsfolge der Verwirklichung des Tatbestands des § 9 Absatz 1 VO-ABB ist, dass der Unternehmer

- nach § 9 Absatz 2 Satz 1 VO-ABB die Zahlung eines EBE von bis zu 40,-- Euro,
- nach § 9 Absatz 2 Satz 2 VO-ABB das Doppelte des Beförderungsentgelts für einfache Fahrt auf der vom Fahrgast zurückgelegten Strecke oder
- nach § 9 Absatz 3 VO-ABB ein ermäßigtes EBE

erheben kann.

5.7.1.3.1 EBE bis zu 40,-- Euro

Die häufigste Folge einer Fahrt ohne gültigen Fahrausweis stellt die Erhebung eines EBE von bis zu 40,-- Euro dar.

5.7.1.3.1.1 Ermessensvorschrift?

Fraglich ist, ob die Formulierung in § 9 Absatz 2 Satz 1 VO-ABB, der Unternehmer könne „ein erhöhtes Beförderungsentgelt bis zu 40,-- Euro erheben", eine Ermessensvorschrift darstellt oder nicht.

Teilweise wird argumentiert, das EBE sei eine im Einzelfall festzusetzende Sanktion.[841] Durch die Formulierung „bis zu" habe der Verordnungsgeber dem Grundsatz der Verhältnismäßigkeit Rechnung tragen wollen.[842] Denn zum einen solle damit zwischen den „versehentlichen" und den „echten" Schwarzfahrern unterschieden werden. Zum anderen sei eine Unterscheidung zwischen den örtlichen Verhältnissen (Stadt/Land und Bahn/Bus) gewollt gewesen.[843]

Hiergegen kann argumentiert werden, dass eine Differenzierung zwischen den „versehentlichen" und den „echten" Schwarzfahrern kaum

---

[840] Ebenso: AG Bonn, Urteil vom 8. August 1997 – Az. 3 C 230/97.

[841] Bidinger, C § 9, Anm. 9.

[842] Bidinger, C § 9, Anm. 9.

[843] Bidinger, C § 9, Anm. 9.

möglich ist. Nahezu alle Schwarzfahrer gerieren sich als „versehentliche" Schwarzfahrer. Das EBE solle gerade einen Fall pauschalieren. Auch eine Unterscheidung nach den örtlichen Verhältnissen (Stadt/Land und Bahn/Bus) sei nicht sinnvoll. Es gebe keinen Grund, in einer städtischen Region mehr (oder weniger?) EBE zu verlangen als in einer ländlichen Region. Ferner sei nicht darstellbar, warum in einem Bus mehr (oder weniger?) EBE verlangt werden solle als in einer Straßenbahn.

Gegen die Annahme eines Ermessens spreche auch, dass der Begriff des Ermessens aus dem Verwaltungsrecht stammt. Es bezeichnet dort den Spielraum einer Behörde für eine eigene Entscheidung.[844] Vorliegend handelt es sich aber um ein zivilrechtliches Verhältnis. Die dem Unternehmen eingeräumte Möglichkeit, ein EBE „bis zu" 40,-- Euro verlangen zu können, stelle nur eine Höchstgrenze dar.

Schaut man in die Parallelregelung des Eisenbahnrechts, findet sich dort in § 12 Absatz 2 Satz 1 EVO nicht die Formulierung „bis zu", sondern „mindestens 40 Euro".

Die Historie der VO-ABB zeigt, dass bei Erlass der Verordnung 1970 ebenfalls keine „bis zu"-Formulierung bestand. Diese wurde erst 1981 im Rahmen der Anpassung der Beträge an die gestiegenen Preise eingeführt. Wörtlich heißt es in der im BGBl. veröffentlichten Verordnungsänderung: „In § 9 Absatz 2 Satz 1 werden die Worte „von 20,-- DM" durch die Worte „bis zu 40,-- DM" ersetzt."[845]

Die Lösung der Frage findet sich weder in einer starren Haltung, die die „bis zu"-Formulierung ignoriert, noch in einer jeweiligen Ermessensprüfung.

Das Ignorieren der „bis zu"-Formulierung wäre eine Negierung des gesetzgeberischen Willens. Denn das Unternehmen kann auch ohne die „bis zu"-Formulierung weniger als 40,-- Euro verlangen. Daher stellt dies kein Argument für die Annahme einer nur zusätzlichen Option seitens des Unternehmens dar. Andererseits fehlt den Fahrausweisprüfern und den Verkehrsunternehmern für eine jeweils zu treffende Ermessensentscheidung im Sinne einer verwaltungsrechtlichen Abwägung die Grundlage. Darüber hinaus würde sie die EBE-Regelung ad absurdum führen, da hierdurch der betriebliche Aufwand für die Erhebung des EBE teurer wäre als das maximal erhebbare EBE von 40,-- Euro.

Das richtige Ergebnis ist daher, in der Formulierung „bis zu" keine Verpflichtung zur Abwägung im Einzelfall zu sehen, sondern

---

[844] Maurer, Hartmut, § 7, Rn. 7 ff.

[845] Verordnung zur Änderung personenbeförderungsrechtlicher Vorschriften vom 13. Mai 1981, BGBl. I, Nr. 19 vom 20. Mai 1981, Seite 428, Artikel 3, Nr. 2.

- erstens einen Hinweis an die Verkehrsunternehmen, in besonderen Fällen oder bei Härten von einer Reduzierung des EBE Gebrauch zu machen, wofür sich insbesondere die oben[846] beschriebenen Fälle eignen und
- zweitens die Möglichkeit für die Gerichte, bei extremen Fällen in Analogie zu § 343 Absatz 1 BGB die Strafe herabzusetzen. Hierfür bestände kein Spielraum, wenn der Gesetzgeber auf die „bis zu"-Formulierung verzichtet hätte.

Einen Anspruch des Fahrgasts auf Ermessensausübung im Einzelfall kann man der Formulierung nicht entnehmen. In diese Richtung geht wohl auch die Rechtsprechung, die hierzu entschieden hat, dass keine Bedenken bestehen, wenn auch Kinder ein identisch hohes EBE wie Erwachsene zahlen müssen, da die Gewährung von Vergünstigungen bei rechtmäßigem Handeln nicht auch zur Gewährung von Vergünstigungen bei vertragswidrigem Handeln zwinge.[847]

5.7.1.3.1.2 Verhältnis des EBE zum regulären Tarif

Ein weiteres Diskussionsthema ist die Frage, ob das EBE von der Zahlungspflicht des regulären Tarifs befreit oder ob im EBE die Vergütung des regulären Tarifs enthalten ist.

Als Argument für die „Inklusiv-Lösung" könnte die Bezeichnung als erhöhtes „Beförderungsentgelt" sprechen. Ferner wird für diese Lösung der „Sinn und Zweck" der Regelung vorgebracht.[848] Die Rechtsprechung der Finanzgerichte,[849] nach der ein öffentlicher Nahverkehrsbetrieb mit den erhöhten Beförderungsentgelten von Schwarzfahrern in Höhe des normalen Beförderungsentgelts umsatzsteuerpflichtig und im Übrigen nicht steuerbar ist, stützt ebenfalls diese Ansicht.

Die bislang h. M., die das EBE fälschlich als Vertragsstrafe[850] ansieht, müsste hingegen davon ausgehen, dass tarifliches Entgelt und EBE kumulativ zu zahlen sind.[851] Denn wenn das EBE eine Vertragsstrafe wäre, hätte es nicht mehr den Charakter eines teilweisen tariflichen Entgelts.

---

[846] Siehe oben unter 5.7.1.2.3 Geringfügige Fehler und 5.7.1.2.4 Der eingeschlafene Fahrgast.

[847] AG Marburg, Urteil vom 13. Februar 1987 – Az. 10 C 869/86; AG Köln, Urteil vom 9. Juli 1986 – Az. 119 C 68/86.

[848] Dalecki, Wolfgang, MDR 1987, 891 ff.

[849] BFH, Urteil vom 25. November 1986 – Az. V R 109/78; FG Münster, Urteil vom 26. April 1978 – Az. V 1356/77 U.

[850] Siehe hierzu unter 4.1.4 Ergebnis Ansprüche aus der VO-ABB.

[851] Vgl. Bidinger, C § 9, Anm. 12.

Aber auch wenn man das EBE richtigerweise als gesetzliches Schuldverhältnis sieht, schließt dies eine Kumulation von Tarifentgelt und EBE nicht aus. Denn als ein weiteres Argument für die Kumulationsfähigkeit von tariflichem Entgelt und EBE wird der Wortlaut des § 6 Absatz 5 Halbsatz 2 VO-ABB angeführt.[852] Danach bleibt „die Pflicht zur Zahlung eines erhöhten Beförderungsentgelts" unberührt. Dies, so könnte man argumentieren, ergebe sich daraus, dass § 6 Absatz 5 Halbsatz 1 VO-ABB nicht danach differenziert, ob der Fahrgast der Aufforderung zur Lösung eines Fahrscheins nachgekommen ist oder nicht.

Beide extremen Auffassungen vermögen im Ergebnis nicht zu überzeugen. Richtigerweise ist davon auszugehen, dass das EBE den Tarif abdeckt, soweit der Fahrgast bereits seine Fahrt mit dem Verkehrsmittel absolviert hat. Soweit die Fahrt jedoch fortgesetzt werden soll, ist ein neuer Fahrschein zu lösen.[853]

Dieses Ergebnis ist der VO-ABB, wenn auch indirekt, selbst zu entnehmen, da nach § 9 Absatz 2 Satz 2 VO-ABB der Unternehmer als EBE auch „das Doppelte des Beförderungsentgelts für [die] einfache Fahrt auf der vom Fahrgast ´zurückgelegten` Strecke erheben" kann. Damit gibt die VO-ABB zu verstehen, dass die Berechnung für das EBE eben nicht die Gesamtstrecke des Fahrgastes sein soll, sondern nur der „zurückgelegte" Teil – der aber sehr wohl. Für eine Weiterfahrt muss der Fahrgast somit neu zahlen. Eine Ausnahme wird man machen können, soweit der reguläre Fahrpreis der zurückgelegten Strecke und der Fahrpreis der Gesamtstrecke identisch sind.

Diese Lösung bestätigt sich auch durch eine Kontrollüberlegung anhand des sehr ähnlichen § 12 EVO. Würden 40,-- Euro oder „das Doppelte des gewöhnlichen Fahrpreises für die vom Reisenden zurückgelegte Strecke" für den Rest der Strecke ausreichen, könnte ein Fahrgast auf dem Weg von Rostock nach Freiburg, der kurz vor Schwerin als Schwarzfahrer entdeckt wird, entweder für 40,-- Euro oder für den doppelten Fahrpreis von Rostock nach Schwerin, und damit in den meisten Fällen preiswerter als der ehrliche Fahrgast, nach Freiburg gelangen.

5.7.1.3.2 Doppelte des Beförderungsentgelts

Die zweite in § 9 Absatz 2 Satz 2 VO-ABB formulierte Rechtsfolge einer Schwarzfahrt ist, dass das Verkehrsunternehmen „das Doppelte des Beförderungsentgelts für [die] einfache Fahrt auf der vom Fahrgast zurückgelegten Strecke erheben [kann], sofern sich hiernach ein höherer Betrag als nach Satz 1 ergibt; hierbei kann das erhöhte Beförderungsent-

---

[852] Grätz, Thomas, in: Fielitz/Grätz, A 3 § 6 VO-ABB, Rn. 6.

[853] Ebenso Bidinger, C § 9, Anm. 12; Dalecki, Wolfgang, MDR 1987, 891, 892, Fn. 13.

gelt nach dem Ausgangspunkt der Linie berechnet werden, wenn der Fahrgast die zurückgelegte Strecke nicht nachweisen kann."

Diese zweite Alternative ist allerdings eher theoretischer Natur, da die Voraussetzung dieser Alternative – „sofern sich hiernach ein höherer Betrag als nach Satz 1 ergibt" – regelmäßig nicht vorliegt. Dies zeigt ein Blick auf die teuersten Einzelfahrausweise für die vier deutschen Millionenstädte, bei denen jeweils sogar der doppelte Betrag des Fahrausweises innerhalb der Stadt immer noch deutlich niedriger liegt als das EBE im Jahr 1970.[854] Zwar gibt es auch Regionalbusse mit längeren Linienwegen oder Straßenbahnen, die über die Stadtgrenze hinausfahren; die meisten längeren Distanzen im Nahverkehr werden aber nicht von den PBefG-Verkehren, sondern den Eisenbahnen erbracht.

5.7.1.3.3 Ermäßigtes EBE bei persönlicher Zeitkarte

Die dritte mögliche Rechtsfolge eines fehlenden gültigen Fahrausweises ist ein ermäßigtes EBE. Die Voraussetzung hierfür beschreibt § 9 Absatz 3 VO-ABB, der bestimmt, dass sich „das erhöhte Beförderungsentgelt [...] im Falle von Absatz 1 Nr. 2 auf 7,-- Euro [ermäßigt], wenn der Fahrgast innerhalb einer Woche ab dem Feststellungstag bei der Verwaltung des Unternehmers nachweist, dass er im Zeitpunkt der Feststellung Inhaber einer gültigen persönlichen Zeitkarte war".

Erste Voraussetzung für eine Ermäßigung ist wegen des ausschließlichen Verweises auf § 9 Absatz 1 Nr. 2 VO-ABB mithin, dass der Fahrgast bereits einen gültigen Fahrausweis beschafft hat, diesen jedoch bei einer Überprüfung nicht vorzeigen kann.

Zweite Voraussetzung ist, dass dieser Fahrausweis in einer „persönlichen Zeitkarte" besteht. Grund für diese Einschränkung ist die Nachweismöglichkeit. Denn nur bei einer persönlichen Zeitkarte ist sichergestellt, dass auch im Zeitpunkt der Fahrausweisprüfung ein gültiger Fahrausweis vorlag. Soweit daher übertragbare Zeitkarten vorgelegt werden, befreien diese nicht von der Zahlungspflicht des vollen EBE.

Dritte Voraussetzung ist die Einhaltung der Wochenfrist. Diese kurze Frist unterstreicht zum einen den Ausnahmecharakter der Regelung und hat ferner den Sinn, die Erledigung des Vorgangs nicht hinauszuzögern. Bei einer längeren Frist wäre ansonsten auch bei fehlendem Ermäßigungsanspruch das Inkassoverfahren für das Regel-EBE bis zum Ablauf der Frist ausgesetzt.

Für das ermäßigte EBE gibt es insbesondere zwei Gründe:

---

[854] Vgl. z. B. Köln: 2,40 Euro; München: 2,40 Euro; Hamburg: 2,75 Euro; Berlin: 2,80 Euro (jeweils Stand November 2010).

- Erstens soll der rechtstreue Fahrgast, der nachweisbar einen gültigen Fahrausweis besitzt, gegenüber dem Schwarzfahrer begünstigt werden und
- zweitens soll dieser Obolus dem Verkehrsunternehmen einen Teil der durch das Anlegen des Vorgangs und die nachträgliche Prüfung entstandenen Verwaltungskosten ersetzen.

5.7.1.3.4 Weitergehende Ansprüche

Die vierte Rechtsfolge eines fehlenden Fahrausweises wird in § 9 Absatz 4 VO-ABB zwar nicht beschrieben, jedoch offen gehalten. Nach dieser Regelung bleiben bei Verwendung von ungültigen Zeitkarten weitergehende Ansprüche des Unternehmers unberührt.

Hintergrund dieser Norm ist, dass das EBE als Kompensation für eine einzelne, aber nicht eine Reihe von Schwarzfahrten gedacht ist. Soweit ein Fahrgast jedoch eine ungültige Zeitkarte verwendet, besteht der begründete Verdacht, dass mit dieser Karte weitere Fahrten unternommen wurden. Die Norm ist daher eine Klarstellung, dass in diesen Fällen das Verkehrsunternehmen neben dem EBE die Möglichkeit behält, auch aus anderen Anspruchsgrundlagen gegen den Fahrgast vorgehen zu können. Zu prüfen sind hierbei insbesondere die §§ 812 ff. und 823 ff. BGB und bei Nachweis weiterer Fahrten auch mehrere EBE. Als problematisch kann sich allerdings für das Verkehrsunternehmen im Einzelfall der Nachweis weiterer Fahrten und des Schadens darstellen.

5.7.2 Einziehung des Fahrausweises

§ 8 VO-ABB gibt dem Verkehrsunternehmen die Befugnis, ungültige Fahrausweise einzuziehen.

Hinsichtlich der Frage, welche Fahrausweise ungültig sind, listet § 8 VO-ABB einzelne Fälle auf, die oben bereits erläutert wurden.[855] Die in § 8 VO-ABB aufgeführten Fälle sind dabei keine abschließende Aufzählung, sondern stellen lediglich Beispiele ungültiger Fahrausweise dar. Der Beispielcharakter der Einzelaufzählung in § 8 Absatz 1 Satz 1 Halbsatz 2 VO-ABB ergibt sich aus der „auch"-Formulierung. Darüber hinaus gelten nach § 8 Absatz 1 Satz 1 Halbsatz 1 VO-ABB ebenfalls alle anderen Fahrausweise als ungültig und können daher eingezogen werden, „die entgegen den Vorschriften der Beförderungsbedingungen oder des Beförderungstarifs benutzt werden".

Die Möglichkeit zum Einzug gemäß § 8 Absatz 1 Satz 1 Halbsatz 1 VO-ABB soll den Missbrauch des Fahrausweises verhindern. Dies bedeutet, es soll insbesondere der Anschein beseitigt werden, die Fahrtberechti-

---

[855] Siehe oben unter 5.6.5.4 Einzelfälle ungültiger Fahrausweise.

gung bezahlt zu haben sowie sichergestellt werden, dass personengebundene Fahrausweise nur vom berechtigten Inhaber benutzt werden, die Beförderungsleistung also nicht von Dritten unberechtigt in Anspruch genommen werden kann.[856]

Diese Regelung ist damit aber nicht in dem Sinne zu verstehen, dass jeder Verstoß gegen die Beförderungsbedingungen schon zur Ungültigkeit des Fahrausweises führt und damit zum Einzug des Fahrausweises berechtigt; so etwa bei einer unzulässigen Benutzung eines Tonwiedergabegerätes, die ein Verstoß gegen § 4 Absatz 2 Nr. 8 VO-ABB darstellt. In diesem Fall handelt es sich nicht um einen Missbrauch des Fahrausweises, sondern um ein Fehlverhalten, das nichts mit dem Fahrausweis selbst zu tun hat. Anders gesagt: § 8 Absatz 1 Satz 1 Halbsatz 1 VO-ABB verlangt, dass gerade der Fahrausweis Mittel zum Fehlverhalten ist („Fahrausweise, die entgegen […] benutzt werden").

Der Vorschrift des § 8 VO-ABB kommt in letzter Zeit stärkere Bedeutung zu, da die Anzahl der professionell gefälschten Fahrausweise zugenommen hat.[857]

Der Unterschied zwischen den Einzelfällen des § 8 Absatz 1 Satz 1 Halbsatz 2 VO-ABB und § 8 Absatz 2 VO-ABB ist insbesondere, dass nach Absatz 1 eine Einziehung des Fahrausweises zwingend ist, während Absatz 2 dem Unternehmen auf Grund der „kann"-Formulierung hierfür nur eine Möglichkeit eröffnet.[858]

5.7.2.1 Fahrausweise mit Mehrfachfunktion

Besonderer Konfliktstoff besteht bei der Einziehung von Fahrausweisen mit Mehrfachfunktion, d. h. Fahrausweisen, die gleichzeitig weitere Legitimationsfunktionen außerhalb des Nachweises einer Fahrtberechtigung haben. Beispiele hierfür sind sogenannte Kombitickets, d. h. Fahrausweise, die mit Eintrittskarten für Veranstaltungen kombiniert sind, sowie Studierendenausweise.

Hinsichtlich der Zulässigkeit einer Einziehung dieses Sortiments ist zu differenzieren. Grundsätzlich gilt auch hier die Regelung des § 8 VO-ABB mit der Möglichkeit der Einziehung. Allerdings gab es bei Erlass der VO-ABB im Jahr 1970 kaum solche Fahrausweise. Daher ist die Vorschrift im Lichte der neuen Produkte einschränkend auszulegen, wenn

---

[856] BGH, Urteil vom 23.11.2006 – Az. X ZR 16/05, Rn. 30 = TranspR 2007, 167 ff. = NJW-RR 2007, 1124 ff.

[857] Vgl. z. B. Jan Wördenweber und Daniel Taab, in: Kölnische Rundschau online „'Ticket-Mafia` auf dem Vormarsch" vom 15. April 2010; Der Tagesspiegel „Strichcode gegen Fahrscheinbetrüger" vom 11. Mai 2010, Seite 7.

[858] Grätz, Thomas, in: Fielitz/Grätz, A 3 § 8 VO-ABB, Rn. 4.

mit dem ungültigen Fahrausweis dem Verkehrsunternehmen kein weiterer Schaden zugefügt werden kann und damit das Interesse des Fahrausweisinhabers gegenüber dem des Verkehrsunternehmens deutlich überwiegt. Andererseits bleibt § 8 VO-ABB jedenfalls anwendbar, wenn der Inhaber des ungültigen Fahrausweises kein rechtlich schützenswertes Interesse hat diesen zu behalten. Letzteres ist insbesondere der Fall, soweit das Dokument Gegenstand einer Urkundenfälschung ist oder vom Nichtberechtigten benutzt wird. Im Ergebnis ist daher in der Regel ein Einzug von Fahrausweisen mit Mehrfachfunktion in den Fällen des § 8 Absatz 1 Satz 1 Nr. 1, 4 und 5 VO-ABB möglich, während in den Fällen des § 8 Absatz 1 Satz 1 Nr. 2 und 3 VO-ABB eher Bedenken bestehen.

5.7.2.2 Durchsetzung der Einziehung

Die dem Verkehrsunternehmen durch § 8 VO-ABB eingeräumte Möglichkeit, ungültige Fahrausweise einzuziehen, eröffnet noch keine hoheitlichen Befugnisse. Entsprechend darf ein Fahrausweisprüfer diesen Anspruch nicht gewaltsam durchsetzen. § 8 VO-ABB eröffnet lediglich einen zivilrechtlichen Anspruch auf das Einziehen dieser Fahrausweise.

Soweit ein Fahrgast sich weigert, den Fahrausweis herauszugeben, führt der Anspruch dazu, dass polizeiliche Hilfe angefordert werden muss. Ist diese nicht rechtzeitig zu erlangen und bleibt der Fahrgast anonym, so dass zu befürchten ist, die Durchsetzung des Anspruchs werde vereitelt oder wesentlich erschwert, besteht nach § 229 BGB die Möglichkeit, den Verpflichteten, wenn er der Flucht verdächtig ist, festzunehmen.

Soweit sich der Fahrausweisprüfer bereits im Besitz des ungültigen Fahrausweises befindet, steht ihm auf Grund des § 8 VO-ABB ein Besitzrecht zu.

5.7.2.3 Quittung für eingezogene Fahrausweise

Ebenso wie über die Zahlung eines EBE[859] hat der Fahrgast auch im Falle des Einzugs des Fahrausweises oder eines als Fahrausweis bezeichneten Gegenstandes den Anspruch auf Aushändigung einer Quittung. Der Anspruch ergibt sich aus § 368 BGB. Denn der Quittungsanspruch setzt keine Geldleistung voraus, sondern kann sich auch auf den Empfang einer Sachleistung beziehen.[860] Ferner ist der Fahrgast im Falle der Geltendmachung des Einzugsanspruchs durch das Verkehrsunternehmen Schuldner der Leistung.

---

[859] Bidinger, C § 9, Anm. 12.

[860] Zerres, Thomas, in: Tonner/Willingmann/Tamm, § 368, Rn. 2.

Allerdings muss die Quittung nicht unaufgefordert ausgestellt werden. Denn der Quittungsanspruch ist ein sogenannter „verhaltener Anspruch", der nur auf Verlangen erfüllt werden muss.[861]

5.7.2.4 Rückgabe von eingezogenen Fahrausweisen

Entsprechend dem Sinn der Einziehung, ungültige Fahrausweise aus dem Verkehr zu ziehen und Missbrauch zu verhindern, sind diese Fahrausweise in der Regel nicht wieder zurückzugeben.

Keine Rückgabe ist insbesondere bei ungültigen Fahrausweisen erforderlich, die für eine Straftat gebraucht wurden, es sei denn, die Ungültigkeit und die Straftat liegen darin, dass die Benutzung von einem Nichtberechtigten ohne Einverständnis des Berechtigten erfolgte.

Ferner muss ein Fahrausweis an den Fahrgast zurückgegeben werden, wenn er ungültig war, weil ihm Bestimmungsmerkmale fehlten, die nachholbar sind und deren Nachholung erfolgte.

Ebenfalls zurückzugeben sind Fahrausweise, die auf Grund des § 8 Absatz 2 VO-ABB eingezogen wurden, weil sie nur in Verbindung mit einem Antrag oder einem im Beförderungstarif vorgesehenen Personenausweis zur Beförderung berechtigen und der Antrag oder Personenausweis auf Verlangen nicht vorgezeigt wurde, dies aber mittlerweile nachgeholt wurde.

Keine Rückgabepflicht seitens des Verkehrsunternehmens besteht, wenn der ungültige Fahrausweis wegen des Verdachts einer Straftat rechtmäßigerweise an die Strafverfolgungsbehörden übersandt wurde. In diesen Fällen ist ein möglicher Anspruch gegen die staatlichen Stellen zu richten.

5.7.2.5 Einziehung und Fahrgelderstattung

Die Einziehung des ungültigen Fahrausweises nach § 8 Absatz 1 Satz 1 VO-ABB geschieht ohne finanzielle Kompensation, selbst wenn für den ungültigen Fahrausweis Geld gezahlt wurde. Denn § 8 Absatz 1 Satz 2 VO-ABB bestimmt, dass das Fahrgeld nicht erstattet wird.

Umstritten ist, ob auch bei einer Einziehung des Fahrausweises nach § 8 Absatz 2 VO-ABB eine Erstattung des Fahrgeldes in den BBB ausgeschlossen werden kann. Gegen einen Ausschluss könnte sprechen, dass sich die Regelung zur Nichterstattung des Fahrgeldes nur in § 8 Absatz 1 VO-ABB befindet. § 8 Absatz 2 VO-ABB stellt demgegenüber einen Sondertatbestand mit modifizierter Rechtsfolgenbestimmung dar („gilt als

---

[861] Pfeiffer, Thomas, in: Prütting/Wegen/Weinreich, § 368, Rn. 2; Zerres, Thomas, in: Tonner/Willingmann/Tamm, § 368, Rn. 5; Grüneberg, Christian, in: Palandt, § 368, Rn. 7.

ungültig und kann eingezogen werden").[862] Für die Aufnahme einer Ausschlussmöglichkeit in die BBB spricht, dass nach § 8 Absatz 2 VO-ABB beim Eintreten der dort beschriebenen Voraussetzung und „wenn der Antrag oder Personenausweis auf Verlangen nicht vorgezeigt wird" der Fahrausweis ebenfalls als ungültig gilt, so dass die Rechtsfolge des Absatzes 1, einschließlich Satz 2, wieder Anwendung finden kann. Ferner ist ein Argument, dass eine Regelung zur Erstattung in § 8 Absatz 2 VO-ABB nicht vorhanden ist.

Letztlich ist dieser auf Grund einer Formulierung in den BBB eines Verkehrsverbundes bis zum BGH getriebene Streit jedoch müßig. Denn auch soweit ein Verkehrsunternehmen nicht berechtigt ist, die Fahrgelderstattung für einen nach § 8 Absatz 2 VO-ABB eingezogenen Fahrausweis auszuschließen, ist es nicht verpflichtet, eine Erstattung bei einem Einzug vorzunehmen. Denn wann und wie eine Erstattung zu erfolgen hat, richtet sich ausschließlich nach § 10 VO-ABB. Zwar besteht in der Tat das vom BGH beklagte Missverhältnis[863] zwischen den Kosten einer sich am Anfang des Gültigkeitszeitraums befindlichen Zeitkarte und einem möglicherweise nur geringfügigen Verschulden bei einer Einziehung nach § 8 Absatz 2 VO-ABB. Allerdings liegt die Lösung dieses Problems nicht in der Erstattung des Zeitkartenpreises, sondern nur in der Rückgabe des Fahrausweises an den nachweislich Berechtigten.

5.7.3 Ausschluss von der Beförderung

Eine weitere Konsequenz eines Verstoßes gegen die Fahrausweispflicht ist die Möglichkeit nach § 6 Absatz 5 VO-ABB, den Fahrgast von der Beförderung auszuschließen. Hierzu kann vollumfänglich auf die obigen Ausführungen[864] verwiesen werden.

5.7.4 Strafrecht

Die strafrechtlichen Folgen eines Verstoßes gegen die Fahrausweispflicht gehören im engeren Sinne nicht zu den Rechten oder Pflichten, sondern zu den Folgen einer Pflichtverletzung, die gegenüber dem Staat zu tragen sind. Gleichwohl hängen sie unmittelbar mit dem Verstoß gegen die Fahrausweispflicht zusammen.

---

[862] BGH, Urteil vom 23.11.2006 – Az. X ZR 16/05, Rn. 26 = TranspR 2007, 167 ff. = NJW-RR 2007, 1124 ff.

[863] BGH, Urteil vom 23.11.2006 – Az. X ZR 16/05, Rn. 28 = TranspR 2007, 167 ff. = NJW-RR 2007, 1124 ff.

[864] Siehe oben unter 5.3.3.6 Verstoß gegen Fahrausweisbeschaffungspflicht.

5.7.4.1 Einschlägige Straftatbestände

Die strafrechtliche Folge eines Verstoßes gegen die Fahrausweispflicht, das sogenannte Schwarzfahren, ist in erster Linie die Verwirklichung des Tatbestands „Erschleichen von Leistungen" nach § 265a StGB. Gleichwohl sind nicht selten mit einem Verstoß gegen die Fahrausweispflicht auch die Tatbestände „Betrug" und „Urkundenfälschung" der §§ 263 und 267 StGB betroffen. Dies ist gegeben, wenn der Umfang der Fahrtberechtigung auf dem Fahrausweis geändert wurde oder der personalisierte Fahrausweis eines Dritten benutzt wird.

5.7.4.2 Verhältnis § 9 VO-ABB zum Strafrecht

In § 9 Absatz 1 Satz 2 VO-ABB bestimmt der Gesetzgeber, dass eine Verfolgung im Straf- oder Bußgeldverfahren unberührt bleibt. Dies bedeutet, dass ein Schwarzfahrer sowohl mit zivilrechtlichen Folgen als auch mit den strafrechtlichen Folgen seines Handelns konfrontiert werden kann. Die zivilrechtliche Folge der VO-ABB betrifft dabei das Verhältnis zum Verkehrsunternehmen. Die strafrechtliche Seite betrifft das Verhältnis zum Staat, der hiermit den Unwert des Handelns sanktionieren will.

Die doppelte Folge des Schwarzfahrens ist, dort wo sie eintritt, entgegen vereinzelter Kritik im Schrifttum auch sachgerecht.[865] Denn das kumulative Zusammentreffen von straf- und zivilrechtlichen Folgen ist ein Wesensmerkmal unserer Rechtsordnung mit der Einteilung in Zivilrecht und Öffentliches Recht. So hat der Täter einer Körperverletzung neben den strafrechtlichen Konsequenzen aus den §§ 223 ff. StGB genauso die zivilrechtlichen Folgen, wie Behandlungskosten und Schmerzensgeld, zu tragen, wie der Einbruchsdieb neben der strafrechtlichen Konsequenz aus § 243 StGB auch den Schadenersatz für die beim Einbruch herbeigeführten Zerstörungen und die entwendeten Sachen aufzubringen hat.

Die zwei Folgen des Schwarzfahrens sind aber nicht zwingend. So entsteht, anders als bei § 9 VO-ABB,[866] eine strafrechtliche Folge nur, wenn der Fahrgast das Entgelt vorsätzlich nicht entrichtet. Wesentlicher Unterschied zwischen der Strafbestimmung des § 265a StGB und dem § 9 VO-ABB ist mithin der subjektive Tatbestand des Schwarzfahrens, der bei § 9 VO-ABB nicht notwendig, aber im Strafrecht nachzuweisen ist. Desweiteren erfüllt das 13-jährige Kind, das bei Begehung der Schwarzfahrt die zur Erkenntnis der Verantwortlichkeit erforderliche Einsicht hat, den Tatbestand des § 9 VO-ABB, obgleich es strafrechtlich auf Grund des § 19 StGB nach § 265a StGB noch nicht belangt werden kann.

---

[865] Vgl. hierzu Lattka, Cornelia, Kapitel 7 C II, Seite 293 f.

[866] Bidinger, C § 9, Anm. 1 und 16.

5.7.4.3 Der Tatbestand des § 265a StGB

Bei einem Verstoß gegen die Fahrausweispflicht verlangt der Tatbestand des § 265a Absatz 1 StGB, dass der Täter „die Beförderung durch ein Verkehrsmittel […] in der Absicht erschleicht, das Entgelt nicht zu entrichten". Geschütztes Rechtsgut dieses Tatbestands ist das Vermögen des Verkehrsunternehmens.[867]

5.7.4.3.1 Beförderung durch ein Verkehrsmittel

Beförderung durch ein Verkehrsmittel meint das Verbringen von einem Ort zu einem anderen,[868] wobei unter Ort nicht die politische Gemeinde, sondern ein anderer räumlicher Punkt zu verstehen ist. Voraussetzung für die Beförderung ist daher, dass sich das Fahrzeug in Bewegung gesetzt hat. Wird ein Fahrgast bereits bei einer Einstiegskontrolle erwischt, liegt entsprechend nur ein Versuch vor.[869] An welcher Haltestelle der Betreffende in das Fahrzeug eingestiegen ist, welche Fahrtstrecke er bereits zurückgelegt hat oder ob das Fahrzeug erst wenige Meter fuhr, ist unerheblich, da der Tatbestand nicht nach dem quantitativen Erfolg der zurückgelegten Strecke differenziert.[870]

5.7.4.3.2 Nichtentrichtung des Entgelts

Die Nichtentrichtung des Entgelts setzt zum einen die – gleich ob zivilrechtliche oder öffentlich-rechtliche – Notwendigkeit der Zahlung eines Entgelts sowie das Unterlassen dessen voraus. Bei den PBefG-Linienverkehren des ÖPNV ist dieses Entgelt regelmäßig der genehmigte Tarif. Daher reicht es für die Verwirklichung des Tatbestandes aus, wenn lediglich ein geringerer Betrag als das notwendige tarifliche Entgelt gezahlt wird – z. B. wenn ein Erwachsener nur einen Kinderfahrausweis erwirbt, oder wenn der Fahrausweis für zu wenige Tarifzonen gelöst wird.

Der Einwand, der ÖPNV-Betreiber dürfe es nicht in der Hand haben, über die Gestaltung der Beförderungsbedingungen, z. B. durch die Bestimmung der Fahrpreise, Einfluss auf die Strafbarkeit zu haben[871] ist abwegig, da es ein Wesensmerkmal bei den durch Vermögensdelikte verletzten Rechten ist, dass der Geschädigte disponieren durfte, zu wel-

---

[867] Bidinger, C § 9, Anm. 6.

[868] Fischer, Thomas, § 265a StGB, Rn. 19.

[869] Perron, Walter, in: Schönke/Schröder, § 265a StGB, Rn. 13.

[870] A. A. ohne Begründung: OLG Frankfurt am Main, Beschluss vom 20. Juli 2010 – Az. 1 Ss 336/08.

[871] Zschieschack, Frank / Rau, Ingo, Anmerkung zu BGH, Beschluss vom 8. Januar 2009 – Az. 4 StR 117/08, JR 2009, 244.

chem Preis er diese gewährt, überträgt oder sich abkaufen lässt – auch ein Dieb ist mit dem Einwand ausgeschlossen, die angebotene Ware sei ihm in diesem Geschäft zu teuer gewesen.

Gleichfalls ist bei der Prüfung des Tatbestandsmerkmals der Nichtentrichtung des Entgelts die Überlegung verfehlt, es könne nicht sein, dass etwaige komplizierte Tarifbedingungen „ehrliche" Bürger in die Kriminalität trieben. Denn die Frage, ob der Fahrgast die Tarifbedingungen nicht verstanden hat, wäre, soweit notwendig, im Bereich des Vorsatzes zu thematisieren.

Soweit das entsprechende Entgelt bezahlt wurde, scheidet die Verwirklichung des Tatbestandes aus, selbst wenn zwar die Zahlung belegt werden kann, der Fahrausweis jedoch nicht mitgeführt wurde und dazu noch übertragbar ist[872] und erst recht, wenn nur der Fahrausweis im Augenblick der Prüfung nicht greifbar ist.[873] Denn während im Zivilrecht (und damit für das EBE) die Beweispflicht auf Seiten des Fahrgastes liegt, ist die strafrechtliche Sanktion mit der Unschuldsvermutung verbunden.

Der Tatbestand kann auch verwirklicht sein, wenn das Entgelt zwar entrichtet wurde, der Fahrausweis jedoch an einen anderen Fahrgast weitergegeben wird.[874] Dieser Fall liegt sowohl vor, wenn derjenige, der das tarifliche Entgelt entrichtet hat, sich befördern lässt, nachdem er den Fahrausweis weitergegeben hat, als auch bei demjenigen, der mit dem schon benutzten Fahrausweis die Fahrt durchführt, wenn eine Weiterbenutzung durch eine andere Person nach den genehmigten Tarifbestimmungen des Verkehrsunternehmens nicht zulässig ist.

5.7.4.3.3 Erschleichen

Das streitigste Tatbestandsmerkmal des § 265a StGB ist das Erschleichen.[875] Ein Teil der Rechtsprechung und Literatur hält es für erforderlich, dass der Täter Kontrollen oder Zugangssperren umgeht.[876] Die

---

[872] OLG Koblenz, Beschluss vom 11. Oktober 1999 – Az. 2 Ss 250/99 = NJW 2000, 86 f.; Bidinger, C § 9, Anm. 6; hierzu Anmerkung von Hilpert, Thomas, Bus & Bahn 2000, Heft 2, Seite 2.

[873] AG Nürtingen, Urteil vom 25. Oktober 2010 – Az. 13 Ds 86 Js 67074/10; AG Lübeck, Urteil vom 19. Oktober 1987 – Az. 751 Js 22352/87 = NJW 1989, 467.

[874] Hierzu: Fischer, Thomas, § 265a StGB, Rn. 9.

[875] Eingehend hierzu: BGH, Beschluss vom 8. Januar 2009 – Az. 4 StR 117/08 = BGHSt 53, 122 ff. = NStZ 2009, 211 f. = NJW 2009, 1091 f. = JZ 2009, 477 f. = NZV 2009, 299 f. = JR 2009, 242 f.; Perron, Walter, in: Schönke/Schröder, § 265a StGB, Rn. 11; Fischer, Thomas, § 265a StGB, Rn. 3 ff.; Schwenke, Jan, Seite 87 ff.

[876] AG Merseburg, Urteil vom 6. Juni 2007 – Az. 22 Cs 704 Js 5110/07; AG Hamburg, Urteil vom 11. März 1987 – Az. 127 b Ds 24 Js 16/87 = NStZ 1988, 221 f.; Alwart,

überwiegende Rechtsprechung und ein anderer Teil der Literatur hält jedes der Ordnung widersprechende Verhalten für ausreichend, durch das sich der Täter in den Genuss der Leistung bringt und bei welchem er sich mit dem Anschein der Ordnungsmäßigkeit umgibt.[877]

Sowohl der Wortlaut als auch die Historie sprechen vorliegend für die weite Definition des Erschleichens. Denn von der Sprachbedeutung her meint „Erschleichen" die Herbeiführung eines Erfolges auf unrechtmäßigem, unlauterem oder unmoralischem Wege.[878] Die Überlistung einer Kontrollmöglichkeit oder eine täuschungsähnliche Manipulation braucht danach nicht vorzuliegen.[879] Ferner geht § 265a StGB fast wörtlich auf den Entwurf eines Allgemeinen Deutschen Strafgesetzbuchs von 1927, dort § 347 „Erschleichen freien Zutritts", zurück, in dessen Begründung es unter anderem heißt: „Erschleichen ist nicht gleichbedeutend mit Einschleichen. Auch wer offen durch die Sperre geht, sich dabei aber so benimmt, als habe er das Eintrittsgeld entrichtet, erschleicht den Eintritt. Auch ein bloß passives Verhalten kann den Tatbestand des Erschleichens

---

Heiner, JZ 1986, 563; derselbe, JZ 2009, 478 ff.; Albrecht, Peter-Alexis, NStZ 1988, 222; Fischer, Thomas, § 265a StGB, Rn. 3 ff.; Perron, Walter, in: Schönke/Schröder, § 265a StGB, Rn. 11.

[877] BVerfG, Beschluss vom 9. Februar 1998 – Az. 2 BvR 1907/97 = NJW 1998, 1135 f.; BGH, Beschluss vom 8. Januar 2009 – Az. 4 StR 117/08 = BGHSt 53, 122 ff. = NStZ 2009, 211 f. = NJW 2009, 1091 f. = JZ 2009, 477 f. = NZV 2009, 299 f. = JR 2009, 242 f.; BGH, Urteil vom 8. August 1974 – Az. 4 StR 264/74; OLG Celle, Beschluss vom 27. Januar 2009 – Az. 32 Ss 159/08; OLG Sachsen-Anhalt, Beschluss vom 6. April 2009 – Az. 2 Ss 313/07; OLG Stuttgart, Urteil vom 10. März 1989 – Az. 1 Ss 635/88 = NJW 1990, 924 f.; OLG Hamburg, Urteil vom 18. Dezember 1990 – Az. 2a Ss 119/90 = NStZ 1991, 587 f.; OLG Hamburg, Urteil vom 3. Juni 1987 – Az. 1 Ss 67/87 = NJW 1987, 2688 f.; OLG Düsseldorf, Urteil vom 30. März 2000 – Az. 2b Ss 54/00 - 31/00 I = NJW 2000, 2120 f.; OLG Frankfurt a. M., Urteil vom 16. Januar 2001 – Az. 2 Ss 365/00 = NStZ-RR 2001, 269 f.; BayObLG, Beschluss vom 4. Juli 2001 – Az. 5 StRR 169/01 = StV 2002, 428; Bidinger, C § 9, Anm. 6; Falkenbach, Thomas, Seite 89.

[878] BGH, Beschluss vom 8. Januar 2009 – Az. 4 StR 117/08, Rn. 12 = BGHSt 53, 122 ff. = NStZ 2009, 211 f. = NJW 2009, 1091 f. = JZ 2009, 477 f. = NZV 2009, 299 f. = JR 2009, 242 f.; OLG Hamburg, Urteil vom 3. Juni 1987 – Az. 1 Ss 67/87 = NJW 1987, 2688 f., beide jeweils mit weiteren Nachweisen.

[879] BVerfG, Beschluss vom 9. Februar 1998 – Az. 2 BvR 1907/97 = NJW 1998, 1135 f.; BGH, Beschluss vom 8. Januar 2009 – Az. 4 StR 117/08 = BGHSt 53, 122 ff. = NStZ 2009, 211 f. = NJW 2009, 1091 f. = JZ 2009, 477 f. = NZV 2009, 299 f. = JR 2009, 242 f.; BGH, Urteil vom 8. August 1974 – Az. 4 StR 264/74; OLG Stuttgart, Urteil vom 10. März 1989 – Az. 1 Ss 635/88 = NJW 1990, 924 f.; OLG Hamburg, Urteil vom 18. Dezember 1990 – Az. 2a Ss 119/90 = NStZ 1991, 587 f.; OLG Düsseldorf, Urteil vom 30. März 2000 – Az. 2b Ss 54/00 - 31/00 I = NJW 2000, 2120 f.; OLG Frankfurt a. M., Urteil vom 16. Januar 2001 – Az. 2 Ss 365/00 = NStZ-RR 2001, 269 f.; Bidinger, C § 9, Anm. 6.

erfüllen; so fällt auch der Fahrgast einer Straßenbahn unter die Strafdrohung, der sich entgegen einer bestehenden Verpflichtung nicht um die Erlangung eines Fahrscheins kümmert".[880] Die systematische Stellung im Abschnitt „Betrug und Untreue" des StGB spricht ebenfalls eher für eine weite Auslegung als dagegen; denn dies gibt § 265a StGB die Auffangfunktion für Taten, bei denen das im Betrug notwendige Erfordernis der Täuschung und des Irrtums nicht erfüllt ist.[881]

Kein Fall des Erschleichens liegt allerdings vor, wenn der Fahrgast gegenüber dem Betriebspersonal ernsthaft kundtut, dass er keinen Fahrausweis habe. So erfüllen Schwarzfahrten, die als Demonstrationen gegen eine Fahrpreiserhöhung veranstaltet werden, nicht das Merkmal des Erschleichens.[882] Trotz Offenkundigkeit kann gleichwohl dann das Merkmal des Erschleichens erfüllt sein, wenn sie in einer Art ausgedrückt wird, die den Anschein des Scherzes in sich trägt, wie z. B. mit dem T-Shirt-Aufdruck „Ich bin Schwarzfahrer".[883] Denn vermeintlich-scherzhaft gestaltete Bekleidungsaufdrucke finden sich mittlerweile auch außerhalb des Karnevals häufig und lassen nicht unbedingt einen ernsthaften Hintergrund vermuten.

5.7.4.3.4 Subjektiver Tatbestand

Im subjektiven Tatbestand ist sowohl der Vorsatz als auch die Absicht notwendig. Die Absicht muss sich jedoch nur auf die Nichtentrichtung des Entgelts beziehen. Für die übrigen Tatbestandsmerkmale reicht der bedingte Vorsatz aus.[884]

5.7.4.3.5 Rechtsfolge

Rechtsfolge einer Straftat nach § 265a StGB ist die Bestrafung mit einer Freiheitsstrafe bis zu einem Jahr oder mit Geldstrafe, wenn die Tat nicht in anderen Vorschriften mit schwererer Strafe bedroht ist.

---

[880] Materialien zur Strafrechtsreform, 4. Bd., Entwurf eines Allgemeinen Deutschen Strafgesetzbuches 1927 mit Begründung und 2 Anlagen [Reichstagsvorlage], Bonn 1954 [Nachdruck], Seite 178/179; Die Strafrechtsnovellen vom 28. Juni 1935 und die amtlichen Begründungen, Amtliche Sonderveröffentlichungen der Deutschen Justiz Nr. 10, Seite 41, zitiert nach Falkenbach, Thomas, Seite 77, sowie BGH, Beschluss vom 8. Januar 2009 – Az. 4 StR 117/08, Rn. 17 = BGHSt 53, 122 ff. = NStZ 2009, 211 f. = NJW 2009, 1091 f. = JZ 2009, 477 f. = NZV 2009, 299 f. = JR 2009, 242 f.

[881] Bidinger, C § 9, Anm. 6.

[882] Hauf, Claus-Jürgen, DRiZ 1995, 15, 16; Falkenbach, Thomas, Seite 89.

[883] LG Hannover, Urteil vom 12. August 2008 – Az. 62 c 30/08 (zitiert nach juris).

[884] Falkenbach, Thomas, Seite 92.

5.7.4.3.6 Versuch

Gemäß § 265a Absatz 2 StGB ist der Versuch strafbar. Diese Regelung ist für die Begründung der Versuchsstrafbarkeit notwendig, da gemäß § 23 StGB der Versuch eines Vergehens, wie z. B. § 265a StGB, nur dann strafbar ist, wenn das Gesetz es ausdrücklich bestimmt.

5.7.4.3.7 Antragsdelikt

Nach § 265a Absatz 3 StGB gelten die §§ 247 und 248a StGB entsprechend. § 247 StGB enthält Bestimmungen zum Haus- und Familiendiebstahl; § 248a StGB solche zum Diebstahl und zur Unterschlagung geringwertiger Sachen. Allerdings ist für die hier untersuchten Fälle nicht der Verweis relevant, dass der Verkehrsunternehmer ein Familienangehöriger des Schwarzfahrers ist. Vielmehr ist wesentlich der Verweis auf die Geringwertigkeitsklausel des § 248a StGB und der damit verbundenen lediglichen Verfolgung auf Antrag. Jedoch besteht auch in diesen Fällen für die Strafverfolgungsbehörde die Möglichkeit der Verfolgung, falls diese wegen eines besonderen öffentlichen Interesses an der Strafverfolgung ein Einschreiten von Amts wegen für geboten hält.

5.7.4.4 Vorläufige Festnahme

Die strafrechtliche Folge des Schwarzfahrens hat für den Fahrgast ohne gültigen Fahrausweis noch eine weitere, unmittelbare Konsequenz. Denn die Verwirklichung eines Straftatbestandes gibt den Fahrausweisprüfern das sogenannte Jedermann-Recht der vorläufigen Festnahme nach § 127 Absatz 1 Satz 1 StPO, wonach ein auf frischer Tat Betroffener, wenn er der Flucht verdächtig ist oder seine Identität nicht sofort festgestellt werden kann, auch ohne richterliche Anordnung vorläufig festgenommen werden kann. Wäre der Tatbestand der Beförderungserschleichung nur als Ordnungswidrigkeit ausgestaltet[885] – so wie dies von einigen seit längerem gefordert wird[886] – stünde dieses Recht den Fahraus-

---

[885] Zur Diskussion hierzu: Schwenke, Jan, Seite 55 f. und 108 ff.; Lattka, Cornelia, Kapitel 7 C IV 1, Seite 300 ff.; Hilpert, Thomas, Bus & Bahn, 1998, Heft 1, Seite 2; Hauf, Claus-Jürgen, DRiZ 1995, 15 ff.

[886] Vgl. beispielhaft: Deutscher Bundestag, Drucksache 13/2005 vom 18. Juli 1995, Antrag des Abgeordneten Volker Beck (Köln) und der Fraktion Bündnis 90/Die Grünen „Entkriminalisierung des Ladendiebstahls, Schwarzfahrens und der Fahrerflucht bei Sachbeschädigung"; Deutscher Bundestag, Drucksache 12/6484 vom 21. Dezember 1993, Gesetzentwurf des Bundesrates „Entwurf eines Gesetzes zur Änderung des Strafgesetzbuches und des Gesetzes über Ordnungswidrigkeiten"; Deutscher Bundestag, Drucksache 13/374 vom 2. Mai 1995, Gesetzentwurf des Bundesrates „Entwurf eines Gesetzes zur Änderung des Strafgesetzbuches und des Gesetzes über Ordnungswidrigkeiten".

weisprüfern nicht zu. Bezahlt dann der Täter das EBE bar, besteht für das Verkehrsunternehmen nicht einmal das Selbsthilferecht aus § 229 BGB, da die zivilrechtliche Forderung beglichen ist, so dass der Täter anonym entkommen kann.[887] In diesen Fällen würde das Schwarzfahren für den Täter zur reinen Rechenaufgabe und Abwägung zwischen den Kosten für das EBE im Falle der Entdeckung und den ersparten Fahrgeldern bei den sonstigen Fahrten.[888]

5.8   Erstattung von Beförderungsentgelt

Hinsichtlich der Möglichkeit, sich ein gezahltes Beförderungsentgelt erstatten zu lassen, bestehen bei den Beförderungsverträgen der PBefG-Linienverkehre im ÖPNV zu Gunsten der Fahrgäste Unterschiede zu den allgemeinen zivilrechtlichen Regelungen. Während im allgemeinen Zivilrecht der Grundsatz „pacta sunt servanda" – geschlossene Verträge sind einzuhalten – gilt, und damit die Lösung von einem Vertrag, soweit keine Vertragsverletzung des Vertragspartners vorliegt oder sonstige Kündigungsrechte greifen, nur noch in Ausnahmefällen, insbesondere im Falle des § 313 BGB der „Störung der Geschäftsgrundlage" möglich ist, besteht für die PBefG-Linienverkehren des ÖPNV die Sonderregelung des § 10 VO-ABB.

5.8.1 Grundregel

Nach § 10 Absatz 1 Satz 1 VO-ABB wird das Beförderungsentgelt auf Antrag gegen Vorlage des Fahrausweises erstattet, wenn ein Fahrausweis nicht zur Fahrt benutzt wird. Gemäß § 10 Absatz 2 Satz 1 VO-ABB wird bei einem nur auf einem Teil der Strecke zur Fahrt benutztem Fahrausweis der Unterschied zwischen dem gezahlten Beförderungsentgelt und dem für die zurückgelegte Strecke erforderlichen Beförderungsentgelt auf Antrag gegen Vorlage des Fahrausweises erstattet. Eine Erstattungsregelung für die Nicht- oder nur teilweise Benutzung von Zeitkarten findet sich in § 10 Absatz 3 VO-ABB.

Einen Grund für die Nicht- oder nur Teilbenutzung muss der Fahrgast grundsätzlich nicht angeben, denn die Regelungen setzen keine Rechtfertigung des Fahrgastes voraus.[889] Eine Ausnahme bildet die Regelung in § 10 Absatz 3 VO-ABB für Zeitkarten, soweit die Erstattung für einen vergangenen Zeitraum geltend gemacht wird. Denn in diesen Fällen ist

---

[887] Wegner, Johannes, Bus & Bahn, 1993, Heft 10, Seite 2.

[888] Hilpert, Thomas, Bus & Bahn, 1998, Heft 1, Seite 2.

[889] Grätz, Thomas, in: Fielitz/Grätz, A 3 § 10 VO-ABB, Rn. 1; Bidinger, C § 10 VO-ABB, Anm. 4.

eine Bescheinigung eines Arztes, eines Krankenhauses oder einer Krankenkasse über Krankheit, Unfall oder Tod des Fahrgastes notwendig.

Während die VO-ABB mit der Regelung in § 10 Absatz 2 Satz 1 VO-ABB eine Regelung für im räumlichen Geltungsbereich nicht vollständig ausgenutzte Fahrausweise trifft, besteht hinsichtlich der zeitlich nicht vollständig ausgenutzten Fahrausweise nur eine Erstattungsmöglichkeit bei Zeitfahrausweisen nach § 10 Absatz 3 VO-ABB.

Verlorene oder abhanden gekommene Fahrausweise werden nicht erstattet.[890] Während dies bei der Eisenbahn ausdrücklich in § 18 Absatz 5 EVO geregelt ist, ergibt es sich in der VO-ABB nur indirekt, zum einen aus § 10 Absatz 1 Satz 1 VO-ABB zum anderen aus § 10 Absatz 2 Satz 1 VO-ABB. Dort ist bestimmt, dass die Erstattung in allen Fällen nur gegen Vorlage des Fahrausweises erfolgt. Dies gilt hinsichtlich eines verlorenen Schülerfahrausweises nach der Rechtsprechung auch im öffentlich-rechtlichen Verhältnis gegenüber einem Schulträger.[891] Die im Zusammenhang für den Erstattungsausschluss verlorener oder abhanden gekommener Fahrausweise gelegentlich zitierte, vermeintlich abweichende Entscheidung des BGH[892] greift bei der vorliegenden Problematik mindestens aus zwei Gründen nicht: Zum einen erging die BGH-Entscheidung hinsichtlich der Geltung von AGB und nicht eines materiellen Gesetzes,[893] zum anderen betraf die Entscheidung eine Beförderung, in denen eine Doppelleistung des Verkehrsunternehmens ausgeschlossen werden konnte, da eine feste Sitzplatzreservierung bestand, die es im PBefG-Linienverkehr des ÖPNV nicht gibt.

5.8.2 Beweispflicht

Sowohl für die Nichtbenutzung des Fahrausweises für eine Fahrt (§ 10 Absatz 1 VO-ABB) als auch bei Nutzung nur für eine Teilstrecke (§ 10 Absatz 2 VO-ABB) ist nach den Regelungen der Sätze 2 von Absatz 1 und 2 der Fahrgast beweispflichtig.[894] Die Regelung entspricht damit dem allgemeinen, auch ohne diese Festlegung geltenden Grundsatz des

---

[890] Bidinger, C § 10 VO-ABB, Anm. 6.

[891] VG Düsseldorf, Beschluss vom 8. Januar 2001 – Az. 18 K 7788/99 = NJW 2001, 2651; VG Gelsenkirchen, Beschluss vom 20. September 1985 – Az. 4 K 4840/84.

[892] BGH, Urteil vom 1. Februar 2005 – X ZR 10/04 = RRa 2005, 174 ff. = TranspR 2005, 265 ff. = NZV 2005, 411 (nur Leitsatz) = MDR 2005, 1038 (nur Leitsatz).

[893] Zu den Unterschieden vgl. oben 2.1.5 Rechtswirksamkeit der Regelungen in der VO-ABB.

[894] Grätz, Thomas, in: Fielitz/Grätz, A 3 § 10 VO-ABB, Rn. 1.

Prozessrechts, nach der für die rechtsbegründenden Tatsachen der angebliche Rechteinhaber beweispflichtig ist.[895]

5.8.3 Antragsfrist

Die Möglichkeit, eine Fahrpreiserstattung zu erhalten, besteht nach § 10 Absatz 4 VO-ABB nur, wenn der entsprechende Antrag unverzüglich, spätestens innerhalb einer Woche nach Ablauf der Gültigkeit des Fahrausweises bei der Verwaltung des Unternehmers gestellt wurde. Damit enthält § 10 Absatz 4 VO-ABB für den Fahrgast zwei zeitliche Einschränkungen. Denn neben der Ausschlussfrist[896] von einer Woche gilt die Verpflichtung den Antrag unverzüglich zu stellen. Dies ergibt sich aus der Formulierung: „spätestens" innerhalb einer Woche. Da „unverzüglich" nach § 121 Absatz 1 Satz 1 BGB „ohne schuldhaftes Zögern" bedeutet, kann daher die Antragstellung kurz vor dem Ende der Wochenfrist sogar zu spät sein. Dies ist allerdings ein theoretisches Problem, da in der Praxis kein Unternehmen die Unverzüglichkeit in Frage stellt.

Diese Frist betrifft aber nur den Antrag auf Erstattung. Etwaige Belege können auch später nachgereicht werden.[897]

5.8.4 Bearbeitungsentgelt

§ 10 Absatz 5 Satz 1 VO-ABB gibt dem Unternehmer das Recht, von dem zu erstattenden Betrag ein Bearbeitungsentgelt in Höhe von 2,-- Euro sowie eine etwaige Überweisungsgebühr abzuziehen. Eine Verpflichtung diesen Betrag zu erheben besteht nicht.

Das Recht auf das Bearbeitungsentgelt sowie eine etwaige Überweisungsgebühr steht dem Unternehmer nach § 10 Absatz 5 Satz 2 VO-ABB allerdings nicht zu, wenn die Erstattung auf Grund von Umständen beantragt wird, die er selbst zu vertreten hat.

Soweit die Kosten für das Bearbeitungsentgelt in Höhe von 2,-- Euro sowie eine etwaige Überweisungsgebühr den Erstattungsbetrag übersteigen, darf die Differenz dem Fahrgast nicht ohne Hinweis und Empfehlung auf Rücknahme des Erstattungsantrags in Rechnung gestellt werden.[898]

---

[895] Reichold, Klaus, in: Thomas/Putzo, Vorbemerkung zu § 284, Rn. 23.

[896] Bidinger, C § 10 VO-ABB, Anm. 11.

[897] Grätz, Thomas, in: Fielitz/Grätz, A 3 § 10 VO-ABB, Rn. 3.

[898] Weitergehender ohne Begründung: Bidinger, C § 10 VO-ABB, Anm. 13.

5.8.5 Berechnung des Erstattungsbetrages

Die Berechnung des Erstattungsbetrages für Fahrausweise von noch nicht durchgeführten Fahrten sollte unter Zugrundelegung der Regelungen des § 10 VO-ABB keine größeren Schwierigkeiten bereiten. Denn in diesen Fällen ist der Erstattungsbetrag gleich dem Fahrpreis abzüglich der Kosten nach § 10 Absatz 5 VO-ABB.

Schwieriger gestaltet sich hingegen die Fahrpreiserstattung bei Fahrausweisen, die bereits teilweise benutzt wurden. In diesen Fällen ist jeweils eine „als ob"-Berechnung erforderlich:

Soweit danach ein Fahrausweis bereits für einen Teil der Strecke zur Fahrt benutzt wurde, wird nach § 10 Absatz 2 Satz 1 VO-ABB der Unterschied zwischen dem gezahlten Beförderungsentgelt und dem für die zurückgelegte Strecke erforderlichen Beförderungsentgelt berechnet.

Soweit eine Zeitkarte nicht oder nur teilweise benutzt wird, wird das Beförderungsentgelt abzüglich der Kosten berechnet, die für Einzelfahrten in dem entsprechenden Zeitraum aufzubringen gewesen wären, wobei hierfür nach § 10 Absatz 2 Satz 2 VO-ABB je Tag zwei Fahrten bis zu dem Zeitpunkt der Rückgabe oder Hinterlegung der Zeitkarte oder das Datum des Poststempels der Übersendung als maßgeblich gelten.

Eine Ermäßigung wird bei der Anrechnung des Beförderungsentgelts für die durchgeführten Einzelfahrten nach § 10 Absatz 3 Satz 4 VO-ABB nur bei Vorliegen der hierfür erforderlichen Voraussetzungen zugrunde gelegt. Von dem dann errechneten Betrag werden schließlich noch die Kosten nach § 10 Absatz 5 VO-ABB abgezogen.

5.8.6 Fahrgelderstattung bei Beförderungsausschluss

Nach § 10 Absatz 6 VO-ABB besteht kein Anspruch auf eine Fahrgelderstattung, wenn der Fahrausweis nicht zur Fahrt oder nur auf einem Teil der Strecke zur Fahrt benutzt wurde, weil der Fahrgast von der Beförderung ausgeschlossen wurde.[899] Hiervon sind jedoch zwei Ausnahmen zu machen.

Erstens gilt dieser Grundsatz – auch wenn dies nicht explizit in der Vorschrift steht – nur, wenn der Beförderungsausschluss auch rechtmäßig war.[900] Denn im Falle eines rechtswidrigen Ausschlusses dürfen dem rechtswidrig Handelnden nicht die Früchte seiner Tat zugutekommen.

Zweitens besteht nach dem Wortlaut des § 10 Absatz 6 VO-ABB eine Ausnahme in den Fällen des § 3 Absatz 1 Satz 2 Nr. 2 VO-ABB. Diese

---

[899]   Siehe hierzu oben unter 5.3.7 Konsequenzen bei berechtigtem Ausschluss.

[900]   Siehe hierzu oben unter 5.3.6 Konsequenzen bei unberechtigtem Ausschluss.

Vorschrift enthält den Ausschluss von Personen mit ansteckenden Krankheiten.[901] Der Grund für die Ausnahme in diesen Fällen liegt darin, dass hier im Gegensatz zu den anderen Fällen des Ausschlusses von Fahrgästen in den §§ 3, 4 Absatz 5 und 6 Absatz 5 VO-ABB der Ausschluss nicht auf Grund des Verhaltens und damit eines normalerweise steuerbaren Tuns erfolgt, sondern auf Grund eines Umstands, den die betreffende Person regelmäßig selbst nicht gewünscht hat und auf Grund dessen ihr nach dem Willen des Gesetzgebers nicht noch eine zusätzliche Bürde auferlegt werden soll.

5.8.7 Einzelfälle

Die wichtigsten Fälle, in denen über Anträge auf Fahrgelderstattung gestritten wird, betreffen die vermeintlichen oder tatsächlichen Fälle von Streik, höherer Gewalt, Krankheit des Fahrgastes und Tarifwechsel. Die Anwendung des § 16 VO-ABB scheidet hinsichtlich der Prüfung eines Erstattungsanspruchs in diesen Fällen aus, da es nicht um Schadenersatz geht.

5.8.7.1 Höhere Gewalt

Teilweise wird geltend gemacht, in Fällen der höheren Gewalt sei eine Erstattung ausgeschlossen.[902] Eine Definition oder Regelung zur höheren Gewalt findet sich im Personenbeförderungsrecht nicht. Nach der Definition des Reichsgerichts[903] ist unter höherer Gewalt ein außerordentliches Ereignis zu verstehen, das unverschuldet von außerhalb des Betriebskreises hereinbricht und unter den gegebenen Umständen auch durch äußerste, nach Lage der Sache vom Betroffenen zu erwartende Sorgfalt nicht verhindert werden kann. Diese Definition des Reichsgerichts wird auch weiterhin von der Rechtsprechung[904] sowie der Literatur[905] verwendet und allgemein im deutschen Recht benutzt.[906] Soweit

---

[901] Siehe hierzu oben unter 5.3.3.2 Personen mit ansteckenden Krankheiten.

[902] Vgl. nur beispielhaft: Neue Westfälische (Herford) „Berufskollegs spüren Bus-Streik am stärksten" vom 10. November 2010; Mitteilung der BVG „Wichtige Fragen und Antworten zu den Streikmaßnahmen bei der BVG" vom März 2008, Seite 7, Antwort zur Frage 8; Bild (Berlin) „Alles was Sie zum Streik wissen müssen" vom 4. März 2008.

[903] RG, Urteil vom 13. Dezember 1920 – Az. VI 455/20 = RGZ 101, 94, 95; RG, Urteil vom 7. April 1927 – Az. IV 745/26 = RGZ 117, 12, 13.

[904] Vgl. BGH, Urteil vom 12. März 1987 – Az. VII ZR 172/86 = BGHZ 100, 185, 188.

[905] Tonner, Klaus, in: MünchKommBGB, Bd. 4, § 651j, Rn. 7; derselbe, NJW 2000, 3665, 3667; Sprau, Hartwig, in: Palandt § 651j, Rn. 3; Lindner, Beatrix / Schulz, Daniela, in: Tonner/Willingmann/Tamm, § 651j BGB, Rn. 5; Deppenkemper, Gunter, in: Prütting/Wegen/Weinreich, § 651j, Rn. 4.

der Erstattungsausschluss begründet wird, geschieht dies unter Bezugnahme auf das, dem Begriff der höheren Gewalt immanenten, fehlenden Verschulden.

Allerdings setzt § 10 VO-ABB für die Erstattung von Beförderungsentgelt überhaupt kein Verschulden voraus. Entsprechend kann eine Erstattung nach § 10 VO-ABB auch nicht wegen höherer Gewalt ausgeschlossen werden.

5.8.7.2 Streik

Ein weiterer vermeintlicher Ausschlussgrund wird in den Fällen eines Streiks geltend gemacht. Zur Begründung werden drei Argumente genannt.

Erstens wird behauptet, der Streik der Mitarbeiter sei ein Fall der „höheren Gewalt".[907] Hiergegen spricht schon die zuvor[908] dargestellte Definition der höheren Gewalt, die ein Ereignis von „außerhalb des Betriebskreises" bedingt. Entsprechend ist schon deshalb der Streik jedenfalls dann nicht als ein Fall der höheren Gewalt anzusehen, wenn das eigene Personal oder ein Subunternehmer diesen Streik ausführt.[909]

Zweitens wird teilweise gegen eine Erstattung ein fehlendes Verschulden eingewandt. Hier wird argumentiert, das Verkehrsunternehmen streike ja nicht, sondern werde bestreikt. Daher könne keine Erstattung gewährt werden. Wie bereits zuvor[910] ausgeführt, setzt § 10 VO-ABB für die Erstattung von Beförderungsentgelt aber kein Verschulden voraus, weshalb auch aus diesem Grund eine Erstattung nicht ausgeschlossen werden kann.

Drittens wird bei Verkehren innerhalb eines Verkehrsverbundes geltend gemacht, dass der Streik nicht alle Verbundunternehmen betreffe. Daher könne der Fahrgast die anderen Verbundunternehmen nutzen oder genutzt haben. Dieser Einwand hat rechtliche Substanz. Allerdings stellt er kein Argument gegen den grundsätzlichen Ausschluss von Erstattun-

---

[906] Tonner, Klaus, in: MünchKommBGB, Bd. 4, § 651j, Rn. 9.

[907] Vgl. nur beispielhaft: Neue Westfälische (Herford) „Berufskollegs spüren Bus-Streik am stärksten" vom 10. November 2010; Mitteilung der BVG „Wichtige Fragen und Antworten zu den Streikmaßnahmen bei der BVG" vom März 2008, Seite 7, Antwort zur Frage 8; Bild (Berlin) „Alles was Sie zum Streik wissen müssen" vom 4. März 2008.

[908] Vgl. oben unter 5.8.7.1 Höhere Gewalt.

[909] Vgl. nur beispielhaft: Tonner, Klaus, in: MünchKommBGB, Bd. 4, § 651j, Rn. 8; Sprau, Hartwig, in: Palandt § 651j, Rn. 3; Bartl, Harald, NJW 1979, 1384, 1390; Lindner, Beatrix / Schulz, Daniela, in: Tonner/Willingmann/Tamm, § 651j BGB, Rn. 6.

[910] Siehe unter 5.8.7.1 Höhere Gewalt.

gen bei Streiks dar. Diesbezüglich ist vielmehr so zu verfahren, wie es § 10 VO-ABB vorsieht.

5.8.7.3 Krankheit des Fahrgastes

Ein weiterer wichtiger Fall des § 10 VO-ABB ist ein Erstattungsantrag wegen einer Krankheit des Fahrgastes. Nach § 10 Absatz 3 Satz 3 VO-ABB ist eine Erstattung des Beförderungsentgelts möglich, „wenn die Bescheinigung eines Arztes, eines Krankenhauses oder einer Krankenkasse über Krankheit, Unfall oder Tod des Fahrgastes vorgelegt wird". Problematisch ist hierbei, dass ein Arzt zwar bescheinigen kann, dass jemand eine bestimmte Krankheit hat und ob hierfür Bettruhe angesagt ist, ob dies jedoch eingehalten wird, kann ein Arzt nicht belegen. Gleichwohl gestattet die Verordnung die Bescheinigung eines Arztes. Damit kehrt sie die an sich dem Fahrgast nach § 10 Absatz 1 Satz 2 VO-ABB obliegende Beweispflicht für die Nichtbenutzung um. Die Bescheinigung ist daher vom Verkehrsunternehmen zu akzeptieren. Ein Gegenbeweis bleibt jedoch möglich.

Noch nicht erfüllt ist das Tatbestandsmerkmal der „Bescheinigung eines Arztes", wenn lediglich eine einfache Krankmeldung vorgelegt wird. Denn bescheinigt werden muss nicht nur die Krankheit an sich, sondern der Umstand, dass auf Grund der Krankheit davon ausgegangen werden kann, dass der Fahrgast die Verkehrsmittel nicht nutzen konnte.

5.8.7.4 Tarifwechsel

Nicht ausdrücklich in § 10 VO-ABB erwähnt ist der Rückerstattungsanspruch von Fahrausweisen bei Tarifwechsel. Meist bieten die Verkehrsunternehmen von sich aus eine Übergangszeit an, in denen sie Fahrausweise aus der Zeit vor dem Tarifwechsel als gültige Fahrausweise weiterhin anerkennen. Diese Übergangszeiten sind je nach Unternehmen oder Verbund unterschiedlich. Unabhängig von dieser Unternehmenspraxis stellt sich die Frage, ob ein Anspruch auf Rückgabe des zum alten Tarif erworbenen Fahrausweises mit Erstattung des Fahrpreises oder Weitergeltung während einer Übergangszeit besteht.

Wie zuvor dargestellt[911] besitzt der Fahrgast keine Rechtfertigungsnotwendigkeit für den Umtausch oder die Rückgabe eines Fahrausweises nach § 10 Absatz 1 VO-ABB. Schon aus diesem Grund ist auch der Umtausch gültiger Fahrausweise nach einem Tarifwechsel rechtlich unproblematisch. Daher stellt sich nur die Frage, wie lange der Fahrausweis nach einem Tarifwechsel gültig bleibt.

---

[911] Siehe oben unter 5.8.1 Grundregel.

Nach der Regelung des § 39 Absatz 5 PBefG tritt eine Erhöhung der Beförderungsentgelte frühestens am siebenten Tage nach der Veröffentlichung in Kraft. Auf Grund der Formulierung „frühestens" können die Unternehmen und Verbünde für die Fahrgäste längere, aber keine kürzeren Zeiträume vorsehen. Nach § 10 Absatz 4 VO-ABB sind Erstattungsanträge unverzüglich, spätestens innerhalb einer Woche nach Ablauf der Gültigkeit des Fahrausweises bei der Verwaltung des Unternehmers zu stellen. Hieraus ergibt sich, dass bei einem Tarifwechsel zwingend binnen der kumulativen Zeiträume des § 39 Absatz 5 PBefG und des § 10 Absatz 4 VO-ABB, d. h. mithin jedenfalls zwei Wochen nach der Veröffentlichung der Tarifänderung, Fahrausweise des alten Tarifs auf Antrag zu erstatten sind. Nach diesem Zeitraum ist eine kulanzmäßige oder in den BBB festgelegte weitere Erstattung möglich; nach den gesetzlichen Vorschriften zwingend ist dies jedoch nicht. Denn danach gilt die Regelung des § 8 Absatz 1 Satz 2 i. V. m. Satz 1 Nr. 7 VO-ABB, nach dem Fahrgeld für wegen Zeitablaufs oder aus anderen Gründen verfallene Fahrscheine nicht erstattet wird.

Es mag dahinstehen, ob diese Zwei-Wochen-Frist zu kurz ist. Dies gilt insbesondere vor dem Hintergrund der Wertungen des § 309 Nr. 1 BGB (kurzfristige Preiserhöhungen), obgleich dieser wegen der Spezialregelungen des § 39 Absatz 5 PBefG keine Anwendung findet.

Der Vollständigkeit halber sei erwähnt, dass die Entscheidung des BGH zur Gültigkeitsdauer von Gutscheinen[912] vorliegend schon deshalb keine Rolle spielt, da hier zum einen ebenfalls die Spezialregelungen des § 39 Absatz 5 PBefG und des § 10 Absatz 4 VO-ABB greifen, zum anderen im Unterschied zu Telefonkarten, die nur als „Sammelkarten" mit mehreren Einheiten zu bekommen sind, alternativ nur für die jeweilige Fahrt gültige Einzelfahrausweise erworben werden können. Denn mit der Wahl einer Mehrfahrtenkarte nutzt der Fahrgast nur die Möglichkeit eines besonders günstigen Angebots, für das er dann auch das Risiko des üblicherweise einmal jährlich stattfindenden Tarifwechsels in Kauf nehmen muss.[913]

---

[912] BGH, Urteil vom 12. Juni 2001 – Az. XI ZR 274/00 = BGHZ 148, 74 ff. = NJW 2001, 2635 ff. = MDR 2001, 1226 f. = VuR 2001, 411 ff.

[913] Ebenso: AG Hannover, Urteil vom 12. Juli 1989 – Az. 523 C 19192/86; vergleichbarer Rechtsgedanke bei: BGH, Urteil vom 11. November 2010 – Az. III ZR 57/10.

5.9 Diskriminierungsverbot

5.9.1 AGG

Streit über eine mögliche Diskriminierung im ÖPNV findet sich insbesondere im Hinblick auf eine Diskriminierung wegen des Alters und wegen einer Behinderung.

5.9.1.1 Behinderung

Die Diskussion wegen einer Diskriminierung auf Grund einer Behinderung konzentriert sich meist auf den Transport im Fahrzeug selbst und betrifft den grundsätzlichen, schon systembedingt gegensätzlichen und deshalb strukturell nicht lösbaren Widerspruch zwischen öffentlichem Verkehr als Massentransportmittel, der notwendigerweise eine generalisierende Betrachtungsweise erfordert, und persönlichen Schwierigkeiten, die eine individuelle Betrachtungsweise wünschenswert erscheinen lassen. Obwohl daher § 2 Absatz 1 Nr. 8 AGG zwar grundsätzlich auch die Anwendung des AGG auf den ÖPNV eröffnet und § 19 Absatz 1 Nr. 1 AGG an sich eine Diskriminierung verbietet, besteht mit § 20 Absatz 1 AGG eine Rechtfertigung für eine zulässige unterschiedliche Behandlung, wenn für diese ein sachlicher Grund vorliegt.

Die Einzelfragen einer möglichen Diskriminierung behinderter Menschen fokussierten sich in der Vergangenheit meist auf den praktischen Zugang zu den Fahrzeugen des ÖPNV – allerdings nicht wegen der Person des Behinderten, sondern regelmäßig wegen seines Fahrzeugs, insbesondere besonders schwerer Rollstühle. Diese Konflikte hingen allerdings weniger mit den durch das AGG erfolgten Rechtsänderungen, sondern mehr mit dem Wandel der tatsächlichen Möglichkeiten zusammen. Denn erst durch die in etwa seit dem Ende der 1990er Jahre erfolgte schrittweise Umrüstung von Haltestellen und Fahrzeugen auf einen nahezu niveaugleichen Einstieg wurden die Voraussetzungen für den Zugang auch mit Rollstühlen etc. geschaffen. Entsprechend kann hierzu auf die obigen Ausführungen[914] verwiesen werden.

5.9.1.2 Alter

Im Gegensatz zu der Behauptung einer Behindertendiskriminierung ist die Behauptung einer Altersdiskriminierung weniger ein Thema der Zugänglichkeit, sondern im Wesentlichen ein Thema des Tarifs. Hier ist

---

[914] Siehe oben unter 5.4.2.3 Hilfsmittel für behinderte Menschen.

sowohl die Behauptung der Diskriminierung wegen des zu jungen als auch des schon fortgeschrittenen Alters möglich.[915]

Die Behauptung einer Diskriminierung wegen des zu jungen Alters wurde erhoben, da viele Verkehrsunternehmen preiswertere Seniorentarife im Zeitkartensegment anbieten. Die Rechtsprechung hegt gegen diese Tarife keine Bedenken, da sie nach § 20 Absatz 1 AGG gerechtfertigt sind.[916] Diese Rechtsprechung ist folgerichtig. Denn der sachliche Grund bei diesem Tarifinstrument ist, dass die Gruppe der Senioren zu einem deutlich geringeren Maße noch eine Berufstätigkeit ausübt und daher nicht zu den Hauptverkehrszeiten die Verkehrsmittel benutzt. Die Verkehrsspitze ist aber für Verkehrsunternehmen die am meisten Kosten verursachende Tageszeit, da hier die Grenzkosten entstehen. Hinzu kommt auch, dass Senioren wegen der üblicherweise nicht mehr ausgeübten Berufstätigkeit seltener die Verkehrsmittel benutzen. Die Rechtfertigung über sachliche Gründe erkannte schon der Gesetzgeber in der Begründung zu § 19 Absatz 1 AGG an, als er formulierte: „die sozial verwerfliche Diskriminierung unterscheidet sich von der durch das Prinzip der Vertragsfreiheit gedeckten erlaubten Differenzierung gerade dadurch, dass willkürlich und ohne sachlichen Grund einzelnen Personen der Zugang zu einer Leistung verwehrt oder erschwert wird, die ansonsten anderen Personen gleichermaßen zur Verfügung steht."[917]

Die umgekehrten Fälle der Preisnachlässe für Schüler und Studenten wurden bereits in der Gesetzesbegründung als Beispiel für einen sachlichen Grund genannt. Dort heißt es, dass „Differenzierungen im allgemeinen Zivilrecht oft akzeptiert oder sogar höchst erwünscht sind. Beispielhaft erwähnt seien hier nur Preisrabatte für Schülerinnen und Schüler oder für Studierende".[918]

Es gibt aber auch weitere Behauptungen einer Diskriminierung wegen des Alters. Diese betreffen z. B. Tarifangebote mit unterschiedlichen Preisen auf Grund eines anderen Vertriebsmodells bei gleichem Leistungsspektrum hinsichtlich der Beförderung. Diese Fälle der Tarifgestaltung bestehen zwar schon lange. Als Beispiel kann die Monatskarte genannt werden, die im Abonnement billiger ist als im Einzelerwerb am Schalter. Diese Tarife wurden in der Vergangenheit von der Rechtspre-

---

[915] Benedict, Jörg, in: Tonner/Willingmann/Tamm, § 1 AGG, Rn. 56.

[916] AG Düsseldorf, Urteil vom 11. Mai 2010 – Az. 58 C 1687/10; AG Mannheim, Urteil vom 6. Juni 2008 – Az. 10 C 34/08 = NJW 2008, 3442 ff.

[917] Deutscher Bundestag, Drucksache 16/1780 vom 8. Juni 2006, Seite 41, Begründung zu § 19 Absatz 1.

[918] Deutscher Bundestag, Drucksache 16/1780 vom 8. Juni 2006, Seite 43, Begründung zu § 20; hierzu ebenfalls die Begründung zu § 20 Absatz 1 Satz 2, Nr. 3, Seite 44.

chung auch nicht als diskriminierend erachtet.[919] Gleichwohl ist unter Geltung des AGG eine Diskussion aufgekommen, ob es eine nach § 19 Absatz 1 AGG unzulässige Altersdiskriminierung darstellen könnte, wenn Fahrausweise am Automaten billiger sind als am Schalter – oder aus Sicht der Kritiker, am Schalter teurer als am Automaten. Die Rechtsprechung hat diese Argumentation allerdings zu recht nicht zugelassen.[920] Zum einen ist hiergegen vorzubringen, dass ein sachlicher Grund im Sinne des § 20 Absatz 1 Satz 1 AGG vorliegt, da das Schaltergeschäft deutlich höhere Vertriebskosten bedeutet als der Automatenverkauf. Zum anderen sei es keine belegte These, dass ältere Leute den Erwerb am Schalter und jüngere Personen denjenigen am Automaten vorziehen.[921]

5.9.2 BGG

Eine weitere Vorschrift, die im Zusammenhang mit einem Diskriminierungsverbot der hier untersuchten ÖPNV-Verkehre beachtet werden muss, ist § 8 Absatz 2 BGG. Danach sind u. a. öffentlich zugängliche Verkehrsanlagen und Beförderungsmittel im ÖPNV nach Maßgabe der einschlägigen Rechtsvorschriften des Bundes barrierefrei zu gestalten.

Allerdings belegt diese Vorschrift den behinderten Menschen nicht mit einem subjektiven Recht, sondern wendet sich an die staatlichen Institutionen als Normadressat.[922] Im Hinblick auf diese Regelung sind daher insbesondere die Bauvorschriften der BOStrab zu sehen, wie z. B.
- § 3 Absatz 5 Satz 1 BOStrab, nach dem zu den baulichen Anforderungen auch Maßnahmen gehören, die Behinderten die Benutzung der Betriebsanlagen und Fahrzeuge ohne besondere Erschwernis ermöglichen, oder

---

[919] OLG Celle, Urteil vom 17. März 1988 – Az. 13 U 207/87 = TranspR 1988, 301 ff. = VRS Bd. 76, Nr. 99, Seite 277, 280.

[920] Hessischer VGH, Urteil vom 14. September 2010 – Az. 2 A 1337/10 = DÖV 2011, 43 (nur Leitsatz) = DVBl. 2010, 1585 (nur Leitsatz); VG Frankfurt am Main, Urteil vom 12. Mai 2009 – Az. 12 K 4006/08.F (Vorinstanz); dazu auch: Hessisch-Niedersächsische Allgemeine „Bahn darf weiter kassieren" vom 15. September 2010, Seite 21.

[921] Hessischer VGH, Urteil vom 14. September 2010 – Az. 2 A 1337/10 = DÖV 2011, 43 (nur Leitsatz) = DVBl. 2010, 1585 (nur Leitsatz); VG Frankfurt am Main, Urteil vom 12. Mai 2009 – Az. 12 K 4006/08.F (Vorinstanz).

[922] Deutscher Bundestag, Drucksache 14/7420 vom 12. November 2001, der Fraktionen SPD und BÜNDNIS 90/DIE GRÜNEN „Entwurf eines Gesetzes zur Gleichstellung behinderter Menschen und zur Änderung anderer Gesetze", Seite 19, zu Nr. 5; Pahlen, Ronald, in: Neumann/Pahlen/Majerski-Pahlen, § 8 BGG, Rn. 2.

- § 31 Absatz 3 BOStrab, der vorschreibt, dass Haltestellen ebenerdiger Strecken ohne Stufen zugänglich und Haltestellen in Hoch- oder Tieflage auch über Aufzüge erreichbar sein sollen, sowie
- § 31 Absatz 10 BOStrab, nach der eine Rampe, eine Fahrtreppe oder eine andere mechanische Förderhilfe vorhanden sein muss, wenn in einer Haltestelle der zu überwindende Höhenunterschied mehr als 8,0 m beträgt.

5.9.3 EU-Recht

Die EU hat verschiedene Richtlinien zur Antidiskriminierung verabschiedet.[923] Diese gelten allerdings auf Grund ihres Richtliniencharakters nicht unmittelbar; sie wurden in das AGG eingearbeitet.[924]

Darüber hinaus finden sich Antidiskriminierungsbestimmungen verstreut in verschiedenen europäischen Verordnungen. Die spezifischste Bedeutung für die PBefG-Linienverkehre des ÖPNV hat hierbei die den Busverkehr betreffende Verordnung (EU) Nr. 181/2011. Dort werden bei den für die Verkehre des ÖPNV anwendbaren Vorschriften Fragen der Antidiskriminierung in den Artikeln 4 und 9 behandelt. Danach sind gemäß Artikel 4 Absatz 2 – unbeschadet der Sozialtarife – die von Beförderern angewandten Vertragsbedingungen und Tarife der Allgemeinheit ohne jegliche unmittelbare oder mittelbare Diskriminierung aufgrund der Staatsangehörigkeit des Endkunden oder des Ortes der Niederlassung des Beförderers oder Fahrscheinverkäufers in der Union anzubieten. Artikel 9 Absatz 1 verpflichtet die Beförderer, sich nicht allein aufgrund der Behinderung oder der eingeschränkten Mobilität einer Person zu weigern, einen Fahrschein zur Verfügung zu stellen oder die Person an Bord des Fahrzeugs zu nehmen. Ferner verpflichtet Artikel 9 Absatz 2

---

[923] Richtlinie 2000/43/EG des Rates vom 29. Juni 2000 zur Anwendung des Gleichbehandlungsgrundsatzes ohne Unterschied der Rasse oder der ethnischen Herkunft, Amtsblatt Nr. L 180 vom 19. Juli 2000, Seite 22 ff.;
Richtlinie 2000/78/EG des Rates vom 27. November 2000 zur Festlegung eines allgemeinen Rahmens für die Verwirklichung der Gleichbehandlung in Beschäftigung und Beruf, Amtsblatt Nr. L 303 vom 2. Dezember 2000, Seite 16 ff.;
Richtlinie 2002/73/EG des Rates vom 23. September 2002 zur Änderung der Richtlinie 76/207/EWG des Rates zur Verwirklichung des Grundsatzes der Gleichbehandlung von Männern und Frauen hinsichtlich des Zugangs zur Beschäftigung, zur Berufsbildung und zum beruflichen Aufstieg sowie in Bezug auf die Arbeitsbedingungen, Amtsblatt Nr. L 269 vom 5. Oktober 2002, Seite 15 ff.;
Richtlinie 2004/113/EG des Rates vom 13. Dezember 2004 zur Verwirklichung des Grundsatzes der Gleichbehandlung von Männern und Frauen beim Zugang zu und bei der Versorgung mit Gütern und Dienstleistungen, Amtsblatt Nr. L 373 vom 21. Dezember 2004, Seite 37 ff.

[924] Vgl. hierzu Benedict, Jörg, in: Tonner/Willingmann/Tamm, § 1 AGG, Rn. 6.

Reservierungen und Fahrscheine für behinderte Menschen und Personen mit eingeschränkter Mobilität ohne Aufpreis anzubieten.

Die Bedeutung dieser Bestimmungen gegen Antidiskriminierung in der Verordnung (EU) Nr. 181/2011 wird sich in Deutschland aller Voraussicht nach im Rahmen halten. Denn die Regelung des Artikels 4 Absatz 2 der Verordnung (EU) Nr. 181/2011 entspricht im Wesentlichen der Regelung des § 39 Absatz 3 PBefG, nach dem die festgestellten Beförderungsentgelte nicht über- oder unterschritten werden dürfen und gleichmäßig anzuwenden sind sowie Ermäßigungen, die nicht unter gleichen Bedingungen jedermann zugutekommen, verboten und nichtig sind. Hinsichtlich des Anspruchs auf Beförderung in Artikel 9 Verordnung (EU) Nr. 181/2011 besteht in Artikel 10 Absatz 1 eine Ausnahme. Danach können sich, unbeschadet des Artikels 9 Absatz 1, die Unternehmer weigern, aufgrund der Behinderung oder eingeschränkten Mobilität einer Person einen Fahrschein zur Verfügung zu stellen oder die Person an Bord des Fahrzeugs zu nehmen,

a) um geltenden Sicherheitsanforderungen nachzukommen, die durch Vorschriften des internationalen Rechts, des Unionsrechts oder des nationalen Rechts festgelegt sind, oder um Gesundheits- und Sicherheitsanforderungen nachzukommen, die von den zuständigen Behörden erlassen wurden oder

b) wenn es wegen der Bauart des Fahrzeugs oder der Infrastruktur physisch nicht möglich ist, den Einstieg, den Ausstieg oder die Beförderung des behinderten Menschen oder der Person mit eingeschränkter Mobilität auf sichere und operationell durchführbare Weise vorzunehmen.

Der verbleibende materielle Gehalt der Vorschrift des Artikels 9 Verordnung (EU) Nr. 181/2011 wird im deutschen Recht im Wesentlichen von der Beförderungspflicht[925] nach § 22 PBefG und dem Beförderungsanspruch[926] aus § 2 Satz 1 VO-ABB abgedeckt.

5.10 Fahrplanabweichungen

Unter den Begriff der Fahrplanabweichung sind alle Fälle zu subsumieren, in denen das Verkehrsunternehmen nicht mit einem Fahrzeug zu den im Fahrplan angegebenen Zeiten an der Haltestelle erscheint.

---

[925] Vgl. hierzu oben unter 5.1.1 Gesetzliche Grundlage der Beförderungspflicht.
[926] Vgl. hierzu oben unter 5.1 Beförderungsanspruch.

5.10.1 Begriffliche Unterscheidungen

Die Fahrplanabweichung kann sowohl ein Ausfall der Bedienung als auch eine Unpünktlichkeit sein. Die Unpünktlichkeit lässt sich wiederum in die Verspätung und die Verfrühung unterteilen.

Fraglich ist, wie bei den PBefG-Verkehren zwischen Ausfall und Verspätung zu unterscheiden ist. Denkbar sind verschiedene Ansätze:

Aus der Sicht des Fahrgasts liegt ein Ausfall vor, wenn bis zum fahrplanmäßig nächsten Termin kein Fahrzeug kommt. Danach wäre bei einem Drei-Minuten-Takt bereits bei einer Verspätung von drei Minuten ein Ausfall gegeben, während bei einer nur zweistündlichen Verbindung auch eine Stunde später noch kein Ausfall vorläge.

Aus der Sicht des Unternehmens liegt ein Ausfall dann vor, wenn der entsprechende Kurs nicht gefahren wird; die Dauer einer Verspätung ist diesbezüglich unerheblich.

Im Luftfahrtbereich spielt diese Differenzierung in der Verordnung (EG) Nr. 261/2004 eine Rolle. Dort wird der „Ausfall" in Artikel 2 lit. l der Verordnung (EG) Nr. 261/2004 als „Annullierung"[927] bezeichnet und als „die Nichtdurchführung eines geplanten Fluges, für den zumindest ein Platz reserviert war" definiert. In den Artikeln 5 und 6 beschreibt die Verordnung (EG) Nr. 261/2004 anschließend unterschiedliche Rechtsfolgen für Annullierung und Verspätung. Eine Abgrenzung zwischen beiden Fällen hat schließlich der EuGH in seinem Urteil vom 19. November 2009 vorgenommen, bei dem er u. a. als Kriterium für die Übernahme der Rechtsfolge einer Annullierung auf eine Verspätung einen Zeitunterschied zwischen der geplanten und der tatsächlichen Ankunft von drei Stunden abstellte.[928]

Im Eisenbahnrecht ist die Verspätung in Artikel 3 Nr. 12 der Verordnung (EG) Nr. 1371/2007 als „die Zeitdifferenz zwischen der planmäßigen Ankunftszeit des Fahrgasts gemäß dem veröffentlichten Fahrplan und dem Zeitpunkt seiner tatsächlichen oder erwarteten Ankunft" definiert. Eine Definition des Ausfalls findet sich weder in der Verordnung (EG) Nr. 1371/2007 noch in der EVO. Auch wird hinsichtlich der Rechtsfolge bei beiden Verordnungen keine Unterscheidung getroffen.[929]

Allerdings helfen die Definitionen und Kriterien der Luftfahrt und des Eisenbahnrechts im ÖPNV nur bedingt weiter.

---

[927] In der englischsprachigen Fassung der Verordnung: „cancellation".

[928] EuGH, Urteil vom 19. November 2009 – Az. C-402/07 und C-432/07 = NJW 2010, 43 ff.

[929] Ausführlich hierzu: Hilpert, Thomas, MDR 2009, 967 ff.; Hilpert, Thomas, MDR 2008, 597 ff.; Schmidt, Christine, RRa 2008, 154 ff.; Staudinger, Ansgar, EuZW 2008, 751 ff.

Bereits die Definition der Verordnung (EG) Nr. 261/2004 ist insofern nicht auf den ÖPNV übertragbar, da es dort keine Reservierungen gibt und es nach der Definition der Verordnung (EG) Nr. 261/2004 mithin auch keine Ausfälle geben könnte. Ferner ist das Kriterium von drei Stunden für den ÖPNV indiskutabel, weil niemand so lange im Nahverkehr auf ein Fahrzeug warten würde.

Die Definition der Verspätung aus der Verordnung (EG) Nr. 1371/2007 würde bei einer Anwendung im ÖPNV schon deshalb schwierig sein, da dort die Verspätung als „Ankunftsverspätung" und nicht als „Abfahrtsverspätung" definiert ist,[930] in den Fahrplänen des ÖPNV aber selten Ankunftszeiten, sondern meist nur Abfahrtszeiten veröffentlicht werden. Die Ankunftszeiten lassen sich in der Regel nur indirekt und ungefähr ermitteln, da die Ankunft mit demselben Fahrzeug logischerweise nicht später als die Abfahrt sein kann.

5.10.2 Anwendbare Vorschriften

Da der Beförderungsvertrag als Werkvertrag angesehen wird,[931] ist an die Anwendung der Mängelvorschriften der §§ 633 ff. BGB zu denken. Allerdings passen der Mangelbegriff des § 633 Absatz 2 BGB und seine in § 634 ff. BGB beschriebenen Rechtsfolgen auf den Beförderungsvertrag nur sehr eingeschränkt.[932]

Auch die Vorschriften des allgemeinen Schuldrechts im BGB können nur partiell Anwendung finden. Denn wie bereits oben dargestellt, greift das BGB nur soweit, wie das Personenbeförderungsrecht dafür einen Raum schafft.[933] Der Gesetzgeber hat hier insbesondere mit § 16 VO-ABB eine Spezialregelung geschaffen. Entsprechend ist für das BGB bei Fahrplanabweichungen insgesamt nur ein sehr eingeschränkter Regelungsbereich vorhanden.[934]

Nach § 16 VO-ABB begründen Abweichungen von Fahrplänen durch Verkehrsbehinderungen, Betriebsstörungen oder -unterbrechungen sowie Platzmangel keine Ersatzansprüche; insoweit wird auch keine Gewähr für das Einhalten von Anschlüssen übernommen. § 16 VO-ABB schließt damit in den dort geregelten Fällen sowohl Minderungs- als auch Schadenersatzansprüche abschließend aus.[935] Ein Rücktritt ist wie-

---

[930] Lindemann, Henrik, TranspR 2011, 10, 13.

[931] Siehe oben unter 2.2.3.3 Werkvertrag.

[932] Vgl. Schwenker, Hans Christian, in: Erman, Vor §§ 631 – 651, Rn. 17.

[933] Vgl. oben unter 2.1.5.3 Vereinbarkeit mit anderen gesetzlichen Regelungen.

[934] Grätz, Thomas, in: Fielitz/Grätz, A 3 § 16 VO-ABB.

[935] Bidinger, C § 16 VO-ABB, Anm. 2.

derum nach der Vorschrift über die Fahrpreiserstattung des § 10 VO-ABB abzuwickeln.[936]

Auf Grund dieser Vorschrift fehlt es nach der gegenwärtigen Rechtslage auch an der Notwendigkeit einer Differenzierung zwischen einem Ausfall und einer Verspätung im ÖPNV, da bezüglich der Rechtsfolge, kein Unterschied zwischen Ausfall und Verspätung gemacht wird.

5.10.3 Einzelfälle

5.10.3.1 Verkehrsbehinderungen

Der erste von § 16 VO-ABB aufgeführte Fall des Ausschlusses von Ersatzansprüchen ist bei Abweichungen von Fahrplänen durch Verkehrsbehinderungen gegeben. Eine Behinderung liegt bei einer nachhaltigen Beeinträchtigung einer zügigen Weiterfahrt vor.[937] Diese Behinderung muss durch oder im Verkehr erfolgen. Wesentliche Elemente sind damit zum einen die Beeinträchtigung durch externe Faktoren und zweitens eine Einwirkung auf den Verkehrsfluss. Daher fehlt es an einer Verkehrsbehinderung, wenn die Fahrplanabweichung auf Grund von Problemen des oder mit dem Personal oder durch Probleme mit den Fahrgästen auftreten. Typische Verkehrsbehinderungen sind dagegen Staus oder profilierte Wetterlagen.

5.10.3.2 Betriebsstörungen

Der zweite Fall des § 16 VO-ABB sind Fahrplanabweichungen wegen Betriebsstörungen. Im Gegensatz zu den Verkehrsbehinderungen bezeichnen Betriebsstörungen Probleme, die nicht von außen kommen und das eigene Weiterkommen im Verkehr verzögern, sondern Probleme, die im eigenen Bereich vorliegen, selbst wenn die Ursache von außen hereingetragen wurde.

Während im Busbereich die Verkehrsbehinderungen überwiegen, ist im Bahnbereich die Betriebsstörung die häufigere Ursache. Dies liegt insbesondere daran, dass im Busbereich der Fahrweg regelmäßig nicht dem eigenen Betrieb zuzurechnen ist und auf dessen Zustand und Belegung kein Einfluss ausgeübt werden kann. Demgegenüber sind bei den Bahnen, hier insbesondere denen, die auf besonderem oder unabhängigem Bahnkörper gemäß § 16 Absatz 6 oder 7 BOStrab verkehren, diese Bereiche regelmäßig Teile des unternehmerischen Betriebs. So zählen zu den

---

[936] Bidinger, C § 16 VO-ABB, Anm. 2; siehe hierzu auch oben unter 5.8 Erstattung von Beförderungsentgelt.

[937] BGH, Urteil vom 9. Dezember 1986 – Az. 4 StR 436/86 = BGHSt 34, 238, 240; König, Peter, in: Hentschel/König/Dauer, § 1 StVO, Rn. 40.

Betriebsstörungen im Sinne des § 16 VO-ABB Probleme mit den Gleisen oder Oberleitungen ebenso wie Defekte am Fahrzeug oder Unterbrechungen durch einen Suizid.

5.10.3.3 Betriebsunterbrechungen

Die Betriebsunterbrechung als dritte Auflistung in § 16 VO-ABB beschreibt einen größeren Umfang als eine bloße Betriebsstörung. Während eine Betriebsstörung bereits vorliegt, wenn ein Fahrzeug liegen geblieben ist, bezieht sich die Betriebsunterbrechung mindestens auf die ganze Linie. Dies schließt jedoch nicht aus, dass die Unterbrechung nur an einer Stelle erfolgt, so dass vor und hinter dieser Stelle je nach betrieblichen Gegebenheiten (z. B. Wendemöglichkeit) weitergefahren werden kann. Ebenfalls ist auch denkbar, dass der gesamte Betrieb (z. B. wegen Ausfalls der Leitstelle) nicht mehr aufrechterhalten werden kann. Auch kann eine Betriebsunterbrechung im Vorhinein bekannt sein (z. B. bei herannahender extremer Wetterlage), während das Wesensmerkmal der Störung die Unerwartetheit ist.

5.10.3.4 Anschlusssicherung

Neben dem Ausschluss der primären Ansprüche bei Fahrplanabweichungen wird im Halbsatz 2 des § 16 VO-ABB auch ein Anspruch auf Anschlusssicherung ausgeschlossen. Diese Bestimmung soll dem Umstand Rechnung tragen, dass die Einhaltung von Anschlüssen bei Verspätung immer eine Abwägung des Einzelfalls zwischen dem Interesse der Übersteiger und dem Interesse der bereits im anderen Fahrzeug befindlichen Personen ist, die ihrerseits wieder ein Interesse an einer pünktlichen Abfahrt haben. Hinzu kommt, dass der Unternehmer gerade bei Verspätungen auch die maximalen Lenk- und Ruhezeiten sowie die Arbeitszeitgrenzen im Blick haben muss.

Obgleich die Vorschrift einen Anspruch auf Anschlusssicherung ausdrücklich ausschließt, besteht seitens des Unternehmens dennoch die Möglichkeit diesen zu gewährleisten, ohne dass die sich bereits im wartenden Fahrzeug befindlichen Fahrgäste ihrerseits auf einen Anspruch berufen können. Denn auch insoweit ist die Verzögerung nicht Ausdruck der Sorglosigkeit des Unternehmens, sondern Teil des Ausschlussgrundes des § 16 VO-ABB.

5.10.3.5 Sonstige Verspätungsgründe

Neben den vorgenannten, in § 16 aufgeführten Fällen der Fahrplanabweichung gibt es weitere, dort nicht aufgeführte Fälle von Verspätungen. Bei diesen ist auf Grund einer fehlenden Sonderregelung in der Regel die Haftung des Verkehrsunternehmens nach den allgemeinen Vorschriften gegeben.

Hierunter fallen die Sachverhalte der nicht haftungsbefreienden Verspätungen, d. h. insbesondere die Verspätungen aus Nachlässigkeit, wie beispielsweise die des Fahrers, der verschlafen hat. Üblicherweise haben zwar die Verkehrsunternehmen für diese Fälle Fahrer im Bereitschaftsdienst. Liegt dies im Einzelfall nicht vor oder wurden sie aus anderen Gründen, z. B. Krankheit weiterer Kollegen, bereits verplant, kann es zur Verspätung kommen.

Zwar könnte man argumentieren, auch in diesen Fällen läge eine Betriebsstörung vor; allerdings ist der Begriff der Betriebsstörung in § 16 VO-ABB als Ausnahmevorschrift eher eng auszulegen. Daher wird man solche Fälle, in denen die Nichtleistung unmittelbar auf Nachlässigkeit beruht, nicht unter § 16 VO-ABB fassen können. Denn es ist nicht Sinn des Gesetzgebers gewesen, Nachlässigkeiten eine Rechtfertigung zu geben und ihnen Vorschub zu leisten.

5.10.3.6 Verfrühungen

Eine Haftung besteht ebenfalls bei dem vorzeitigen Abfahren von der Haltestelle, das üblicherweise als Verfrühung[938] bezeichnet wird.[939]

Ein Verbot vorzeitig von der Haltestelle abzufahren, bestand auch in der PBO[940] der DDR. Dort hieß es in § 26 Absatz 1 PBO: „Entsteht dem Fahrgast durch vorzeitige Abfahrt eines Beförderungsmittels ein Schaden, hat der Verkehrsbetrieb diesen im nachgewiesenen Umfang zu ersetzen."

Das AG Siegburg ging dagegen in einer aus dem Jahr 1980 stammenden Entscheidung[941] noch davon aus, der Fahrgast müsse im täglichen Leben kleinere Abweichungen von der Norm hinnehmen. Daraus folgerte das Gericht, dass bei Fahrzeitabweichungen hinsichtlich der planmäßigen Abfahrt von nicht mehr als fünf Minuten eine Haftung des Unternehmers – außer bei von Kunden zu beweisendem Vorsatz – grundsätzlich nicht in Betracht komme. Erreiche ein potentieller Fahrgast die Haltestelle nicht spätestens fünf Minuten vor planmäßiger Abfahrt des Busses, den er benutzen wolle, habe er für die daraus sich für ihn ergebenden Folgen selbst einzustehen, und zwar ohne Rücksicht darauf, ob ihn an diesem Umstand selbst ein Verschulden treffe oder nicht, es sei denn, die verfrühte Abfahrt beruhe auf einem vorsätzlichen Handeln des Unternehmers oder seiner Bediensteten, ohne dass hierfür betriebliche Gründe

---

[938] Vgl. z. B. Pohar, Mihael Aleksander, Seite 139.

[939] Im Ergebnis ebenso: Filthaut, Werner, NZV 2001, 238, 243.

[940] Anordnung über die öffentliche Personen- und Gepäckbeförderung des Kraftverkehrs, Nahverkehrs und der Fahrgastschiffahrt – Personenbeförderungsanordnung (PBO) vom 5. Januar 1984 (GBl. I Nr. 4, Seite 44; Ber. Nr. 25, Seite 299).

[941] AG Siegburg, Urteil vom 7. Oktober 1980 – Az. 35 C 245/80.

im weiteren Sinne Veranlassung gegeben hätten. Ein Grund für die Entscheidung hinsichtlich einer Toleranzzeit von fünf Minuten war aus der Sicht des Gerichts auch der Aspekt, dass bei der Genauigkeit der Abfahrzeiten zu bedenken gelte, dass diese etwa auch durch die mehr oder weniger große Ganggenauigkeit der dem Fahrer zur Verfügung stehenden Uhr beeinflusst werde.[942]

Sofern er sie überhaupt gekannt hat, überzeugte diese Argumentation schon den damaligen Gesetzgeber der DDR nur bedingt. Denn er regelte in § 26 Absatz 4 PBO, dass zum Ausgleich von Uhrendifferenzen Abweichungen von der fahrplanmäßigen Abfahrtzeit nur bis zu zwei Minuten nicht als Fahrplanabweichungen gelten.[943]

Zumindest heutzutage kann eine Verfrühung keine Rechtfertigung mehr beanspruchen. Denn mit der heutigen Uhrentechnik ist eine genaue Zeitprüfung möglich. Das Vorhandensein einer ganggenauen Uhr gehört damit zu den Mindestanforderungen an Sorgfalt, die jeder Unternehmer zu erfüllen hat.

5.10.4 Haftungsfolgen

In den vorgenannten Fällen der nicht haftungsbefreienden Verspätungen und der Verfrühung besteht folglich eine Haftung des Verkehrsunternehmens.[944]

Die Verfrühung ist ein Unterfall der Unmöglichkeit, da die Leistung „Abfahrt zum im Fahrplan bestimmten Zeitpunkt" nicht mehr erbracht werden kann. Daher richtet sich die Haftung nach den Vorschriften der §§ 275 Absätze 1 und 4, 280 Absätze 1 und 3, 283, 284 BGB auf Aufwendungs- oder Schadensersatz. Für die Erstattung des Fahrpreises gilt hingegen § 10 VO-ABB.

Die Verspätung berechtigt zum Rücktritt nach den §§ 323, 346 BGB. Allerdings hat auch dies nur die Folge der Fahrpreiserstattung gemäß § 10 VO-ABB. Daneben besteht für den (verhinderten) Fahrgast aber auch, soweit die Voraussetzungen vorliegen, die Möglichkeit des Aufwendungs- oder Schadensersatzes nach den §§ 280 Absätze 1 und 3, 281 und 284 BGB.[945]

---

[942] AG Siegburg, Urteil vom 7. Oktober 1980 – Az. 35 C 245/80.

[943] Anordnung über die öffentliche Personen- und Gepäckbeförderung des Kraftverkehrs, Nahverkehrs und der Fahrgastschiffahrt – Personenbeförderungsanordnung (PBO) vom 5. Januar 1984 (GBl. I Nr. 4, Seite 44; Ber. Nr. 25, Seite 299).

[944] Bidinger, C § 16 VO-ABB, Anm. 3.

[945] Einzelheiten hierzu: Pohar, Mihael Aleksander, Seite 139 ff.

5.10.5 Abwägung im Einzelfall

Aber auch trotz Vorliegens eines an sich rechtfertigenden Falles nach § 16 VO-ABB kann dennoch eine Haftungssituation gegeben sein. Diese liegt vor, wenn das Unternehmen bei Berücksichtigung der widerstreitenden Interessen im Einzelfall falsch abgewogen hat. Beispiel hierfür ist eine Haltestelle, die nicht angefahren werden kann, weil die Zuwegung (z. B. Verladen eines Lkw an einer Baustelle) blockiert ist. Hier greift wegen der für den Unternehmer nicht beeinflussbaren Blockade an sich der Haftungsausschlussgrund des § 16 VO-ABB. Jedoch könnte es im Einzelfall angebracht sein, die Blockade abzuwarten und eine Verspätung in Kauf zu nehmen, statt die Haltestelle nicht zu bedienen.[946]

5.11 Platzmangel

Kein Fall der Fahrplanabweichung ist der Platzmangel im Fahrzeug. Denn in diesen Fällen kommt der Bus oder die Bahn pünktlich, der Fahrgast kann jedoch auf Grund von Kapazitätsproblemen nicht mitgenommen werden. Es liegt folglich eine Situation vor, in der die Kapazität des Fahrzeugs kleiner ist als für die Anzahl der Fahrgäste erforderlich. Rechtlich muss hier differenziert werden.

Nach § 16 Halbsatz 1 VO-ABB begründet Platzmangel keine Ersatzansprüche. Nach dieser Vorschrift können Fahrgäste daher keinerlei Rechte ableiten, wenn sie aus Kapazitätsgründen nicht mehr mitgenommen werden können. Da bereits § 5 Absatz 2 Satz 1 Halbsatz 2 VO-ABB den Anspruch auf einen Sitzplatz ausschließt, soll diese Norm hinsichtlich des Sitzplatzes keinen Haftungsausschluss, sondern nur eine Klarstellung darstellen.[947] Ist der Platzmangel jedoch so groß, dass nicht einmal ein Stehplatz zur Verfügung steht, hat die Norm jedenfalls auch haftungsausschließende Wirkung.

Die Vorschrift ist damit eine Konkretisierung des allgemeinen zivilrechtlichen Grundsatzes aus § 265 Satz 1 BGB, nach dem bei einer Wahlschuld sich das Schuldverhältnis auf die übrigen Leistungen beschränkt, wenn eine Leistung von Anfang an oder später unmöglich wird.

Allerdings muss diese Norm insofern einschränkend betrachtet werden, als dass sie nur dann Gültigkeit beanspruchen kann, wenn der Unternehmer seinerseits alles getan hat, zu dem er verpflichtet ist.[948]

---

[946] So AG Hechingen, Urteil vom 17. Dezember 1992 – Az. C 539/92.

[947] Filthaut, Werner, NZV 2001, 238, 244.

[948] Bidinger, C § 16 VO-ABB, Anm. 3.

Gesetzgeberischer Hintergrund der Vorschrift ist die Umsetzung des auch in anderen Wirtschaftszweigen bestehenden Grundsatzes, dass es grundsätzlich keinen Anspruch auf ausreichend Kapazität gibt.[949] Während jedoch im Kino oder im Fußballstadion dieser Grundsatz selbstverständlich ist, bestand im Personenbeförderungsrecht wegen des Kontrahierungszwangs die Notwendigkeit zur Klarstellung. Ohne diese Vorschrift wäre streitig, inwieweit den Unternehmer eine Garantiehaftung für das Angebot treffen soll.

Mit den Überbuchungsfällen der Luftfahrt lässt sich der in dieser Vorschrift geregelte Platzmangel keinesfalls vergleichen. Der Unterschied ist, dass bei der Überbuchung in der Luftfahrt der gleiche Platz mehrfach an unterschiedliche Kunden verkauft wird,[950] also bewusst und regelmäßig mit Täuschungsabsicht Verträge geschlossen werden, ohne dass alle eingehalten werden können, in der Hoffnung, einige der Passagiere werden schon den Flug nicht wahrnehmen. Beim ÖPNV bestehen hingegen keine Vorausbuchungen, so dass weder der Unternehmer im Vorhinein weiß, wer an der Haltestelle steht, noch er den Platz bereits versprochen, geschweige denn verkauft hat.

5.11.1 Normales Angebot und viele Fahrgäste

Der klassische Fall des § 16 VO-ABB, in dem Fahrgäste keine Ersatzansprüche geltend machen können, liegt vor, wenn der Unternehmer die im Liniengenehmigungsantrag nach § 12 PBefG aufgeführte und genehmigte Beförderungskapazität anbietet, die Fahrgastanzahl aber diese Kapazität übersteigt.

Ob der Unternehmer verpflichtet ist, diese Kapazität an die Nachfrage anzupassen, wenn diese Situation keinen Einzelfall mehr darstellt, sondern häufiger vorkommt, ist hingegen keine Frage des § 16 VO-ABB, sondern des PBefG. Dort besteht in § 21 Absatz 3 PBefG für die Genehmigungsbehörde die Möglichkeit dem Unternehmer aufzuerlegen, „den von ihm betriebenen Verkehr zu erweitern oder zu ändern, wenn die öffentlichen Verkehrsinteressen es erfordern und es dem Unternehmer unter Berücksichtigung seiner wirtschaftlichen Lage, einer ausreichenden Verzinsung und Tilgung des Anlagekapitals und der notwendigen technischen Entwicklung zugemutet werden kann." Die Vorschrift des

---

[949] Ausnahmen bei Sonderangeboten, die wegen zu geringer Stückzahlen sofort vergriffen sind; aber auch dort liegen die Rechtsprobleme insbesondere bei § 3 UWG; vgl. zur Problematik z. B. BGH, Urteil vom 4.Februar 1999 – Az. I ZR 71/97 und BGH, Urteil vom 17.Februar 2000 – Az. I ZR 254/97, mit weiteren Nachweisen.

[950] Hilpert, Thomas, MDR 2008, 597.

§ 21 Absatz 3 PBefG ist allerdings keine den einzelnen Fahrgast schützende Norm. Sie kann daher auch nicht anspruchsbegründend herangezogen werden. Ferner besteht hiernach auch nur dann eine Eingriffsmöglichkeit, wenn der „erweiterte" oder „geänderte" Verkehr auch wirtschaftlich zumutbar ist.[951] Auch die Fahrplan-Vorschrift des § 40 Absatz 3 Satz 1 PBefG, nach der „die Genehmigungsbehörde [...] Änderungen des Fahrplans verlangen [kann], wenn die maßgebenden Umstände sich wesentlich geändert haben oder sich für die bessere Ausgestaltung des Verkehrs in einem Gebiet neue Gesichtspunkte ergeben, denen durch eine Änderung des Fahrplans Rechnung getragen werden kann" ist keine Rechtsgrundlage für einen individuellen Anspruch auf zusätzliche Einzelfahrten oder eine Taktverdichtung.[952] Sie gibt ebenfalls nur der Genehmigungsbehörde die Möglichkeit, gegebenenfalls einen entsprechenden Verwaltungsakt zu erlassen.[953]

5.11.2 Eingeschränktes Angebot

Ein anderer Fall liegt beim Anbieten einer zu geringen Kapazität vor. Hier exkulpiert § 16 VO-ABB den Platzmangel nicht, wenn dieser auf den Einsatz eines, entgegen seiner Liniengenehmigung eingesetzten, kleineren Fahrzeugs zurückzuführen ist.

Ferner kann sich der Unternehmer nicht auf § 16 VO-ABB berufen, wenn die Kapazitätsprobleme durch einen nicht von § 16 VO-ABB gedeckten Ausfall des zuvor verkehrenden Kurses entstanden sind.

5.11.3 Probleme der Zurechnung

Schwierig ist die Situation, wenn der Ausfall eines im Fahrplan zuvor aufgeführten Busses nicht nach § 16 VO-ABB haftungsbefreiend war, der nachfolgende Bus wegen des Ausfalls daher überfüllt ist, dieser jedoch von einem anderen Unternehmen gefahren wird. Hier ist zu differenzieren: Soweit die Bedienung durch unterschiedliche Unternehmen lediglich auf unterschiedliche Subunternehmer zurückzuführen ist, kann dies den Unternehmer, der die Liniengenehmigung inne hat, nicht entlasten. Soweit es sich allerdings tatsächlich um unterschiedliche Genehmigungsinhaber handelt, kann der Fahrgast Ansprüche nur gegenüber dem Unternehmer des ausgefallenen Kurses geltend machen. Dies ändert sich auch nicht, wenn beide Unternehmen in einem Verkehrsverbund zusammengeschlossen sind. Denn der Zusammenschluss im Verbund

---

[951] Fromm/Fey/Sellmann/Zuck, § 21 PBefG, Rn. 7; Grätz, Thomas, in: Fielitz/Grätz, § 21 PBefG, Rn. 9.

[952] Bidinger, B § 40 PBefG, Anm. 3b).

[953] Fromm/Fey/Sellmann/Zuck, § 40 PBefG, Rn. 6.

erfolgt im Verhältnis gegenüber dem Fahrgast, damit dieser mit einem Fahrschein alle Verbundverkehre nutzen kann. Der Verbund wird nicht Vertragspartner und übernimmt keine Haftung und die Unternehmen des Verbundes sind keine Gesamtschuldner.[954]

5.11.4 Kombiticket bei Veranstaltungen

Eine weitere Variante ist, dass zu einer Veranstaltung, insbesondere in einem Stadion oder einer großen Halle, ein Kombiticket, d. h. eine Eintrittskarte mit ÖPNV-Nutzungsmöglichkeit angeboten wird, aber die Besucher, die den ÖPNV nutzen wollen, aus Kapazitätsgründen nicht mitgenommen werden können. Auch in diesen Fällen ist zu differenzieren:

Ein Unterfall des § 16 VO-ABB mit der Rechtsfolge des fehlenden Anspruchs seitens des Fahrgastes liegt vor, wenn nach dem Ende oder vor dem Beginn der Veranstaltung nicht alle Fahrgäste sofort das erste bereitstehende Fahrzeug benutzen können. Hier greift § 16 VO-ABB, weil nicht mehr geleistet werden muss, als geleistet werden kann. Fahrzeuge und insbesondere auch die Infrastruktur haben eine beschränkte Aufnahmekapazität. Hier ist das Warten auf das nächste Fahrzeug so selbstverständlich zu verlangen wie von einem Autofahrer bei der Ausfahrt aus dem Parkhaus nach einer Veranstaltung Geduld erwartet wird.

Einen anderen Fall stellt es jedoch dar, wenn das Verkehrsunternehmen, obwohl von der Infrastruktur her möglich, nicht genügend Kapazität anbietet, um auch nach einer gewissen Wartezeit alle ÖPNV-benutzungswilligen Veranstaltungsteilnehmer befördern zu können. Der Grund kann entweder darin liegen, dass die Kapazität nicht aufgestockt wurde, d. h. nur die regelmäßig eingesetzten Fahrzeuge angeboten werden, oder zwar eine gewisse Aufstockung erfolgte, diese gleichwohl in keinem angemessenen Verhältnis zu dem Bedarf steht. Aus der Sicht des Kunden besteht hier die berechtigte Erwartung, dass bei einem Kombiticket-Angebot für eine Veranstaltung auch eine nach den realistischen Erwartungen ausreichende ÖPNV-Kapazität zur Verfügung gestellt wird. Fraglich ist allerdings, wer für einen Minderungs- oder Schadenersatzanspruch der richtige Anspruchsgegner ist.

Richtigerweise muss nochmals differenziert werden: einerseits nach dem Personenbeförderungsvertrag, andererseits nach dem Veranstaltungsvertrag. Nach dem Personenbeförderungsvertrag liegt, soweit das ÖPNV-Unternehmen seine Fahrzeuge eingesetzt hat, zu denen es im Rahmen der Liniengenehmigung verpflichtet ist, kein Fehlverhalten vor.

---

[954] Vgl. zu den Auswirkungen der Mitgliedschaft im Verbund oben unter 3.2.2.4.1 Verbund als Vertragspartner.

Entsprechend ist das Problem auch nicht auf der personenbeförderungsrechtlichen Ebene zu lösen. Ersatzansprüche des Fahrgastes sind vielmehr im Verhältnis des Fahrgasts zum Veranstalter geltend zu machen. Hier hat dieser im Rahmen des Ticketverkaufs konkludent die Zusage getroffen, dass mit der eingeräumten ÖPNV-Benutzungsmöglichkeit auch eine nach den realistischen Erwartungen ausreichende ÖPNV-Kapazität zur Verfügung gestellt wird. Ob und inwieweit der Veranstalter dann gegen das ÖPNV-Unternehmen regressieren kann, ist eine andere Frage, die auch nicht allgemein, sondern nur auf Grund der konkreten Vereinbarung zum Kombiticketvertrag zwischen Veranstalter und ÖPNV-Unternehmen beantwortet werden kann.

Zur Gesamtproblematik liegen nach hiesiger Erkenntnis zwar weder Literatur noch Gerichtsentscheidungen vor, jedoch sind die Fälle vergleichbar mit den sogenannten Rail-&-Fly-Fällen, in denen der Fahrgast das Flugzeug auf Grund einer Verspätung der Eisenbahn im Zulauf verpasst hat. Hier kommt die Rechtsprechung ebenfalls zu dem Ergebnis, dass nicht gegenüber dem Beförderer, sondern gegenüber dem Veranstaltungsverkäufer die Ansprüche geltend zu machen sind.[955]

5.12 Informationen

An sich kennt das deutsche Recht weder eine vertragliche noch außervertragliche allgemeine Pflicht der Parteien zur gegenseitigen Information.[956] Gleichwohl ergeben sich aus einzelnen Tatbeständen und aus Generalklauseln sehr wohl Informations- und Aufklärungspflichten.[957] Dies ist auch für den ÖPNV anerkannt.[958]

---

[955] Ständige Rechtsprechung: LG Frankfurt, Urteil vom 17. Dezember 2009 – Az. 2-24 S 109/09 = RRa 2010, 117 ff.; LG Hannover, Urteil vom 2. Oktober 2009 – Az. 4 S 21/09 = RRa 2010, 83 f.; AG Hannover, Urteil vom 10. September 2009 – Az. 553 C 6845/09 (Vorinstanz) = RRa 2010, 32 f.; AG Erfurt, Urteil vom 28. August 2008 – Az. 5 C 360/7; LG Frankfurt, Urteil vom 20. Dezember 2007 – Az. 2-24 S 232/07 = RRa 2008, 80 ff.

[956] Schmidt-Kessel, Martin, in: Prütting/Wegen/Weinreich, § 242, Rn. 68.

[957] Schmidt-Kessel, Martin, in: Prütting/Wegen/Weinreich, § 242, Rn. 68.

[958] Vgl. z. B. LG Düsseldorf, Urteil vom 9. November 2007 – Az. 20 S 113/07 = NJOZ 2008, 3660 (Auszug); AG Köln, Urteil vom 10. Januar 2002 – Az. 117 C 222/01; Filthaut, Werner, Haftpflichtgesetz, § 12, Rn. 135; eingehend zum Eisenbahnverkehr: Pohar, Mihael Aleksander, Seite 103 ff.; derselbe, NZV 2004, 72, 73 ff.

5.12.1 Informationspflichten in Rechtsvorschriften

5.12.1.1 VO-ABB

In der VO-ABB sind Informationsrechte der Fahrgäste oder entsprechende Pflichten der Unternehmen allerdings nicht erwähnt. Damit unterscheidet sich die VO-ABB von der für den Eisenbahnverkehr geltenden Parallelverordnung, die mit § 14 EVO Informationspflichten enthält.

Allerdings sind in die VO-ABB gleichwohl Informationspflichten des Unternehmens hineinzuinterpretieren. Dies gilt z. B. für die Fälle, in denen bei Erstattungsanträgen von Beförderungsentgelt die Kosten für das Bearbeitungsentgelt sowie eine etwaige Überweisungsgebühr den Erstattungsbetrag übersteigen. In diesen Fällen muss das Verkehrsunternehmen den Kunden darauf hinweisen und darf nicht einfach das negative Saldo bei bestehender Einzugsermächtigung vom Konto des Kunden abbuchen.[959]

5.12.1.2 PBefG

Die wesentlichen Informationspflichten gegenüber den Fahrgästen im PBefG sind in § 39 und § 40 PBefG festgelegt.

- Nach § 39 Absatz 5 PBefG müssen die Beförderungsentgelte zunächst veröffentlicht werden, bevor sie frühestens sieben Tage später in Kraft treten können.
- Gemäß § 39 Absatz 7 PBefG sind die Beförderungsentgelte und die BBB vom Unternehmer vor ihrer Einführung ortsüblich bekanntzumachen und die Bekanntmachung in den zum Aufenthalt der Fahrgäste bestimmten Räumen auszuhängen.
- Nach § 40 Absatz 4 PBefG sind auch die Fahrpläne und Fahrplanänderungen vom Unternehmer ortsüblich bekanntzumachen. Ferner sind die gültigen Fahrpläne in den zum Aufenthalt der Fahrgäste bestimmten Räumen anzubringen. An den Haltestellen sind mindestens die Abfahrtszeiten anzuzeigen.

5.12.1.3 BOStrab

In der BOStrab finden sich Pflichten, die überwiegend die Schaffung von Voraussetzungen für die Weitergabe von Informationen betreffen:

- § 46 BOStrab enthält Pflichten des Unternehmens zur Installation von Informationseinrichtungen.

---

[959] Vgl. hierzu oben unter 5.8.4 Bearbeitungsentgelt.

- § 31 Absatz 4 Nr. 1 BOStrab verpflichtet, soweit es die betrieblichen Verhältnisse erfordern, die Haltestellen mit Einrichtungen zur Information der Fahrgäste zu versehen.
- § 54 Absatz 5 BOStrab gibt den Unternehmen unmittelbar den Auftrag, über Betriebsstörungen von längerer Dauer die Fahrgäste an Haltestellen und in Zügen zu unterrichten.

5.12.1.4 BOKraft

Die BOKraft enthält für den Busverkehr ebenfalls Informationspflichten gegenüber den Fahrgästen.
- Die §§ 8 Absatz 2a und 21 Absatz 2 BOKraft führen die, im ÖPNV aber kaum relevante,[960] Hinweispflicht zum Anlegen von Sicherheitsgurten auf.
- Eine Ankündigungspflicht der nächsten Haltestelle findet sich in § 8 Absatz 2 BOKraft.
- Die Anbringung der Liniennummer an der Haltestelle sowie des Namens des Unternehmers, des Verkehrsverbundes oder der Verkehrsgemeinschaft ist nach § 32 Absatz 2 Nr. 1 BOKraft erforderlich.
- Im Orts- und Nachbarortslinienverkehr ist nach § 32 Absatz 2 Nr. 2 BOKraft die Bezeichnung der Haltestelle anzugeben.
- In § 33 BOKraft findet sich die Kennzeichnungs- und Beschilderungspflicht des Fahrzeugs.
- § 35 BOKraft enthält das Gebot, im Orts- oder Nachbarortslinienverkehr eine Übersicht über den Linienverlauf und den Haltestellen anzubringen.
- § 20 BOKraft betrifft die Verpflichtung des Unternehmers, das Fahrzeug mit verschiedenen Beschriftungen auszustatten.

5.12.1.5 Verordnung (EU) Nr. 181/2011

Allgemeiner formulierte Informationspflichten für die hier untersuchten Busverkehre finden sich in der Verordnung (EU) Nr. 181/2011,[961] die ab dem 1. März 2013 gilt.
- Nach Artikel 24 haben die Fahrgäste ein Recht auf Reiseinformation. Wörtlich heißt es dort: „Beförderer und Busbahnhofbetreiber sorgen innerhalb ihres jeweiligen Zuständigkeitsbereichs während der gesamten Fahrt für eine angemessene Information der Fahrgäste. Sofern machbar wird diese Information auf Verlangen in zugänglicher Form bereitgestellt."

---

[960] Siehe hierzu unter 5.2.14 Beaufsichtigung von Kindern.

[961] Vgl. hierzu: Presseerklärung der EU-Kommission vom 1. Dezember 2010, IP/10/1639 „Mehr Rechte für Fahrgäste im Kraftomnibusverkehr".

- Artikel 25 betrifft die Unterrichtung über Fahrgastrechte. Hier heißt es: „Beförderer und Busbahnhofbetreiber gewährleisten in ihrem jeweiligen Zuständigkeitsbereich, dass die Fahrgäste spätestens bei der Abfahrt geeignete und verständliche Informationen über ihre Rechte nach dieser Verordnung erhalten. Diese Informationen werden an den Busbahnhöfen und gegebenenfalls im Internet bereitgestellt. Behinderten Menschen oder Personen mit eingeschränkter Mobilität werden diese Informationen auf Verlangen in zugänglicher Form bereitgestellt, wenn dies machbar ist. Diese Informationen müssen die zur Kontaktaufnahme notwendigen Angaben zu der Durchsetzungsstelle oder den Durchsetzungsstellen umfassen, die von den Mitgliedstaaten gemäß Artikel 28 Absatz 1 benannt wurden.
  Um der Informationspflicht gemäß Absatz 1 nachzukommen, können die Beförderer und Busbahnhofbetreiber eine Zusammenfassung der Bestimmungen dieser Verordnung verwenden, die die Kommission in allen Amtssprachen der Organe der Europäischen Union erstellt und ihnen zur Verfügung stellt."

5.12.1.6 Weitere Normen

Im Einzelfall lassen sich auch nebenvertragliche Informationspflichten aus § 631 BGB,[962] § 241 Absatz 2 BGB[963] und § 242 BGB[964] herleiten.

Demgegenüber ergeben sich aus der BGB-InfoV keine Pflichten für die PBefG-Linienverkehre des ÖPNV, da die BGB-InfoV keine Anwendung findet.[965]

5.12.2 Rechtsfolgen

Die zuvor aufgezählten Informationspflichten der Unternehmen haben allesamt gemein, dass bei deren Verletzung kein unmittelbarer, ausdrücklicher Anspruch vorgesehen ist. Besonders offenbar wird dies bei den Informationspflichten der Betriebsordnungen, die als öffentlich-rechtliche Unternehmerpflichten und nicht als Fahrgastrechte formuliert sind.

Soweit daher eine Informationspflicht verletzt wird, kann ein Fahrgastanspruch nur über die Einbeziehung als vertragliche Nebenpflicht geltend gemacht werden. Hierbei ist dann zu prüfen, inwieweit die Bestimmungen einen drittschützenden Charakter haben. Dies entscheidet

---

[962] Halfmeier, Claus / Leupertz, Stefan, in: Prütting/Wegen/Weinreich, § 631, Rn. 27.

[963] Grüneberg, Christian, in: Palandt, § 241, Rn. 7; Hallermann, Ulrich, Seite 67.

[964] Schmidt-Kessel, Martin, in: Prütting/Wegen/Weinreich, § 242, Rn. 68 ff.; Grüneberg, Christian, in: Palandt, § 242, Rn. 37; Hallermann, Ulrich, Seite 67.

[965] Hallermann, Ulrich, Seite 67.

sich danach, ob sie zumindest auch dazu dienen sollen, den Einzelnen gegen die Verletzung eines Rechtsgutes zu schützen.[966]

Soweit schließlich eine Informationspflichtverletzung vorliegt und diese auch drittschützenden Charakter hat, ist ein eventueller Anspruch des Fahrgastes, der eine vertragliche Beziehung zum Verkehrsunternehmen hat, grundsätzlich nach allgemeinen Kriterien, d. h. nach den §§ 280, 241 Absatz 2 BGB zu beurteilen. Dies bedeutet, dass neben der Informationspflichtverletzung insbesondere noch das Verschulden und ein Schaden zu prüfen ist. Des Weiteren wird diskutiert, ob diese Haftung u. U. weiter eingeschränkt werden muss.[967] Dafür könnte sprechen, dass der Gesetzgeber in verschiedenen anderen Bereichen des Rechts der Personenbeförderung im Hinblick auf den Daseinsvorsorgecharakter der Dienstleistung und die mangelnde Rentabilität Haftungseinschränkungen vorgesehen hat. Dagegen sprechen fehlende Normen, die die Haftung für Fälle der Informationspflichtverletzung einschränken. Als Replik hierauf lässt sich jedoch einwenden, dass auch die Informationspflichten entweder nur als Unternehmerpflichten und nicht als Fahrgastrechte formuliert sind[968] oder sich noch indirekter nur als nicht gesetzlich formulierte Nebenpflicht oder aus dem Gedanken von Treu und Glauben[969] ergeben.

Die Antwort auf diese Frage kann letztlich jedoch nicht in einem weiteren Prüfungspunkt „Haftungsmilderung wegen Daseinsvorsorge" liegen. Hierfür geben weder das Vertrags- noch das Haftungsrecht einen Anhaltspunkt. Die berechtigten Einwände hinsichtlich unverhältnismäßiger Anforderungen sind im Rahmen des allgemeinen Prüfungsschemas zu thematisieren. Im Ergebnis werden daher im Einzelfall sowohl auf der Tatbestandsebene als auch auf der Rechtsfolgenebene die Umstände zu würdigen sein, die sich aus den besonderen Verhältnissen des Massenverkehrs und der Daseinsvorsorge ergeben.

Als Beispiel kann einerseits eine Falschinformation genannt werden, die bei der Beratung im Kundenzentrum wegen einer Jahresabonnementkarte erfolgt und bei der sich eine Haftungseinschränkung nicht begründen lässt, während eine Falschinformation über das Fahrziel eines Fahrzeugs von dem Betriebspersonal nach dem Ende eines Fußballbundesligaspieles gegebenenfalls ohne jegliche Ansprüche hingenommen werden muss, weil für den Fahrgast erkennbar die Hauptaufgabe die Lenkung und Koordination des Abflusses der Menschenmassen ist und dem

---

966 Sprau, Hartwig, in: Palandt, § 823, Rn. 57.

967 Hallermann, Ulrich, Seite 71 ff.

968 Siehe zuvor unter 5.12.1 Informationspflichten in Rechtsvorschriften.

969 Siehe zuvor zu den §§ 241, 242 und 631 BGB.

Fahrgast offenkundig sein musste, dass wegen der Hektik der Situation verbindliche Aussagen nicht möglich sind.

Neben möglichen Ansprüchen der Fahrgäste gegen das Verkehrsunternehmen ist auch denkbar, dass die Verletzung von Informationspflichten dazu führt, dass das Verkehrsunternehmen mit eigenen Ansprüchen präkludiert ist. Ein Beispiel hierfür liegt vor, soweit ein Verkehrsunternehmen veraltete Beförderungsbedingungen verbreitet. In diesen Fällen ist es mit dem Einwand ausgeschlossen, diese würden nicht mehr gelten.[970] Denn eine Berufung auf neue Beförderungsbedingungen und gleichzeitige Verbreitung der alten Bedingungen stellt einen Fall des venire contra factum proprium dar.

Eine Informationspflichtverletzung besteht auch, wenn eine Streckensperrung vorliegt und hierüber nicht informiert wird, obgleich dies möglich und zumutbar ist. Denn den Fahrgästen muss die Option eingeräumt werden, sich eigene Überlegungen zu Alternativen machen zu können.[971] Gleiches gilt für den Fall, wenn ein Zug unplanmäßig auf einem anderen Gleis einfahren soll;[972] denn das Verkehrsunternehmen hat mit der Veröffentlichung der Gleisbelegungspläne – und selbst im Falle einer bloßen Üblichkeit – einen Vertrauenstatbestand geschaffen.

Allerdings werden die Ansprüche an die Informationspflicht überspannt, soweit von einem ÖPNV-Unternehmen verlangt wird, bei einer Streckensperrung einen Umleitungsplan mit genauen Ankunftszeiten anzubieten.[973]

5.13 Datenschutz

Ebenfalls ein Thema, das Informationen betrifft, ist der Datenschutz. Hier ist allerdings das Informationsbedürfnis umgekehrt – nicht der Fahrgast sucht Informationen beim Unternehmen nach, sondern das Unternehmen interessiert sich dafür, was der Fahrgast macht. Dabei entsteht der Interessenkonflikt gleichwohl nicht unbedingt zwischen Fahrgästen und Verkehrsunternehmen, sondern teilweise auch, so bei der Videoüberwachung, zwischen den Fahrgästen untereinander.

---

[970] LG Düsseldorf, Urteil vom 9. November 2007 – Az. 20 S 113/07 = NJOZ 2008, 3660 (Auszug).

[971] AG Köln, Urteil vom 10. Januar 2002 – Az. 117 C 222/01 = NZV 2003, 345 f. = RRa 2004, 36 f.; Pohar, Mihael Aleksander, NZV 2004, 72, 73 ff.

[972] OLG München, Urteil vom 21. Februar 2002 – Az. 24 U 570/01 = NZV 2003, 344 f.

[973] So für den Eisenbahnverkehr: LG Essen, Urteil vom 24. September 2002 – Az. 13 S 142/02 = NZV 2003, 139 = RRa 2004, 32; Pohar, Mihael Aleksander, NZV 2004, 72, 73 ff.

Eigene Datenschutzregelungen finden sich im Recht der Personenbeförderung nicht. Daher muss diesbezüglich auf das allgemeine Datenschutzrecht abgestellt werden.

Für die datenschutzrechtliche Prüfung findet in den meisten Fällen das BDSG Anwendung. Landesdatenschutzgesetze sind einschlägig, soweit eine staatliche Stelle des Landes handelt, was – von wenigen Ausnahmen (Anstalt öffentlichen Rechts und Eigenbetrieb) abgesehen – im ÖPNV meist nicht der Fall ist. Denn selbst Verkehrsunternehmen mit kommunaler Eigentümerschaft, die privatrechtlich organisiert sind, unterfallen dem BDSG.[974]

5.13.1 Videoüberwachung

Rechtsfragen im Zusammenhang mit der Videoüberwachung stellen sich aus der Sicht der Fahrgäste ausschließlich in der Form möglicher Ansprüche und nicht als mögliche aktive Pflichten. Diese Ansprüche sind hierbei in zwei Richtungen denkbar: als Recht, von einer Videoüberwachung verschont zu werden, und als Recht auf eine Videoüberwachung.

Mit § 23 Absatz 2 und § 31 Absatz 4 Nr. 2 BOStrab finden sich im Personenbeförderungsrecht zwei Regelungen, die die Videoüberwachung im ÖPNV betreffen. Nach § 23 Absatz 2 BOStrab müssen Fernsehanlagen zur Erfassung von Betriebsvorgängen einen ausreichenden Sichtbereich erfassen und die Betriebsvorgänge deutlich erkennen lassen. § 31 Absatz 4 Nr. 2 BOStrab verlangt, dass „soweit es die betrieblichen Verhältnisse erfordern, Haltestellen mit Anlagen zur Überwachung des Fahrgastwechsels versehen sein müssen." Beide Vorschriften sagen jedoch nichts über die Zulässigkeit und die Voraussetzungen aus, wann eine Videoüberwachung zu installieren bzw. gerade nicht zu installieren ist, und helfen daher hinsichtlich der beiden zuvor formulierten Fragen nicht weiter. Für den PBefG-Linienverkehr des ÖPNV ist daher auf die allgemeinen Bestimmungen zur Videoüberwachung abzustellen.[975]

.

---

[974] Wohlfahrth/Eiermann/Ellinghaus, Kapitel 1, IX, 3., 3.1, Seite 62; Landesbeauftragter für den Datenschutz NRW, Dritter Tätigkeitsbericht 1982, Nr. C 17 a), Seite 258; Landesbeauftragter für den Datenschutz NRW, Vierter Tätigkeitsbericht 1983, Nr. C 19 a), Seite 130.

[975] Hierzu ausführlich: Hilpert, Thomas, RDV 2009, 160 ff.; Hilpert, Thomas, VDV-Mitteilung Nr. 9044; Hilpert, Thomas, Der Nahverkehr 2009, Heft 3, Seite 30 ff.; Hilpert, Thomas, Der Nahverkehr 2009, Heft 4, Seite 35 ff.; Hilpert, Thomas, Der Nahverkehr 2001, Heft 7 - 8, Seite 27 ff.

5.13.1.1 Recht auf Videofreiheit

Die wichtigste Regelung im Hinblick auf die Zulässigkeit einer Videoüberwachung ist § 6b BDSG. Er setzt voraus, dass es sich bei dem überwachten Bereich um einen öffentlichen Raum handelt. Dies ist gegeben, wenn eine Anlage dem Fahrgastverkehr geöffnet ist, da als Voraussetzung für einen öffentlichen Raum weder die Eigentumsverhältnisse entscheidend,[976] noch eine bauliche Umschlossenheit oder Überdachung erheblich[977] sind. Beurteilungskriterium ist vielmehr die Widmung zum öffentlichen Verkehr oder ob der überwachte Bereich nach dem erkennbaren Willen des Berechtigten von jedermann genutzt oder betreten werden kann.[978] Der Begriff „jedermann" bedeutet, dass die Personen unbestimmt sein können oder nur nach allgemeinen Kriterien abgrenzbar sind.[979] Er wird folglich nicht dadurch ausgeschlossen, dass z. B. nur Personen mit einem Fahrschein oder einer Bahnsteigkarte den Bereich betreten dürfen. Unter den Begriff „öffentlich zugänglicher Raum" fallen somit auch die Haltestellen und Fahrzeuge;[980] Bahnsteige wurden vom Gesetzgeber in seiner amtlichen Begründung[981] sogar ausdrücklich genannt.

§ 6b BDSG regelt, dass die Videoüberwachung nur zulässig ist, soweit sie
1. zur Aufgabenerfüllung öffentlicher Stellen,
2. zur Wahrnehmung des Hausrechts oder
3. zur Wahrnehmung berechtigter Interessen für konkret festgelegte Zwecke

erforderlich ist und keine Anhaltspunkte bestehen, dass schutzwürdige Interessen der Betroffenen überwiegen. Die Vorschrift ist somit ein Verbot mit Erlaubnisvorbehalt. Soweit daher das BDSG Anwendung findet und die Zulässigkeitsvoraussetzungen des § 6b BDSG nicht vorliegen, ist

---

[976] Bergmann/Möhrle/Herb, Bd. 1, § 6b, Rn. 22; Gola/Klug, Kapitel 3 B V. 2. d) bb) (1).

[977] AG Berlin-Mitte, Urteil vom 18. Dezember 2003 – Az. 16 C 427/02; Gola/Schomerus, § 6b, Rn. 8; Scholz, Philip, in: Simitis, § 6b, Rn. 43.

[978] Gola/Schomerus, § 6b, Rn. 8; Gola/Klug, Kapitel 3 B V. 2. d) bb) (1).

[979] Däubler, Wolfgang, in: Däubler/Klebe/Wedde/Weichert, § 6b, Rn. 19 mit weiteren Nachweisen.

[980] Bergmann/Möhrle/Herb, § 6b, Rn. 25.

[981] Gesetzentwurf der Bundesregierung, Deutscher Bundestag, Drucksache 14/4329 vom 13. Oktober 2000, Seite 38.

die Videoüberwachung unzulässig und es besteht ein Unterlassungsanspruch.[982]

Für die Fahrgäste bedeutet dies im Ergebnis, dass sie einen Anspruch gegen das Verkehrsunternehmen auf Einhaltung aller Voraussetzungen des § 6b BDSG haben, die der Gesetzgeber für die Installation, Überwachung und Auswertung von Videoüberwachungsanlagen bestimmt.

5.13.1.2 Recht auf Videoüberwachung

Ein Recht auf eine Videoüberwachung könnte sich aus der Nebenpflicht des Verkehrsunternehmens ergeben, die Fahrgäste sicher zu befördern.[983] Allerdings bezieht sich diese Nebenpflicht zuvörderst darauf, keine Gefahrenquellen zu schaffen und unvermeidbare Gefahrenpotentiale zu minimieren. So ist es z. B. Teil dieser Nebenpflicht, Verletzungsgefahren, die von Einbauten im Fahrzeug ausgehen, zu vermeiden oder den Fahrer zu einem sicheren Fahrstil anzuhalten.

Bei dem Schutz, den eine Videoüberwachung erreichen will, geht es jedoch oft um Gefahren, die nicht durch das Unternehmen, sondern durch Dritte herbeigeführt werden. Es gibt zwar keine Belege dafür, dass in Anlagen des ÖPNV mehr Straftaten gegen Personen verübt werden als an anderen Plätzen mit hohem Menschenaufkommen. Allerdings ist aus anderen Bereichen die Diskussion bekannt, ob eine Verpflichtung zum Betrieb einer Videoüberwachung existiert, um die Kunden zu schützen. So hatte das OLG Düsseldorf[984] über eine Schadenersatzklage gegen einen Parkhausbetreiber wegen eines gestohlenen Pkw zu entscheiden. Der Kläger begründete hierbei seinen Anspruch u. a. mit einer fehlenden Videoaufzeichnung. Zwar war die Einrichtung videoüberwacht, jedoch wurden die Videoaufzeichnungen jeweils nach zwei Tagen gelöscht. Einen Anspruch des Klägers lehnte das Gericht nicht deshalb ab, weil keine Videoaufzeichnung notwendig sei, sondern weil die mittlerweile erfolgte Löschung der Daten keine Pflichtverletzung gewesen sei. Ebenfalls keinen Erfolg hatte ein Kläger beim OLG Frankfurt am Main[985] mit der Einschätzung, das Fehlen einer Videoüberwachung sei als Organisationsmangel zu bewerten – allerdings ließ das Gericht auch

---

[982] Ausführlich zu den einzelnen Voraussetzungen: Hilpert, Thomas, RDV 2009, 160 ff.; Hilpert, Thomas, VDV-Mitteilung Nr. 9044; Hilpert, Thomas, Der Nahverkehr 2009, Heft 3, Seite 30 ff.; Hilpert, Thomas, Der Nahverkehr 2009, Heft 4, Seite 35 ff.; Hilpert, Thomas, Der Nahverkehr 2001, Heft 7 - 8, Seite 27 ff.

[983] AG Schöneberg, Urteil vom 9. Januar 1990 – Az. 9 C 553/89 = NZV 1990, 316.

[984] OLG Düsseldorf, Urteil vom 1. Juni 2001 – Az. 14 U 255/00 = NJW-RR 2001, 1607 f.

[985] OLG Frankfurt am Main, Urteil vom 30. April 2004 – Az. 24 U 198/02 = NJW-RR 2004, 1107.

hier im Ergebnis die Frage nach einer in diesem Fall bestehenden Verpflichtung zu einer Videoüberwachung unbeantwortet.

Letztlich wird sich ohne eine eigene gesetzliche Grundlage ein Anspruch auf eine Videoüberwachung als Nebenpflicht des Beförderungsvertrages höchstens konstruieren lassen, wenn wegen der Beschaffenheit einer bestimmten ÖPNV-Anlage belegbar mehr Straftaten gegen Personen verübt werden als an anderen vergleichbaren Orten.

5.13.2 Schwarzfahrerdateien

Eine weitere oft diskutierte Problematik ist die Zulässigkeit von sogenannten Schwarzfahrerdateien. Diese werden schon seit langer Zeit[986] von vielen Verkehrsunternehmen und Verbünden angelegt, um besser ungewollte Schwarzfahrer von notorischen Schwarzfahrern abgrenzen zu können. Auch wird bei den meisten Unternehmen nicht bei jeder Fahrt ohne gültigen Fahrausweis eine Strafanzeige geschrieben, sondern dies auf die Fälle begrenzt, in denen Personen in drei oder mehr Fällen ohne gültigen Fahrausweis angetroffen wurden.

Die Verarbeitung personenbezogener Daten steht nach § 4 BDSG grundsätzlich unter einem präventiven Verbot mit Erlaubnisvorbehalt. Denn die Verarbeitung personenbezogener Daten stellt regelmäßig einen Eingriff in das aus Artikel 2 Absatz 1 i. V. m. Artikel 1 Absatz 1 GG abzuleitende Recht auf informationelle Selbstbestimmung dar.

Nach § 28 Absatz 1 Satz 1 Nr. 1 und Nr. 2 BDSG ist jedoch das Erheben, Speichern, Verändern oder Übermitteln personenbezogener Daten oder ihre Nutzung als Mittel für die Erfüllung eigener Geschäftszwecke zulässig, wenn es für die Begründung, Durchführung oder Beendigung eines rechtsgeschäftlichen oder rechtsgeschäftsähnlichen Schuldverhältnisses mit dem Betroffenen erforderlich ist oder soweit es zur Wahrung berechtigter Interessen der verantwortlichen Stelle erforderlich ist und kein Grund zu der Annahme besteht, dass das schutzwürdige Interesse des Betroffenen an dem Ausschluss der Verarbeitung oder Nutzung überwiegt.

Der Bundesdatenschutzbeauftragte teilte dem VÖV hierzu mit: „Aus datenschutzrechtlicher Sicht wird ein berechtigtes Interesse an der Führung sogenannter Schwarzfahrerdateien, die von den Verkehrsunternehmen angelegt werden, um insbesondere wiederholte Verstöße gegen

---

[986] Vgl. Hamburger Hochbahn und Deutsche Bundesbahn, Presseinformation „Ungleichbehandlung von Schwarzfahrern wird beseitigt – auch Sofortzahler werden namentlich erfaßt" vom 24. September 1992; Lübecker Nachrichten „Hamburgs Schwarzfahrer landen in einer Sünderkartei" vom 1. Oktober 1992; FAZ „'Schwarzfahrer' muss Personalien angeben" vom 29. September 1992.

die Beförderungsbedingungen zum Zwecke der Strafverfolgung nachweisen zu können, zu bejahen sein; die Beeinträchtigung schutzwürdiger
Belange der Betroffenen ist dagegen regelmäßig auszuschließen, weil
vertragswidriges Verhalten oder sogar strafrechtlich relevantes Verhalten keinen Schutz verdient."[987] Im siebenten Tätigkeitsbericht schrieb der
Bundesdatenschutzbeauftragte zu dem Thema: „Eine Übermittlung der
Daten von Schwarzfahrern sowohl zwischen den einzelnen Verbundunternehmen als auch von den Verbundunternehmen zu dem Verkehrsverbund kann demnach grundsätzlich als zulässig angesehen werden."[988] Keine Bedenken gegen Schwarzfahrerdateien äußerte auch der
Bundesbeauftragte für den Datenschutz in seinem 15. Tätigkeitsbericht.[989] Die Rechtsprechung[990] und Literatur[991] haben Schwarzfahrerdateien gleichfalls als grundsätzlich zulässig anerkannt. Diese Einschät-
zungen beruht darauf, dass die Schwarzfahrerdateien Teil der Wahrnehmung berechtigter Interessen im Sinne des BDSG sind und deshalb
schutzwürdige Belange der Fahrgäste nicht beeinträchtigen.[992]

Hinsichtlich der zulässigen Dauer einer Speicherung ist ebenfalls auf das
berechtigte Interesse abzustellen. Dies bedingt, dass keine genaue Zeitangabe zu machen ist, da das berechtigte Interesse unterschiedlich sein
kann. Wesentliche Kriterien für das berechtigte Interesse sind hierbei,
dass

- der Fall nicht abgeschlossen,
- der Betreffende erneut auffällig geworden oder
- die strafrechtliche Verjährung (§ 78 Absatz 3 Nr. 5 StGB) noch nicht
  eingetreten ist; mithin also mindestens drei Jahre.

Keine drei Jahre zu speichern, sondern unverzüglich zu löschen, sind in
einer Schwarzfahrerdatei die Daten von Fahrgästen, die sich einen gülti-

---

[987] Zitiert nach: VÖV-Rundschreiben Nr. 17 (Allgemein) vom 7. April 1981.

[988] Deutscher Bundestag, Drucksache 10/2777 vom 22. Januar 1985 „Siebenter Tätigkeitsbericht des Bundesbeauftragten für den Datenschutz gemäß § 19 Absatz 2
Satz 2 des Bundesdatenschutzgesetzes", Seite 36, Nr. 9.6.3; ebenso: Bundesbeauf-
tragter für den Datenschutz, GeschZ IV – 192 506/19, Schreiben an den Landes-
beauftragten für den Datenschutz NRW vom 12. Oktober 1983 unter Bezug auf
dessen Schreiben vom 28. Juli 1983 – 47.9.

[989] Deutscher Bundestag, Drucksache 13/1150 vom 18. April 1995 „Tätigkeitsbericht
1993 und 1994 des Bundesbeauftragten für den Datenschutz – 15. Tätigkeitsbericht – gemäß § 26 Absatz 1 des Bundesdatenschutzgesetzes", Seite 107,
Nr. 18.4.1.

[990] Vgl. LG Kassel, Urteil vom 22. Mai 1985 – Az. 6 O 45/85; LG Düsseldorf, Urteil
vom 14. März 1985 – Az. 3 O 516/84.

[991] Thilo, Lutz, DuD 1984, Seite 290 ff.

[992] Bidinger, C § 9 VO-ABB, Anm. 7.

gen Fahrausweis beschafft haben, jedoch bei einer Überprüfung nicht vorzeigen konnten, dies aber innerhalb einer Woche ab dem Feststellungstag bei der Verwaltung des Unternehmers nachholen und hierbei das ermäßigte EBE gemäß § 9 Absatz 3 VO-ABB begleichen.[993] Denn dieser Personenkreis begeht weder eine Straftat noch besteht ein berechtigtes zivilrechtliches Interesse seitens des Verkehrsunternehmens.

Das Erstellen und interne Verbreiten von „Schwarzfahrer-Fotoalben" kann nicht mehr unter den Begriff „berechtigtes Interesse" subsumiert werden. Denn es fehlt an der Verhältnismäßigkeit der Maßnahme, so dass die Interessen der Betroffenen überwiegen. Der Zweck – der Schutz vor Schwarzfahrern – ist zwar nicht zu beanstanden, das Mittel – das Fotografieren des Schwarzfahrers – ist mit Bezug auf das Recht am eigenen Bild bereits problematisch. Die Zweck-Mittel-Relation ist jedenfalls unverhältnismäßig. Denn der Eingriff in das Persönlichkeitsrecht des Betroffenen ist schwerwiegend und durch den verfolgten Zweck der Prävention in Bezug auf Schwarzfahrten nicht zu rechtfertigen. Bereits durch die Aufnahme des Fotos eines Schwarzfahrers in die Datei zum Zweck der internen Verbreitung wird das Vergehen des Betroffenen einem größeren Kreis (Fahr- und Kontrollpersonal, sowie dem mit der Erstellung und Betreuung der Datei beauftragten Personal) publik gemacht. Zudem ergibt sich aus der Summierung von Foto, Namen und Tat eine besondere Prangerwirkung und Missbrauchsgefahr – insbesondere, wenn andere Fahrgäste Einsicht in die beim Fahr- und / oder Kontrollpersonal mitgeführte Unterlage erlangen. Darüber hinaus sind die Fotos weder für die zivilrechtliche noch für die strafrechtliche Verfolgung notwendig.

5.13.3   Mitteilungspflicht einer Telefonnummer

Ein weiterer Diskussionspunkt hinsichtlich des Datenschutzes im ÖPNV ist die Frage, ob bei AST-Verkehren der Besteller verpflichtet werden kann, seine Telefonnummer mitzuteilen. Auch dies hängt von der Frage des berechtigten Interesses ab.

Ein berechtigtes Interesse kann regelmäßig darin gesehen werden, eine Fahrt zu der angeforderten Stelle zu vermeiden, wenn kein Fahrgast einsteigt. Dies erfordert, den Fahrgast aus der Anonymität zu holen, um ihn im Falle des Missbrauchs personalisieren zu können.[994]

Eine Einschränkung ist allerdings dahingehend vorzunehmen, dass aus personenbeförderungsrechtlichen Gründen die Beförderung nur bei Nichteinhaltung der Beförderungsbedingungen verweigert werden

---

[993]   Ebenso: Thilo, Lutz, DuD 1984, Seite 291.

[994]   Hierzu: Nickel, Bernhard, Der Nahverkehr 2010, Heft 4, Seite 56, 61.

kann.[995] Daher muss, um die Beförderung bei Verweigerung der Angabe ablehnen zu dürfen, die Verpflichtung zur Mitteilung der Telefonnummer zuvor in den BBB festgeschrieben sein. Ist dies der Fall und weigert sich der Anrufer dennoch, seine Telefonnummer mitzuteilen, kann der Unternehmer die Beförderung verweigern.[996]

5.14 Personen mit eingeschränkter Mobilität

Der Terminus „Personen mit eingeschränkter Mobilität" kommt aus dem EU-Recht.[997] In den englischen Fassungen wird dabei von „persons with reduced mobility", also von „reduzierter" Mobilität gesprochen. Dies umfasst eine größere Gruppe als die der behinderten Menschen. Denn dazu zählen neben behinderten Menschen z. B. auch Menschen mit Kinderwagen.

5.14.1 Hilfe beim Zustieg

Ein häufiger Streitpunkt ist die Frage, ob das Fahrpersonal beim Zustieg eine aktive Hilfspflicht hat.

Eine ausdrückliche gesetzliche Verpflichtung, behinderten Menschen beim Zugang in das Fahrzeug behilflich zu sein, besteht nach deutschem Recht nicht.

Die Verordnung (EU) Nr. 181/2011 sieht zwar in Artikel 13 Hilfspflichten für behinderte Menschen und Personen mit eingeschränkter Mobilität vor, allerdings gelten diese gemäß Artikel 2 Absatz 2 Verordnung (EU) Nr. 181/2011 nicht für den ÖPNV.

Teilweise wird eine solche Pflicht als ungeschriebene Nebenpflicht eines Beförderungsvertrages angenommen.[998] Allerdings betreffen die zitierten Fälle nicht die Beförderung mit Bus oder Bahn im Linienverkehr, sondern den Taxi- oder Behindertentransport. Sowohl die Taxi-, als auch die Behindertenbeförderungen zeichnen sich aber, im Gegensatz zur Beför-

---

[995] Vgl. oben unter 5.1 Beförderungsanspruch.

[996] BayObLG, Beschluss vom 23. September 1985 – Az. 3 Ob OWi 69/85 = VRS Bd. 70, Nr. 37, Seite 64 ff. = MDR 1986, Seite 259 = TranspR 1986, 300 f.; Bidinger, D § 13 BOKraft, Rn. 13.

[997] Vgl. z. B. die Erwägungsgründe 10, 11 und 25 sowie Artikel 1 lit. d), Artikel 3 Nr. 14 lit. d) und Nr. 15, Artikel 18 Absatz 5 und insbesondere Artikel 19 ff. Verordnung (EG) Nr. 1371/2007 sowie Erwägungsgrund 17 und Artikel 3 Absatz 3 Verordnung (EG) Nr. 1370/2007.

[998] BGH, Urteil vom 9. Dezember 1981 – Az. IV a ZR 222/80 = VersR 1982, 281 = MDR 1982, 468; OLG Düsseldorf, Beschluss vom 18. Juni 1986 – Az. 5 Ss (Owi) 173/86 – 158/86 I = VRS Bd. 71, Nr. 160, Seite 390 ff. = NVwZ 1986, 965 f.; OLG Köln, Urteil vom 13. Januar 2009 – Az. 3 U 173/05.

derung mit Bus und Bahn im Linienverkehr, dadurch aus, dass sie keinen Massenverkehr darstellen, sondern nur die jeweiligen Personen betreffen. Die Hilfeleistung des Fahrers, selbst bei Personen ohne reduzierte Mobilität, z. B. hinsichtlich des Einladens des Gepäcks, ist ihnen immanent. Hinzu kommt bei den Bus- und Bahn-Linienverkehren noch die Fahrplanpflicht nach § 40 PBefG und dem hieraus resultierenden Zwang zur Pünktlichkeit. Eine Übertragung der Rechtsprechung von Taxi- und Behindertenfahrten auf den ÖPNV scheidet daher wegen der unterschiedlichen Sachverhalte aus. Folglich begründen weder die vorgenannten Entscheidungen noch die VO-ABB noch das PBefG eine Nebenpflicht des Fahrpersonals, Personen mit reduzierter Mobilität beim Einsteigen Hilfe zu leisten.

5.14.2 Kennzeichnung als barrierefrei

Unabhängig von einer Hilfspflicht kann gegebenenfalls aus den BBB oder den Fahrplänen eine vertragliche Verpflichtung gegenüber dem Fahrgast hervorgehen, in das Fahrzeug gelangen zu können. Hiervon ist auszugehen, wenn z. B. im Fahrplan ein Bus als für Rollstuhlfahrer geeignet ausgewiesen wird. In diesen Fällen darf der Rollstuhlfahrer davon ausgehen, dass beim Bus z. B. eine Rampe ausgefahren wird oder dieser plan an einer Haltestelle mit erhöhtem Bussteig hält. Jedoch geht das geschützte Vertrauen in die Erwartung nicht soweit, dass er zusätzlich erwarten kann, hineingehoben oder geschoben zu werden.

5.14.3 Sitzplätze

Hinsichtlich eines Anspruchs auf einen Sitzplatz besteht in § 5 Absatz 2 Satz 1 Halbsatz 2 VO-ABB, ähnlich wie für die Eisenbahn in § 13 Absatz 1 Satz 2 EVO, die Regelung, dass ein solcher Anspruch nicht besteht. Daher gilt grundsätzlich das Prinzip „wer zuerst kommt, mahlt zuerst". Auch aus dem allgemeinen Gesichtspunkt der Verkehrssicherungspflicht kann ein Sitzplatzanspruch nicht abgeleitet werden.[999]

Diese Aussage ist jedoch in einem Fall einzuschränken. Nach § 5 Absatz 2 Satz 2 VO-ABB sind Sitzplätze für Schwerbehinderte, in der Gehfähigkeit Beeinträchtigte, ältere oder gebrechliche Personen, werdende Mütter und für Fahrgäste mit kleinen Kindern freizugeben. Des Weiteren schreibt § 34 BOKraft und § 47 Absatz 2 Nr. 2 BOStrab vor, dass für diesen Personenkreis der Unternehmer Sitzplätze vorzusehen hat und diese durch ein Sinnbild an gut sichtbarer Stelle kenntlich zu machen

---

[999] OLG Celle, Urteil vom 10. März 2006 – Az. 9 U 155/05.

sind.[1000] Ferner ist nach § 5 Absatz 2 Satz 1 Halbsatz 1 VO-ABB das Betriebspersonal berechtigt, den Fahrgästen die Plätze zuzuweisen.

In Anlehnung an § 2 Absatz 2 SGB IX ist unter dem Begriff des Schwerbehinderten ein Mensch zu verstehen, bei dem ein Grad der Behinderung von wenigstens 50 % vorliegt.

In der Gehfähigkeit beeinträchtigte Personen sind solche, deren Fortbewegungsmöglichkeit deutlich vermindert ist. Sie können, müssen aber nicht, unter den Personenkreis der Schwerbehinderten fallen. So gehören zu ihnen z. B. auch junge, sportliche Menschen, wenn sie am Bein einen Gipsverband haben.

Zu den älteren oder gebrechlichen Personen gehören die Personen, die nicht notwendigerweise einen Schwerbehindertenausweis haben, gleichwohl sich aber deutlich im Rentenalter befinden oder in ihrer Stand- und Bewegungssicherheit eingeschränkt sind. Allerdings bedeutet ein Alter über 65 Jahren noch keineswegs, dass eine Person gebrechlich ist.[1001] Auch ist es möglich, dass die Gebrechlichkeit des Fahrgastes nur eine vorübergehende Erscheinung ist.[1002]

Unter werdenden Müttern sind schwangere Frauen zu verstehen. Ein von einem Arzt ausgestellter Mutterschaftspass ist keine zwingende Voraussetzung, um zu diesem Personenkreis zu zählen;[1003] gleichwohl ist er als Beleg geeignet.

Fahrgäste mit kleinen Kindern sind Fahrgäste, die von jedenfalls noch nicht schulpflichtigen Kindern begleitet werden.[1004] Die überwiegende Literatur nimmt sogar nur eine Grenze bis zum vollendeten vierten Lebensjahr an.[1005] Dies können Fahrgäste jeden Geschlechts sein, obgleich in den Medien auch im Zusammenhang mit dem ÖPNV meist nur von

---

[1000] Hierzu: LG Offenburg, Urteil vom 11. April 2008 – Az. 3 O 332/07, Rn. 48 ff.

[1001] Deutscher Bundestag, Drucksache 13/3904 vom 28. Februar 1996, Beschlussempfehlung und Bericht des Ausschusses für Gesundheit, Seite 41 und 45; BSG, Urteil vom 29. September 2009 – Az. B 8 SO 5/08 R, Rn. 17 = BSGE 104, 200 ff.

[1002] Bidinger, D § 34 BOKraft, Rn. 30.

[1003] Bidinger, D § 34 BOKraft, Rn. 31.

[1004] Ähnlich: Bidinger, D § 34 BOKraft, Rn. 32.

[1005] Krämer, Horst, BOKraft § 34, Anm. 4; Bidinger, C § 5 VO-ABB, Anm. 4; Grätz, Thomas, in: Fielitz/Grätz, A 3 § 5 VO-ABB, Rn. 2.

„Müttern" mit Kinderwagen berichtet wird.[1006] Auch eine verwandtschaftliche Beziehung ist nicht notwendig.[1007]

Hinsichtlich dessen, was unter Betriebspersonal zu verstehen ist, kann auf die obigen Ausführungen[1008] verwiesen werden.

Die Freigabeverpflichtung des Sitzplatzes nach § 5 Absatz 2 Satz 2 VO-ABB für den vorgenannten Personenkreis ist entsprechend dem Rechtscharakter der VO-ABB eine gesetzliche und keine vertragliche Verpflichtung. Sie kann auch von den betroffenen Personen gegenüber dem Platzhalter unmittelbar, ohne Anspruchsgeltendmachung im Dreieck über das Betriebspersonal eingefordert werden. Gleichwohl besteht daneben auch eine Pflicht des Verkehrsunternehmers, zu Gunsten des geschützten Personenkreises gegenüber dem nichtberechtigten Sitzplatzinhaber zu intervenieren.[1009] Denn der Gesetzgeber hat das Betriebspersonal nach § 5 Absatz 2 Satz 1 Halbsatz 1 VO-ABB insbesondere deshalb berechtigt, den Fahrgästen die Plätze zuzuweisen, damit der gesetzlich gewünschte Zustand hergestellt wird.

Aus dem Vorgenannten folgt jedoch nicht, dass das Betriebspersonal körperlichen Zwang anwenden darf. Ob das Betriebspersonal zur Durchsetzung seiner Pflichten in hartnäckigen Fällen gegebenenfalls die Polizei holen muss, ist eine Abwägungsfrage und i. d. R. wegen Unverhältnismäßigkeit zu verneinen.

Der Anspruch einer Person des geschützten Personenkreises auf Vorrang bei einem Sitzplatz besteht natürlich nur, wenn die anderen Sitzplätze belegt sind[1010] oder aus anderen Gründen nicht eingenommen werden können, weil z. B. ein freier Sitzplatz auf einem Podest über dem Radkasten nicht erklommen werden kann oder die Wegstrecke zum nächsten Sitzplatz zu weit ist. Fehlt es an dieser Voraussetzung, spricht gegen das Ansinnen auf diesen Platz nicht nur der Rechtsgedanke aus den §§ 226 und 826 BGB, sondern auch die Tatsache, dass die Kennzeichnung der Plätze eine unternehmerische Verpflichtung darstellt, nicht jedoch ein subjektives Recht des begünstigten Personenkreises auf

---

[1006] Vgl. nur beispielhaft: Wiebe, Silia, in: Hamburger Abendblatt „Mutter mit Stahlnerven" vom 12. November 2008; Opitz, Barbara, in: Westdeutsche Zeitung newsline „Neuss: Busfahren ohne Hindernisse" vom 4. August 2009; Gröschner, Annett, in: Der Freitag „Von Itzum nach Himmelsthür" vom 14. Januar 2005.

[1007] Bidinger, D § 34 BOKraft, Rn. 32.

[1008] Vgl. oben unter 5.2.1.8 Anweisungen des Betriebspersonals.

[1009] Bidinger, C § 5 VO-ABB, Anm. 3.

[1010] Grätz, Thomas, in: Fielitz/Grätz, A 3 § 5 VO-ABB, Rn. 2; Bidinger, C § 5 VO-ABB, Anm. 6.

gerade diesen Sitzplatz begründet. Das Begehren des Begünstigten kann sich ausschließlich auf § 5 Absatz 2 Satz 2 VO-ABB stützen.

Die Begünstigung geht ins Leere, wenn mehr begünstige Personen einen Sitzplatz begehren als Sitzplätze zur Verfügung stehen. Auch eine Rangfolge innerhalb des begünstigten Personenkreises besteht nicht; insbesondere kann dies nicht aus der Reihenfolge der Aufzählung in den Verordnungen geschlossen werden.[1011]

Der Anspruch des begünstigen Personenkreises beschränkt sich allerdings nicht auf die gekennzeichneten Sitze.[1012] Denn nach § 5 Absatz 2 Satz 2 VO-ABB sind allgemein Sitzplätze für diesen Personenkreis freizugeben; jedoch sind primär diejenigen verpflichtet, den geschützten Personen Platz zu machen, die auf den gekennzeichneten Plätzen sitzen.

5.15 Hilfspflicht bei Straftaten und Unfällen

Weitere Rechte und Pflichten bestehen hinsichtlich des Schutzes und des Beistands im Falle von Straftaten und Unfällen. Dies ergibt sich allerdings nicht aus dem Personenbeförderungsrecht, sondern ist zum einen Folge der allgemeinen Pflicht aus § 323c StGB, andererseits eine Nebenpflicht aus dem Beförderungsvertrag.[1013] Diese Verpflichtung besteht in beide Richtungen, d. h. vom Verkehrsunternehmen und dem Betriebspersonal gegenüber den Fahrgästen, aber auch von den Fahrgästen gegenüber dem Unternehmen und dem Betriebspersonal.

Inhalt der Verpflichtung ist, die zur Rettung erforderliche und mögliche Hilfe zu leisten.[1014] Hierbei richten sich die Art und das Maß der Hilfe nach den Fähigkeiten und Möglichkeiten der Beteiligten.[1015] Dies bedeutet in der Regel für das Betriebspersonal des Unternehmens größere Pflichten, da sie auf Grund der Autorität des Amtes, der Uniform, ihrer Ausbildung oder über den Einsatz von technischen Einrichtungen (z. B. Funk) weitere Möglichkeiten haben.

Fraglich ist jedoch, ob dies auch bedeutet, dass sie im Falle einer Körperverletzung oder eines Diebstahls im Fahrzeug die Türen geschlossen halten müssen – oder überhaupt dürfen – bis die Polizei eintrifft. Nach

---

[1011] Bidinger, C § 5 VO-ABB, Anm. 3.

[1012] Fromm/Fey/Sellmann/Zuck, § 34 BOKraft, Rn. 3; Hole, Gerhard, § 34, Anm. 2; Bidinger, D § 34 BOKraft, Rn. 36.

[1013] AG Schöneberg, Urteil vom 9. Januar 1990 – Az. 9 C 553/89 = NZV 1990, 316.

[1014] Fischer, Thomas § 323c, Rn. 14.

[1015] Fischer, Thomas § 323c, Rn. 14.

einer Entscheidung des AG Schöneberg[1016] ist das Unternehmen bei einem Diebstahl hierzu weder verpflichtet noch berechtigt. Das Gericht begründet seine Auffassung damit, dass das Geschlossenhalten der Türen seinerseits eine Freiheitsberaubung sei und keine Rechtfertigung über § 127 StPO habe.[1017] Dem Gericht ist in dieser allgemeinen Aussage nicht zuzustimmen. Zwar ist richtig, dass die Freiheitsberaubung eine Straftat nach § 239 StGB darstellt und eine Rechtfertigung über § 127 StPO gegenüber den anderen Fahrgästen nicht vorliegt. Jedoch kann gleichwohl das Verschlossenhalten der Türen durch den Fahrer gerechtfertigt sein. Denn die anderen Fahrgäste haben ihrerseits eine nebenvertragliche Pflicht gegenüber dem Unternehmen, diesem zu ermöglichen, seine nebenvertraglichen Pflichten[1018] zu erfüllen. Außerdem haben sie eine Hilfspflicht gegenüber dem Opfer aus § 323c StGB. Ist hierbei das kurzzeitige Verschlossenhalten der Tür notwendig um des Diebes habhaft zu werden,[1019] liegt, wenn es nicht sogar bereits am Tatbestand einer Freiheitsberaubung fehlt,[1020] ein Rechtfertigungsgrund für § 239 StGB vor. Natürlich kann dies nicht dazu führen, dass die übrigen Fahrgäste längere Zeit eingesperrt werden. Allerdings ist gegen eine kurzzeitige Nichtfreigabe der Türblockierung nichts einzuwenden. Letztlich ist es eine Frage der Abwägung und des Einzelfalles.[1021]

Ebenfalls eine Hilfspflicht der Fahrgäste besteht, wenn z. B. der Fahrer überfallen wird. Hier haben die Fahrgäste z. B. über Mobilfunk Hilfe anzufordern. Auch ein im Fahrzeug anwesender Polizist hat genauso wie ein Arzt[1022] oder Psychologe seine spezifischen Fähigkeiten einzusetzen. Die Grenze jeder Hilfspflicht ist die individuelle Zumutbarkeit,[1023] wie z. B. eine erhebliche Selbstgefährdung.

Des Weiteren bestehen Hilfspflichten im Falle von medizinischen Unglücksfällen. So muss etwa ein Busfahrer im Fall einer schweren, andau-

---

[1016] AG Schöneberg, Urteil vom 9. Januar 1990 – Az. 9 C 553/89 = NZV 1990, 316 = VersR 1991, 1290 f.

[1017] AG Schöneberg, Urteil vom 9. Januar 1990 – Az. 9 C 553/89 = NZV 1990, 316 = VersR 1991, 1290 f.

[1018] Im Eisenbahnrecht ausdrücklich geregelt in Artikel 14 Verordnung (EG) Nr. 1371/ 2007.

[1019] Vgl. hierzu z. B. Meldung im Kölner Stadtanzeiger „Taschendiebe: Busfahrer setzt zwei Täter fest" vom 8. Oktober 2010, Seite 30.

[1020] Hierzu bei lediglich kurzer Freiheitsbeschränkung: BGH, Beschluss vom 3. Dezember 2002 – Az. 4 StR 432/02 = NStZ 2003, 371; Fischer, Thomas § 239, Rn. 6.

[1021] Gleichfalls differenzierend: Filthaut, Werner, Haftpflichtgesetz, § 12, Rn. 134.

[1022] Hierzu noch zum alten § 330c StGB: BGH, Urteil vom 22. April 1952 – Az. 1 StR 516/51 = BGHSt 2, 296 ff.

[1023] Fischer, Thomas § 323c, Rn. 15.

erender Atemnot eines Fahrgastes sofort über die Zentrale des Verkehrs-
betriebes ärztliche Hilfe herbeirufen.[1024]

5.16 Sauberkeit / Verschmutzungen

5.16.1 Verschmutzungen durch die Fahrgäste

Hinsichtlich der Verpflichtung des Fahrgastes zur Sauberhaltung bestimmt § 4 Absatz 6 VO-ABB, dass bei Verunreinigung von Fahrzeugen
oder Betriebsanlagen die vom Unternehmer festgesetzten Reinigungskosten erhoben werden und weitergehende Ansprüche unberührt bleiben. Die BOKraft und BOStrab enthalten zu dem Thema keine Regelung.

Der Unterschied dieser Regelung zu den allgemeinen Schadenersatz-
pflichten liegt in der Mindestbetrags-Pauschalisierungsmöglichkeit[1025]
der Reinigungskosten. Hierdurch sollen lange Diskussionen vermieden
und auch ein gewisser Abschreckungseffekt erreicht werden. Entsprechend fehlt eine Nachweismöglichkeit über geringere Kosten, wie sie in
§ 309 Nr. 5 b) BGB vorgesehen ist, aber nur bei einer AGB-Regelung
notwendig wäre.

Ob die Höhe der festgelegten Pauschale angemessen ist, kann die Genehmigungsbehörde vor der Einführung der Beförderungsbedingungen
prüfen. Die abweichende Auffassung,[1026] die keine Prüfungskompetenz
der Genehmigungsbehörde sieht, überzeugt schon deshalb nicht, weil
eine Forderung gegen einen Fahrgast eine Rechtsgrundlage benötigt. Die
VO-ABB bietet nur eine Rechtsgrundlage für die Erhebung an sich, aber
nicht für die Höhe des Betrags. Der Betrag muss daher in den BBB festgelegt werden; für die BBB besteht aber ein Prüfungsrecht der Genehmigungsbehörde.

Darüber hinaus kann die Höhe gegebenenfalls von einem Gericht überprüft und analog § 343 Absatz 1 BGB herabgesetzt werden. Gegen letztere Möglichkeit spricht nicht die Tatsache, dass es sich bei der Regelung
des § 4 Absatz 6 VO-ABB um einen gesetzlichen und keinen vertraglichen Anspruch handelt. Denn richtigerweise ist auch hier zwischen dem
Anspruch dem Grunde nach, der in der VO-ABB geregelt und damit
gesetzlicher Natur ist, und dem Anspruch der Höhe nach, der bei einer
Pauschale in den BBB festzulegen ist, zu unterscheiden.

[1024] OLG Düsseldorf, Beschluss vom 14. November 1994 – Az. 5 Ss 330/94 – 127/94 I =
NZV 1995, 81 f. = NJW 1995, 799 = VRS Bd. 88, Nr. 119, Seite 274 f.

[1025] Ebenso: Bidinger, C § 4 VO-ABB, Anm. 19; a. A. ohne Begründung: Grätz,
Thomas, in: Fielitz/Grätz, A 3 § 4 VO-ABB, Rn. 7.

[1026] Bidinger, C § 4 VO-ABB, Anm. 19.

Auch soweit ein Verkehrsunternehmen eine Pauschale für Reinigungs-kosten verlangt, kann der Fahrgast nach § 4 Absatz 6 VO-ABB verpflichtet sein, einen darüber hinausgehenden Betrag zu zahlen. Denn die Bestimmung besagt, dass weitergehende Ansprüche unberührt bleiben. Diese Regelung ist insbesondere in den Fällen bedeutsam, in denen der Reinigungsbetrag erheblich die Pauschale übersteigt, was besonders in den Graffiti-Fällen regelmäßig der Fall ist.

5.16.2 Haftung des Unternehmens

Eine Spezialregelung im Sinne eines Rechts auf Sauberkeit im Verkehrs-mittel besteht demgegenüber in der VO-ABB nicht. Entsprechend greifen die allgemeinen Regeln (Vertrags- und Deliktshaftung), falls ein Fahrgast durch ein Verschulden des Verkehrsunternehmens bei Verschmutzung einen Schaden erleidet. Ein gewisser Grad an Verschmutzung ist nach allgemeiner Lebenserfahrung öffentlichen Einrichtungen, die von einem wechselnden Publikum frequentiert werden, immanent.[1027] Die Verschmutzung der Kleidung durch eine kleine Unachtsamkeit liegt im Bereich des allgemeinen Lebensrisikos.[1028] Eine Haftungssituation kann nur entstehen, soweit ein Fahrzeug einen ganz ungewöhnlich hohen Grad der Verschmutzung aufweist.[1029] Als Nachweis einer schuldhaften Verletzung von Sorgfaltspflichten soll nach der Rechtsprechung nicht genügen, dass ein Fahrgast auf Erdnussschalen oder -kernen ausrutscht, die auf dem rückwärtigen Boden des Mittelganges eines Linienbusses liegen.[1030]

Überobligatorisch haben viele Verkehrsunternehmen eigene Sauber-keitsgarantien eingeführt, nach denen sie ohne Nachweis eines Verschuldens den Fahrgästen durch eine Verschmutzung im Fahrzeug verursachte Reinigungskosten erstatten.[1031]

[1027] AG Kiel, Urteil vom 29. September 1994 – Az. 8 C 36/93 = VRS Bd. 88, Nr. 109, Seite 244 f.

[1028] AG Kiel, Urteil vom 29. September 1994 – Az. 8 C 36/93 = VRS Bd. 88, Nr. 109, Seite 244 f.

[1029] AG Kiel, Urteil vom 29. September 1994 – Az. 8 C 36/93 = VRS Bd. 88, Nr. 109, Seite 244 f.

[1030] LG Aschaffenburg, Urteil vom 18. November 1975 – Az. 1 O 278-75 = VersR 1977, 90.

[1031] Vgl. z. B. die „Saubere Sache Garantie" der BVG unter http://www.bvg.de/index.php/de/3170/ name/Impressum/article/12306.html, Stand: 18. Oktober 2010.

5.17 Haftung für Tod, Verletzung oder Sachschaden

Haftungsansprüche sind Folgeansprüche. Entsprechend zählen sie nicht zu den primären, sondern zu den sekundären oder derivativen Ansprüchen.

5.17.1 Allgemeiner Rechtsrahmen

Für eine Haftung des Unternehmens bei Tod, Verletzung oder Sachschaden beim Fahrgast können drei Grundlagen in Betracht kommen:
- der Beförderungsvertrag,
- eine unerlaubte Handlung sowie
- die Gefährdungshaftung.

Bei einem Beförderungsvertrag hat der Unternehmer kraft seiner Vertragspflicht dafür zu sorgen, dass die zu befördernde Person wohlbehalten an den Bestimmungsort gelangt.[1032] Wird sie unterwegs durch Beförderungsvorgänge oder Beförderungseinrichtungen körperlich verletzt, so rechtfertigt dies zunächst den Schluss, der Unternehmer habe seine Vertragspflicht nicht erfüllt. Er hat deshalb den Gegenbeweis zu führen, dass der schädliche Erfolg auf einer Ursache beruht, die er nicht zu vertreten hat.[1033]

Prüfungsmaßstab für eine unerlaubte Handlung sind die §§ 823 ff. BGB.

Die Gefährdungshaftung richtet sich bei den Straßenbahnen nach den §§ 1 ff. HaftpflG. Für die Busverkehre sind die §§ 7 ff. StVG anzuwenden.

Fälle, in denen Fahrgäste für Tod, Verletzung oder Sachschäden haften müssen, beurteilen sich in erster Linie nach dem Recht der unerlaubten Handlung.

5.17.2 Spezieller Rechtsrahmen

Besondere Regelungen zur Haftung finden sich für die PBefG-Linienverkehre des ÖPNV sowohl im deutschen als auch im europäischen Recht.

[1032] BGH, Urteil vom 18. Dezember 1952 – Az. VI ZR 54/52 = BGHZ 8, 239, 242; RG, Urteil vom 15. April 1907 – Az. VI. 331/06 = RGZ 66, 12, 15; RG, Urteil vom 1. Dezember 1905 – Az. VII. 41/05 = RGZ 62, 119, 120; Schmidt-Kessel, Martin, in: Prütting/Wegen/Weinreich, § 280, Rn. 76; Bidinger, C § 14 VO-ABB, Anm. 2; Pohar, Mihael Aleksander, Seite 129.

[1033] BGH, Urteil vom 18. Dezember 1952 – Az. VI ZR 54/52 = BGHZ 8, 239, 242; RG, Urteil vom 15. April 1907 – Az. VI. 331/06 = RGZ 66, 12, 15.

Nach Artikel 2 Absatz 2 Verordnung (EU) Nr. 181/2011 sind Artikel 17 Absätze 1 und 2, die Entschädigung für Rollstühle und andere Mobilitätshilfen regeln, auch für die Nahverkehre anwendbar. Danach haften die Beförderer für von ihnen verursachte Verluste oder Beschädigungen von Rollstühlen und anderen Mobilitätshilfen oder Hilfsgeräten. Die Entschädigung muss hierbei dem Wiederbeschaffungswert oder den Reparaturkosten der verloren gegangenen oder beschädigten Ausrüstung oder Geräte entsprechen.

Nach § 23 PBefG kann der Unternehmer die Haftung für Sachschäden gegenüber jeder beförderten Person nur insoweit ausschließen, als der Schaden 1.000,-- Euro übersteigt und nicht auf Vorsatz oder grober Fahrlässigkeit beruht.

Gemäß § 14 VO-ABB haftet der Unternehmer für die Tötung oder Verletzung eines Fahrgasts und für Schäden an Sachen, die der Fahrgast an sich trägt oder mit sich führt, nach den allgemein geltenden Bestimmungen. Für Sachschäden haftet der Unternehmer gegenüber jeder beförderten Person allerdings nur bis zum Höchstbetrag von 1.000,-- Euro. Auch hier gilt die Begrenzung der Haftung nicht, wenn die Sachschäden auf Vorsatz oder grobe Fahrlässigkeit zurückzuführen sind. Grund für die Haftungsprivilegierung im Bereich der Sachschäden ist einerseits, dass es sich um öffentlich zugängliche Massenverkehrsmittel handelt, die auf Grund der Ausgestaltung als Daseinsvorsorge überwiegend nicht eigenwirtschaftlich betrieben werden,[1034] andererseits, dass es sich um Personenbeförderung handelt und daher wertvolle Sachgüter nicht vom Schutzbereich umfasst sind.

Bei der Zusammenschau der Haftungsregelungen für die PBefG-Linienverkehre des ÖPNV ergibt sich somit, dass die allgemeinen Haftungsregelungen mit der Besonderheit gelten, dass Sachschäden vom Unternehmer nur bis 1.000,-- Euro ersetzt werden müssen, es sei denn, die Schäden sind auf Vorsatz oder grobe Fahrlässigkeit zurückzuführen oder betreffen im Busverkehr Rollstühle und andere Mobilitätshilfen.

Eine spezielle Haftungsbestimmung für Fahrgäste besteht nur bei Sachschäden durch Verschmutzungen, bei denen die zuvor[1035] erläuterte Bestimmung des § 4 Absatz 6 VO-ABB einschlägig sein kann.

5.17.3 Spezifische Problemfälle

Neben den allgemeinen Haftungsfällen, insbesondere in den Fällen der Gefährdungshaftung und der Verkehrssicherungspflichten, die in der

---

[1034] Filthaut, Werner, NZV 2001, 238.

[1035] Siehe oben unter 5.16.1 Verschmutzungen durch die Fahrgäste.

entsprechenden Literatur[1036] ausführlich behandelt werden, bestehen bei den PBefG-Linienverkehren des ÖPNV spezifische Problemfälle, die Haftungssituationen auslösen können.

Soweit diese die häufigen Fälle betreffen, in denen Fahrgäste gestürzt sind und über die Frage nach einem ausreichenden Festhalten gestritten wird, kann auf die obigen Ausführungen verwiesen werden.[1037] Auch zur Hilfspflicht bei Straftaten und Unfällen wurde bereits oben Stellung bezogen.[1038]

5.17.3.1 Überwachung des Betriebspersonals

Zu den Pflichten, bei deren schuldhafter Verletzung der Unternehmer einen hierauf beruhenden Schaden zu ersetzen hat, zählen auch die Überwachungs- und Kontrollpflichten. Dies leitet sich für den Beförderungsvertrag aus § 278 BGB, bei der unerlaubten Handlung aus § 831 BGB und im Personenbeförderungsrecht aus den §§ 3 ff. BOKraft sowie §§ 7 ff. BOStrab ab.

5.17.3.1.1 Fahrerlaubnis

Ein Aspekt dieser Überwachungspflicht des Unternehmens ist beispielsweise die Notwendigkeit, die Fahrerlaubnis des Fahrpersonals in Abständen zu kontrollieren. Ferner leitet sich diese Pflicht im Busverkehr auch aus § 21 StVG ab, nachdem bestraft wird, wer als Halter eines Kraftfahrzeugs anordnet oder zulässt, dass jemand das Fahrzeug führt, der die dazu erforderliche Fahrerlaubnis nicht hat oder dem das Führen des Fahrzeugs nach § 44 StGB oder nach § 25 StVG verboten ist. An die hieraus abzuleitende Sorgfaltspflicht des Halters sind strenge Anforderungen zu stellen.[1039] Entsprechend muss sich im Regelfall ein Halter den Führerschein zeigen lassen, bevor er einen anderen das Fahrzeug führen lässt.[1040] Bei weiteren Fahrten besteht diese Verpflichtung auf Grund des

---

[1036] Vgl. zur Gefährdungshaftung insbesondere: <u>für den Bahnverkehr</u>: Filthaut, Werner, Haftpflichtgesetz; <u>für den Straßenverkehr</u>: Hentschel/König/Dauer; Burmann/Heß/Jahnke/Janker; Geigel, Robert; van Bühren, Hubert; vgl. zu hier einschlägigen <u>Verkehrssicherungspflichten</u> insbesondere: Sauthoff, Michael.

[1037] Siehe oben unter 5.2.13 Fester Halt.

[1038] Siehe oben unter 5.15 Hilfspflicht bei Straftaten und Unfällen.

[1039] BGH, Beschluss vom 8. Juni 1972 – Az. 4 StR 50/72 = BGHSt 24, 352 ff.

[1040] BGH, Urteil vom 19. Februar 1962 – Az. II ZR 29/66 = VersR 1968, 443 ff.; BGH, Urteil vom 5. Januar 1968 – Az. 4 StR 365/67 = VRS Bd. 34, Nr. 141, Seite 354 ff.; BayObLG, Urteil vom 17. Januar 1968 – Az. 1a St 364/67 = VRS Bd. 35, Nr. 56, Seite 121 ff.; Jahnke, Jürgen, in: Burmann/Heß/Jahnke/Janker, § 21 StVG, Rn. 12; Mielchen, Daniela / Meyer, Simone, DAR 2008, Seite 5; Kieser, Rupert, VersR 1984, 213 ff.

§ 21 StVG nur noch, soweit der Halter entweder Anhaltspunkte dafür hat, dass der Fahrer der Fahrerlaubnis verlustig gegangen sein könnte[1041] oder wenn eine geraume Zeit vergangen ist.[1042] Ersteres wäre z. B. der Fall, wenn ein Mitarbeiter früher regelmäßig mit dem Auto zum Dienstantritt fuhr, neuerdings aber auch im Winter eine einstündige Fahrradfahrt in Kauf nimmt, um morgendlich den ersten Bus aus dem Depot zu fahren. Letzteres, d. h. eine Kontrolle nach einer geraumen Zeit, wird in der Regel einmal jährlich notwendig sein,[1043] wobei sich auch hier eine schematische Betrachtungsweise verbietet. So kann bei einem Fahrer, der in seinem Fahrstil mehrfach negativ aufgefallen ist, eine häufigere Überprüfung und bei einem sehr guten Fahrer eine seltenere Überprüfung angebracht sein. Des Weiteren ist wichtig, dass auch die regelmäßige Kontrolle der Fahrerlaubnis vom Fahrpersonal nicht planbar ist, damit der Betreffende im Falle des Verlustes nicht davon ausgehen kann, dass dies bis zu einem bestimmten Termin nicht auffällt.

5.17.3.1.2 Fahrweise

Eine weitere Überwachungspflicht betrifft die Fahrweise des Betriebspersonals.[1044] Hierbei gehen die Sorgfaltsanforderungen an einen Bus- oder Bahnfahrer über diejenigen hinaus, die § 1 StVO an alle Verkehrsteilnehmer stellt.[1045] Dies folgt für den Busfahrer insbesondere aus § 7 und § 8 Absatz 1 BOKraft, wonach das im Fahrdienst eingesetzte Betriebspersonal die besondere Sorgfalt anzuwenden hat, die sich daraus ergibt, dass ihm Personen zur Beförderung anvertraut sind und es sich rücksichtsvoll und besonnen zu verhalten hat. Dem Bahnfahrer sind diese Verpflichtungen in § 13 BOStrab auferlegt.

[1041] BGH, Urteil vom 19. Februar 1962 – Az. II ZR 29/66 = VersR 1968, 443 ff.; KG Berlin, Beschluss vom 16. September 2005 – Az. (3) 1 Ss 340/05 (86/05) = NZV 2006, 487 (Auszug); BayObLG, Beschluss vom 20. Januar 1988 – Az. RReg 1 St 1/88 = DAR 1988, 387 (Auszug); OLG Koblenz, Urteil vom 8. Mai 1980 – Az. 1 Ss 165/80 = VRS Bd. 60, Nr. 25, Seite 56 ff.; BayObLG, Beschluss vom 19. Oktober 1977 – Az. RReg1 St 269/77 = DAR 1978, 168; Mielchen, Daniela / Meyer, Simone, DAR 2008, 5; Jahnke, Jürgen, in: Burmann/Heß/Jahnke/Janker, § 21 StVG, Rn. 12.

[1042] Mielchen, Daniela / Meyer, Simone, DAR 2008, 7.

[1043] Mielchen, Daniela / Meyer, Simone, DAR 2008, 7.

[1044] BGH, Urteil vom 1. Juli 1997 – Az. VI ZR 205/96 = NJW 1997, 2756, 2757; KG Berlin, Urteil vom 9. April 2001 – Az. 12 U 8410/99 = VRS Bd. 101, Nr. 28, Seite 88, 97.

[1045] OLG Karlsruhe, Urteil vom 27. Juli 1979 – Az. 10 U 55/79 = VersR 1981, 266.

Die Kontrolle der Fahrzeugführer hat daher regelmäßig und stichprobenartig zu erfolgen.[1046] Sie sind gegebenenfalls auch unauffällig[1047] und unvermutet durchzuführen.[1048] Daher verbietet sich eine nach starren Regeln auszuführende Verpflichtung.[1049] So wäre die Annahme verfehlt, es sei einerseits immer erforderlich, andererseits aber völlig ausreichend, einen Busfahrer einmal pro Jahr zu überwachen. Denn der Zeitraum kann dann länger sein, wenn der Fahrer noch nie negativ aufgefallen ist und schon länger seine Tätigkeit verrichtet. Andererseits kann auch eine Pflicht zu einem kürzeren Zeitraum bestehen, wenn etwa der Fahrer noch nicht so lange beim Unternehmen arbeitet, aus der Vergangenheit Vorfälle aktenkundig sind oder Indizien bestehen, die skeptisch machen müssen. Es ist stets den Erfordernissen und Möglichkeiten der Persönlichkeit des Fahrers und seiner Bewährung im Betrieb Rechnung zu tragen.[1050] Die Rechtsprechung hat in einem Fall entschieden, dass eine achtmalige verdeckte Kontrolle in einem dreieinhalbjährigen Zeitraum ausreicht.[1051] Kein Vorwurf wegen der Verletzung einer Überwachungspflicht kann jedenfalls dem gemacht werden, der den diesbezüglichen VDV-Empfehlungen folgt; diese lauten: „Die Fahrbediensteten im Linienverkehr sollten mindestens zweimal im Jahr bei der Ausübung der Fahrertätigkeit über eine Fahrtdauer von mindestens 20 Minuten durch einen Beauftragten überwacht werden. Bei Auffälligkeiten oder aus besonderem Anlass können Überwachungen auf Anforderung der zuständigen Vorgesetzten zusätzlich zum vorgeschriebenen Umfang durchgeführt werden. Nach der Ausbildung ist der Jungfahrer in den ersten 3 Monaten durch zusätzliche Beobachtungen zu überwachen und notwendige Hilfestellung zu geben."[1052]

5.17.3.1.3 Gesundheitszustand

Eine weitere Überprüfungspflicht des Betriebspersonals durch das Unternehmen betrifft den Gesundheitszustand. Hier ist je nach Verantwort-

---

[1046] BGH, Urteil vom 15. November 1983 – Az. VI ZR 57/82 = VRS Bd. 66, Nr. 84, Seite 182, 183; BGH, Urteil vom 18. Februar 1969 – Az. VI ZR 238/67 = VersR 1969, 518, 519; Kieser, Rupert, VersR 1984, 213 ff.

[1047] KG Berlin, Urteil vom 2. September 2002 – Az. 12 U 1969/00, Seite 39.

[1048] BGH, Urteil vom 18. Februar 1969 – Az. VI ZR 238/67 = VersR 1969, 518, 519.

[1049] BGH, Urteil vom 20. Januar 1970 – Az. VI ZR 132/68 = VÖV-Nachrichten 1970, Nr. 100, Seite 58.

[1050] KG Berlin, Urteil vom 12. September 2002 – Az. 12 U 9590/00 = NZV 2003, 30, 32; Kieser, Rupert, VersR 1984, 213 ff.

[1051] LG Berlin, Beschluss vom 17. Oktober 2003 – Az. 24 O 291/03.

[1052] VDV-Schrift Nr. 712, Seite 21 f.

lichkeit des Personals eine Überprüfung vorzunehmen. Diese ist gegebenenfalls auch periodisch durchzuführen.[1053]

5.17.3.2 Überwachung und Kontrolle der Fahrgäste

In einem Fall wurde geltend gemacht, eine Haftung des Verkehrsunternehmens bestehe auch für die Verletzung, die sich ein ohne Fahrausweis fahrender Fahrgast zuzieht, weil ein Fahrzeug durch eine von ihm im Fahrzeug angezündete Zigarette in Brand gerät und er auf Grund seiner Alkoholisierung dies nicht bemerkt.[1054] Diese Auffassung lässt sich rechtlich jedoch nicht begründen; der BGH hob daher dieses Fehlurteil auf.[1055]

5.18 Beschwerden

Unter einer Beschwerde versteht man außerhalb des Prozessrechts die Äußerung einer Gegenvorstellung mit dem Ziel der Abhilfe, ohne damit bereits einen Rechtsweg zu beschreiten. Die Beschwerde ähnelt der Petition. Im Verwaltungs- und Steuerrecht ist die Beschwerde, die dort in Gestalt des Widerspruchs und Einspruchs formalisiert ist, teilweise Voraussetzung für eine Klage. Dem Recht auf Beschwerde ist immanent, dass diese zur Kenntnis genommen und beschieden werden muss.[1056] Ferner darf sie nicht mit Benachteiligungen einhergehen.[1057]

5.18.1 Gesetzliche Regelungen

Gesetzlich geregelte Beschwerderechte finden sich im deutschen Recht selten. Eine Ausnahme besteht z. B. für Soldaten.[1058] Im Zivilrecht ist das Beschwerderecht insbesondere im Arbeitsrecht bekannt.[1059]

Das europäische Recht kannte bis zum Jahr 2011 die Beschwerde bei Landverkehren nur bei der Eisenbahn. Dort findet in der Verordnung (EG) Nr. 1371/2007[1060] die Beschwerde mehrfache Erwähnung – so im

---

[1053] BGH, Urteil vom 30. Juni 1964 – Az. VI ZR 91/63 = NJW 1964, 2401 f. = MDR 1964, 838 f.

[1054] OLG Köln, Urteil vom 23. Juni 1997 – Az. 16 U 78/96.

[1055] BGH, Urteil vom 24. November 1998 – Az. VI ZR 217/97 = NJW 1999, 573 f. = MDR 1999, 221 f. = NZV 1999, 123 f. = JR 2000, 66 ff.

[1056] Vgl. z. B. § 12 WBO und § 13 Absatz 1 Satz 2 AGG.

[1057] Vgl. z. B. § 84 Absatz 3 BetrVG; § 2 WBO und § 16 AGG.

[1058] So ein allgemeines Beschwerderecht in § 1 WBO und bei einer Diskriminierung in § 11 SoldGG.

[1059] Vgl. § 84 BetrVG und § 13 AGG.

[1060] Verordnung (EG) Nr. 1371/2007 des Europäischen Parlaments und des Rates vom 23. Oktober 2007 über die Rechte und Pflichten der Fahrgäste im Eisenbahnverkehr, Amtsblatt Nr. L 315 vom 3. Dezember 2007, Seite 14 ff.

Erwägungsgrund 18, dem Artikel 1 lit. e), Artikel 30 Absatz 2 sowie den Anhängen II und III. Mit Artikel 27 ist ihr sogar eine eigene Norm gewidmet.

In der Verordnung (EU) Nr. 181/2011 ist die Beschwerde in den Erwägungsgründen 20 und 22 sowie den Artikeln 1 lit. f) und 26 bis 29 erwähnt. Hierbei gelten die Artikel 26 bis 28 nach Artikel 2 Absatz 2 auch für Verkehrsdienste, bei denen die planmäßige Wegstrecke weniger als 250 km beträgt, so dass die PBefG-Linienverkehre des ÖPNV erfasst sind. Das Recht des Fahrgastes ist es danach, dass er zum einen eine Beschwerde an das Unternehmen richten kann, zum anderen, dass das Unternehmen nach Artikel 27 Satz 3 verpflichtet ist, die Beschwerde binnen drei Monaten zu bescheiden, wobei gemäß Artikel 27 Satz 2 nach einem Monat zumindest ein Zwischenbescheid zu erfolgen hat.

In das deutsche Recht fand die Beschwerde im Landverkehr über die Änderung der für die Eisenbahn geltenden EVO im Jahr 2009 Eingang.

Für die PBefG-Linienverkehre des ÖPNV ist hingegen eine Beschwerderegelung in der VO-ABB bereits seit deren Erlass im Jahr 1970 enthalten. Die dortige Regelung in § 4 Absatz 7 VO-ABB erkennt zum einen grundsätzlich die Möglichkeit von Beschwerden an, zum anderen klärt sie die Adressaten der Beschwerden. Diese sind danach in den Fällen, in denen eine sofortige Beanstandung notwendig ist, unmittelbar an das Gegenüber, ansonsten an das Aufsichtspersonal oder die Verwaltung zu richten.

5.18.2 Bedeutung

Die Beschwerde bei dem Verkehrsunternehmen ist gegebenenfalls Zulässigkeitsvoraussetzung für ein Schlichtungsverfahren.[1061] Der Gedanke ist hier, dass das Verkehrsunternehmen über die Beschwerde zum einen nach Möglichkeit Klarheit über das Begehr des Beschwerdeführers erhalten soll, zum anderen Gelegenheit bekommt, seine eigene Position zu überdenken.

In den letzten Jahren wird ferner des häufigeren gefordert, ein Beschwerdewesen zu institutionalisieren oder verbindlich vorzuschreiben. So forderte der vzbv in einem Bericht[1062] eine verbindliche Regelung zum Beschwerdemanagement.

[1061] Vgl. beispielhaft: IV Absatz 3 Schlichtungsordnung der damaligen, vom VCD getragenen Schlichtungsstelle Mobilität; § 2 Absatz 3 der Nahverkehr SNUB-Verfahrensordnung.

[1062] Vgl. vzbv 2003, Seite 11, zitiert nach: Gutachten der ProgTrans AG, Basel und von Prof. Dr. Klaus Tonner, Universität Rostock „Verbraucherschutz und Kunden-

Die Verkehrsunternehmen haben das Thema Beschwerde in den letzten Jahren von sich aus ebenfalls verstärkt betrachtet.[1063]

5.19 Schlichtung

Schlichtung für Bus- und Bahnverkehre ist in Deutschland etwa seit dem Jahr 2000 ein Thema. Die ersten Schlichtungsstellen waren die Schlichtungsstelle Nahverkehr NRW im Jahr 2001, gefolgt von der Ombudsstelle Nahverkehr Bayern im Jahr 2004.

Im September 2003 forderte der VDV in einer Veröffentlichung,[1064] auf regionaler oder Landesebene neutrale Ombudsstellen zu schaffen, die durch einen Beirat unterstützt werden, dem Vertreter von Fahrgastverbänden, Verbraucherzentralen, den Verkehrsministerien und den VDV-Unternehmen angehören.

In einem Gutachten für das BMVBW von Juli 2005 wurde schließlich die Einführung einer verbindlichen Schlichtung für den öffentlichen Verkehr gefordert.[1065]

Mittlerweile gibt es bei den PBefG- und Eisenbahnverkehren für die meisten Bundesländer regionale und insbesondere für den Fernverkehr eine bundesweite Schlichtungs- bzw. Ombudsstelle.[1066]

5.19.1 Gesetzliche Regelungen

Im Eisenbahnrecht ist durch die Anpassungen an die Verordnung (EG) Nr. 1371/2007 im Jahr 2009 in § 37 EVO eine eigene Regelung zur Schlichtung geschaffen worden.[1067] Danach kann der Reisende eine ge-

---

rechte im öffentlichen Personenverkehr", Deutscher Bundestag, Drucksache 16/1484 vom 11. Mai 2006, 3.4.2, Seite 63.

[1063] Vgl. z. B. die VDV-Mitteilung Nr. 9019 „Lob- und Beschwerdemanagement".

[1064] VDV-Mitteilung Nr. 9027 „Kundenrechte im ÖV", 3.4, Seite 13.

[1065] Vgl. Gutachten der ProgTrans AG, Basel und von Prof. Dr. Klaus Tonner, Universität Rostock „Verbraucherschutz und Kundenrechte im öffentlichen Personenverkehr", Deutscher Bundestag, Drucksache 16/1484 vom 11. Mai 2006, 5.2.1, Seite 93.

[1066] Dies sind bislang:
- Schlichtungsstelle Nahverkehr NRW (SNV);
- Ombudsstelle Nahverkehr Bayern;
- Ombudsstelle Nahverkehr Baden-Württemberg;
- Schlichtungsstelle Nahverkehr Mitte (Hessen, Rheinland-Pfalz, Saarland);
- Nahverkehr Schlichtungsstelle Niedersachsen und Bremen (SNUB);
- Schlichtungsstelle für den öffentlichen Personenverkehr (söp)
- (bis November 2009) die Schlichtungsstelle Mobilität.

[1067] Hierzu: Hilpert, Thomas, MDR 2009, 967, 971.

eignete Schlichtungsstelle anrufen. Das Eisenbahnverkehrsunternehmen soll bei der Beantwortung einer Beschwerde auf die Möglichkeit der Schlichtung hinweisen und die Adressen geeigneter Schlichtungsstellen mitteilen.

In den personenbeförderungsrechtlichen Gesetzen finden sich dagegen noch keine Regelungen zur Schlichtung.

5.19.2 Bedeutung

Die Bedeutung der Schlichtung ist insbesondere im Hinblick auf die geringen Streitwerte ein wichtiges Instrument zur Schaffung von Rechtsfrieden. Denn in den meisten Fällen ist es wirtschaftlich nicht vertretbar, mit den in Rede stehenden Beträgen Amtsgerichte zu befassen.[1068] Die Schlichtungsstellen haben hierbei bislang eine Arbeit geleistet, die allseits anerkannt wird. Sie nutzen die Chance einer pragmatischen Konfliktlösung. Daher kommt der Schlichtung immer stärker eine erhebliche praktische Relevanz zu.[1069]

Neben der vorgenannten kostengünstigen Befriedungsfunktion können die Schlichtungs- und Ombudsstellen in Zukunft vielleicht auch Anstöße für Wissenschaft, Rechtsprechung und Gesetzgebung geben.

[1068] Gutachten der ProgTrans AG, Basel und von Prof. Dr. Klaus Tonner, Universität Rostock „Verbraucherschutz und Kundenrechte im öffentlichen Personenverkehr", Deutscher Bundestag, Drucksache 16/1484 vom 11. Mai 2006, 5.2.1, Seite 93.

[1069] Isermann, Edgar, NJW-aktuell 2010, 16 f.

6. Ausblick

6.1 Verordnung (EU) Nr. 181/2011

Nachdem die Europäische Kommission, Generaldirektion Energie und Verkehr bereits im Juli 2005 ein Konsultationspapier über Fahrgastrechte im grenzüberschreitenden Kraftomnibusverkehr[1070] veröffentlicht hatte, folgte im Dezember 2008 der Vorschlag der EU-Kommission für eine Verordnung über die Fahrgastrechte im Kraftomnibusverkehr.[1071] Während das Konsultationspapier noch eine Begrenzung auf den grenzüberschreitenden Kraftomnibusverkehr vorsah,[1072] sollte die Verordnung nach dem Vorschlag der Kommission von Dezember 2008 gemäß Artikel 2 Absatz 1 für alle Busverkehre gelten. In der deutschen Literatur wurde dem Verordnungsvorschlag bislang nur wenig Beachtung geschenkt.[1073]

Am 1. Dezember 2010 einigten sich schließlich Rat und Europäisches Parlament[1074] über den Verordnungsvorschlag, dem die Kommission[1075] ebenfalls zustimmte.[1076] Am 31. Januar 2011 nahm der Rat und Mitte Februar 2011 auch das Europäische Parlament den Verordnungsentwurf an. Im Amtsblatt der Europäischen Union vom 28. Februar 2011 wurde sie als Verordnung (EU) Nr. 181/2011 veröffentlicht. Sie gilt ab dem 1. März 2013.

[1070] EUROPEAN COMMISSION DIRECTORATE-GENERAL FOR ENERGY AND TRANSPORT, „COMMISSION STAFF WORKING PAPER – Rights of passengers in international bus and coach transport – A Consultation Document by the Services of the Directorate General for Energy and Transport" vom 14. Juli 2005.

[1071] Vorschlag für eine „Verordnung des Europäischen Parlaments und des Rates über die Fahrgastrechte im Kraftomnibusverkehr und zur Änderung der Verordnung (EG) Nr. 2006/2004 über die Zusammenarbeit zwischen den für die Durchsetzung der Verbraucherschutzgesetze zuständigen nationalen Behörden", KOM(2008) 817 endgültig, 2008/0237(COD) vom 4. Dezember 2008.

[1072] Vgl. Punkt 4 der Einführung des Dokuments vom 14. Juli 2005.

[1073] Soweit ersichtlich nur: Bollweg, Hans-Georg, RRa 2010, 106 ff.; Tonner, Klaus, VuR 2010, 209, 215.

[1074] Vgl. hierzu z. B. Meldung in der FAZ vom 2. Dezember 2010, Seite 14: „Mehr Rechte für Busreisende".

[1075] Presseerklärung der EU-Kommission vom 1. Dezember 2010, IP/10/1639 „Mehr Rechte für Fahrgäste im Kraftomnibusverkehr".

[1076] Zur Kritik hieran: Cramer, Michael, MEP, Presseerklärung vom 1. Dezember 2010 „Verkehrsministerrat verhindert wirksamen Schutz der Passagiere im Busverkehr".

© Springer Fachmedien Wiesbaden GmbH, ein Teil von Springer Nature 2012
T. Hilpert-Janßen, *Fahrgastrechte und -pflichten der ÖPNV-Linienverkehre nach dem PBefG*, Edition KWV, https://doi.org/10.1007/978-3-658-24122-3_6

Die neue Verordnung sieht auch für den Bus-Nahverkehr und damit die hier behandelten Busverkehre Regelungen vor. Diese sogenannten Basisrechte, die für alle Verkehre gelten, betreffen den Schutz vor Diskriminierungen bei Beförderungsbedingungen und Tarifen, eigene Rechte von Behinderten und Personen mit eingeschränkter Mobilität, Schulungspflichten für Mitarbeiter von Verkehrsunternehmen, Haftungsfragen sowie Informations- und Beschwerderechte der Fahrgäste.

Die Unterscheidung in der Verordnung zwischen der Anwendung auf Fahrten mit einer planmäßigen Wegstrecke von 250 km oder mehr und denen mit einer geringeren Entfernung entspricht allerdings nicht der Differenzierung des deutschen Rechts zwischen Nah- und Fernverkehren, wie sie in § 8 Absatz 1 Satz 2 PBefG, § 2 RegG, § 2 Absatz 5 AEG oder § 147 SGB IX festgelegt ist. Denn zum einen grenzt das deutsche Recht hinsichtlich einer Entfernung von 50 km ab, zum anderen bezieht sich diese Entfernung nicht auf die planmäßige Wegstrecke, sondern auf die gesamte Reiseweite in der Mehrzahl der Beförderungsfälle eines Verkehrsmittels.[1077] Da aber in Deutschland zumindest in der Praxis alle Linienlängen des ÖPNV eine planmäßige Wegstrecke von weniger als 250 km haben, fallen diese PBefG-Linienverkehre des ÖPNV in den auf die Basisrechte nach Artikel 2 Absatz 2 Verordnung (EU) Nr. 181/2011 beschränkten Anwendungsbereich.

Die inhaltlichen Einzelheiten der neuen Verordnung (EU) Nr. 181/2011 sowie ihre Auswirkungen wurden bereits oben bei den jeweiligen Fachkapiteln abgehandelt.[1078]

6.2 Rechtsänderungen in Deutschland

Die Verordnung (EU) Nr. 181/2011 wird auch Auswirkungen auf die Fahrgastrechte nach deutschem Recht haben. Zum einen werden Anpassungen des deutschen Gesetzgebers notwendig werden. Zum anderen steht zu erwarten, dass die neue Verordnung auch eine neue Diskussion um eine nationale Ausweitung der Fahrgastrechte im Bus- und gegebenenfalls auch PBefG-Schienenverkehr auslösen wird.

Bereits in der Vergangenheit waren die PBefG-Linienverkehre des ÖPNV nicht von der Diskussion um Fahrgastrechte bei öffentlichen Verkehrsmitteln ausgenommen, wie dies sowohl das im Auftrag des BMVBW für den Deutschen Bundestag erstellte Gutachten „Verbrau-

---

[1077] Vgl. z. B. § 8 Absatz 1 Satz 2 PBefG.

[1078] Siehe hierzu insbesondere unter: 5.3 Beförderungsausschluss, 5.4 Beförderung von Sachen, 5.6 Der Fahrausweis, 5.9 Diskriminierungsverbot, 5.12 Information, 5.18 Haftung und 5.19 Beschwerden.

cherschutz und Kundenrechte im öffentlichen Personenverkehr"[1079] als auch verschiedene parlamentarische Bekundungen[1080] zeigen.

In jüngster Zeit belegen folgende Initiativen diese Einschätzung:

- die Verabredung in der Koalitionsvereinbarung von CDU/CSU/FDP vom Oktober 2009: „Die Rechte von Bahnkunden und Fluggästen werden überprüft und gegebenenfalls verbessert."[1081]
- die Entschließung im Deutschen Bundestag vom 22. April 2010, ein Konzept vorzulegen, das unter anderem eine Verbesserung der Fahrgastrechte im Hinblick auf rechtzeitige und umfassende Informationen über Alternativen bei Zugausfällen, auch über ausreichende Fahrzeugkapazitäten, über den Regelfahrplan hinausgehende Angebote sowie gegebenenfalls zum Umgang mit minderjährigen Fahrgästen beinhalten soll[1082]
- der Antrag im Deutschen Bundestag vom 7. Juli 2010 mit dem Titel „Reisende besser schützen"[1083]
- der Beschluss der Verkehrsministerkonferenz am 6./7. Oktober 2010, das Bundesverkehrsministerium möge im Hinblick auf weitere Verbesserungen der Fahrgastrechte im Herbst 2011 über die bisherigen Erfahrungen informieren[1084]

[1079] Gutachten der ProgTrans AG, Basel und von Prof. Dr. Klaus Tonner, Universität Rostock „Verbraucherschutz und Kundenrechte im öffentlichen Personenverkehr" im Auftrag des Bundesministeriums für Verkehr, Bau- und Wohnungswesen (BMVBW) von Juli 2005, veröffentlicht unter: Deutscher Bundestag, Drucksache 16/1484 vom 11. Mai 2006.

[1080] Vgl. z. B.: Deutscher Bundestag, Drucksache 14/9671 vom 2. Juli 2002, Antrag von SPD und BÜNDNIS 90/DIE GRÜNEN „Qualitätsoffensive im öffentlichen Personenverkehr – Verbraucherschutz und Kundenrechte stärken"; Deutscher Bundesrat, Drucksache 759/08 (Beschluss) vom 28. November 2008, Stellungnahme des Bundesrates zum „Entwurf eines Gesetzes zur Anpassung eisenbahnrechtlicher Vorschriften an die Verordnung (EG) Nr. 1371/2007 des Europäischen Parlaments und des Rates vom 23. Oktober 2007 über die Rechte und Pflichten der Fahrgäste im Eisenbahnverkehr", Seite 1, Anmerkung 1.

[1081] Koalitionsvertrag zwischen CDU, CSU und FDP für die 17. Legislaturperiode vom Oktober 2009 mit dem Titel „Wachstum. Bildung. Zusammenhalt.", Punkt 4.5, Seite 47.

[1082] Deutscher Bundestag, Drucksache 17/1162 vom 24. März 2010, Antrag der Fraktionen der CDU/CSU und FDP „Gewährleistung der Sicherheit der Eisenbahnen in Deutschland".

[1083] Deutscher Bundestag, Drucksache 17/2428 vom 7. Juli 2010, Antrag BÜNDNIS 90 / DIE GRÜNEN „Reisende besser schützen".

[1084] Beschluss-Sammlung der Verkehrsministerkonferenz am 6./7. Oktober 2010 auf Schloss Ettersburg, Punkt 6.1 der Tagesordnung: „Fahrgastrechte im öffentlichen Personenverkehr".

- der Antrag im Deutschen Bundestag vom 23. Oktober 2010 mit dem Titel „Reform des Fahrgastrechtegesetzes"[1085] und
- die Kleine Anfrage der Fraktion Bündnis 90/Die Grünen mit dem Titel „Fahrgastrechte im Busverkehr" vom 4. Januar 2011.[1086]

6.3 Vorschlag KOM(2010) 608 endgültig

Am 27. Oktober 2010 veröffentlichte die EU-Kommission schließlich eine Mitteilung,[1087] in der sie 50 Vorschläge formulierte, wie der europäische Binnenmarkt verbessert werden soll. In Vorschlag 43, Satz 2 schreibt die Kommission hierzu: „Im Falle der Annahme des Legislativvorschlags für den Straßenverkehrssektor (öffentlicher Busverkehr und Reisebusverkehr) wird sie eine Mitteilung zu den Fahr- und Fluggastrechten für sämtliche Verkehrsträger ausarbeiten." Da die vorgenannte Voraussetzung, die Annahme der Verordnung zu den Busverkehren, mittlerweile erfolgt ist, steht dieses Vorhaben auf dem Programm der Kommission.

Auch in Deutschland haben die unterschiedlichen Regelungen mittlerweile zu einer Diskussion über eine Harmonisierung der Rechte und Pflichten der Fahrgäste bei den einzelnen Verkehrsträgern geführt.[1088] Soweit vergleichbare Sachverhalte unterschiedlich behandelt werden, ist dieser Ansatz sicherlich begrüßenswert.[1089]

[1085] Deutscher Bundestag, Drucksache 17/3865 vom 23. November 2010, Antrag BÜNDNIS 90/DIE GRÜNEN „Reform des Fahrgastrechtegesetzes".

[1086] Deutscher Bundestag, Drucksache 17/4366 vom 4. Januar 2011, Kleine Anfrage der Fraktion BÜNDNIS 90/DIE GRÜNEN „Fahrgastrechte im Busverkehr"; hierzu: Antwort der Bundesregierung, Deutscher Bundestag, Drucksache 17/4366 vom 3. Februar 2011; hierzu: Pressemitteilung Nr. 0101 der Bundestagsfraktion Bündnis 90/Die Grünen vom 3. Februar 2011 „Mehr Fahrgastrechte im Busverkehr".

[1087] KOM(2010) 608 endgültig vom 27. Oktober 2010, Mitteilung an das Europäische Parlament, den Rat, den Europäischen Wirtschafts- und Sozialausschuss und den Ausschuss der Regionen mit dem Titel „Auf dem Weg zu einer Binnenmarktakte – Für eine in hohem Maße wettbewerbsfähige soziale Marktwirtschaft – 50 Vorschläge, um gemeinsam besser zu arbeiten, zu unternehmen und Handel zu treiben".

[1088] Bollweg, Hans-Georg, Die Kundenrechte des Flug-, Bahn- und Busverkehrs im Vergleich, RRa 2010, 106, 116; Beschluss I im Arbeitskreis III beim 48. Deutscher Verkehrsgerichtstag 2010.

[1089] Ebenso: Beschluss I im Arbeitskreis III beim 48. Deutscher Verkehrsgerichtstag 2010.

Literaturverzeichnis

Albrecht, Peter-Alexis, Beförderungserschleichung bei unberechtigter Benutzung eines öffentlichen Verkehrsmittels, dessen Betreten nicht kontrolliert wird?, NStZ, 1988, Seite 222 ff.

Alwart, Heiner, Über die Hypertrophie eines Unikums (§ 265a StGB), JZ, 1986, Seite 563 ff.

Alwart, Heiner, Anmerkung zu BGH, Beschluss vom 8. Januar 2009 – Az. 4 StR 117/08, JZ, 2009, Seite 478 ff.

Bartl, Harald, Anmerkung zu AG Frankfurt, Urteil vom 6. Dezember 1975 – Az. 31 C 2546/75, NJW, 1976, Seite 854 f.

Bartl, Harald, Vertragsstrafen in Beförderungsbedingungen der öffentlichen Hand?, BB, 1978, Seite 1448 f.

Bartl, Harald, Das neue „Reisevertragsrecht", NJW, 1979, Seite 1384 ff.

Bauer, Michael, Personenbeförderungsgesetz, Köln, 2010.

Beaucamp, Guy, Zum Analogieverbot im öffentlichen Recht, AöR Bd. 134, 2009, Seite 83 ff.

Beckmann, Edmund, Das Semesterticket – sein rechtlicher Rahmen, DÖV, 1993, Seite 340 ff.

Bender, Wilhelm, Anmerkung zu AG Frankfurt, Urteil vom 6. Dezember 1975 – Az. 31 C 2546/75, NJW, 1976, Seite 855 f.

Bergmann, Lutz / Möhrle, Roland / Herb, Armin, Datenschutzrecht, Loseblatt, Stuttgart, München, 2009.

Bettermann, Karl August, in: Ackermann, Heinrich / Albers, Jan / Bettermann, Karl August (Hrsg.), Über Flughafengebühren: Von der Erfüllung öffentlicher Aufgaben in Privatrechtsformen und von der zivilgerichtlichen Kontrolle der Benutzungsordnungen öffentlicher Anstalten, in: „Aus dem Hamburger Rechtsleben", Walter Reimers zum 65. Geburtstag, Berlin, 1979, Seite 415 ff.

Bidinger, Helmuth und Rita, Personenbeförderungsrecht, Loseblatt, Berlin, 2010.

Bitter, Georg, Haftung der Deutschen Bahn für Zugverspätungen und fehlerhafte Fahrgastinformationen, NZV, 2005, Seite 553 ff.

Boemke, Burkhard / Ulrici, Bernhard, BGB, Allgemeiner Teil, Berlin, 2010.

Bollweg, Hans-Georg, Die Kundenrechte des Flug-, Bahn- und Busverkehrs im Vergleich, RRa, 2010, Seite 106 ff.

© Springer Fachmedien Wiesbaden GmbH, ein Teil von Springer Nature 2012
T. Hilpert-Janßen, *Fahrgastrechte und -pflichten der ÖPNV-Linienverkehre nach dem PBefG*, Edition KWV, https://doi.org/10.1007/978-3-658-24122-3

Brandt, Eberhard / Ahlbrecht, Alfred, Urteilsanmerkung, BB, 1976, Seite 1196 f.

Brüning, Christoph, Von öffentlichen Zwecken und privaten Rechten, DÖV, 2003, Seite 389 ff.

Burmann, Michael / Heß, Rainer / Jahnke, Jürgen / Janker, Helmut, Straßenverkehrsrecht, 22. Auflage, München, 2012.

Czerwenka, Beate / Heidersdorf, Christian / Schönbeck, Martin, Eisenbahn-Beförderungsrecht, 4. Auflage, Berlin, 2001.

Dalecki, Wolfgang, Erhöhtes Beförderungsentgelt für „Schwarzfahrer" rechtmäßig? MDR, 1987, Seite 891 ff.

Däubler, Wolfgang / Klebe, Thomas / Wedde, Peter / Weichert, Thilo, Bundesdatenschutzgesetz Basiskommentar, 3. Auflage, Frankfurt am Main, 2009.

Deutsche Akademie für Verkehrswissenschaft, 48. Deutscher Verkehrsgerichtstag, Goslar, 2010.

Deutscher Bundestag (Hrsg.), Bundesministerium für Verkehr, Bau und Wohnungswesen (Auftraggeber), Gutachten der ProgTrans AG, Basel und von Prof. Dr. Klaus Tonner, Universität Rostock „Verbraucherschutz und Kundenrechte im öffentlichen Personenverkehr", 2005, Deutscher Bundestag, Berlin, Drucksache 16/1484 vom 11. Mai 2006.

Dreyer, Stephan, Der Beförderungsvertrag und die Beförderungsbedingungen, beispielhaft dargestellt anhand der Kölner Verkehrsbetriebe, Seminararbeit, Köln, 1984.

Duden, Konrad, Bd. 1, Die deutsche Rechtschreibung, 25. Auflage, Mannheim, 2009.

Duden, Konrad, Bd. 5, Das Fremdwörterbuch, 10. Auflage, Mannheim, 2010.

Duden, Konrad, Bd. 7, Das Herkunftswörterbuch, 4. Auflage, Mannheim, 2007.

Ehlers, Dirk, Gesetzesvorbehalt und Hausrecht der Verwaltungsbehörden, DÖV, 1977, Seite 737 ff.

Erbs, Georg / Kohlhaas, Max, Strafrechtliche Nebengesetze, Loseblatt, München, 2012.

Erman, Walter, Bürgerliches Gesetzbuch, 13. Auflage, Köln, 2011.

Esser, Josef / Schmidt, Eike, Schuldrecht, Bd. 1, Allgemeiner Teil, Teilband 1, 8. Auflage, Heidelberg,1995/2000.

Falkenbach, Thomas, Die Leistungserschleichung (§ 265a StGB), Lübeck, 1983.

Fielenbach, Martin, Können Minderjährige aus zivilrechtlicher Sicht bedenkenlos schwarzfahren? NZV, 2000, Seite 358 ff.

Fielitz, Karl H. / Grätz, Thomas, Personenbeförderungsgesetz, Loseblatt, Köln, 2011.

Filthaut, Werner, Die neuere Rechtsprechung zur Schadenhaftung des Omnibusunternehmers und -fahrers, NZV, 1995, Seite 304 ff.

Filthaut, Werner, Haftungsausschlüsse und -beschränkungen für Schäden von Bahn- und Busfahrgästen, NZV, 2001, Seite 238 ff.

Filthaut, Werner, Haftpflichtgesetz, 8. Auflage, München, 2010.

Finger, Hans-Joachim / Eiermann, Rudolf, Eisenbahntransportrecht, München, 1999.

Fischer, Georg, Die Haftung des minderjährigen Schwarzfahrers gegenüber der Eisenbahn, TranspR, 1992, Seite 7 ff.

Fischer, Thomas, StGB und Nebengesetze, 59. Auflage, München, 2012.

Flume, Werner, Allgemeiner Teil des Bürgerlichen Rechts – 2. Band – Das Rechtsgeschäft, 3. Auflage, Berlin, Heidelberg, New York, 1979.

Freise, Rainer, Die Einbeziehung allgemeiner Beförderungsbedingungen in den Beförderungsvertrag, VersR, 2004, Seite 974 ff.

Fromm, Günter, Zum Entwurf eines Zweiten Gesetzes zur Änderung des Personenbeförderungsgesetzes, BB, 1968, Seite 177 ff.

Fromm, Günter / Fey, Michael / Sellmann, Klaus-Albrecht / Zuck, Holger, Personenbeförderungsrecht, 3. Auflage, München, 2001.

Füßer, Klaus, Flexible Bedienformen im ÖPNV: Rechtliche Möglichkeit und Grenzen auf der Grundlage des geltenden Personenbeförderungsrechts, DVBl., 2011, Seite 20 ff.

Geigel, Robert, Der Haftpflichtprozess, 26. Auflage, München, 2011.

Gola, Peter / Klug, Christoph, Grundzüge des Datenschutzrechts, München, 2003.

Gola, Peter / Schomerus, Rudolf, Bundesdatenschutzgesetz, 10. Auflage, München, 2010.

Götz, Volkmar, Allgemeines Polizei- und Ordnungsrecht, 14. Auflage, München, 2008.

Grabitz, Eberhard / Hilf, Meinhard / Nettesheim, Martin, Das Recht der Europäischen Union, Kommentar, Loseblatt, München, 2011.

Gregor, Stephan, Zur Verfassungsmäßigkeit der Beförderungsbedingungenverordnung, NZV, 2006, Seite 518 ff.

Gregor, Stephan, Das Semesterticket als unzulässiges Koppelungsgeschäft, JA, 2009, Seite 195 ff.

Grote, Uwe / Promoli, Katharina / Joseph, Matthias, Mobile Tickets per Handy, Der Nahverkehr, 2004, Heft 3, Seite 39 ff.

Gülde, Hermann, Gewerblicher Landverkehr, Berlin, 1936.

Hallermann, Ulrich, Verbraucherrechte im öffentlichen Personenverkehr – Eine verkehrsträgerübergreifende Analyse, Mannheim, 2010.

Harder, Manfred, Minderjährige Schwarzfahrer, NJW, 1990, Seite 857 ff.

Haselau, Klaus, Verordnung über den Betrieb von Kraftfahrunternehmen im Personenverkehr (BOKraft), Bonn, 1975.

Hauf, Claus-Jürgen, Schwarzfahren im modernen Massenverkehr – strafbar nach § 265a StGB?, DRiZ, 1995, Seite 15 ff.

Haupt, Günter, Über faktische Vertragsverhältnisse, Leipziger Rechtswissenschaftliche Studien – Heft 124, Leipzig, 1943.

Hein, Georg, Gesetz über die Beförderung von Personen zu Lande vom 4. Dezember 1934, Berlin, 1935.

Heinze, Christian R., Personenbeförderungsgesetz, Baden-Baden, 2007.

Heinze, Werner, Erhöhtes Fahrgeld auch für den ideologischen Schwarzfahrer, V + T, 1971, Seite 166 f.

Heinze, Werner, Die Fahrgeldhinterziehung als rechtliches und wirtschaftliches Problem im ÖPNV – Ein Forschungsbericht, erstellt im Auftrag des Bundesministers für Verkehr, Hamburg, 1975.

Heinze, Werner, Rechtsfragen um das „erhöhte Beförderungsentgelt", V + T, 1979, Seite 246 ff.

Hemke, Katja, Methodik der Analogiebildung im öffentlichen Recht, Berlin, 2006, Seite 1 ff.

Hendler, Reinhard / Friebertshäuser, Sonja, Rechtsfragen des Semestertickets, Teil I und II, NWVBl.,1993, Seite 41 ff. und 81 ff.

Hennecke, Frank, Anmerkung zu AG Essen, Urteil vom 20. Dezember 1979 – Az. 12 C 535/79, DÖV, 1980, Seite 884 f.

Hensen, Horst-Diether, Vertragsstrafen in Beförderungsbedingungen unzulässig? Erwiderung auf Bartl, BB, 1979, Seite 499 f.

Hentschel, Peter / König, Peter / Dauer, Peter, Straßenverkehrsrecht, 41. Auflage, München, 2011.

Hilpert, Thomas, Des einen Fehler – des anderen Leid, Bus & Bahn, Heft 3, 1998, Seite 2.

Hilpert, Thomas, Schwarzfahren – Geldsparen???, Bus & Bahn, Heft 1, 1998, Seite 2.

Hilpert, Thomas, Halten auf Wunsch: Ein Service setzt sich durch, Der Nahverkehr, 2000, Heft 11, Seite 43 ff.

Hilpert, Thomas, Vergessen und Vergeben? Anmerkung zu OLG Koblenz, Beschluss vom 11. Oktober 1999 – Az. 2 Ss 250/99, Bus & Bahn, Heft 2, 2000, Seite 2.

Hilpert, Thomas, Videoüberwachung im ÖPNV, Der Nahverkehr, 2001, Heft 7-8, Seite 27 ff.

Hilpert, Thomas, Halten auf Wunsch, Der Nahverkehr, 2002, Heft 3, Seite 44 ff.

Hilpert, Thomas, Kundenrechte im ÖV, Der Nahverkehr, 2003, Heft 9, Seite 21 ff.

Hilpert, Thomas, Beförderungsbedingungen im Bereich des öffentlichen Personenverkehrs als Rechtsproblem, NZV, 2007, Seite 288 ff.

Hilpert, Thomas, Fahrgastrechte im Eisenbahnverkehr nach der neuen Verordnung (EG) Nr. 1371/2007, MDR, 2008, Seite 597 ff.

Hilpert, Thomas, Neue zusätzliche Fahrgastrechte im Eisenbahnverkehr in Deutschland, MDR, 2009, Seite 967 ff.

Hilpert, Thomas, Rechtsfragen der Videoüberwachung, Der Nahverkehr, 2009, Heft 3, Seite 30 ff.

Hilpert, Thomas, Rechtsfragen des Videoeinsatzes unter besonderer Berücksichtigung des ÖPNV, VDV-Mitteilung Nr. 9044, 2009.

Hilpert, Thomas, Zulässigkeit der Videoüberwachung, Der Nahverkehr, 2009, Heft 4, Seite 35 ff.

Hilpert, Thomas, Zulässigkeit der Videoüberwachung nach § 6b BDSG am Beispiel des ÖPNV, RDV, 2009, Seite 160 ff.

Hilpert, Thomas, Rechtslage bei jugendlichen Schwarzfahrern, Nahverkehrsnachrichten – NaNa, 2010, Heft 13, Seite 2.

Hole, Gerhard, BOKraft Kommentar, 23. Auflage, München, 2011.

Hömig, Dieter, Grundgesetz für die Bundesrepublik Deutschland, 9. Auflage, Baden-Baden, 2010.

Huber, Peter, Examens-Repetitorium Besonderes Schuldrecht/1, 2. Auflage, Heidelberg, 2008.

Isermann, Edgar, Forum, NJW-aktuell, 2010, Seite 16 f.

Jauernig, Othmar, Anstaltsnutzung und Minderjährigenrecht, NJW, 1972, Seite 1 ff.

Jauernig, Othmar, Bürgerliches Gesetzbuch, 14. Auflage, München, 2011.

JurisPK-BGB, Vieweg, Klaus (Hrsg.), 4. Auflage, Saarbrücken, 2009.

Kettler, Dietmar, Semestertickets und das Grundgesetz, DÖV, 1997, Seite 674 ff.

Kieser, Rupert, Die Haftung des Fuhrparkhalters nach § 831 BGB hinsichtlich Auswahl und Beaufsichtigung des Fahrers, VersR, 1984, Seite 213 ff.

Knemeyer, Franz-Ludwig, Öffentlich-rechtliches Hausrecht und Ordnungsgewalt, DÖV, 1970, Seite 596 ff.

Knieps, Manfred, Vielfalt von Kooperationsformen – Organisation der Verkehrsverbünde, Der Nahverkehr, 2006, Heft 12, Seite 7 ff.

Köhler, Helmut, Kritik der Regel ´protestatio facto contraria non valet`, JZ, 1981, Seite 464 ff.

Koller, Ingo, Vertragsbindung und willkürlicher Rücktritt des Reisenden beim Personenbeförderungsvertrag, BB, 1973, Seite 1560 ff.

Krämer, Horst, BOKraft, 13. Auflage, 2008.

Krämer, Horst, Handbuch Personen-Beförderungsrecht, 9. Auflage, Düsseldorf, 2009.

Krause, Reinhard, Der Hamburger Verkehrsverbund, Norderstedt, 2009.

Kroh, Ralph, Genehmigungsfähigkeit von ´Studententickets`, NVwZ, 1993, Seite 1071 ff.

Larenz, Karl, Allgemeiner Teil des deutschen Bürgerlichen Rechts, 6. Auflage, München, 1983.

Larenz, Karl, Allgemeiner Teil des deutschen Bürgerlichen Rechts, 7. Auflage, München, 1989.

Larenz, Karl / Wolf, Manfred, Allgemeiner Teil des Bürgerlichen Rechts, 8. Auflage, München, 1997.

Larenz, Karl / Wolf, Manfred, Allgemeiner Teil des Bürgerlichen Rechts, 9. Auflage, München, 2004.

Larenz, Karl, Lehrbuch des Schuldrechts, Bd. 1, Allgemeiner Teil, 14. Auflage, München, 1987.

Lattka, Cornelia, Fahren ohne (gültigen) Fahrausweis, Marburg, 2010.

Lehmann, Heinrich, Faktische Vertragsverhältnisse, NJW, 1958, Seite 1 ff.

Lindemann, Henrik, Neue Fahrgastrechte im Eisenbahnverkehr, TranspR, 2011, Seite 10 ff.

Loh, Ernesto, Allgemeine Geschäftsbedingungen durch Rechtsverordnung? BB, 1970, Seite 1017 ff.

Lücke, Jörg, Vorläufige Staatsakte, Tübingen, 1991, Seite 102 ff.

Maurer, Hartmut, Allgemeines Verwaltungsrecht, 18. Auflage, München, 2011.

Medicus, Dieter, Schuldrecht II, Besonderer Teil, 14. Auflage, München, 2007.

Medicus, Dieter / Lorenz, Stephan, Schuldrecht II, Besonderer Teil, 15. Auflage, München, 2010.

Medicus, Dieter / Petersen, Jens, Bürgerliches Recht, 22. Auflage, Köln, 2009.

Medicus, Dieter / Petersen, Jens, Bürgerliches Recht, 23. Auflage, München, 2011.

Mielchen, Daniela / Meyer, Simone, Anforderungen an die Führerscheinkontrolle durch den Arbeitgeber bei Überlassung von Firmenfahrzeugen an den Arbeitnehmer, DAR, 2008, Seite 5 ff.

Mildner, Raimud, Schwarzfahrer: Mehr als ein betriebswirtschaftliches Problem: Ein soziologisch orientierter Ansatz zur Bestimmung des Schwarzfahrer-Kontrollgrades, V + T, 1984, Seite 399 ff.

Müller, Fritz, Straßenverkehrsrecht, 21. Auflage, Berlin, 1959.

Müller, Fritz, Straßenverkehrsrecht, Bd. II, 22. Auflage, Berlin, 1969.

Münchener Kommentar zum Bürgerlichen Gesetzbuch,
Bd. 1 / 1. Halbband, Allgemeiner Teil, §§ 1 – 240, ProstG, 5. Auflage, München, 2006;
Bd. 1, Allgemeiner Teil, §§ 1 – 240, ProstG, AGG, 6. Auflage, München, 2012;
Bd. 2, Schuldrecht, Allgemeiner Teil, §§ 241 – 432, 6. Auflage, München, 2012;
Bd. 4, Schuldrecht, Besonderer Teil II, §§ 611 – 704, 5. Auflage, München, 2009;
Bd. 5, Schuldrecht, Besonderer Teil III, §§ 705 – 853, 5. Auflage, München, 2009.

Museum der Arbeit (Hrsg.), Unterwegs, 90 Jahre Hamburger U-Bahn, Hamburg, 2002.

Neumann, Dirk / Pahlen, Ronald / Majerski-Pahlen, Monika, Sozialgesetzbuch IX, 12. Auflage, München, 2010.

Nickel, Bernhard, Nicht nur Bahn und Linienbus, Der Nahverkehr, 2010, Heft 4, Seite 56 ff.

Oppelt, Wilhelm, Das Personenbeförderungsrecht, 5. Auflage, Bielefeld, 1958.

Palandt, Otto, Bürgerliches Gesetzbuch, 71. Auflage, München, 2012.

Pieper, Goswin, Die öffentlich-rechtliche Zusage – eine bindende Erklärung zwischen öffentlichen Rechtsträgern und privaten Rechtsträgern auf dem Gebiete des öffentlichen Rechts, München, 1965, Seite 52 ff.

Pieroth, Bodo / Schlink, Bernhard / Kniesel, Michael, Polizei- und Ordnungsrecht, 6. Auflage, München, 2010.

Pohar, Mihael Aleksander, Handy-SMS, OnlineTicket und Chipkarte als Fahrschein – neue Wege zum Personenbeförderungsvertrag, NZV, 2003, Seite 257 ff.

Pohar, Mihael Aleksander, Schadenersatz wegen Informationspflichtverletzung bei Zugausfall und Verspätung, NZV, 2004, Seite 72 ff.

Pohar, Mihael Aleksander, Rechtsbeziehungen zwischen Fahrgast und Eisenbahn, Jena, 2006.

Prütting, Hans / Wegen, Gerhard / Weinreich, Gerd, BGB-Kommentar, 6. Auflage, Köln, Neuwied, 2011.

Puppe, Ingeborg, Anmerkung zu OLG Düsseldorf, Urteil vom 14. März 1983 – Az. 5 Ss 543/82 – 8/83 I, JR, 1983, Seite 429 f.

Ronellenfitsch, Michael, Das Hausrecht der Behörden, VerwArch, 1982, Seite 465 ff.

Rott, Peter, Haftung des Reisenden für das Versagen von Fahrscheinautomaten? RRa, 2003, Seite 242 ff.

Rust, Ursula / Falke, Josef (Hrsg.), AGG – Allgemeines Gleichbehandlungsgesetz mit weiterführenden Vorschriften, Berlin, 2007.

Salamon, Udo, Fahrgeldhinterziehung – ein wirtschaftliches Problem, V + T, 1970, Seite 211 ff.

Sauthoff, Michael, Öffentliche Straßen, 2. Auflage, München, 2010.

Schmidt, Christine, Die neue Verordnung (EG) Nr. 1371/2007 über Rechte und Pflichten der Fahrgäste im Eisenbahnverkehr, RRa, 2008, Seite 154 ff.

Schmidt, Karsten, Handelsrecht, 5. Auflage, Köln, 1999.

Schmidt, Walter, Studentenschaftsbeiträge für den Studentenausweis als Nahverkehrszeitkarte, NVwZ, 1992, Seite 40 ff.

Schölz, Joachim / Lingens, Eric, Wehrstrafgesetz, 4. Auflage, München, 2000.

Schönke, Adolf / Schröder, Horst, Strafgesetzbuch, 28. Auflage, München, 2010.

Schulte, Rainer, Die Behandlung verspäteten Vorbringens im Verfahren vor dem Europäischen Patentamt, GRUR, 1993, Seite 300 ff.

Schultze, Heino / Brunsing, Jürgen, HAWU („Halten auf Wunsch") – Individualisierter Stopp von Linienbussen, V + T, 1996, Heft 3, Seite 124 ff.

Schulz, Daniela / Gaedtke, Enrico, Fahrgastrechte im Eisenbahnpersonenverkehr und die „Kundencharta" der Deutschen Bahn AG, RRa, 2005, Seite 104 ff.

Schulze/Dörner/Ebert/Hoeren/Kemper/Saenger/Schreiber/Schulte-Nölke/ Staudinger, Bürgerliches Gesetzbuch, Handkommentar, 7. Auflage, Baden-Baden, 2011.

Schwenke, Jan, Zur Strafbarkeit der Beförderungserschleichung § 265a StGB, Hamburg, 2009.

Sigl, Richard, Personenbeförderungsgesetz, Berlin, 1962.

Simitis, Spiros, Kommentar zum Bundesdatenschutzgesetz, 7. Auflage, Baden-Baden, 2011.

Soergel, Theodor, BGB, Allgemeiner Teil 2, 13. Auflage, Stuttgart, 1999.

Stacke, Rolf B., Der minderjährige Schwarzfahrer: Sind ihm wirklich Tür und Tor geöffnet? NJW, 1991, Seite 875 ff.

Staudinger, Ansgar, Verspätungsschäden nach EVO: Ein europarechtswidriger Anachronismus? NJW, 1999, Seite 3664 ff.

Staudinger, Ansgar, Ersatz bei Zugverspätung als Folge richtlinienkonformer Auslegung des § 17 EVO, RRa, 2000, Seite 19 ff.

Staudinger, Ansgar, Anmerkung zu AG Frankfurt am Main, Urteil vom 30. März 2000 – Az. 29 C 169/00-81, RRa, 2000, Seite 171 ff.

Staudinger, Ansgar, Zweifelsfragen der Verordnung (EG) Nr. 1371/2007 des Europäischen Parlaments und des Rates vom 23.10.2007 über die Rechte und Pflichten der Fahrgäste im Eisenbahnverkehr, EuZW, 2008, Seite 751 ff.

Staudinger, Julius von, Kommentar zum Bürgerlichen Gesetzbuch,
Buch 1, Allgemeiner Teil
Buch 2, Recht der Schuldverhältnisse,
Berlin,1993 bis 2009.

Stoffels, Markus, AGB-Recht, 2. Auflage, München, 2009.

Thilo, Lutz, Datenschutzrechtliche Aspekte der sogenannten Schwarzfahrerdateien, DuD, 1984, Seite 289 ff.

Thomas, Heinz / Putzo, Hans, ZPO, 32. Auflage, München, 2011.

Tonner, Klaus, Die Rolle des Verbraucherrechts bei der Entwicklung eines europäischen Zivilrechts, JZ, 1996, Seite 533 ff.

Tonner, Klaus, Urlaub und Witterungsrisiko, NJW, 2000, Seite 3665 ff.

Tonner, Klaus, Aktuelle Entwicklungen im Flug- und Fahrgastrecht, VuR, 2010, Seite 209 ff.

Tonner, Klaus, Das Grünbuch der Kommission zum Europäischen Vertragsrecht für Verbraucher und Unternehmer – Zur Rolle des Verbrauchervertragsrechts im europäischen Vertragsrecht, EuZW, 2010, Seite 767 ff.

Tonner, Klaus / Gaedtke, Enrico, Fahrgastrechte im öffentlichen Personenverkehr, NZV, 2006, Seite 393 ff.

Tonner, Klaus / Tamm, Marina, Der Vorschlag einer Richtlinie über Rechte der Verbraucher und seine Auswirkungen auf das nationale Verbraucherrecht, JZ, 2009, Seite 277 ff.

Tonner, Klaus / Willingmann, Armin / Tamm, Marina, Vertragsrecht, Köln, 2010.

Trittel, Manfred, `Erhöhtes Beförderungsentgelt´ bei Schwarzfahrern, BB, 1980, Seite 497 ff.

Ulmer, Peter / Brandner, Hans Erich / Hensen, Horst-Diether, AGB-Gesetz, 9. Auflage, Köln, 2001.

Ulmer, Peter / Brandner, Hans Erich / Hensen, Horst-Diether, AGB-Recht, 11. Auflage, Köln, 2011.

van Bühren, Hubert, Anwalts-Handbuch Verkehrsrecht, Köln, 2003.

VDV (Hrsg.), Differenzierte Bedienungsweisen, Köln, 1994.

VDV (Hrsg.), Linienbusse, Düsseldorf, 1999.

VDV (Hrsg.), Stadtbahnen in Deutschland, Düsseldorf, 2000.

VDV (Hrsg.), VDV-Mitteilung 9019 – Lob- und Beschwerdemanagement, Köln, 2000.

VDV (Hrsg.), VDV-Mitteilung 9027 – Kundenrechte im ÖV, Köln, 2003.

VDV (Hrsg.), Linienbusverkehrssysteme mit elektrischem Antrieb, Hamburg, 2007.

VDV (Hrsg.), VDV-Mitteilung Nr. 9038 – Musterbeförderungsbedingungen, Köln, 2007.

VDV (Hrsg.), VDV-Schrift Nr. 712 – Empfehlungen für die Zulassung, Aus- und Weiterbildung im Fahrdienst – ZAWFahrdienst, Köln, 2000.

VDV und alba-Verlag (Hrsg.), Fachwort im Verkehr, Düsseldorf, 2006.

VDV (Hrsg.), Statistik 2009, Köln, 2010.

VDV (Hrsg.), Verkehrsverbünde, Köln, Hamburg, 2009.

VDV / Alba-Verlag (Hrsg.), Das Fachwort im Verkehr, 3. Auflage, Düsseldorf, 2006.

von Münch, Ingo / Kunig, Philip, Grundgesetz-Kommentar, Bd. 3, 5. Auflage, München, 2003.

Wegner, Johannes, Wirtschaftliche und rechtliche Aspekte des Fahrens ohne gültigen Fahrausweis mit öffentlichen Verkehrsmitteln, V + T, 1979, Seite 438 ff.

Wegner, Johannes, Schwarzfahren ist kein Kavaliersdelikt, Bus & Bahn, Heft 10, 1993, Seite 2.

Weth, Stephan, Zivilrechtliche Probleme des Schwarzfahrens in öffentlichen Verkehrsmitteln, JuS, 1998, Seite 795 ff.

Willemsen, Heinz Josef / Annuß, Georg, Kündigungsschutz nach der Reform, NJW, 2004, Seite 177 ff.

Winkler von Mohrenfels, Peter, Der minderjährige Schwarzfahrer – AG Hamburg, NJW 1987, 448 und AG Köln, NJW 1987, 447, JuS, 1987, Seite 692 ff.

Wohlfahrth, Jürgen / Eiermann, Helmut / Ellinghaus, Michael, Datenschutz in der Gemeinde, Baden-Baden, 2004.

Wolf, Manfred / Horn, Norbert / Lindacher, Walter F., AGB-Gesetz, 4. Auflage, München, 1999.

Wolf, Manfred / Lindacher, Walter F. / Pfeiffer, Thomas, AGB-Recht, 5. Auflage, München, 2009.

Zschieschack, Frank / Rau, Ingo, Anmerkung zu BGH, Beschluss vom 8. Januar 2009 – Az. 4 StR 117/08, JR, 2009, Seite 244.

Druck:
Customized Business Services GmbH
im Auftrag der KNV-Gruppe
Ferdinand-Jühlke-Str. 7
99095 Erfurt